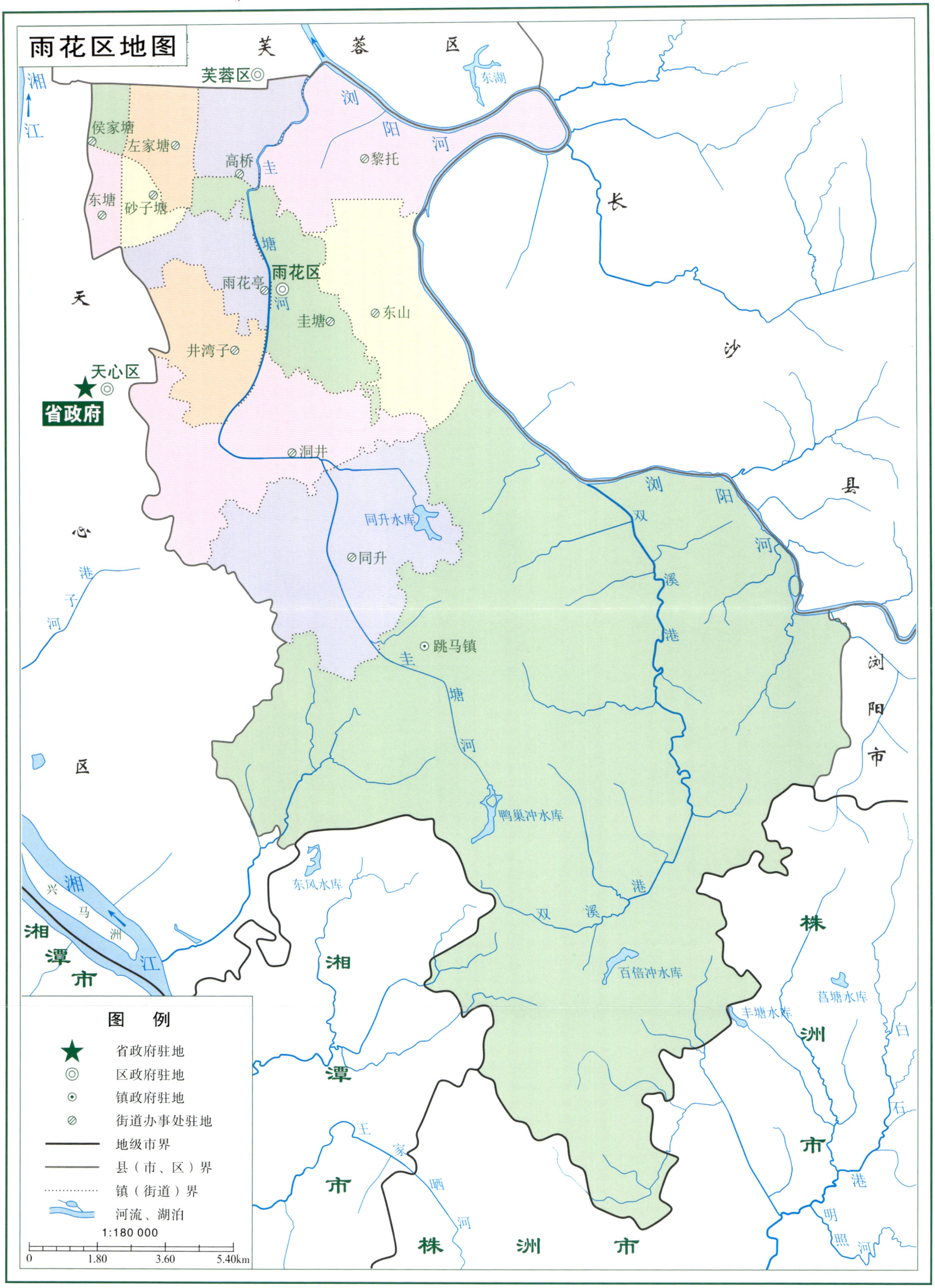

审图号 湘S（2020）025号
湖南省自然资源厅 监制 湖南省第三测绘院 编制 二〇二一年三月

长沙市雨花区街镇简志

《长沙市雨花区街镇简志》编纂委员会

CHANG SHA SHI YU HUA QU JIE ZHEN JIAN ZHI

方志出版社

图书在版编目（CIP）数据

长沙市雨花区街镇简志 / 长沙市雨花区街镇简志编纂委员会编．—北京：方志出版社，2021.8

ISNB 978-7-5144-4834-4

Ⅰ．①长… Ⅱ．①长… Ⅲ．①区（城市）—地方志—长沙②雨花区 Ⅳ．① K296.44

中国版本图书馆 CIP 数据核字（2021）第 222848 号

长沙市雨花区街镇简志

编　　者： 长沙市雨花区街镇简志编纂委员会
责任编辑： 齐　笑

出 版 者： 方志出版社
地址　北京市朝阳区潘家园东里 9 号（国家方志馆 4 层）
邮编　100021
网址　http://www.zgfzcb.cn
发　　行： 方志出版社图书经销中心
电话（010）67110500
经　　销： 各地新华书店
印　　刷： 长沙市雅捷印务有限公司

开　　本： 889 × 1194　1/16
印　　张： 17.375
字　　数： 467 千字
版　　次： 2021 年 8 月第 1 版　2021 年 8 月第 1 次印刷
印　　数： 001~500

ISBN 978-7-5144-4834-4　定价：100.00 元

《长沙市雨花区街镇简志》编纂委员会

主　任	刘素月	黄军其			
副主任	周海毅	蔡泽敏	刘江红		
委　员	周洪灵	罗　闽	谢冬波	聂文涛	刘助斌
	余静雯	李　勇	胡　开	蒋多利	刘明生
	黄杰刚	段灿军	邹　鹏	宋　电	陈　昊
	陈建良	苏　波	邓　星	胡　开	刘志平
	石　华	周红雨	尹亿民	黄子彧	

《长沙市雨花区街镇简志》编辑部

主　编	唐清明		
副主编	刘科明		
编　务	程景华	曾六元	贺　娟
	唐雅婷	魏　彬	

《长沙市雨花区街镇简志》组稿人员

刘科明　唐清明　黄　菲　何兵生　张　颖　刘思敏　刘谦谦

姚园园　成丽辉　晏　烁　黄　琼　黄　磊　鲁　毅　卢金慧

叶　圆　龙辉明　刘伊祉　彭玥莹　杨梦婷　琚　涛　易　凡

文　涛　龙建林　吴学智　朱青梅　肖　嘉　熊　瑛　宋彧颖

吴　伟　王　艳　肖　瑶　费　岚　唐让青　黄　真　邹　妙

陈　月　万　彬　肖亿明　唐　静　唐博华　张丽云　朱煌超

李　雷　唐良云　王诗雨　田黔江　刘诗琪　刘桃红　张　欣

宋旭东　肖海群　陈　岚　胡　琼　刘希贤

编辑说明

一、《长沙市雨花区街镇简志》以马克思列宁主义、毛泽东思想、邓小平理论、“三个代表”重要思想、科学发展观、习近平新时代中国特色社会主义思想为指导，坚持辩证唯物主义和历史唯物主义的立场、观点和方法，全面真实地记述雨花区各街道（乡镇）的历史与现状，展示地方特色、时代特色和历史文化特色。

二、本志为简编本，旨在让读者能够快速高效了解雨花区各街镇的发展历程及取得的成果。上溯事物起源，下迄2019年，详近略远，重点记述改革开放以来的内容。为保持某些内容的连续、完整性，对下限有所下延。

三、本志采用类目体，以类设章，分目纵叙。区域概况、经济发展、基础设施、社会事业、特色地情五大板块为必设类目，各类目下的设置根据实际情况，稍有不同。

四、本志行文使用语体文，以第三人称记述。时间表述采用公元纪年。各种名称，第一次出现时用全称，名称过繁者，括注简称，再次出现用简称。计量单位使用国家法定计量单位。凡文中党、党组织如无特殊说明，均指中国共产党及其各级组织。

雨花区貌（区融媒体中心　提供）

1975 年韶山路公社机械化一角（区档案馆 提供）

五江天街（雨花亭街道 提供）

雨花亭乡人民政府（区档案馆 提供）

雨花亭街道办事处（雨花亭街道 提供）

雅塘新城（区融媒体中心 提供）

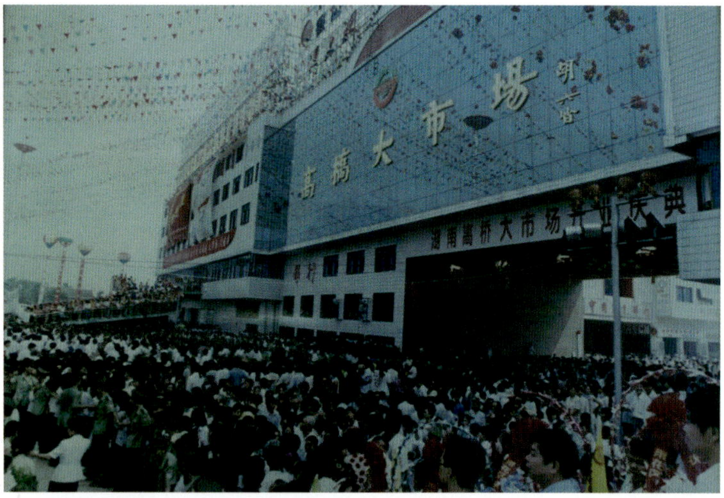

1996 年湖南高桥大市场开业庆典（高桥街道 提供）

朝鲜蔬菜考察团参观东屯渡公社友谊大队（区档案馆 提供）

高桥大市场酒店用品城老照片（高桥街道 提供）

高桥大市场酒店用品城（高桥街道 提供）

高桥夜景（全裕高 摄）

高桥大市场（高桥街道 提供）

高桥街道办事处（高桥街道 提供）

湖南橡胶厂作为工业战线代表参加中华人民共和国成立 15 周年庆典
（区档案馆 提供）

长沙钢厂（左家塘街道 提供）

桂花公园（区园林绿化维护中心 提供）

左家塘夜景（罗娟 提供）

长沙市妇幼保健院（左家塘街道 提供）

左家塘街道办事处（左家塘街道 提供）

1977 年枫树山小学创作演出的《送水》剧照（区档案馆 提供）

1996 年雨花区授牌授印（区档案馆 提供）

东塘商圈侯家塘一侧（侯家塘街道 提供）

东塘百货大楼（侯家塘街道 提供）

侯家塘鸟瞰（侯家塘街道 提供）

侯家塘街道办事处（侯家塘街道 提供）

1975 年阿尔巴尼亚体育代表团访问砂子塘小学（区档案馆 提供）

友谊商店老照片（区档案馆 提供）

友谊商城（砂子塘街道 提供）

德广场（砂子塘街道 提供）

砂子塘街道办事处（砂子塘街道 提供）

砂子塘万博汇（砂子塘街道 提供）

浦沅机械总厂（东塘街道 提供）

中机新里程项目一期研发中心双子塔楼（东塘街道 提供）

湖南商会大厦（东塘街道 提供）

东塘鸟瞰（东塘街道 提供）

东塘街道办事处（东塘街道 提供）

2001 年火星大道（后改名为万家丽路）开工典礼（区档案馆　提供）

2002 年雨花区区机关大院开工奠基（区档案馆　提供）

未建高架前的万家丽路（区档案馆　提供）

雨花区政府机关大院（圭塘街道　提供）

圭塘昼夜（圭塘街道　提供）

圭塘河（谢望东 摄）

圭塘街道办事处（圭塘街道 提供）

喜盈门·范城（圭塘街道 提供）

黎托建筑公司老照片（区档案馆 提供）

1979 年黎托公社文艺宣传队演出节目《一个样》（区档案馆 提供）

黎托小学教学楼老照片（区档案馆 提供）

初建时期的长沙大道高架路黎托段（区档案馆 提供）

长沙大道入城口方向（黎托街道 提供）

沙湾公园（魏勇 提供）

黎托街道办事处（黎托街道 提供）

1979 年洞井大队在进行农机新产品应用试验（区档案馆 提供）

原长沙汽车南站（区档案馆 提供）

复地星光天地（区融媒体中心 提供）

洞井街道办事处（洞井街道 提供）

洞井街景（区交通运输局 提供）

1994 年井湾子家具城开业（井湾子街道 提供）

1998 年红星花卉市场开业（区档案馆 提供）

燕子岭公园（区园林绿化维护中心 提供）

2002 年湖南农博会（区档案馆 提供）

北冲荷韵（陈浩 摄）

井湾子街道办事处（井湾子街道 提供）

德思勤广场（肖克 摄）

1979 年黎托东山龙舟赛（区档案馆 提供）

2007 年武广新城被征地农民基本生活保障费及医疗保险发放仪式在长托村举行（区档案馆 提供）

东山村村民委员会（刘桃红 提供）

东山镇（刘桃红 提供）

雨花东山全民健身中心（东山街道 提供）

长沙南站（区交通运输局 提供）

浏阳河东山沿线（区融媒体中心 提供）

东山街道办事处（东山街道 提供）

白田村依法治村普法学习班（区档案馆 提供）

火星大道（后改名为万家丽路）环科园段暨首期项目开工典礼（区档案馆 提供）

职教城（雨花经开区 提供）

同升湖（雨花经开区 提供）

机器人产业集聚区（雨花经开区 提供）

同升街道办事处（同升街道 提供）

跳马关公雕塑（跳马镇 提供）

石燕湖（曾祥平 摄）

大安寺（跳马镇 提供）

左宗棠墓（跳马镇 提供）

跳马镇人民政府（跳马镇 提供）

天赐园农庄（全裕高 摄）

洞株公路跳马段（区交通运输局 提供）

长沙·雨花

CHANGSHA·YUHUA

目 录

高桥街道

左家塘街道

侯家塘街道

砂子塘街道

东塘街道

圭塘街道

井湾子街道

东山街道

同升街道

跳马镇

雨花区概况

自然地理

区域位置

长沙市雨花区位于湖南省东部偏北，长沙市东南部，总面积292.2平方千米，辖12个街道、1个镇（跳马镇）、1个省级工业园区（雨花经济开发区）、1个市级物流产业园区（雨花现代电子商务产业园区），是1996年7月长沙市行政区划调整设立的新城区，雨花区名源于长沙城东南古佛道圣地之名胜雨花亭，建制沿革于原长沙市郊区。雨花区东面以浏阳河为界，与长沙县榔梨镇和黄兴镇相望，以跳马镇为界，与浏阳市柏加镇相邻；南部以跳马镇为界，与株洲市石峰区相邻，与湘潭市昭山镇接壤；西面以芙蓉路、韶山路（至井湾子）和井湾子街道与文源、青园两街街界、洞井街道与桂花坪街道街界、同升街道与先锋街道街界跳马镇与暮云街道为界，与天心区接壤；北以人民路（识字岭至花桥）和浏阳河为界，与芙蓉区毗邻。

雨花区政府机关大院内新雨花亭

（区档案馆　提供）

地质地貌

雨花区地域呈南北长、东西较窄的地理走向。地形呈波状起伏，地势南高北低，境内最高点为跳马镇金坑岭，海拔274.6米，最低点为浏阳河曙光垸，海拔35米。全区地貌类型多样，主要为堆积地貌（平原）、侵蚀剥蚀地貌（岗地、丘陵）和侵蚀构造地貌（低山）。平原主要分布在洞井街道的白田铺至圭塘的溪谷平原和浏阳河黎托冲积平原；岗地主要分布在雨花亭街道、井湾子街道、同升街道、洞井街道、黎托街道和东山街道及跳马镇，跳马镇南边诸山与株洲隆起带相接。境内分布红色砂岩、砂砾岩、粉砂岩和页岩。全区成土母质以第四纪红土、河流冲积物为主。第四纪红土主要分布在洞井街道、井湾子街道、雨花亭街道一带，经垦殖后成为浅红黄泥、红黄泥、耕型红土红壤等土属，一般土层深厚，质地料黏，养分缺乏，呈酸性，耕性较差；河流冲积物主要分布于浏阳河两岸冲积平原，由其发育而成的土壤有河沙泥、耕型河潮土等土属，一般土层深厚，质地沙壤至壤土，呈酸性、微酸性或中性，肥力高，适种性广；紫色风化岩风化物零星散布于同升街道全境，洞井街道的和平、鄱阳、天华、牛头，黎托街道的大桥，东山街道的边山、侯照，由其发育而成的紫色土，土壤抗蚀力差，土层较浅，不耐旱、易坼裂，磷、钾含量较丰富。

气候河流

雨花区属亚热带季风性湿润气候区，由于位居

圭塘河　　（区档案馆 提供）

盆地内部、距海较远、受冬夏季风转换、地势向北倾斜等因素的影响，冬冷夏热，季节变化明显。年平均气温为17.2℃，积温为5457℃。全年日照充足，年平均日照时数为1762.64小时，年平均无霜期为296～298天。全年雨水充沛，多集中在春夏两季，年均降水量为1361.6毫米。夏、冬季长，春、秋季短，夏季约118～127天，冬季117～122天，春季61～64天，秋季59～69天。春温变化大，夏初雨水多，伏秋高温久，冬季严寒少。2019年，雨花区年平均气温为18.23℃，极端最高温度为42℃，极端最低气温为–4℃；年降水量1724.5毫米。境内有浏阳河、圭塘河、双溪港三大水系。浏阳河自长沙县团头河入境跳马镇，经黎托街道花桥进入芙蓉区后注入湘江，蜿蜒32.6千米。圭塘河位于长沙市的东南部，系浏阳河一级支流，也是最后一条支流，发源于雨花区跳马镇鸭巢冲（石燕湖水库），由南向北贯穿雨花区，在人民东路浏阳河大桥处汇入浏阳河，起止均在雨花区境内，全程约28千米，是长沙唯一的城市内河。双溪港水系发源于跳马镇百倍冲水库，流经复兴、关刀、三仙岭、喜雨、团然、冬斯港6个村进入浏阳河，全长22千米。

建置·区划

中华民国时期"外四区"

清末，长沙市郊区境地分属长沙、善化两县。民国元年（1912）起，统属长沙县管辖。民国前期，长沙城郊属长沙县管辖。民国15年（1926）8月，长沙近郊区农民协会成立，11月，中共长沙近郊区委成立。民国16年（1927）3月，国民党湖南省党部正式划定长沙近郊区管辖范围。5月21日长沙"马日事变"后，长沙近郊区被迫撤销。民国17年（1928）8月，长沙市政筹备处划勘市区范围，城区与标界之间地域成为郊区正式区划的基础。民国22年（1933），长沙市政府成立，重新划勘市区范围，城郊从长沙县划归长沙市内四区管辖。民国23年（1934），长沙城区继续扩大。民国27年（1938）8月，长沙实行城区与城郊分治，城郊从城区划出，改建为文艺、金盆、岳麓、会春4乡，由市政府直辖，即为郊区建置之始。民国28年（1939）2月，裁撤长沙市政府，城区镇和城郊4乡划归长沙县管辖。民国30年（1941）10月，恢复长沙市政府，城区镇和城郊4乡重归长沙市管辖，并将4乡改建为4镇。民国32年（1943）12月，废镇改区，4镇改为相应的四区，称"外四区"。

长沙市郊区

1949年8月4日，长沙和平解放，辖城东、城南、城西、城北、文艺、金盆、会春、岳麓8个区。10月，设立文艺、金盆、岳麓、会春人民区公所，直属长沙市人民政府领导，下辖37保，其中农业户14保、居民户11保，半农半居民户12保。1950年3月30日，设立长沙市人民政府郊区办事处，统辖文艺、金盆、岳麓、会春4个区。境域与民国23年（1934）界址无甚变化，靠城区界址，东、南以铁路为界，

长沙市郊区办公楼　　（区档案馆提供）

北以兴汉路、湘春路为界，西以湘江东岸为界。总面积106平方千米，占长沙市总面积95%。6月，撤销郊区办事处，成立郊区工作委员会。8月，废除保甲制，农业、半农业地区划分为18个乡，分别建立乡人民政府，居民区设立11个居民委员会。至此，郊区始有真正的政权体系和独立的行政区划。

1951年5月，从长沙县辖划入5个乡，分别建立莲湖、自然、新农（划归金盆区）、东屯渡、藕塘、新化（划归文艺区）、涝湖、朝镇（划归会春区）、岳华（划归岳麓区）9个乡，郊区调整为4区27乡。1952年，调整为4区24乡4街。12月，岳麓区水陆洲居委会划归城西区。1953年3月，郊区区划调整为4区22乡6个街道办事处。8月，文艺区撤销东大路街道，居民划归城东区管辖，恢复蓉园乡建制；金盆区麻园湾街道划归城南区，恢复农改乡建置；会春区文昌阁街道和伍家岭、丝茅冲2个街道的居民区划归城北区，农民区改建为永福乡；岳麓区溁湾镇街道办事处改建为镇政府。至此，郊区下辖4区25乡1镇。1954年3月，长沙农场划归郊区管辖。9月，撤销郊区工作委员会，恢复郊区办事处。1955年7月，市内4个区所辖2个高级农业社和5个初级农业社及尚未入社的菜农就近划入郊区各区、乡。1956年5月，郊区撤区并乡，撤销文艺、金盆、岳麓、会春区，所辖各乡镇调整为文艺、金盆岭、雨花亭、会春、岳南、岳北6乡和溁湾镇，管辖长沙农场。10月，会春乡划分为会春、洪山2乡。7个乡下设24个高级农业合作社。次年，析出洪山乡太阳升高级农业社，成立长沙市国营综合农场。1958年3月，长沙农场收归省、市管理。1958年9月，郊区撤销乡镇，建立工农兵学商五位一体，政社合一的人民公社体制，实行人民公社化。全郊设立东风、万年红、岳麓山3个公社，下辖19个大队和3个街道居委会，保留长沙市国营综合农场。其中，岳麓山公社由岳南、岳北两乡和溁湾镇合并而成，下设6个大队和3个居委会。雨花亭乡、金盆岭乡合并为东风公社，下设5个大队；文艺、会春、洪山乡合并为万年红公社，下设8个大队。

1959年1月，撤销郊区并入长沙县。1962年1月12日，恢复长沙市郊区建置，除辖原郊区地域外，另从长沙县划入部分近郊地区，辖岳麓区和雨花亭、东屯渡、伍黑路、岳麓山、洞井、南托、大托、高塘、榔梨、长冲、黎托、望仙桥、望岳、谷山14个公社及榔梨镇，共193个大队和3个居委会。10月，望仙桥公社分为望新、东岸两个公社，望岳公社分为望岳、天顶两个公社，并将天顶、大托、南托、洞井、望新、榔梨、高塘、长冲8个公社和榔梨镇划归长沙县。次年10月，又划出黎托、谷山、望岳3个公社，郊区下设1个区5个公社共48个大队和3个居委会。1964年，伍黑路公社改为上大垅公社，并将东屯渡公社渔场、岳麓山公社岳麓渔场、上大垅公社史家湖渔业队从所在公社划出，扩建为国社合营湘湖渔场、岳麓渔场和史家湖渔场（1966年更名为红色渔场）。1965年在岳麓山公社大干岭兴建长沙市养鹿场。1968年2月，雨花亭公社改名韶山路公社。3月，岳麓山公社湘江大队划归西区管辖。4月，郊区办事处改为郊区革命委员会。12月，综合、东屯渡2个国有农场和长沙市园艺场、市养鹿场划归郊区管辖。1970年，湖南农学院、农科院所属农场划归郊区，改建为团结、立新两个大队，划归东岸公社管辖。望城县境内国营东方红农场划归郊区，省高级兽医研究所下放郊区管辖，并与市园艺场合并为长沙市良种繁殖场。郊区下辖5个公社、5个农场、3个渔场、1个养鹿场，共50个大队，16个管区。1971年10月，市良种繁殖场划归市管（1973年分设为市园艺场和市畜牧农场）。1972年5月，岳麓山公社、岳麓渔场划归岳麓区。1973年6月重新划归郊区。12月，将岳麓山公社咸家湖、望麓桥2个大队和麓山大队及望岳公社望岳大队一部分划出，建成国社合营西湖渔场。1974年3月，国营综合、东方红农场划归市管，1975年，国营综合、东屯渡、东方红、畜牧农场，园艺场、养鹿场重归郊区管辖。1978年1月，1978年1月，长沙县大托、洞井、黎托公社和望城县望岳公社划归郊区管辖。至此，郊区行政区划相对稳定，辖9个公社、5个国有农场、4个国社合营渔场、一个养鹿场。

1980年，郊区革命委员会改为长沙市郊区人民政府。1983年5月，郊区开展政社分设，建立乡、村政权的试点工作。韶山路公社改称雨花亭乡。

1984年2月，历时25年的人民公社体制改制为乡人民政府。东屯渡公社更名为马王堆乡、上大垅公社更名福安乡，其余仍原名命乡，原大队改为村民委员会，生产队改为村民小组。此后，先后有红旗、桂花、新河、国庆、沙湖、赤岗、金盆、火星等村被征用。1990年，经市政府批准，成立火星镇。1993年6月，福安乡胜利村划归北区。10月，雨花亭乡石马村划归南区，望岳乡咸嘉湖划归西区。1994年12月，马王堆乡五一村划归东区管辖。

1996年6月，郊区下辖9乡1镇10场，90个村、9个居委会，28个管区（分场），即：马王堆乡（8村1居）、东岸乡（11村）、火星镇（6居）、黎托乡（12村1居）、大托乡（11村）、洞井乡（18村）、雨花亭乡（7村）、望岳乡（6村1居）、岳麓山乡（16村）、福安乡（1村）、东屯渡农场（4分场）、畜牧农场（2管区）、园艺示范繁殖场（1管区）、国营综合农场（12管区）、东方红农场（3管区）、湘湖渔场、西湖渔场（2工区）、岳麓渔场（2管区）、红色渔场、市养鹿场。

长沙市雨花区

1996年6月19日，长沙市市辖区调整，撤销郊区，设立雨花区。7月10日，雨花区挂牌成立。雨花区下辖左家塘、侯家塘、井湾子、圭塘4个街道，黎托、洞井、雨花亭3个乡和高桥乡筹备领导小组。12月，雨花区本着“优化配置，城乡一体，成块连片，界限分明，便于管理，有利发展”的原则，进行区域微调，新设立东塘、砂子塘两个街道，保留左家塘、侯家塘、圭塘、井湾子4个街道建制，对城区街道作切块调整，以东塘广场为中心，以韶山路和劳动路为轴划为四块，东北角为左家塘街道，西北角为侯家塘街道，西南角为东塘街道，东南角为砂子塘街道，井湾子街道与雨花亭乡合并以乡建制，将洞井乡大塘、圭塘、月塘3个村划归圭塘街道。洞井乡改称为洞井镇。新建高桥乡，保留黎托乡。区域微调后，雨花区下辖6街3乡1镇，97个居民委员会，39个村。1997年7月，长沙市政府决定设立雨花亭街道和高桥街道，两乡建置撤销。2010年，雨花区撤销洞井镇、黎托乡，以街道建制；撤销全区行政村建制成立社区筹委会。雨花区辖9个街道办事处，90个社区，37个社区筹委会。2011年，雨花区调整部分街道行政区划，将洞井街道析置为洞井、同升两个街道办事处，将黎托街道析置为黎托、东山两个街道办事处，同时启用原与雨花亭街道合署办公的井湾子街道办事处，将雨花亭街道拆分为雨花亭、井湾子两个街道办事处。2012年1月，同升街道、东山街道、井湾子街道分别挂牌成立。是年底，全区辖左家塘、侯家塘、东塘、砂子塘、圭塘、雨花亭、高桥、洞井、黎托、同升、东山、井湾子12个街道。2015年，长沙市区划微调，长沙县跳马镇整体划归雨花区管辖。雨花区辖12个街道、1个镇，112个社区、35个社区筹委会。截至2019年年底，雨花区辖洞井镇1个镇，雨花亭、高桥、左家塘、侯家塘、东塘、砂子塘、圭塘、洞井、黎托、同升、东山、井湾子12个街道；计13个行政村、114个社区、16个社区筹委会、3个社区筹备组，11个农村经济合作社、7个集体资产管理委员会。

区治

1962年1月，恢复长沙市郊区建置，郊区政府驻南郊毛家嘴（原长沙焦厂内）。1963年下半年，迁东郊杨家山。1968年4月，迁至人民路（芙蓉路与人民路相交处的东南角），占地8229平方米。原有办公楼三栋，建筑面积9492.14平方米。因场地窄小，中栋办公楼于1991年下半年爆破拆除。1995年4月爆破拆除前栋办公楼，兴建综合楼。综合楼原设计为框剪结构，主楼28层，裙楼5层。因财力问题，1995年7月至1997年4月，建成主楼10层（地下3层，地上7层）、裙楼5层，建筑面积3万平方米。1996年雨花区成立后，规划将区治从区的西北角迁建于区腹地。2002年2月与湖南弘欣置业有限公司联合，续建30层综合楼，面积2.6万平方米，由弘欣置业有限公司独资续建23层，其中8～14层归区政府所有，并将综合楼改成雨花大厦。为加速雨花区腹地城市化进程，1997年12月，雨花区第一届人民代表大会一次会议提出抓好新区治的规划和建设，5年内完成整个机关搬迁的设想。2000年，新区治选址圭塘，2002年9月新区治奠基，2004年4月竣工。整个区治占地22万平方米，11个单体建筑，总建筑面积13.4万平方米。大院内还建有2万平方米的水、

雨花区治　　（区档案馆 提供）

旱喷泉和1.2万平方米的山水园艺景观，大院西北角建有1.3万平方米水体喷泉和市民休闲广场。院区内绿化面积11.2万平方米，绿化率为53%。主楼及中心广场地下建有人防设施和356个车位的停车库。2014年，区政府接收位于香樟路的原湖南省武警总队直属支队营院，改建为区政府“二办”，区民政局、区城市管理和行政执法局及其城市管理执法大队、区征地办公室、区残联等单位迁往办公。

街镇大事记

1925年

11月　长沙近郊区第一个中共党支部——古塘坪支部成立，胡炳文任书记。

1926年

3月　长沙近郊区第一个农民协会——第一乡农民协会成立。随之，第二乡（今高桥街道）、沿岗十三团（今洞井街道洞井社区筹委会）、白田团（今同升街道白田社区筹委会）、桃谷团（今洞井街道）、第四乡（今侯家塘街道）、第五乡（今侯家塘街道小林子冲）、第七十三乡（今左家塘街道王公塘社区）等农民协会相继秘密成立。

6月　近郊第一个妇女组织——靳江团妇女联合会成立。

7月　长沙近郊区园明党支部在黎托粟塘成立，党员5人。

10月　长沙近郊区农民协会成立。

11月　中共长沙近郊区委成立。

1927年

4月18日　近郊区农民协会组织成立农民自卫军。

6月底　近郊区农民复仇大队在赤岗村红花坡（今左家塘街道红花坡社区）成立。滕代远任队长。

7月2日　近郊区农民武装智取潭阳洲。

7—8月　近郊区农民复仇大队三次攻打九峰镇团防局。

1928年

8月　长沙市政筹备处划勘市区范围，南至雨花亭、金盆岭，北至施家港、落刀咀，东至杨家山、湖迹渡，西至岳麓山、溁湾桥，新扩境域成为郊区正式区划的基础。

1929年

8月　王首道派张正、彭道生到明道镇（今黎托街道、东山街道）做恢复党组织工作，正式恢复明道区委，更名明道中心区委，徐守成任书记、孔福生任副书记。

1930年

7月27日　近郊区地下党组织赤卫队支援红三军团攻克长沙。

8月下旬　长沙南乡苏维埃临时政府的成立大会在长沙近郊洞井桃阳老坝大屋召开。

8月30日　红一方面军于郊区白田铺发布关于消灭出击之敌的命令。

9月3日　红一方面军与国民党军队激战于长沙近郊圭塘、乌梅岭、大托铺、石马铺、洞井铺、林家咀、杨家冲一带。

9月12日　红一方面军撤离长沙。

1933年

10月1日　长沙市政府成立，郊区划入市区。城郊面积43.1平方公里，占长沙市区面积的90%。

1937年

3月　陈家党支部在侯王庙（今雨花区东山街道边山社区筹委会）成立；侯家党支部在在侯王庙（今

东山街道边山社区筹委会）成立。

6月13日　中共桃花支部在汉冲（桃阳村）成立。

1938年

8月中旬　中共石燕总支在石燕铺（跳马镇石燕湖村）成立。

11月13日　长沙“文夕大火”，数万市民涌到洞井、大托等远郊避难。

1939年

2月　裁撤长沙市政府，文艺、金盆、岳麓、会春四乡划归长沙县管辖。

1941年

10月24日　恢复长沙市政府，金盆、文艺、岳麓、会春四乡改为四镇。划归市辖。

12月　第三次长沙会战开始，中国军队在长沙城东南分三线布防：一线为阿弥岭、雨花亭、金盆岭、猴子石，二线为白沙岭、黄土岭、东瓜山，三线在天心阁、妙高峰。日军主力进犯至捞刀河、东山一线，并从东山过浏阳河向南郊进犯。

1942年

1月　日军进攻长沙，近郊人民踊跃参与修筑工事、运送弹药和伤兵、烧水做饭，积极支援抗战。

1943年

12月　废镇改区制，文艺、金盆、岳麓、会春四镇改为相应的四区（称外四区）。

1944年

6月18日　日军从河西、南郊、东郊及捞刀河一带向城区冲击，占领长沙。

1945年

2月上旬　中共湖南省工委书记周里在洞井的牛头、南塘建立地下工作联系点。

1949年

6月　中共桃花、南塘、牛头、杜家等支部组建农民翻身会，开展迎解工作。

8月5日　长沙和平解放，明道中心支部为解放军设茶水站，搭浮桥，迎接解放军入城。

8月下旬　长沙市政府接管郊区外四区旧政权，先后建立文艺、金盆、岳麓、会春四个人民区公所。

10月上旬　洞井境内成立桃阳、白田、石碑、莲湖等乡人民政府和乡农协会。

1950年

1月6日　中共长沙市委郊区党委成立。

3月30日　长沙市人民政府郊区办事处成立，文艺、金盆、岳麓、会春4个区划归郊区管辖。

6月10日　撤销郊区办事处，成立长沙市人民政府郊区工作委员会。

7月3日　郊区工作委员会颁布《郊区建政方案》，至10月完成半农业地区建政工作，共建立11个居民委员会。

8月　长沙市政府明令废除保甲制度，将郊区所辖的37个保划为18个乡和11个居民委员会。

10月　郊区开展土地改革，于次年春耕前基本结束。

冬　黎托境内将永镇、永丰两垸合并建成合丰垸。

1951年

2月　洞井乡划归长沙县第七区管辖。

9月　撤销四个区公所，成立文艺、金盆、岳麓、会春四区人民政府。

10月26日　首届农业劳动模范表彰大会召开。

1952年

7—8月　郊区各乡（镇）相继召开乡（镇）人民代表大会，选举产生乡（镇）长和乡（镇）人民政府委员会。

1953年

2月　长沙市第一个初级农业合作社——金盆区自然乡石坝社成立，入社农户14户。

2—3月　郊区调整行政区划，保留4个区的建置。原27乡调整为22个乡和6个街道办事处。

3月初　洞井境内的9个乡合并为白田、桃阳、金塘、洞井、牛头5个乡。

1954年

1月　郊区各乡镇召开首届一次人民代表大会，选举乡长、镇长。

12月24日　郊区供销社成立。

1956年

1月　长沙市第一个蔬菜高级生产合作社——红旗高级农业社在金盆区农改乡成立。

6月上旬　白田、桃阳、金塘、洞井、牛头5

个乡合并为洞井乡。

1957 年

7 月　长沙农场（后改畜牧农场）从左家塘曾家湾迁金盆乡红星高级社叶家冲，征地 476.7 亩。

10 月中旬　在洞井境内修建的圭塘至板塘、桃花至联盟、洞井至白田 3 条简易公路通车。

1958 年

8 月　黎托乡并入椝梨人民公社。

9 月 15 日　雨花亭、金盆岭两乡合并成立东风人民公社，下设 5 个大队。

10 月 1 日　洞井、大托、南托 3 个乡合并为大托人民公社。

1959 年

1 月 21—23 日　中共长沙市委召开长沙县、望城县、郊区合并大会。撤销郊区建置，并入长沙县。

1960 年

1 月　东风公社从长沙县划出，改名雨花亭公社，归南区领导。

1961 年

3 月　黎托人民公社成立。

6 月 10 日　洞井人民公社成立。

9 月　左家塘从妙高峰人民公社东塘分社划出，成立左家塘街道办事处；妙高峰人民公社东塘分社及仰天湖、扫把塘、狮子塘、侯家塘和桥头分社砂子塘管区合并成立侯家塘街道。

1962 年

1 月　雨花亭公社、黎托公社划归长沙市郊区管辖。

1 月　恢复郊区建置，雨花亭、黎托、洞井等公社划归长沙市郊区管辖。

10 月　洞井公社划归长沙县管辖。

12 月　黎托公社境内拓宽新修的川花（川河至花桥）、东大（东山至大桥）公路通车。

1963 年

1 月　在东山镇一农家水沟内发现商代铜鸟提梁卣。

10 月　黎托公社划归长沙县管辖。

1965 年

9 月 28 日　中共中央中南局书记处书记王首道视察洞井公社桃花大队。

1966 年

5 月 5 日　区委成立农村工作政治部，以加强农民政治思想工作。

1968 年

2 月　雨花亭公社改名韶山路公社，是长沙市农村第一个公社革命委员会。

5 月　“农业学大寨”运动推向全郊各行各业。

1973 年

12 月　郊区动员 7000 余民兵，历时 20 天，将圭塘河裁弯切直 11.8 千米，使沿岸数千亩农田免于水患，得以灌溉。

1975 年

11 月　砂子塘小学列为对外开放单位。

1977 年

2 月　长沙铁路局征用东屯渡公社五一大队，该大队成建制迁至火焰大队重建。

1978 年

1 月 23 日　黎托公社、洞井公社划归长沙市郊区管辖。

7 月 1 日　韶山路公社将民办教师由所在队记工分制改为工资制，调动民办教师积极性。

7 月　韶山路公社组织 13 家社队农机厂成立 3 个浇菜机研制小组，研制成功电动浇菜机和三马力柴油机浇菜机。

8 月 10 日　东山镇开放集市贸易，允许三类农副产品上市交易。

10 月 2 日　洞井公社同升、白田、洪塘狂风大作，暴雨夹雹倾盆而下，大部分房屋破损，农作物严重受创。

1979 年

1 月 16—18 日　郊区召开首届科学技术大会。

3 月　全区各公社、大队革命委员会，改称为公社、大队管理委员会。

4 月 16 日　郊区黎托公社粟塘大队砂子塘生产队首先实行包产到户。

1980 年

9 月　区社开始人民代表直接选举工作。

1981 年

1 月　东塘百货大楼在东塘广场西北侧开业。

4 月 21 日　洞井公社部分生产队试行以家庭

为主体的联产承包责任制。

11月底　洞井公社投资4万元，在大塘水库新建鱼池，发展渔业生产。

1982年

9月12日　雨花亭公社胜利、东风、红卫3个大队分别改为石马、沙湖、石人大队。

1983年

1月　东塘百货大楼建成营业。

4月25—26日　郊区农村遭特大风暴袭击，毁屋778间，重伤8人。

4月28日　区委、区政府成立扶贫工作领导小组，确定以黎托、洞井等4个公社为扶贫重点。

是月　砂子塘小学语文教师黄梦钧被评为全国教育战线劳动模范。

5月　韶山路公社进行政社分设，建立乡村政权的试点。

9月　雨花亭乡被评为全省计划生育先进单位。

10月　砂子塘小学与日本鹿儿岛市明和小学结为友好学校。

1984年

3月　洞井公社恢复为洞井乡人民政府，黎托公社恢复为黎托乡人民政府；韶山路公社更名为雨花亭乡，东屯渡公社更名为马王堆乡。原大队改为村民委员会，生产队改为村民小组。

4月19日　雨花亭乡与中湘化学生物技术开发公司签订联营协议书，合资兴办雨花保健药品厂(后改雨花制药厂)。

是月　长塘里小学女教师杨修文被评为全国优秀教育工作者。

9月　雨花亭乡实行乡机关干部管理制度改革，乡干部由任命制改为招聘制。

12月　雨花亭乡对村民生活消费水平全面普查，全乡5850户，21371人，有摩托车219辆，自行车8200辆，电视机3280台，收录机1198台。

1985年

11月28日　雨花亭乡对18位1985年度高考录取的学生每人奖励300～500元奖学金。

12月　洞井乡建筑公司年产值超千万元，居全省农村建筑队之冠。

1986年

1月　经省市人民政府批准，雨花亭乡沙湖村全部土地由南区开发公司征用开发，村民转业转户。

3月15日　雨花亭乡仰天湖小学，马王堆乡桂花树小学划归南区管辖，福安乡建湘村小学、伍家岭小学划归北区管辖。

4月　长沙市红星实业公司成立，注册资金8000万元，统筹管理14个村办企业。

7月　经省、市政府批准，雨花亭乡赤岗村全部土地由郊区开发公司征用开发，农民转业转户。

9月　圭塘街道成立。

1987年

6月13日　中共桃花支部举行成立50周年庆祝会。

6月中旬　洞井乡建筑工程公司获中国建筑联合会、中国建筑企业协会颁发的1986年度先进企业金杯奖，是全省乡镇建筑企业唯一获得这一奖项的单位。

8月　设立左家塘街道营山巷社区居委会。

10月　郊区举办首届花卉展览，参展花卉240余种。

11月10日　洞井乡档案室发生火灾，烧毁档案35份163页，损坏档案258份2345页。

1988年

1月6日　雨花亭乡被评为全市农村教育先进乡。

1月8日　黎托乡机构改革，实行定岗定责，优化组合。

4月20日　成立郊区农村合作经济审计站，下设9个乡审计站。

7月15日　红星村建成长沙市第一家村级万册图书馆，藏书1.1万册。

是月　黎托乡边山村兴办湘华通用机械厂。

8月　东山中学合并至黎托中学，次月黎托中学教学大楼建成，建筑面积1600平方米。

9月2日　黎托中学教学大楼建成。该大楼建筑面积1600平方米，投资34万元，其中群众捐资12万元。

10月15日　东侯公路（东山钢厂至侯照村）改造工程竣工通车。

10月29日　花侯路黎托境内8千米柏油路面工程竣工通车。

11月27日　树木岭混凝土框架结构的农贸市场建成开业，占地2668平方米，投资80万元。

1989年

1月17日　洞井乡敬老院被评为湖南省先进敬老院。

1月　长沙市工人文化宫在东塘广场西南侧建成。

5月　洞井乡人工孵化加州鲈鱼成功，产鱼苗2万尾。

7月17日　雨花亭乡与浏阳县中和乡结为友好乡，双方协议：雨花亭乡支援中和乡发展乡镇企业，中和乡向雨花亭乡提供木材、楠竹。

10月30日　东山镇成为全省首家实现广播电视共线传输的村镇。

1990年

10月中旬　树木岭集贸市场被评为“全国文明集贸市场”。

是年　雨花亭乡长沙铸铁制品厂被评为“湖南省先进企业”。

1991年

7月12日　长沙铸铁制品厂通过“农业部先进企业”标准验收，成为郊区第一个部级先进企业。

8月9日　砂子塘小学在全省小学传统项目田径赛中，获女子组团体总分第一名和女子4×100米接力、跳远两项冠军。

12月　雨花亭乡汽车缸套厂被省科委、省乡镇企业局确定为全省第一个乡镇企业科技示范企业。

1992年

3月　区民政局在黎托乡东山村进行村务公开试点。

6月9日　雨花亭乡与吉首市河溪镇结为友好单位。

9月17日　黎托乡粟塘村与湖南长华塑料制品有限公司共同筹办“长沙医疗日用制品厂”，并签订合作协议。

10月20日　省政府授予雨花亭乡为“全省统计工作先进集体荣誉”称号。

1993年

3月　黎托乡被省政府评为“乡镇企业产值过亿元”乡镇。

7月28日　洞井建筑公司晋升为国家一级建筑施工企业。

8月　砂子塘小学获湖南省学校乒乓球赛男子团体冠军。

10月13日　郊区望岳乡咸嘉湖村移交西区管理。

10月20日　郊区在黎托乡举行潭白路等一桥三路修复、改建工程竣工典礼；郊区雨花亭乡石马村移交南区政府管理。

11月18日　井湾子集贸市场开业。

1994年

5月4日　黎托乡东山镇个体单车修理店主康志被授予“全国先进青年个体劳动者”称号。

8月28日　井湾子家具城开业，市场占地2.06公顷，建筑面积1万余平方米，总投资300万元。

12月31日　郊区马王堆乡五一村划归东区管理。

1995年

6月5日　洞井乡党委副书记谢启光带领专项审计组对金井村砖厂进行审计时，遭涉嫌经济犯罪的原砖厂会计邹海斌枪杀，以身殉职，次月被省政府追认为革命烈士。

6月　长沙汽车南站在洞井乡开始运行。

1996年

1月18日　红星农副产品大市场开业。

5月1日　红星村农民新村举行开村典礼。

6月10日　雨花亭乡建成馆藏档案、资料4300卷册的全省第一批、长沙市第一个标准化乡镇档案馆。

6月19日　长沙市人民政府发布《关于调整市辖区行政区划的通知》：雨花区辖原南区左家塘、侯家塘、井湾子、圭塘4个街道，原郊区黎托、洞井、雨花亭3个乡（不含石人、新开、渔场3个村）和马王堆乡的五一、火焰、友谊、高桥4个村。

7月10日　长沙市行政区划调整，撤销东、南、西、北、郊5区，成立芙蓉、天心、岳麓、开福、雨花5区。

7月18日　雨花区接收原南区管辖的圭塘、左家塘、侯家塘、井湾子四个办事处以及东区的王公塘、窑岭居委会、五一村。

8月27日　雨花区确立黎托乡体育新城为东面开发片区，并确立拉通雨花大道，开发凤凰工业园。

9月3日　湖南高桥大市场开业。

9月13日　雨花区接收长钢子弟学校、茶园坡联合子校、华云子校并分别更名为人民路二小、劳动路小学、雅塘村二小。

10月26日　雨花亭乡被评为“全省社会治安综合治理先进乡镇”。

是月　李洞路（长潭高速公路李家塘收费站至洞井铺韶山路）动工，次年竣工通车。

12月13日　雨花区区域微调，新设立东塘街道、砂子塘街道。

1997年

1月18日　红星农副产品市场开业。

2月24日　凤凰工业园建设工作启动，第一期工程占地面积35公顷，星港床具为首驻企业。

7月2日　雨花亭乡政府更名为雨花亭街道办事处，井湾子街道办事处与雨花亭街道办事处合署办公；高桥乡改设为高桥街道。

9月1日　洞井镇洞井村、雨花亭街道红星村获全省依法治理模范村称号。

9月5日　雨花大道（原名赤新路，后又改名为长沙大道）奠基典礼在黎托乡大桥村举行。

1998年

1月　侯家塘街道廖家湾社区在全省首开将“全民健身工程”引入社区居委会之先河，举行廖家湾全民健身工程开工典礼。

2月23日　长沙市表彰第一批小康乡镇，雨花亭乡、高桥乡、洞井镇、黎托乡、圭塘街道办事处榜上有名。

2月24日　雨花区凤凰工业园建设启动。

4月23日　区属9个街、乡、镇司法所挂牌。

6月8日　砂子塘街道办事处野坡居委会率先在全区成立社区服务中心。

6月27日　浏阳河洪峰水位40.23米，超历史记载水位1.08米。

9月1日　洞井村被评为全省依法治理模范村。

9月30日　黎托乡召开兴修水利万人誓师大会，至次年3月竣工。

10月15日　长善垸城市防洪工程雨花段开工，2001年9月竣工。

11月19日　侯家塘街道办事处廖家湾居委会全民健身基地建成，是全省第一个将全民健身工程引入社区的居委会。

12月12日　圭塘河下游（劳动东路至长沙大道）河段防洪保安工程建设开工，2003年3月竣工。

1999年

4月25日　区政府制定《圭塘河流域水污染综合整治工作方案》。

5月4日　砂子塘街道文化站投资10万元，建成全市第一家街道万册图书馆，藏书1.2万册。

11月18—24日　湖南省首届名优特新农副产品博览会暨交易洽谈会在红星农副产品大市场举行。

2000年

3月20日　凤凰工业园晋升为省级工业园区。

3月28日　洞井镇成立湖南省首家农村农动力市场。

7月24日　雨花区接管10所市属学校。

8月2日　区政府制定同升湖旅游生态保护区建设规划。

8月22日　同升湖国际实验学校建成开学。

9月9日　雨花区教师村举行开村仪式，180名教师搬迁新房。

9月25日　雨花大道（后改为长沙大道）全线通车。

9月29日　侯家塘街道办事处创办全市第一家街道生殖健康保健中心。

10月19日　洞井镇敬老院举行建院15周年庆典。

11月8日　侯家塘街道办事处组建全市第一家街道社区居委会财务结算中心。

12月14日　区政府决定关停合丰化工厂醋酸铅车间和洪塘冶炼厂横罐炼锌生产。

2001年

1月8日　火星大道(后改名为万家丽路)开工。

1月11日　洞井镇实行教师全员聘任制。

1月12日　洞井镇被列为全国小城镇建设试点镇。

2月25日　体育新城建设启动，至次年年底主体工程竣工。

2月27日　新建洞井镇新世纪实验小学（即洞井镇三联校）开学，同时撤并牛头、兴隆等7所小学，学生大都并入新世纪实验小学。

4月9日　桂花树小学被授予湖南省首批“绿色学校”称号。

4月18日　高桥友谊汽车配件市场开业。

6月10日　红星村被司法部评为依法治村示范村。

6月28日　黎托乡举办首届振雄杯农民拔河比赛。

6月29日　长沙机场高速路开工。

8月6日　黎托乡边山村许海涛开创雨花区民办公益事业先例，自筹资金开办敬老院。

8月8日　高桥火焰文体商贸城开业。

9月23日　劳动东路动工兴建，该路西起二环线，东至京港澳高速，全长3.4千米，总投资2.7亿元。

9月26日　人民东路全线竣工通车。

9月29日　左家塘街道赤岗社区建成全市首个社区工会组织。

10月30日　雨花区体育总会成立，并在同升湖国际实验学校举行雨花区首届运动会开幕式。

2002年

2月22—26日　雨花区首届社区文化节在侯家塘街道广济桥举行。

3月12日　侯家塘街道廖家湾社区获评“全国青年文明社区”称号。

4月19日　区政府关停洞井镇机砖厂。

6月27日　砂子塘教育集团成立。

7月31日　省政府批准在洞井镇设立湖南环保科技产业园，并列为省级开发区系列。

9月30日　火星南路一期通车，二期开工典礼举行。

11月8日　黎托乡机关大院新址举行奠基典礼。

2003年

3月7日　各街道、乡、镇设立劳动社会保障最低生活保障站，各社区设立劳动社会保障和最低生活保障中心。

是月　“黎托乡义工俱乐部”成立。

4月4日　侯家塘街道在芙蓉路以东启动城市旧房“平改坡”试点工程，为全市首创。

4月21日　雨花区全面部署全区抗击“非典”工作。

6月21日　湖南环保科技产业园管委会办公楼主体竣工。

6月29日　黎托乡花侯路亮化通车典礼举行，该路段是全省第一条全线设置路灯的乡村公路。

8月26日　洞井镇鄱阳村蔬菜基地被授牌为省级无公害蔬菜生产基地。

9月1日　黎托乡平阳村第一个村级正规集贸市场开业。

9月2日　长沙机场高速竣工通车。

9月5日　体育新城内三条主干道劳动东路、白沙湾路北段和曲塘路竣工通车。

9月13日　雨花五金机电大市场在洞井镇奠基开工。

9月20日　雅塘村社区成为长沙市唯一一个全省青少年教育示范社区。

9月21日　新星小区在全省率先引进新型环卫扫路机，成为全省第一个告别垃圾站的住宅小区。

9月27日　左家塘司法所被评为“全国残疾人维权示范岗”。

9月29日　蔡家冲路、李洞路、火星路六段通车庆祝大会举行。

9月30日　新建西路改扩工程竣工通车。

10月29日　设立雨花亭街道融城苑社区居委会。

11月22日　圭塘街道劳动东路社区改制企业党员接转暨社区党委成立授牌仪式举行。

11月24日　赤岗社区标志成为长沙首个社区标志。

2004年

2月1日　区政府成立禽流感防治指挥部。

2月19日　洞井干部夜校首次开课。

3月22日　设立雨花亭街道三湘社区居委会。

4月14日　砂子塘街道野坡社区流动党员管理服务成立。

4月30日　湘府路、火星大道二期工程通车。

5月21日　侯家塘地区青年中心成立。

5月28日　港岛娱乐文化中心开业。

6月8日　洞井司法所获评“全省人民调解工作优秀司法所”称号。

6月下旬　洞井镇被国家环保总局评为“全国环境优美乡镇”。

7月26日　黎托乡东山、潭阳等733.33公顷蔬菜生产基地被认定为“湖南省无公害农业产品基地”。

是月　通程电器旗舰店在东塘商圈东南角开业。

9月25日　步步高东塘明星店开业。

9月26日　白沙湾路竣工通车；长沙阳明山殡仪馆（即长沙新殡仪馆）举行竣工典礼，占地49.53公顷，建筑面积3.5万平方米，投资1.58亿元。

11月11日　韶山南路拓改工程竣工通车。

12月26日　砂子塘天华寄宿制学校被确认为“国家级绿色学校”。

2005年

1月8日　侯家塘街道廖家湾社区10余家单位和团体志愿者成立全市首个“帮助联盟”。

1月17日　雨花区2005年背街小巷改造的首条样板路——梓园路竣工。

4月29日　全区启动实施特困家庭大病医疗救助办法，侯家塘街道居民周艳林成为第一个救助对象。

5月15日　大都市商业街开张试营业。

6月29日　雨花区图书馆建成，馆舍面积2000平方米，馆藏图书10万册。

7月1日　雨花区就圭塘河旅游风光带项目与香港菱电集团成功签约。

7月13日　湘农桥、廖家湾、电院、枫树岸、麻园湾、泉塘6个社区被授予“湖南省最充分就业社区”称号。

7月28日　长沙出版物交易中心试营运，占地12公顷，总建筑面积15万平方米。

7月29日　全国首家绿色食品贸易试点市场落户红星绿色食品市场。

8月26日　火焰社区居委会民主产生首届班子，成为全市首个“城中村”改社区试点单位。

9月1日　设立雨花亭街道新星社区居委会。

9月26日　撤销高桥街道火焰社区筹委会，设立火焰社区居委会。

10月9日　东塘街道牛婆塘社区在全市率先推进社区发言人制度。

10月18日　火焰大市场开业。

10月26日　黎托村获评“全国创建文明村镇工作先进村镇”称号。

11月8日　雨花亭街道莲湖村在全省首创高层公寓的农民安置模式，960名村民搬进31层安置公寓。

11月15日　潭阳垸大堤护坡防洪工程建设启动。

11月29日　雨花亭街道井塘村率先在全市实行村级工作人员公开竞聘。

12月16日　砂子塘街道获评“全国预防青少年违法犯罪工作先进集体”称号。

2006年

1月26日　华雅国际大酒店营业，系湖南省第一家民营五星级酒店。

3月6日　新型农村合作医疗在雨花区试点工作全面启动，黎托乡、洞井镇、雨花亭街道办事处、圭塘街道办事处、黄兴医院为该次新型农村合作医疗基线调查点。

3月23日　火焰路建设项目开工，同年7月1日竣工通车。

6月8日　湖南省第一家基层劳动争议调解组织在侯家塘街道挂牌成立。

6月18日　湖南红星人才市场挂牌成立。

6月28日　中国湖南首届绿色食品博览会在长沙红星国际会展中心举行。

11月1日　湖南省首个商务楼宇党委——中共侯家塘街道中扬大厦委员会成立。

11月16日　中国·湖南首届雨花商文化节举行。

2007年

6月28日　马王堆路友谊段开工。

是月　武广新城建设全面启动，核心区域跨黎托乡域 8 平方千米，涉及腾地面积 725.3 公顷。

7 月 1 日　井圭路拓改全面开工。

9 月 21 日　长沙市首个村纪委——中共长沙市雨花区雨花亭街道红星村纪委成立。

9 月 24 日　湖南雨花创意产业园成立。

9 月 29 日　平和塘东塘店开业。

10 月 6 日　长塘里小学足球队获全国中小学生足球邀请赛冠军。

10 月 31 日　武广新城被征地农民基本生活保障费和医疗保险发放仪式举行。

2008 年

1 月 28 日　雨花区全力投入抗冰救灾工作。

6 月 4 日　奥运火炬在雨花区传递。

6 月 8 日　黄土岭路通车，全长约 930 米，路幅宽 30 米，双向 4 车道。

9 月 4 日　雨花区社会福利中心开工典礼举行。

9 月 12 日　唐湘电器大市场开工庆典举行。

9 月 28 日　曲塘路延长线开工建设。

2009 年

3 月 8 日　洞井镇举行全国首个美丽村姑俱乐部启动仪式。

5 月 6 日　圭塘路工程建设开工。

5 月 20 日　桃花塅路建设开工 。

6 月 17 日　东塘街道在新雨社区中将华银园小区、华银旺和超市、省计生药具站、原雨花亭乡政府宿舍等单位划出，设立华银园社区居委会。

7 月 14 日　撤销雨花亭街道学堂坡社区，将学堂坡社区并入井塘社区；撤销黑堂坡社区，将黑堂坡社区并入路桥社区；设立红星农博社区。设立高桥街道高桥大市场社区居委会、洞井镇丰园社区居委会。将侯家塘街道长塘里、林子冲社区居委会合并为活力社区居委会。

9 月 22 日　木莲冲路开工建设。

12 月 26 日　武广高速铁路长沙南站通车。

2010 年

3 月 7 日　左家塘环卫所获评“全国三八红旗集体”称号。

3 月 27 日　黎托片区拆迁建设指挥部成立并举行挂牌仪式，这是雨花区第一个正式挂牌成立的片区拆迁建设指挥部。

4 月 8 日　花桥钢材大市场开业，经营面积 8 万平方米。

8 月 10 日　长沙市首个棚改保障性住房项目——湖橡（原湖南橡胶厂）项目开工奠基。

8 月 19 日　雨花区“远教·农家夜校”在洞井镇桃花村启幕。

11 月 20 日　车站南路特色景观街“第五大道”开街 。

12 月 31 日　洞井、黎托 2 个街道办事处挂牌成立。

2011 年

1 月 20 日　设立洞井街道景环社区居委会，辖区面积 1.8 平方千米，人口 2.5 万人。

3 月 23 日　雨花区 9 个街道成立社区学校。

3 月 24 日　长沙市政府正式批复，将洞井街道析置为洞井、同升两个街道办事处，将黎托街道析置为黎托、东山两个街道办事处，同时启用原与雨花亭街道合署办公的井湾子街道办事处，将雨花亭街道拆分为雨花亭、井湾子两个街道办事处。

4 月 30 日　金井路(时代阳光大道—花卉园路)竣工移交，全长 1.84 千米、宽 36 米；枫树山养老服务中心运营，这是雨花区第一个街道兴办的社区养老服务机构。

5 月 11 日　雨花区保障住房星城新宇·黎雅苑项目开工。

6 月 30 日　金井路（时代阳光大道—花卉园路）竣工移交，路长 1.8 千米，宽 36 米，工程投资 9000 万元。

8 月 25 日　撤销高桥街道五一社区筹委会，在原五一社区筹委会管辖范围设立永定、永祥 2 个社区居委会。

9 月 5 日　设立黎托街道广益社区居委会、东山街道南雅社区居委会。

9 月 7 日　长沙市“城中村”改造试点工作现场推进会暨首批村改社区成立揭牌仪式在雨花区洞井街道新设立的高升社区举行。

9 月 20 日　长沙圭塘河生态景观区改造工程启动。

9 月 30 日　雨花区洞井路（山水庭院段）主

路全线通车。

10月8日　雨花区第4个农村拆迁保障住房项目星城新宇·桃花苑项目开工。

10月21日　长郡雨花外国语学校揭牌。

2012年

1月1日　井湾子街道、东山街道、同升街道3个新成立的街道举行揭牌启动仪式。

2月10日　湖南省小学教师教育技术培训基地在雨花区井圭路小学建立。

2月29日　万芙路（金井路—桃花塅路）竣工移交，长893米，路幅宽36米，总投资8500万元。

3月1日　雨花区启用“五险统一”征缴新系统，实现养老、医疗、生育、工伤和失业五险的统一征缴。

4月16日　沿河路景观绿化工程开工建设。该工程位于圭塘河西岸，南起长沙大道，北至朝晖路，全长1068米，景观绿化面积约8000平方米，工程总投资560万元，于同年6月竣工。

是月　东塘街道华银园社区获评“全国科普示范社区”。

5月10日　雨花区人社大楼验收。

5月12日　雨花区首个应急维修资金试点项目（仁和·雨花家园）进行申报。

6月15日　明德洞井中学签约揭牌。

6月18日　雨花区农村拆迁保障住房星城新宇·颐景苑项目主体工程奠基。

6月19日　湖南·德国商贸展示中心全球启动暨凯宾斯基入驻顺天国际金融中心签约仪式举行。

6月26日　雨花区红星商圈商会成立。

7月19日　长沙市首家市场商会——高桥建材市场商会成立；侯家塘街道社区党史教育中心揭牌。

7月26日　设立高桥街道五一社区居委会、左家塘街道长铁社区居委会、车站南路社区居委会、同升街道同升湖社区居委会。

7月27日　设立雨花亭街道香南郡社区居委会、麻塘桥社区居委会，将井塘社区居委会更名为曲塘社区居委会。

8月1日　红星二小、第五幼儿园项目竣工移交。

8月11日　雨花区B-7道路主路幅沥青油面铺设工程施工完成，道路全线贯通。

9月3日　雨花亭街道办事处举行街治搬迁庆典仪式。

9月14日　雨花区2012年廉租房项目开工典礼在粟塘小区举行。

10月12日　雨花区圭塘河生态景观区一期景观工程开工。

10月24日　新版《雨花区行政区划图》出版。该地图是雨花区撤乡镇改街道，街道析置之后绘制的新图。

10月26日　湖南国际珠宝城在雨花区开业；长沙建鸿达威斯汀酒店举行开工奠基典礼。

10月27日　中机国际工程技术研发中心奠基。

10月28日　稻田中学举行建校一百周年庆典大会。

10月29日　洞株公路开工典礼举行。

11月16日　设立洞井街道植物园社区居委会。

11月30日　香月路（香松路—木莲冲路）道路工程主体通车。

12月13日　牛角塘社区成功创建全省首个无障碍示范社区。

2013年

1月16日　长沙市首家戒毒康复指导站成立揭牌仪式在左家塘街道阿弥岭社区举行。

1月22日　井塘路（北冲路—圭塘路）箱涵全线贯通，全长480.5米，宽18米。

1月24日　长重棚改项目首批征收房屋正式拆除。

1月30日　紫薇路（人民路—六号路）完成验收移交工作，全长491.46米。

4月18—22日　湖橡保障性安置房开展集中交房工作。

4月24日　洞和路竣工移交。

4月26日　雨花区首届儿童话剧节举行。

4月29日　侯家塘街道“红徽章e频道”启动。

6月3日　成立中共洞井街道高升社区委员会。

6月16日　神农茶都开业。

6月28日　喜盈门·范城开业。

6月29日　高桥街道商圈党员服务中心揭牌

成立；半岛蓝湾项目征收腾地交接仪式举行。

7月2日　设立圭塘街道泰安社区居委会、景程社区居委会；撤销东山街道黎郡社区筹委会，设立黎郡社区居委会。

7月16日　设立黎托街道东澜湾社区居委会、井湾子街道井湘社区居委会、同升街道古樟树社区居委会。

7月24日　雨花区福利中心“曜阳”托老所挂牌运营。

8月28日　雨花区非定向公租房项目交房仪式在同升街道联盟村安置房项目现场举行。

8月29日　砂子塘万境水岸小学、砂子塘吉联小学、砂子塘湘天小学、恒大小学、东南海枫树山小学5所小学正式交付。

9月16日　左家塘街道桂花社区获评“全国科普示范社区”。

9月17日　长沙市工业旅游暨比亚迪新能源汽车工业旅游启动仪式在雨花经开区举行。

10月8日　沙湾南路（木莲冲路—湘府路）全线通车。

10月27日　高桥街道高福星小区三期安置房工程开工建设。

11月2日　台商总部大厦奠基。

11月8日　设立洞井街道龙庭社区居委会、歇马亭社区居委会。

12月8日　红星美凯龙图书馆开馆。

12月13日　华润万家高桥店开业。

12月24日　圭塘河生态景观区项目（二期）举行合作签约仪式。

12月31日　东塘支路1道路全线通车。

2014年

1月24日　圭塘河生态景观公园一期（香樟路—木莲路）开园。

5月23日　湖南信息园项目奠基。

5月24日　雨花区人民政府与长沙市一中合作办学签约仪式举行。

6月　长沙市发改委对鼓风机厂搬迁新建工程项目立项做出批复同意。

7月5日　“聚惠同升·乐购雨花”首届汽车消费节开幕。

7月28日　雨花区人民政府与湖南建工集团签订战略合作框架协议。

8月8日　成立中共东山街道长托社区筹委会委员会与中共东山街道边山社区筹委会委员会。

10月11日　撤销高桥街道五一社区筹委会党委。

12月10日　设立左家塘街道嘉园社区居委会、高桥街道鑫华社区居委会、洞井街道南庭社区居委会、井湾子街道井旺社区居委会。

12月18日　雨花区文化产业示范基地落户湘府路上的汇艺文创中心。

12月23日　调整高桥街道社区辖区单位及范围。

2015年

1月14日　长沙县跳马镇调入雨花区。跳马镇人口6.14万人，面积183平方千米。

4月26日　德思勤四季汇购物中心开业。

5月31日　湖南省少儿图书馆将全市首家社区分馆——井湘社区分馆开馆。

8月11日　设立同升街道联盟社区居委会，辖区面积0.87平方千米；将红星社区居委会更名为红星村社区居委会。

12月23日　湖南首个社区青少年宫在井湾子街道井旺社区落成开放。

12月30日　洞株公路建成通车，2019年7月底，洞株路快速化改造项目长沙段启动建设，次年8月实现能车。

2016年

1月16日　木莲冲路及跨韶山路桥梁建成通车。

2月5日　沙湾公园开园。

2月14日　雨花区“511”动员大会召开。

4月14日　设立同升街道新聚园社区居委会和东山街道黎雅社区居委会。

4月15日　雨花亭街道自然社区筹委会与自然岭社区合并为自然岭社区，石马社区筹委会与雅塘村社区合并为雅塘村社区；高桥街道友谊社区筹委会与鑫华社区合并为鑫华社区，高桥社区筹委会与金环社区合并为金环社区；圭塘街道大塘社区筹委会与泰安社区合并为泰安社区，圭塘社区筹委会与圭塘社区合并为圭塘社区，月塘社区筹委会与大塘社区合并为大塘社区；黎托街道大桥社区筹委会与广益社区合并为广益社区，花桥社区筹委会与东澜湾社区居委会合并为东澜湾社区，平阳社区筹委会与黎锦苑社区合并为黎锦苑社区；洞井街道板塘社区筹委会与植物园社区合并为植物园社区，天华社区筹委会与商贸城社区合并为商贸城社区；井湾子街道莲湖社区筹委会与井旺社区合并为井旺社区；东山街道长托社区筹委会与黎郡社区合并为黎郡社区，黎托社区筹委会与南雅社区合并为南雅社区，东山社区筹委会、渔场社区筹委会与东山镇社区合并为东山镇社区；同升街道桃阳社区筹委会与景环社区合并为景环社区，新兴社区筹委会与新聚园社区合并为新聚园社区，同升社区筹委会与同升湖社区合并为同升湖社区。跳马镇梅怡岭村、曙光垸村为合并为团然村，关刀村、嵩山村、双溪村合并为关刀新村，杨林村、沙仙村合并为杨林新村。

4月17日　湖南省内首家社区24小时公益图书馆——“德馨读书吧”正式开放。

5月16日　雨花区首个24小时自助图书馆馆在洞井街道丰园社区鄱阳小区中心文化广场开放。

5月26日　雨花区“非遗进校园”暨湖湘木偶皮影特色学校启动。

6月28日　喜盈门·范城开业。

7月　东山全民健身中心动工建设，并于次年8月投入运营。

8月10日　雨花区农村饮用水源及古井保护工程一期完工，位于跳马镇的首批10口古井得到清理、保护和景观改造。

12月7日　设立井湾子街道湘莲社区居委会和农博社区居委会、洞井街道天际岭社区居委会和星苑社区。

12月20日　井湾子街道井巷社区提质提档项目启动拆违。

12月27日　设立圭塘街道金福社区居委会，辖区面积0.48平方千米。

12月31日　通程喜乐汇开业。

2017年

1月21日　“飞梦雨花”首届文化艺术节系列活动在洞井街道丰园社区举行。

2月10日　雨花全域生态旅游开发有限责任公司在跳马镇挂牌成立。

2月22—28日　星城新宇·黎锦苑集中交房。

3月21日　雨花法院跳马法庭在跳马镇斑竹塘社区挂牌运行。

4月29日　五江天街北区世界美食小镇开街；欧亚达建材家居广场开业。

4月30日　文化产业园二期项目实现清零。

5月24日　雨花区全域“旅游+”工业智造游创新创业活动启动仪式开幕。

5月19日　跳马镇关刀新村首次开通公交车。

6月8日　泰禹7号地项目拆除清零。

6月21日　雨花区与中国建筑股份有限公司签订跳马生态片区两型保护与发展项目框架协议。

是月　雨花区被确定为全国100个农村集体产权制度改革试点县区之一，同年10月25日启动农村集体产权制度改革试点。

7月4日　浏阳河大堤曙光垸段修复加固工程全面竣工。

7月17—20日　第五届中国中（小）学生舞龙舞狮锦标赛在雨花区明德洞井中学举行。

8月15日　潭阳洲片区内1205栋合法房屋全部拆除，顺利实现按期拆迁基本清零目标。

8月17日　雨花区公共卫生大楼正式启用。

8月28日　雨花现代电子商务产业园道路基础设施建设PPP项目开工。

9月15日　长沙第一座玻璃桥——石燕湖天空玻璃廊桥对外开放。

9月26日　万芙路（先锋路—金井路）通车。

9月27日　保利MALL开业。

是月　芙蓉路小学（砂子塘第六都小学）、和平小学、莲湖小学投入使用；中部首个航天先进光机电技术创新平台落户雨花经开区。

10月19日　长郡雨花外国语洪塘学校揭牌；洞井街道丰园社区获评全国“书香社区”。

10月29日　雨花区2017年首个家庭医生社区工作室在高桥街道鑫华社区华雅花园小区投入使用。

10月31日　雅塘片区地块棚改项目一期（顺特变压器厂宿舍）棚改项目实现清零。

11月1日　长沙市鼓风机厂棚改项目实现清零。

11月16日　长橡棚改AB地块项目完成拆除腾地。

11月28日　调整雨花家园、中南院、长重、劳动东路、圭塘、体院路、大塘、美林景园、景程、泰安、金福11个社区,洞井街道新裕、星苑、植物园、天际岭、歇马亭5个社区，金屏、斑竹塘2个社区区域范围。

12月12日　雨花社保卡管理服务跳马分中心揭牌。

12月17日　燕子岭公园竣工。

12月18日　雨花区在跳马镇跳马村举行首批《农村土地承包经营权证》颁发仪式。

12月23日　圭塘河滨水商业街区以“悠游小镇”为名全面开街。

2018年

1月3日　雨花区首家社区图书馆在雅塘村社区开馆。

3月22日　雨花区小区配套幼儿园第一批移交。湘诚壹佰、雨花区城建投、嘉华房地产等6家开发商15所幼儿园与区教育局签订移交协议，2所原高价幼儿园与区教育局签订举办普惠幼儿园协议。

4月3日　雨花区首家健康生活馆——东塘街道健康生活馆揭牌开馆。

5月16日　雨花区首个24小时自助图书馆在洞井街道丰园社区鄱阳小区中心文化广场开放。

6月30日　雨花区圭塘河井塘段城市“双修”及海绵示范公园启动开工建设。

7月1日　和+共享图书馆在圭塘河岸·悠游小镇创立。

7月17日　杜花路（沙湾路—京珠高速）竣工通车。

8月18日　宋旦汉字艺术博物馆在圭塘河岸·悠游小镇试开馆。

9月15日　首届“健康雨花”全民健身旅游节在石燕湖生态公园启幕。

9月20日　雨花非遗夜市启幕，雨花非遗书院同步开馆。

10月26日　万博汇·云谷摩卡大街开业。

12月18日　圭塘路（曲塘路—香樟路）建成通车。

12月20日　陕西忠义官弁兵夫合墓文物修缮项目竣工，为雅塘新城文化主题公园建设奠定基础。

12月26日　狮子山公园开园。

12月28日　圭塘河生态引水工程竣工，将浏阳河水从跳马镇冬斯港引入圭塘河。

同日　设立洞井街道仙岭社区居委会。

2019年

2月2日　曙光路（车站路—雅塘冲路）建成通车。

6月29日　湖南高桥非洲商品展销馆开馆。

7月23日　湖南工业4.0创新中心投入运营。

8月28日　泰禹第二小学揭牌仪式举行。

9月19日　湖南出口产品全球对接会在湖南高桥大市场举行。

10月12日　石燕湖生态旅游景区获评“全国森林康养基地试点建设单位”。

11月15日　砂子塘社区联合民建湖南省委、湖南中医药大学第一附属医院、砂子塘小学等8家单位，成立“颐美荟”同心联盟。

12月27日　长沙高铁吾悦广场开业。

12月31日　位于洞井街道长沙汽车南站综合交通枢纽试运营。

2019年国民经济和社会发展

综合

2019年，雨花区综合实力、投资潜力、新型城镇化质量分别排名全国百强区第29位、第14位、第16位。工业实力排名全国百强区第20位；综合竞争力排名全国百强区第17位，是前二十强中唯一一个非沿海省份城区。全区实现地区生产总值（GDP）2075.77亿元，同比增长7.7%。第一产业实现增加值5.35亿元，下降2.2%；第二产业实现增加值1118.90亿元，增长6.4%；第三产业实现增加值951.51亿元，增长9.4%。一、二、三次产业分别拉动GDP增长0个、3.6个、4.1个百分点，对GDP增长的贡献率分别为–0.1%、46.6%、

53.5%。

人口

2019年，雨花区年末常住人口为94.98万人。户籍总人口73.84万人，其中城镇人口69.77万人，乡村人口4.07万人；男性36.23万人，女性37.61万人；人口出生率为13.36‰。城镇化率为97.7%。

农业

2019年，雨花区传统农业退出历史舞台，现代都市农业成为雨花农业的新面貌，以全域旅游为统揽，建设美丽乡村，跳马镇初步形成布局美、产业美、环境美、生活美、风尚美的乡村格局；中心城区神农茶都文化产业园打造集购物、品茗、休闲、旅游为一体的文化消费综合体。实现农林牧渔业增加值5.56亿元，同比下降2.4%，其中农业增加值5.18亿元，下降2.0%；牧业增加值0.08亿元，下降9.1%；渔业增加值0.09亿元，增长1.1%；农林牧渔专业及辅助性活动增加值0.21亿元，下降8.4%。

工业和建筑业

2019年，雨花区持续发力“一主一特”产业链，重点打造新能源汽车、机器人、电子信息等产业集群，以新能源汽车及零部件主导产业、机器人及智能装备特色产业为代表的智能产业蓬勃发展，新能源汽车及零配件产业链实现产值320亿元、增长9%，智能工业型机器人及传感器产业链实现营业收入102亿元、增长27%。比亚迪新能源乘用车生产线智能化改造、湖南工业4.0创新中心、大族激光研究院、可孚智慧医疗（一期）、大捷智能、

湖南工业4.0创新中心 （雨花经开区 提供）

精一自动化投入运营，长步道（二期）主体工程完工。建筑业增加值同比增长9.2%。规模以上工业增加值同比增长5.5%，其中雨花经开区规模以上工业增加值增长13.5%。全年资质等级建筑企业实现建筑业总产值1912.53亿元，增长12.6%，其中在外省完成产值1246.67亿元，增长19.2%；房屋施工面积17698.53万平方米，增长13.7%。

固定资产投资

2019年，雨花区完成重大项目投资272亿元，其中产业投资增长25%。固定资产投资同比增长10.9%，其中房地产开发投资增长9.4%。商品房销售面积355.01万平方米，同比增长29.6%，其中住宅销售面积316.21万平方米，增长36.4%；实现商品房销售额363.82亿元，增长25.7%，其中住宅销售额304.42亿元，增长29.9%。

国内贸易

2019年，雨花区实现实现社会消费品零售总额827.85亿元，同比增长8.8%。按经营地统计，城镇消费品零售额816.45亿元，增长8.7%；乡村消费品零售额11.4亿元，增长15.0%。按行业统计，批发业实现零售额98.63亿元，增长9.7%；零售业实现零售额659.7亿元，增长8.4%；住宿业实现零售额5.69亿元，增长8.8%；餐饮业实现零售额63.82亿元，增长11.2%。限额以上单位实现社会消费品零售额284.29亿元，同比增长5.4%，占社会消费品零售总额的34.3%。大型商品交易市场稳定发展，全区拥有亿元以上商品交易市场11个。

对外经济和旅游

2019年，雨花区实现进出口总额19.50亿美元，同比增长64.3%。其中，出口总额18.29亿美元，增长68.2%；进口总额1.21亿美元，增长21.1%。高桥大市场市场采购贸易方式出口正式走单，完成外贸出口6.5亿美元。首届中非经贸博览会分会场活动完成，中非经贸博览会唯一长期线下展销平台——非洲商品展销馆正式开馆，湖南出口产品集聚区（一期）基本建成。完成第21届中国中部（湖南）农业博览会，交易额150亿元。实际利用外资8.13亿美元，同比增长9.3%；实际到位省外境内资金170.90亿元，增长17.8%。全年新签对外承包工程、劳务合作和设计咨询合同共实现营业额4.45

第二十一届中国中部（湖南）农业博览会 （区会展办 提供）

亿美元，同比增长 22.7%；引进亿元以上省外境内项目 28 个。实现旅游总收入 394.40 亿元，同比增长 3.5%。国内旅游人数为 2920.11 万人次，实现国内旅游收入 386.02 亿元。境外入境人数 26.02 万人次。

其他服务业

2019 年，雨花区实施服务业占比提升两年计划，服务业占 GDP 比重提高 1 个百分点。长沙高铁会展新城、中国（长沙）创新设计产业园获批全省第三批服务业示范集聚区，湖南商会大厦、万博汇云谷、御溪国际等商务楼宇纳入“三百工程”重点楼宇库，税收 5000 万元以上楼宇 15 栋，商务楼宇去库存 35 万平方米。引进盒马鲜生、中铝国际、红星美凯龙爱琴海购物公园等 500 强企业（项目）9 个。

教育和科学技术

2019 年，雨花区拥有普通高中 4 所，初中学校 15 所，普通小学 72 所，幼儿园 228 所。普通高中在校生 4195 人，初中在校生 21674 人，普通小学在校生 88243 人，幼儿园在园幼儿 40170 人。全区各类民办学校 160 所，在校学生 43214 人。小学适龄儿童入学率 100%，初中适龄人口入学率 100%，高中阶段教育毛入学率 100%。落实义务教育保障资金 13.11 亿元，增长 23.22%。义务教育阶段合格学校建设 2 所。专利申请 4889 件，同比增加 494 件；授权专利 2845 件，增加 112 件；签订技术合同 178 项，成交金额 46.40 亿元，增长 36.5%。实现高新技术产业增加值增长 12.6%。在全省率先成立区总商会商事调解中心，设立全省首个 24 小时法院。办理知识产权行政执法案件 84 件、商标侵权案件 38 件，企业申请专利 4061 件，企业合法权益保障更加有力。

文化体育卫生

2019 年，雨花区打造示范性社区文化服务中心 5 个。拥有艺术表演团体 22 个，文化馆 1 个。拥有公共图书馆（区级）1 个，图书分馆（含街道、社区两级）11 个。拥有档案馆 1 个，已开放各类档案 1.3 万卷（件）。投放全民健身器材 72 处，开展全民健身项目 34 项次，全区全民健身运动参加人数 60.9 万人。全区共有体育场地面积 265 万平方米，比上年增加 65 万平方米，拥有体育馆 19 座，增加 7 座。拥有卫生机构 612 个。卫生技术人员 18831 人，同比增长 2.7%，注册护士 3261 人，增长 15.3%。医院、卫生院 55 个，床位 1510 张；社区卫生服务中心 11 个，床位 607 张；拥有疾病预防控制中心（防疫站）、卫生监督机构、妇幼保健院各 1 个。新增家庭医生社区工作室 25 个。

雨花区政府机关大院文化中心 （唐清明 摄）

环境保护

2019 年，圭塘河水质年平均值近十年来首次达到Ⅳ类标准。浏阳河（雨花段）、双溪港、官桥撇洪渠水质稳定达到Ⅲ类。建成烟尘控制区 5 个，面积 47.60 平方千米；建成环境噪声达标区 5 个，面积 29 平方千米。空气质量良好天数为 277 天，达标率 75.9%；工业项目环保“三同时”执行合格率 100%；工业固体废物综合利用率 100%。总体水质满足Ⅲ类标准的断面比例（省控）100%。开工各类水利工程 21 处，投入资金 11253.75 万元，完成土石方 28 万立方米。农村居民安全饮水率 100%。城市生活垃圾无害化处理率 100%。城市公园绿地面积 354.33 万平方米，同比增长 1.2%。

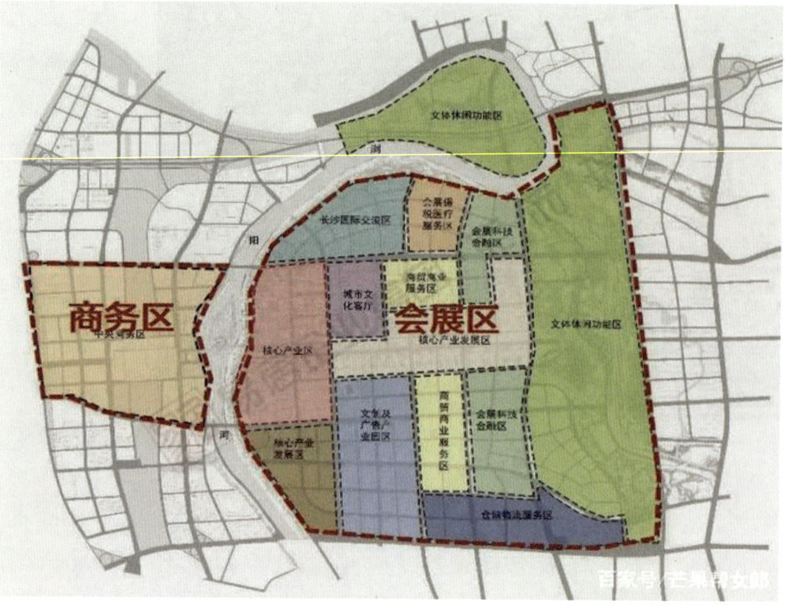

长沙高铁会展片区示意图　　（区档案馆 提供）

人民生活

2019 年，雨花区城镇居民人均可支配收入 59375 元，同比增长 8.9%。其中，工资性收入 31334.6 元，经营净收入 8931.8 元，财产净收入 5230.3 元，转移净收入 13878.3 元。全年城镇居民人均消费支出 49202.2 元。

社会保障

2019 年，雨花区新建民办养老机构 2 家、社区居家养老服务中心 6 个。川河苑、桃花苑等保障住房项目完成分房。新增就业 1.88 万人，同比增长 2.01%。其中，城镇新增就业 1.63 万人，增长 4.93%。年末城镇登记失业率 2.06%，实现失业人员再就业 6538 人。城镇职工基本养老保险参保人数 23.01 万人，城乡居民社会养老保险参保人数 6.61 万人，工伤保险参保人数 17.99 万人，失业保险参保人数 15.60 万人，生育保险参保人数 16.30 万人。全区各类收养性社会福利单位收养人员 1032 人，共有床位数 1426 张。城镇各种社区服务设施 1027 个，其中综合性社区服务中心 134 个。筹集社会福利资金 307.07 万元，直接接受社会捐赠 160 万元。全年发放城镇居民最低生活保障经费为 2138.93 万元，城镇居民得到政府最低生活保障人数为 3603 人；发放农村居民最低生活保障经费 409.59 万元，农村居民得到政府最低生活保障人数为 888 人，农村低保覆盖率 100%。

城市建设与管理

2019 年，雨花区高铁会展新城片区 10 个项目征拆清零，高铁吾悦广场开业，绿地长沙城际空间站建设加快推进。红星片区首开区拆迁腾地、合作开发前期工作有序推进，步步高星城天地、华悦广场等项目进展顺利。雅塘片区雅塘冲路（韶山南路至曙光路段）完成建设，车站南路、环线小学加快征拆。南部融城片区提质改造跳茅线、白金公路等县乡道 30 千米，硬化村组道路 42 千米。完成农村“五治”无害化厕所改造 3037 户，打造金屏小微水体示范片区，垃圾分类减量示范村创建达 100%，创建美丽屋场 10 个、美丽庭院 50 个。湘府路快改工程主线竣工通车，汽车南站综合交通枢纽建设竣工，高升路、侯照路、柳树塘路等 13 条市政道路完成建设，沙湾路（曲塘路至长沙大道）、梓园路、洞和路、同升湖路等道路完成提质改造。长仪棚改项目实现腾地，汽制、大吉、省机械化（一期）等棚改项目签约清零。提质改造老旧小区 10 个。新建 15 分钟生活圈 64 个，新（改）建农贸市场 15 个、停车场 20 个、新增停车泊位 8339 个，新（改）建人行道 58.66 千米、自行车道 93.5 千米、健身步道 6.5 千米、文化步道 1.2 千米。建成牛栏山公园（一期）、红一方面军红色文化主题公园等公园 5 个。完成电网“630”攻坚年度任务。推进垃圾分类，完成 93 座老旧站厕改造，144 个社区（筹委会）实现垃圾分类“全覆盖”。

雨花亭街道

区域概况

位置面积

雨花亭街道地处雨花区西部，西以韶山南路为界与天心区文源街道接壤，东以圭塘河为界与圭塘街道相接，北以南二环线和劳动东路为主界线分别与砂子塘街道、圭塘街道相接，南以香樟路为主界线与井湾子街道相连，是长株潭“三市融城”和雨花区“腹地开发”的战略要地。辖区内主要机关、企事业单位有湖南路桥建设集团有限公司、湖南省长沙水文水资源勘测局、湖南省中小企业服务中心（原有色冶金管理局）、长沙市公安局雨花分局、长沙市公安局交警支队雨花大队、长沙市公安局经侦支队出入境支队、长沙有色冶金设计研究院有限公司、长沙市中心医院、雨花区人民政府二办、明德雨花中学（原第37中学）、湖南有色金属职工中等专业学校、泰禹第二小学等。1959年，辖区面积24平方千米。1988年，辖区总面积16.6平方千米。2002年，辖区南北长5.2千米，东西宽3.1千米，总面积14.96平方千米。2012年1月街道被正式拆分后，辖区面积8平方千米。截至2019年年底，街道面积无变化。

建置沿革

民国前期，属长沙县管辖。1943年，属长沙外四区之一金盆区。中华人民共和国成立后，属长沙市人民政府金盆人民区公所。1950年，属长沙市政府郊区办事处金盆区。1956年，金盆区划分为金盆岭和雨花亭两个乡，是为雨花亭建乡之始。1958年，雨花亭乡、金盆乡合并为东风人民公社。1959年1月，并入长沙县。是年3月，改名为雨花亭人民公社，划归长沙市南区管辖。1960年1月，东风公社划归市内四区领导，改名为妙高峰公社（属南区）雨花亭分社。1962年1月，雨花亭公社重返郊区。1968年2月，因新修的韶山路贯穿全境，雨花亭公社改名韶山路公社，是为长沙市农村第一个公社革命委员会。1984年3月，韶山路公社改为雨花亭乡。1996年12月，雨花亭乡与井湾子街道合并，以乡建制。1997年7月，雨花亭乡更名为雨花亭街道。2011年3月，雨花亭街道拆分为雨花亭、井湾子2个街道。2012年9月10日，雨花亭街道办事处迁入雨花区香樟路778号金房万树丹堤裙楼办公。截至2019年年底，建置及街治无变化。

行政区划

1956年，雨花亭乡辖红旗社、沙湖社、五星社、赤花社、共青社、南长路社6个公社，侯家塘居委会1个社区居委会。1978年，辖红旗、东风、赤岗，金盆、新开、红卫、胜利、红星、莲湖、东方红、公社农科站、公社渔场、公社果林场13个社场。1982年，辖10个大队，1个渔场，1个农科站，1个果木场，共149个生产队。1988年，辖莲湖、红星、井塘、自然、石马、新开、石人、金盆、渔场9个村。1990年3月，金盆村因城市开发建设，农民转业转户，划归南区管辖，1993年，石马村划归南区。

1996年7月，长沙市区划调整，新开、石人、渔场3个村划归天心区，划入石马村，雨花亭乡辖自然、石马、井塘、莲湖、红星5村。是年12月，划入圭塘街道8个社区居委会。至此下辖石马、莲湖、自然、井塘、红星5个行政村和井圭路、芦家冲、中建五局（含冯家冲）、香樟路、红星、黑塘坡、赤岗岭、铁道、省路桥（以上9个居委会原属井湾子街道）、正圆、鼓风、自然岭、井塘、井巷、雅塘村一委和二委及三委（以上8个居委会由圭塘街道划入）共17个社区居委会。2001年10月，17个社区居委会调整合并为赤岗岭、香樟路、自然岭、黑塘坡、井圭路、雅塘冲、路桥、华云、正圆、井塘、井巷、学堂坡、井湾子、冯家冲、雨新路15个社区居委会。2003年10月，设立融城苑社区居委会。2004年3月，设立三湘社区居委会。2005年9月，设立新星社区居委会。2007年5月，设立德馨园社区居委会。2008年，成立自然社区筹委会。2009年，成立井塘社区筹委会，设立红星农博社区居委会。同年7月，撤销学堂坡社区，将学堂坡社区并入井塘社区；撤销黑堂坡社区，将黑堂坡社区并入路桥社区；设立红星农博社区。2010年5月，红星村成立红星社区筹委会进行村改社区试点。

2011年3月，辖石马、自然、井塘（部分）3个社区筹委会，正圆、雨新路、自然岭、路桥、雅塘村、华云、新星、井塘8个社区居委会，红星社区筹委会樟树屋、北冲尾2个村民小组。2012年7月，设立香南郡、麻塘桥2个社区居委会，井塘社区居委会更名为曲塘社区居委会。2016年4月，自然社区筹委会与自然岭社区合并为自然岭社区，石马社区筹委会与雅塘村社区合并为雅塘村社区。截至

麻塘桥社区公共服务中心　（雨花亭街道 提供）

2019年年底，街道辖曲塘、雨新路、路桥、正圆、新星、自然岭、华云、雅塘村、香南郡、麻塘桥社区10个社区居委会，井塘1个社区筹委会。

人口民族

雨花亭街道辖区人口以汉族为主。1982年，全社总户数6355户，总人口24954人，其中农业户6174户，农业人口23564人。1987年末，雨花亭乡总户数4590户，其中农业户4574户；总人数16285人，其中农业人口16233人；人口密度每平方千米981人。1988年末，总人口1.65万人。1995年末，总户数4250户，其中农业户4220户；总人数13064人，其中农业人口13024人；人口密度每平方千米886人。1996年末，辖区以城市人口为主，总户数11379户，总人口48540人，其中农业人口12826人。2002年末，总户数20255户，其中农业户2742户；总人口93363人，其中农业人口10966人。2005年末，总户数25380户，总人口11.13万人，其中男性58591人，非农业人口93527人，未落常住户口人员5874人；计划内生育率99.76%。2006年末，总户数27324户，总人口114493人，其中男性60857人。2008年末，总户数31872户，总人口数111570人，其中男性58678人，非农业人口96253人，未落常住户口人员2571人。2009年末，总户数33196户，总人口数109468人，其中男性57639人，非农业人口94835人，未落常住户口人员1700人。2010年末，总户数34540户，总人口10.83万人，其中男性57268人，非农业人口94742人，未落常住户口人员231人。

2011年3月街道经批复析置后，总人口5.8万人（含流动人口）。2013年末，总户数15692户，总人口40855人，其中非农业人口32397人，男性23069人。2014年末，总户数16471户，总人口45159人，其中非农业人口36845人，男性22603人。2015年末，辖区户籍人口全部转为城镇人口，总户数17157户，总人口46133人，其中男性23069人。2016年末，总户数18198户，总人口48408人，其中男性24127人。2017年末，总户数19358户，总人口49975人，其中男性24619人。2018年末，总户数20232户，总人口51832人，其中男

性25332人。2019年末，总户数20771户，总人口52692人，其中男性25567人，年度出生705人，死亡343人，迁入1925人，迁出348人。

| 经济发展 |

经济综述

改革开放前，雨花亭乡境域经济主要以种菜为主，兼种水稻。改革开放后，逐渐由乡镇企业发达的城郊型经济转变为工业、商贸业发达的城区经济。1987年，社会总产值5961.19万元，人均纯收入815元。1988年，辖区工业总产值7200万元。1994年，实现社会总收入54415万元，人均纯收入1860元。2002年，雨花亭街道工业企业385个，服装、制药、食品、机械制造、印刷成为街道工业的支柱产业，实现工业总产值4.72亿元，年产值百万元以上的规模企业24家，产值2.77亿元，占工业总产值的58.6%。2003年，完成财税总收入4078万元，实现企业总产值11.13亿元，引进市外境内资金33900万元，引进外资570.8万美金。2004年，完成两税收入6890万元，实现企业总产值12.95亿元，完成一般预算收入4888万元。2005年，完成一般预算收入10077万元，完成两税税收12933万元，率先跻身全区亿元街道。2006年，完成财政总收入14257万元，其中财税收入14139万元。2007年，完成财政总收入2.2亿元。2010年，街域经济形成主导产业与配套产业并存、传统商贸逐步向现代商贸转变、纯房地产向商务楼宇经济转变的格局，涵盖以井湾子家居产业片区、南二环美食一条街等为代表的特色经济，以韶山南路沿线中建大厦、红星国际、华翼府等千万级楼宇为代表的楼宇经济，以通程国际、融程国际等为代表的现代服务业，以红星美凯龙、井湾子国际家居广场等为代表的现代商贸业。

2012年，完成税收1.3亿元，实现固定资产投资30.2亿元。2013年，完成税收49858万元，实现固定资产投资37亿元，到位外资1880万美元，省外境内资金、市外境内资金形成固定资产12.7亿元，外贸进出口1199万美元。2014年，完成税收收入55380万元，实际到位外资3500万美元，省外境内资金4亿元，市外境内资金形成固定资产72240万元，外贸进出口2400万美元。2015年，完成财政收入6.31亿元，固定资产投资49.39亿元。2016年，完成财政收入7.02元，固定资产投资57亿元。2017年，完成财税收入7.43亿元，固定资产投资46.38亿元。2018年，完成财政收入9.81亿元，固定资产投资42亿元。2019年，街道实现固定资产投资43亿元，全年新增限上单位13家。街道形成以西南向（韶山路、香樟路）楼宇经济带为龙头，东北向（二环线、劳动路、万家丽路）腹地开发为中心的“一街双向”发展格局。

项目建设

2003—2007年，雨花亭街道引进湘海缘酒楼、延年酒店、华都酒店、红星美凯龙家居生活广场4个规模内资项目；阳光在线、上海城、红星肉食加工基地、花卉大世界、井湾子精品家具城、农博中心北侧商业住宅、红星水果市场商业住宅、红星水产市场休闲娱乐高层、红星国际大酒店、莲湖大厦二期商业门面等上百个项目落地建成；推进湖南女子学院扩建、国际汽车城、华盛世纪新城、国人城等项目。2006年，红星商圈正式列入长沙市“十一五”发展规划。2007年，红星商圈一期用地及项目建设由红星实业集团和深圳德思勤投资有限公司签约，红星商圈核心区开发项目进入实质性阶段。2008年，有华盛世纪新城、万科·金色家园、香颂国际、上海城、华翼府、湘水一城、山水庭院、汇城·上筑、融城国际、红星国际星城等22个房地产项目启动开发，其中有11个产生税收；国人城项目交地13.33余公顷供房地产开发商使用。2010年，融

长沙华翼府同仁堂　　（雨花亭街道 提供）

科东南海、英郡年华、湘水一城、城南故事、上海城三期、万树丹堤、汇城上筑、天凯东苑、新华盛云鼎、瑞都华庭等20余个项目开工建设。2011年，有融科东南海、天凯东苑、上海城、德思勤城市广场、华悦城、新盛珑景台、华盛世纪新城、莲湖汽配大市场二期等17个在建项目，建设施工总面积206万平方米，完成投资26.5亿元；有上海城、湘水一城、城南故事家园、红星家具城A片区、融城花园酒店等13个销售项目；有香格里香樟小区、高峰御园、鑫秋大厦、太阳城、通程井塘国际酒店、湘丽名苑6个待建项目。

2012年，有在建项目7个，待建项目5个。融科东南海、英郡年华、香樟兰亭项目完成一期销售，进入二期开发，累计销售面积50万余平方米；井塘国际大酒店、香格里香樟小区均进入拆迁扫尾、项目启动阶段。2013年，有清溪川9号和香樟鑫都、英郡年华项目、融科东南海等在建项目11个。通程井塘国际大酒店项目于4月12日奠基开工，天街国际广场于9月启动。2014年，有乐尚城和清溪川九号等在建项目19个，占地面积约63.61公顷，总建筑面积230.79万平方米，完成投资额19.8亿元；有待建项目6个，涉及土地总面积18公顷；清溪川9号、旭辉香樟公馆、五江天街、蓝光幸福满庭项目进入销售阶段；雅塘片区改造被列入长沙市重点工程建设项目。2015年，有在建产业项目万坤图财富广场、五江天街国际广场等10个，占地面积42.67公顷，总建筑面积241万平方米，全年投资额约32亿元；有待建项目航空路、嘉天广场等7个，涉及土地总面积约40.73公顷，总投资约70亿元。2016年，投资项目18个，其中：续建项目12个，新建项目2个，待建项目4个。推动五江天街（北）二期、乐尚城、叠彩兰亭、五江天街（南）等14个在建项目，投资额22亿元，占地面积约59.34公顷。同年11月，中城苑项目开工建设。2017年，有五江天街、叠彩兰亭、清溪川9号等在建产业项目8个，占地面积51.8公顷，总建筑面积233.5万平方米，全年投资额83.9亿元。2018年，投资项目15个，占地近73.33公顷，其中：续建项目7个，新建项目7个，待建项目1个。推动五江天街（南）、正圆世贸圭塘河流域城市海绵公园等在建项目，投资额约130亿元。2019年，有产业项目9个，项目计划总投资81亿元。五江·碧桂园、世茂璀璨、华润·翡翠府3个项目均实现预售，圭塘河城市双修海绵公园项目顺利推进。

香樟兰亭　（雨花亭街道 提供）

清溪川9号二期　（雨花亭街道 提供）

雅塘片区综合改造项目　位于雨花区雨花亭街道辖区内，由韶山路以东、劳动东路以南、万家丽路以西、车站南路、二环线及雅塘冲路南北两厢范围组成，总面积约260.93公顷，可开发建设用地约97.73公顷，其中集体土地49.86公顷，国有土地43.87公顷。项目于2013年被列入长沙市重点工程建设项目，2014年8月25日启动，总投资估算为88.6亿元，是含“城中村”及棚户区改造于一体的综合性片区改造开发项目。项目内含棚改项目10个、集体土

雅塘片区　　（区融媒体中心　提供）

雅塘冲路　　（区融媒体中心　提供）

地项目18个和公墓搬迁项目3个。一期主要项目包括石马村集体土地征拆和整村改造、华云湖南省华云机器厂棚户区改造，项目面积约300公顷（未含民政学院、中心医院），完成石马社区筹委会安置房建设用地14.74公顷的统征。2015年，有关长沙雅塘片区的规划方案出炉，规划用地面积489.11公顷。项目建设内容包括安置房建设、道路基础设施建设、电网迁移、集体土地及部分国有土地整理改造开发建设。规划建设成环境优美、设施完善、集居住、商业商务、现代服务、教育科研等功能于一体的综合片区。片区干路网形成“七横六纵”格网式的格局。“七横”：新建路＋劳动东路、车站南路、南二环、竹塘路、雅塘冲路、曲塘路、香樟路；“六纵”：韶山南路、曙光南路、洞井路（东二环南延线）、圭香路、圭塘路、万家丽路。2016年，启动雅塘村社区棚改项目，项目占地约11.2公顷，共计征收居民1771户。2017年，雨花区雅塘片区启动新一轮三年计划综合改造，完成湘民制药厂、白云电器厂等棚改项目征收。2018年，雅塘村小学宿舍棚改项目签约清零并交地，雅塘冲路（自然段）、洞井路调规项目、儿童福利院项目3个项目67栋私房签约清零并交地。2020年11月，雅塘片区雅塘冲路（东投）征拆签约清零。

井塘片区产业项目带　是2012年雨花亭街道析置后的重点产业带和商圈建设带。该片区共分为5个项目：曲塘路项目用地约4公顷，其中一层商业开发约6000平方米，总投资12亿元；木莲冲路项目用地10.7公顷，总建筑面积约60万平方米，总投资约35亿元；井塘超市项目用地占地3公顷，建筑面积约2.8万平方米，总投资约5亿元；通程酒店项目占地约2.13公顷，建筑面积约2.47万平方米，总投资约6亿元；村民公寓安置项目共4栋，建筑面积约占13平方米，可安置1100余人，投资约3亿元。

井塘片区产业项目带　　（区档案馆　提供）

长沙市儿童福利院项目　位于雨花区雨花亭街道雅塘村社区，系长沙市“十三五”重点民生建设

长沙市儿童福利院施工图　　（区融媒体中心　提供）

项目，2019年5月30日启动建设，6月26日完成施工合同签约，由湖南省沙坪建筑有限公司施工建设，建成后成为全市首家专业大型儿童福利机构。项目为总建筑面积41423.17平方米、总规划用地面积65268平方米、净用地面积49681平方米的儿童福利院，共设计床位1000张，预计项目投资3.38亿元。该院包括教育培训及社工中心、康复中心、儿童养护中心、医疗中心等功能区域，设有儿童活动场地，为孤弃儿童、困境儿童等群体打造学习、生活、治疗、康复等于一体的场所。

清溪川9号项目　位于雨花区圭塘河与木莲冲路交会处，由湖南润和房地产开发有限公司投资开发，于2013年1月开工，2018年1月开盘销售，总占地面积6.4公顷，总建筑面积23.82万平方米，规划定位为高端住宅，布局以点式住宅组团为主，两大组团园林。

农业

1953年，辖区自然岭乡易其昌互助组首次采用盐水选种。20世纪80年代开始，从国内外引进生菜、结球生菜、紫生菜、芥菜、包心芥菜、香港竹芥、白花芥蓝等蔬菜品种，从野生植物中提纯复壮并推广荠菜、鱼腥草等品种，以云南挂丝红莴笋和云南圆叶莴笋取代本地竹筒莴笋。养殖业主要以家畜和家禽为主，分别为猪、牛、羊和鸡、鸭、鸽、鹌鹑。1980年，蔬菜种植面积272公顷，上市2270千克，产值165万余元，亩平均收入406元；稻田138.67公顷，粮食总产172.5万千克，平均亩产831千克；肥猪1230头，鲜鱼2300担，牛奶36.5万千克，柑橘3000余担，蘑菇15500千克，茶叶100余担。1982年，辖区土地面积1020公顷，其中耕地467.33公顷，山地133.33余公顷，水面58公顷。1987年，有农业人口16233人，人均耕地0.022公顷。1992年，从省外贸公司引进美国王肉鸽，发展肉鸽养殖。1993年，省政策研究室干部肖建国在雨花亭乡红星村万西湾组兴办肉鸽养殖场，省妇联以此作为湖南省农村妇女“双学双比”实用技术培训中心，开展肉鸽饲养培训，给养殖户提供种鸽并负责回收乳鸽。自1994年开始，开始少量引种草莓，截至2001年年底，共种植草莓40余公顷。1995年，有农业人口13024人，人均耕地0.021公顷。1996年，境域内种植蔬菜118.24公顷。2000年，辖区耕地面积260.3公顷，园地面积56.1公顷。2002年，蔬菜种植121.27公顷；肉鸽饲养培训中心自养种鸽1600对，在长沙地区设乳鸽收购养殖点4个，备有种鸽6000对，每月出笼收购乳鸽8000羽，除送售酒店和批发商店外，中心自创“一品九”牌烧烤乳鸽进入超市。2008年，辖区耕地面积20.9公顷，园地面积7.04公顷。随着“城中村”改造进程加快，截至2019年年底，该产业退出历史舞台。

林业

辖区内林业开发以经营苗木和松杉、杂木材为主。1992年，雨花亭红星村兴办木材交易市场，全省各地50户木材经营户入场，年经营额上亿元。区内晚安、星港、时代、汇丰、华丰等家具生产企业相继出现后，红星、宝马、南湖等家具市场应运而生，家具销售额逐年攀升。2000年，辖区林地面积70.4公顷。辖区内自然村引进的新加坡“威策竹制品有限公司”生产一次性竹筷子外销，2003年出口竹筷600万双，销售收入70万港元。2008年，辖区林地面积37.06公顷，草地面积5.98公顷。随着“城中村”改造进程加快，至2019年，该产业退出历史舞台。

工业

1980年，辖区有社办企业15个，队办企业28个，总产值1200万余元，主要产品23种，其中远销省内外的有自来水铸件、单人钢丝床、药用铁粉、印刷烘干机、矽砂等。1991年12月，雨花亭乡汽车缸套厂被省科委、省乡镇企业局确定为全省第一个乡镇企业科技示范企业。1995年，辖区有乡直企业8家，村办企业86家，村以下企业1058家。1996年，辖区内自然村筹建民营工业园，共建车间90栋，总建筑面积6万平方米，工业园以“民营”立园，全部引进私营企业；1997—1998年，园区引进企业15家，其中1998年实现年产值500万元，税后近100万元；2001年，入园企业31家，引进资金5000万元，其中简四毛食品有限公司、磐吉奥工业有限公司成为园区规模企业；2002年，入园企业6家，至年底园区企业49家，营业收入7566万元，企业总产值7969万元，工业增加值

1831万元，上缴税金204万元，企业出口交货额1835万元，招商引资6000万元。2002年，全街工业企业385个，服装、制药、食品、机械制造、印刷成为街道工业的支柱行业；完成工业总产值4.72亿元，比1988年增长6.6倍；年产值百万元以上的规模企业24家，产值近2.77亿元，占工业总产值的58.6%。其中，年产值500万元以上的民营工业有宏生堂制药有限公司、博雅服饰有限公司、天剑制衣厂、精达印刷制品厂、莲湖铸铁制品厂、正大加热器厂、泰宝制药有限公司、磐吉奥（湖南）工业公司、正旺食品有限公司、简四毛食品有限公司、莲湖医用氧气厂、大光明灯饰有限公司12家。2005年，完成规模工业总产值11.05亿元，营业收入1000万元以上规模工业企业主要有：长沙莲湖铸铁制品厂、湖南宏生堂制药有限公司、湖南博远皮革制品有限公司、湖南正旺食品工业有限公司、长沙工业泵总厂、中建（长沙）不二幕装饰有限公司、长沙三兴纺织有限公司、长沙天鹅工业泵有限公司等。2006年，完成规模工业总产值18.73亿元。2009年，新增规模工业企业“清之源环保科技有限公司”1家；配合自然村“城中村”改造，引导树木岭工业园30余家企业整体搬迁至湖南环保科技产业园。2010年，完成规模工业总产值21.27亿万元。

长沙鼓风机厂　　　　（唐清明　摄）

2012年，完成规模工业总产值9.72亿元。2013年，完成规模工业总产值8.88亿元。2014年，完成规模工业总产值4.8亿元。2015年，营业收入2000万元以上规模工业企业共2家：湖南正圆动力配件有限公司、长沙鼓风机厂有限责任公司，全年实现工业总产值2.23亿元（正圆0.568亿元、鼓风1.666亿元）。2016年，完成规模以上工业总产值1.7亿元。

商贸服务业

1991年，全区供销合作社的联合组织和管理机构——郊区供销合作社联合社（简称联社）从八一路迁至雨花亭乡新塘冲办公，1992年成立长沙市郊区供销总公司，联社促进辖区商业经济的发展。1996—2002年，辖区内商贸业以红星大市场和中国现代农业博览中心为龙头，建成韶山南路商业带，韶山南路5千米长路旁有涟源百货城、红星花卉市场、红星水果市场、红星建材市场、宝马家具城、长沙布市、泰阳电器商城等大型商贸市场；北部在二环线建成1.5千米长的美食街，汇集菩提树、一路吉祥、大佛口、西湖楼等9家大型餐饮店。2002年，全街商贸、餐饮、服务业有1807家，占街道企业2212家的81.7%，年产值4.25亿元，占全街道产值的43.32%。2005年，实现社会消费品零售总额30.12亿元。2006年，实现社会消费品零售总额35.48亿元。2008年，提质改造德馨园农贸市场、井湾子农贸市场、三湘农贸市场；提质发展二环线美食街等餐饮实体。2009年，举办首届农博美食文化节、“2009品味家具，快乐消费”系列活动、“2009第二届快乐沙化节”等10余个商贸活动；中建五局农贸市场、井圭路生鲜市场2个农贸市场建设提质工程完工通过验收。2011年，形成华翼府、香颂国际、中建大厦、红星国际等商务楼宇的企业汇聚；融程花园酒店试营业。

香颂国际　　　　（雨花亭街道　提供）

2012年，实现限上企业社会消费品零售总额6.1亿元。2013年，实现社会消费品零售总额8.66亿

湘府新都大酒店　　（雨花亭街道 提供）

元。2014 年，实现社会消费品零售总额 10.07 亿元。2015 年，实现限上社会消费品零售总额 9.94 亿元。2016 年，实现限上社会消费品零售总额 8.67 亿元。2017 年，实现限上社会消费品零售总额 11.62 亿元。2019 年，实现限上社会消费品零售总额 9.4 亿元；微地生鲜农贸市集开业，占地面积 1900 余平方米，包括蔬果区、水产区、粮油干货区；举办五江天街美食文化节活动。雨花亭井塘商圈周边辐射的生活小区有五江天街、英郡年华、融科东南海、乐尚城、新星小区、万坤图财富广场、香樟兰亭、香樟鑫都、香樟公馆等。街道商业布局有以湘府新都大酒店、通程大酒店为主的酒店群，有以通程商业广场、乐尚城家润多超市、五江天街风情一条街（主要为餐饮）为主的商业和超市群。

基础设施

交通运输

20 世纪 60 年代，韶山路修建，加快雨花亭辖区与城区的融合。截至 1987 年，辖区内的乡村公路有：石新路（石马铺—新塘冲）、新铁路（新开铺—铁道学院）、筑王路（筑路厂—王家屋）、矿筑路（矿山厂—筑路厂）、井井路（井湾子路—井巷路）、杨罗路（杨梅山—罗家咀）。1988—1989 年，建设完成香樟路（女子监狱至圭塘河段）。进入 21 世纪，随着长株潭一体化的进程加快，辖区的交通区位优势越发凸显。2003—2007 年，迎新路、韶洲路、洞井路等道路建设项目相继开工。2006 年，二环线（南二环）全线贯通。2008 年，有曲塘路、航空路、井圭路西段等 9 条道路启动建设，井圭路东段竣工通车。2009 年，洞井路（电力路—湘府路段）动工；曲塘路二标段全线通车，一标段进行道路施工；井圭路全线通车。2010 年，完成建设路、红星路 36 户和村组门店市场的拆迁，道路建设开工。2010 年 6 月，长株潭城际铁路开工建设，辖区内设香樟路站。2011 年，曲塘路（万家丽路—洞井路）竣工通车。2013 年 8 月，井塘路（圭塘路—北冲路）竣工。2015 年，洞井路（香樟路—雅塘村路）竣工通车。2018 年，圭塘路（曲塘路—香樟路）建成通车，车站南路（劳动路—桔园立交桥）动工。2019 年 1 月，洞井路（雅塘冲路—劳动路）北段建成通车。2019 年 1 月，曙光路（香樟路—车站南路）竣工通车，雅塘冲路（韶山路—洞井路）动工。截至 2019 年，街道公路交通南北走向“五条”：韶山中路、洞井北路、曲塘路、曙光路、万家丽路，东西走向“四条”：南二环、曲塘路、香樟路、木莲中路，构建“五纵四横”的路网骨架。

2013 年 8 月，井塘路（圭塘路—北冲路）竣工
（雨花亭街道 提供）

城市建设与管理

1999 年起，雨花亭街道雅塘村小区共投入资金 300 万余元，改建道路 440 米，修建花坛 20 余个，增建行道绿化带 4000 米，修建两个广场（中心广场和草坪广场）、两个中心（商贸中心、社区教育中心）。2000 年，雨花亭街道辖区城镇用地面积

640.5公顷，村庄用地面积130公顷。2003—2007年，雨花亭街道启动石马村、莲湖村的“城中村”改造项目；建设农民安置房206栋，建筑面积29.37万平方米，安置村民689户2489人；规范改造劳动东路、韶山南路、二环线、井圭路沿线的户外广告，指导帮助湖南省交通职业技术学院创建为市级花园式单位。2007年，红星市场引进专业公司对其清扫保洁进行承包，首开长沙市大型市场保洁市场化运作先河。2008年，辖区城镇用地面积912公顷，村庄用地面积299.77公顷；重点整治红星大市场、涟源百货城及周边环境，对树木岭工业园及圭塘河沿线的企业开展污染源综合整治工作。2009年，井塘村占地51.33公顷的恒宇宙和天轮公司建设用地交地；莲湖、红星村内的油漆市场实现整体搬迁；完成汽车制造厂危房改造220平方米，正圆公司危房改造建筑面积1090平方米。2010年，完成红星商圈80余户的拆迁，圭塘河风光带46户的拆迁，木莲冲路33户的拆迁，圭塘路三标55户的拆迁，井塘村保障住房23栋、莲湖保障住房24栋的拆迁。2011年，拆除在建、历史违章建筑6000余平方米；拆除自然保障住房7.13公顷中的33269.42平方米。

2012年，雨花区农村拆迁保障住房星城新宇·颐景苑项目主体工程奠基。2013年，日常拆违24处，面积12788平方米，共补绿6000平方米、修补路面2000平方米；拆除圭塘路路幅内违章建筑1000余平方米并交付道路建设，3000平方米的井塘机械化公司办公楼完成自拆，地铁、城铁换乘枢纽站树木岭站总面积近6000平方米临街门面的三栋私房、一栋厂房全部拆除；民政学院扩征项目完成剩余房屋的签约和拆除；航空路完成南侧路幅所有房屋的拆除腾地以及220千伏高压杆线迁移。2014年，圭塘河综合整治配套工程项目已拆自然村工业园村组厂房约6.7万平方米；欧亚达项目（即圭塘村生产安置项目）完成4栋6户的签约和1栋集体厂房的搬迁倒地。

2015年，启动华云棚改项目，签约451户，征拆率为96.8%；井塘村“城中村”改造拆除房屋87栋、建筑面积约3万平方米，违章建筑38处，各类违章建筑1.7万余平方米，完成两年计划任务的29%；石马“城中村”改造，拆除违章面积6.5万平方米。对麻塘桥、香南郡、曲塘社区阵地全面实施标准化提质改造。2016年，完成腾地37.67公顷，拆除房屋面积15万平方米，圭塘河改造工程配套（“215”项目）、劳动路、国人城凯兴、天凯东苑等项目实现扫尾清零。2017年，涉拆项目12个，其中5个项目结算交地建设。组织进行三批次分房交房工作，共分房334套，安置491人，其中井塘社区筹委会井塘苑保障房分房17套，自然社区筹委会颐景苑保障房分房371套。2018年，有16个征拆项目，包括8个续拆、8个新启动项目。完成华云机械厂、雅塘村社区2个棚改项目整体交地；雅塘村小学宿舍棚改签约清零；完成自然村3个协议拆迁项目（洞井路、雅塘冲路、儿童福利院）签约拆除腾地；雅塘冲路（石马村段）、雅塘冲路扩征、中城苑补征3个集体土地项目清零倒地。安置征拆对象177人，分房148套。2019年，街道有8个征拆项目。汽车制造厂宿舍棚改项目（占地0.61公顷）、大吉门窗厂宿舍棚改项目（占地0.53余公顷）两个项目240户签约清零；完成长沙市第一福利院项目的征拆，拆除私房11栋，腾地0.89公顷；完成长沙市儿童福利院、地铁4号线等8个项目结算，结算交地10.67余公顷。

星城新宇·颐景苑项目　位于雨花区雨花亭街道航空路南侧，于2012年6月18日奠基，是长沙市首个最大的农村拆迁保障住房建设项目，可为雨花区3300名拆迁农民提供新居。项目总建筑面积31.8万平方米，可提供农村保障住房2560套。

2012年6月18日，星城新宇·颐景苑农村拆迁保障住房项目奠基　（雨花亭街道　提供）

中城苑项目　位于雨花区雨花亭街道，于2016年11月开工建设，是长沙市重点民生农民拆迁保障住房项目。项目占地10.67公顷，共有保障

中城苑保障住房建设　　（区融媒体中心 提供）

住房1946套，可安置总人口3321人。总建筑面积36.38万平方米，其中1栋为幼儿园，8栋高层，3栋高层酒店式公寓，12栋独立商铺和社区办公用房，设置3个独立的地下室。2020年7月，项目一区交房，共686套。

社会事业

教育

中华人民共和国成立后，将辖区内植槐小学更名为自然岭小学。1980年，公社境内有6所中学，13所小学。1984年，创办长沙市第三十七中学，为长沙市示范性寄宿制完全中学。1995年，有乡办中学1所，乡办村小学8所。2002年，辖区内有长沙市第三十七中学、井湾子中学2所中学和6所小学；大中专学校有长沙民政学院、长沙环保学校、省轻工业学校、省交通职业技术学院、省行政学院等多所。2009年，有大、中、小学18家，有证幼儿园34家；投入135万元用于学区学校教育建设，发放33.2万元用于弥补学校教育经费不足和教师目标管理资金；印发《社区、村和学校教育工作责任追究制》的通知，并与学区各学校签订“控流保学”责任书。2013年，社区学校开设失地农民（农村劳动力转移）培训课程，培训3200人次。2015年，辖区内有17所托管机构，7所幼儿园，2所小学，1所中学，1所中专。街道重视发展社区教育，社区学校开设失地农民（农村劳动力转移）培训课程，全年培训3200人次。2018年，推进小区配套幼儿园整体移交工作，5所私立幼儿园顺利移交。2019年，注重社区教育师资库建设，定期开展社区学校（学习中心）培训，积极申报长沙社区大学活动周送课。社区学校（学习中心）开设文化、艺术、体育等培训课程，全年开展培训110余场次，6400余人次参与培训。截至2019年年底，辖区内有明德雨花实验中学1所中学，枫树山东南海小学、泰禹第二小学、雅塘村小学、锦源小学、自然岭小学5所小学，区教育局第四幼儿园、东方幼儿园、红苹果幼儿园、华星幼稚园、常青藤国际双语幼儿园、小哈佛新星幼稚园、华龙第二幼稚园、未来之星幼儿园、麦田青青幼儿园、绿桥幼儿园、煜睿艺术幼稚园等21所幼儿园，湖南医药职业中等专业学校1所大中专院校，以及3所培训机构、1所终身教育社区学校、8所终身教育社区学习中心。

明德雨花实验中学　位于雨花区洞井路与曲塘路交会处东北角，前身为长沙市第三十七中学，始建于1984年，是长沙市示范性寄宿制完全中学，2015年4月与明德集团开始联合办学，更名为明德雨花实验中学。学校占地8公顷，建筑面积28930平方米。有初中、高中共53个教学班，师生人数2500余人。获评全国青少年校园足球特色学校。2012年，学校在雨花区率先提出并践行生命教育。2015年，美术、音乐、体育类考生上二本以上者达31人，居雨花区之首。2016年，高考一本上线率10.4%；二本上线率37%；初三中考一次性合格率91.85%，直升生31人。

自然岭小学　位于雨花区自然岭路123号，始建于1926年，原为王姓族学，后发展为地方学校，取名植槐小学，1952年由人民政府接收，命名为自然岭小学，1968年改名为胜利小学，1982年恢复自然岭小学名称。

锦源小学　位于雨花区树木岭路388号，前身为正园小学，创办于1968年8月，1997年归属于雨花区。学校占地面积约 4000 平方米，校舍总面积 3032 平方米。

锦源小学　　（雨花亭街道 提供）

雅塘村小学　位于雨花区自然岭路与洞井路交会处东北角，创建于 1983 年 2 月，作为住宅小区的配套设施，由住宅开发单位原“西区开发公司”兴建。1985 年，新扩建 700 平方米的风雨操场；1987 年，建“爱雅园”“寿华亭”；1992 年，加盖一层 650 平方米的教学楼；1998 年，建成计算机教室，创建成为市级示范性学校；2000 年，首批成为长沙市现代教育技术实验学校。2003 年，雅塘村第二小学并入雅塘村小学。2006 年，完成塑胶跑道建设，新建约 300 平方米的学生宿舍，装修、改建教学楼 2000 余平方米。

枫树山东南海小学　位于雨花区曲塘路与洞井路交会处东北角，由融科地产开发建设，于 2013 年 8 月创建，是与枫树山小学联合办学的公办小学。学校占地面积 14400 平方米，校舍建筑面积 8500 平方米，绿化面积 5000 平方米，体育活动面积 6000 平方米。

泰禹第二小学　位于雨花区圭塘路（新星小区对面），由雨花区东方红小学原址改建而成（2019 年 3 月东方红小学更名为泰禹第二小学），于 2018 年 5 月动工建设，2019 年 8 月 28 日竣工揭牌。总用地面积 20220.94 平方米，总建筑面积 16507.35 平方米，拥有三栋教学楼、一栋综合楼及专业的篮球场、田径场，规划开设 42 个教学班。泰禹第二小学于 2019 年秋季正式开学，与泰禹小学资源共享、课程对接，让两校学生共享优质教育资源。

2019 年 8 月 28 日，泰禹第二小学揭牌（雨花亭街道 提供）

文化体育

2003—2007 年，雨花亭街道举办“温馨家庭·和睦邻里·和谐社区”首届邻里活动节，开展送电影和送文艺晚会进村、进社区活动，推出小义工暑期“我成长 我快乐”活动、“街舞比赛”、社区文化节等活动。2007 年，成立社区文化超市，创作谱写街歌《雨花亭之歌》，拍摄街歌的 MTV。在全省率先成立街道工委党校，规范全街党员干部的教育培训。2008 年，举办“端午诗会”“国学新解话文明”“亲情教育育文明”“商社共建树文明”等系列活动。2009 年，组织开展雨花区第八届社区文化节暨雨花亭腹地开发文艺会演、新春佳节人人乐文艺会演、中秋庆国庆文艺晚会等大演出活动 6 场；辖区 5 村建成文化信息资源共享工程基层服务点；新星社区申报全区示范性图书漂流岛并通过验收。2010 年，莲湖、红星、石马 3 个示范性农

2019 年“欢乐潇湘·品质长沙·幸福雨花”文艺活动（雨花亭街道 提供）

家书屋和三湘社区示范性文化活动室建设启动。

2012 年，成立“锋尚志愿服务团队”；路桥社区在全市率先启动“文化渗透”工程，锻造贴近社区居民的“五大文化品牌”。2013 年，完成示范性街道文化站、雨新路社区文化活动室、3 个农家书屋、乒乓球场所、室内健身房的建设和开放任务；开展传统戏剧进社区、木偶皮影进社区等活动；雨花亭街道舞蹈《竹林晨曲》作为雨花区唯一团队参加全省“欢乐潇湘”群众文艺会演获一等奖；参加长沙市第八届运动会羽毛球项目，获得二金、三银和三铜。2014 年，完成图书室、公共阅览室、文化信息资源共享工程室和培训教室共 400 平方米的阵地建设，投入近 20 万元经费专项采购图书、电脑等设备；举办“欢乐大潇湘·爱在雨花亭”系列活动；组织社区居民观看湖南省花鼓戏保护传承中心的惠民演出。2015 年，开展“传统戏曲进社区”“红色经典进社区”“红色助残月”“中华经典诵读”等群众文化教育活动；对街道综合文化站和曲塘文化活动室进行全面提质改造；为麻塘桥社区申请 3 套室外健身路径，为正圆社区、华云社区、雨新路社区等申请 6 套健身路径、2 张乒乓球桌以及 1 个篮球架；全街登记在册的市民文艺队伍有 4 支（包括路桥艺术团、金秋艺术团、自然艺术团、新星艺术团），参与群众 500 余人次。2016 年，开展“传统戏剧进社区”“经典电影进社区”等惠民文化活动。2018 年，开展各类创建活动 22 次，街道文化站成功申报湖南省第一批文化消费试点单位。2019 年，新增 8 套体育实事工程项目设施设备，辖区内香南郡社区老年人活动中心提质成功；举办雨新路社区首届全民趣味运动会，吸引 300 余名社区居民参加。

雨花亭街道综合文化站　位于雨花区香樟路 778 号万树丹堤楼盘东北角二楼，占地面积为 1200 余平方米，是投入近 200 万元打造的一个集学习、健身、娱乐为一体的文化活动中心。中心内部设置 8 个功能室：乒乓球室、健身室、舞蹈排练室、图书阅览室、电子阅览室、教育培训室、电影放映室以及棋牌室。配备电脑 12 台，电脑桌椅 12 套，3D 投影仪 1 台，室内健身器材 10 套，音响、功放、话筒 2 套，棋牌室桌椅 4 套，各类书籍 5000 余册。

雨花亭街道综合文化站　（雨花亭街道 提供）

长沙市图书馆雅塘分馆　位于雨花区雅塘路 258 号汇城上筑小区 3 栋架空层，于 2018 年 1 月 3 日开馆，占地面积 100 余平方米，是雨花区首家由农家书屋转型升级的图书馆。馆藏文史哲类、儿童读物等书籍约 1 万余册，分馆开展不同类型的主题活动（如读书会、亲子、沙龙、社区公益大讲堂等），推广全民阅读。

2018 年 1 月 3 日，长沙市图书馆雅塘分馆开馆仪式
（雨花亭街道 提供）

医疗卫生

1980 年，公社办有卫生院，每个大队都设有医疗站。1995 年，有卫生院 1 个。2007 年，“雨花区－涟源市”计划生育“点对点”区域协作启动。“十二五”期间，雨花亭街道加大社区医疗投入，提升医药卫生保障水平、构建公共卫生服务体系，社区卫生服务进入千家万户。适龄儿童免疫接种和老年人健康体检 98% 以上，建立健全重大疾病和传染病的防控机制。2008 年，落实独生子女保健费 2733 人；完成生殖道疾病免费普查人数 18014 人，

免费检测出生缺陷26对，免费优生筛查已婚育妇959人，男性418人。2009年，仁和医院、韶山路医院申报新型医院；成立甲型H1N1流感防控应急处置领导小组。2011年，开展“光明、关爱”白内障患者的摸底和初检、复检工作，为103名患者进行检查。

2016年6月17日，雨花亭街道开展青春健康教育活动（区卫健局 提供）

2013年，街道按辖区服务人口3元/人标准配套投入社区卫生、公共卫生经费，每个社区卫生服务站对辖区内的居民做好65岁以上老年人免费健康体检，体检率在92%以上。2015年，辖区内总出生742人，符合政策生育率为95.52%，性别比为114.65。

雨花亭街道社区卫生服务中心　位于韶山南路161号（长沙市中心医院内2号办公楼），前身为韶山路医院，2002年7月改制为雨花亭街道社区卫生服务中心，是集基本公共卫生服务和基本医疗服务为一体的非营利性基层医疗卫生机构。2011年12月被评为湖南省示范性社区卫生服务中心；2015年5月被认定为湖南省全科基层实践基地；2019年11月被评为湖南省优质服务示范性社区卫生服务中心。有职工70余人，组建家庭医师团队8个。下设5个社区卫生服务站，服务范围8平方千米，服务人口7万余人。该中心设有全科、中医科、骨伤科、妇科、康复科、B超及心电图室、公共卫生科等科室，住院病床共50张，配备有彩超、心电图机、全自动生化仪、心电监护仪、高频电离子手术治疗仪、利普刀、乳透仪等设备。该中心与长沙市中心医院签订院区合作和双向转诊协议，畅通转诊绿色通道。中心开设香南郡社区、路桥社区、华云社区、雨新路社区、正圆社区、雨花亭社区6家庭医生工作室。

社会保障

1995年，雨花亭街道辖区有敬老院1个。2008年，城镇新增就业人口1450人；低保救助金额166.5万元，城镇居民医保的参保人数18840人，完成养老保险1384人，失业保险418人，工伤保险600人，医疗保险359人；冯家冲社区被评为省级社会救助规范化示范社区。2009年，完成养老保险1636人，医疗保险305人，失业保险352人，工伤保险459人，居民医疗保险221544人。2010年，新增城镇就业4100人；完成新增养老保险1695人，医疗保险795人，失业保险2762人，生育755人，工伤保险2742人，救助城市低保390户计737人。2011年，发布4516条就业培训信息，开展“改善残疾人民生、保障残疾人权益”专题助残活动。

2012年，城镇新增就业人数667人；371名被征地农民纳入社保，5814人纳入城乡居民养老保险和新型农村社会养老保险；新增工伤保险800人，失业保险684人；居民医保参保缴费11236人；救助城市低保3406户、6899人次、1844861元，农村低保276户、468人次、69320元；医疗救助62人次、147069元。2013年，城镇新增就业1562人；新增企业养老保险575人；城市低保累计救助6812人，救助金额200万余元；农村低保累计救助546人，救助金额近9万元；低收入认定和住房保障低收入认定38户，大病救助39人，金额129780元。新增香南郡社区、麻塘桥社区2个居家养老服务站，新星社区、雨新路社区成功申报居家养老服务精品站。2014年，城镇新增就业1572人，城镇登记失业率控制在2.24%以下，位居全区第一。2015年，城镇新增就业1397人，就业培训414人，新创省级充分就业社区2个、市级充分就业社区8个；新增职工养老保险1311人，工伤保险1771人，居民医疗保险12950人，城乡居民养老保险缴费42.5万元；举办现场招聘会5场。2016年，新增城镇就业人员1317人，失业人员再就业764人；整合辖区内“寸草心”“孝为先”“乐享园”“大森林”老年人日间照料中心、“绿丝带家庭综合服务中心”等专业社会组织和公益组织资源，为社区困难家庭、问题儿童、孤寡老人重点提供帮扶。2017 年，慰问困难户 1052 户，金额 47.71 万元；为 6 个社区申报残疾人工作明星社区，为 35 户残疾人家庭申请辅助器具，金额 1.05 万元。2018 年，新增城镇就业 1196 人；救助各类困难群体 4156 名，发放资金 402.86 万元；帮扶特殊困难群体 1263 户；助力跳马镇关刀新村 15 名特困户发展畜牧养殖。2019 年，城镇新增就业 1600 人，失业人员再就业 637 人，城镇登记失业率控制在 2.61% 内；小额担保贷款完成 45 万元；增加职工养老保险 900 人，居民医疗保险 14421 人，城乡居民养老保险缴费 29.14 万元，社保补贴 145 人，补贴金额 76.64 万元；举办现场招聘会 7 场。

特色地情

历史人文

石马铺　民国以前石马铺为荒山野岭，由于墓区内雕刻有石马，便以“石马”为此地命名。“铺”为清朝官道之名（5 千米为一铺），石马铺为长沙至醴陵官道的起点，清代有麻石古道直穿此铺，并有小街一条，开有饭铺、日杂、南食、肉店、麻石等铺店和茶亭。石马铺为长沙城防要塞，素为兵家必争之地。清咸丰二年（1852），太平天国军队从广西北上攻打长沙，清王朝调陕西绿营官兵驻扎在城南石马铺，清军大败，清陕西绿营兵 900 余人阵亡，其中 700 余人葬于石马铺。从清末至民国，长沙最大的坟山就在石马铺。1930 年红一方面军攻打长沙，国民党湖南省政府主席何键在石马铺一线构筑防线抵抗红军。1944 年 6 月，日军侵占石马铺一线，随之占领长沙。1949 年长沙解放时，石马铺为长沙城郊金盆区一保所辖。中华人民共和国成立后，将石马铺单麻石古道改成砂石简易公路，原有荒丘开垦成为菜圃。1958 年，长沙市政府将石马铺墓地建立为国家公墓，并由市民政局进行管理。1978 年，该地区称为“胜利大队”。20 世纪 80 年代，郊区环保办在石马铺兴建 4 层环保监测楼和宿舍各一栋。1986 年，民政部长沙民政学校（后改名为长沙民政职业技术学院）于石马铺地区创建。1987 年，该地区称为“石马村”。1996 年，石马村与深圳宝安集团长沙分公司在该地区联营建起的长沙最早的专业家具城——宝马家具城。2000 年，长沙市中心医院在地区创建。随着城市化的发展，石马铺成为长沙市“城中村”改造的前沿阵地。

杨坦园墓　位于雨花区雨花亭街道雅塘村社区原石马铺公墓后山山坡上，建于 1891 年，占地面积约 10 平方米，是一座晚清时期具有长沙地区墓葬特色的名人墓。墓葬坐东朝西，由墓冢、墓围、墓碑三部分组成。墓冢呈半球型，直径 2.5 米，高 0.6 米。墓围呈腰椎型，墓口宽 1.85 米，中有墓栏，高 0.5 米。墓碑 3 通，汉白玉质地，墓碑主碑题有“诗人杨坦园墓”，北侧碑刻有“恭录遗诗 祭扫攸宜子若孙自营生圹近南门 大书深刻题碑字但署诗人杨坦圜”共 32 字，南侧碑记录刻有“显考杨公蓬海府君享年五十有八 光绪辛卯岁十月十六日葬善邑石马铺新塘冲 巽龙入首甲山庚向碑题谨遵遗句并附刻左方 男逢辰 孙 ** 章立”61 字。杨坦园（1834—1891），又名杨恩寿，字鹤俦，号蓬海、朋海，别署蓬道人，长沙人。清朝举人，曾任湖北盐运使，湖北候补知府，并以候补知府充湖北护贡使。他与郭嵩焘、王先谦、王闿运及湘军著名人物曾国荃、李元度等人交往密切。杨坦园为晚清著名诗人、书画理论家、戏曲家及戏曲理论家，其代表作有《词余丛话》《续词余丛话》《坦园日记》等。2011 年 1 月，杨坦园墓被公布为省级文物保护单位。

杨坦园墓　（区文物管理所 提供）

清朝陕西忠义官弁兵侠合墓　系晚清太平天国攻长沙时由陕西增援长沙的绿营官兵合墓，合墓有多处，其中最大者位于雨花区雨花亭街道雅塘村社

清朝陕西忠义官弁兵伕合墓　（区文物管理所 提供）

区。据清光绪《善化县志》载：“陕西忠义官兵墓在南门外八都石马铺赤岗岭，共九百名，除两大冢外，计另星地名十三处，分葬十七冢。”该墓占地面积150余平方米，墓葬坐东南朝西北，寓意朝向陕西，形制为晚清时期具有湖南地方特色的阵亡官兵合葬墓。主要由墓庐（已毁）、围栏、墓帷、两侧祭台、墓冢、墓碑等组成，墓葬为花岗岩结构，是长沙地区发现的埋葬人数最多的合葬墓，对研究长沙清晚期异地阵亡将士墓葬形制具有实物价值。据《湖南通志》《善化县志》等史料记载：1852年7月，太平天国起义军由广西全州进攻湖南，清王朝调陕西绿营兵入援长沙，其中有1000余人驻扎在长沙城南十里石马铺。正在构筑营垒时，太平天国西王萧朝贵率领的太平军先头部队攻至，绿营兵大败，阵亡900余人。太平军撤离长沙后，湖南官绅协同陕西将领收殓尸体，将阵亡的绿营兵900余人分葬13处，共17冢，其中石马铺东西两座合葬大冢最大，一葬700余人（位于今雨花区雅塘村社区），一葬200余人（位于今天心区梅岭社区）。清同治七年（1868），湖南士绅再度捐资对石马铺赤冈岭的合葬墓进行修缮，增宽一丈，并建砌石栏、竖立碑界。1984年，郊区文化馆对位于雨花亭乡石马村彭家龙生产队的陕西忠义官弁兵伕合墓进行调查，发现墓碑及墓冢、墓围均保存完好，墓碑上刻有碑文，清晰可见，碑和墓围花岗石上都刻有“陕西忠义官弁兵伕合墓”。由于长期失修，墓冢及墓内外均种有蔬菜和树林。此后由于合葬墓与当地居民生产生活矛盾，墓碑去向不明，墓冢几乎被垃圾、杂草掩埋。2010年12月，该合墓确定为长沙市不可移动文物点，2014年被公布为市级文物保护单位。2018年7月，雨花区结合雅塘片区“城中村”和棚户区改造，启动陕西忠义官弁兵伕合墓文物修缮项目，占地面积3000平方米，同年12月竣工。主要建设内容及规模：对石马铺陕西忠义官弃兵伕合墓整体现状修整的基础上，对墓冢、墓道、墓围、墓首、祭台、水沟做重点维修；增加挡土墙及连接平台、台阶，前坪重做三合土等。项目于2019年9月通过专家组与各相关部门的联合验收。

李张氏墓　位于雨花区雨花亭街道雅塘村社区原石马铺公墓后山山坡上，于1899年建造，是一座具有长沙地方特色的清代普通民间墓葬。该墓坐东朝西，由墓碑、墓冢、墓围三部分组成，占地面积约10平方米。其中，墓冢呈半球形，高0.6米，直径4.5米；墓围由数块板形花岗岩合围，墓口及墓首均已毁；墓碑3通，花岗岩质地。主碑通高1.5米，正面楷书阴刻“李母张氏墓”，北侧附碑通高1.2米，正面阴刻“乙山辛向外卯酉，乙辛命男祖楙立”14字。南侧附碑1.2米，正面阴刻“同治庚午冬口，光绪己亥冬重修”13字。

长沙正圆动力配件厂　位于雨花区雨花亭街道树木岭路330号，前身系1943年由内燃机专家戴桂蕊在贵阳市创建的正圆涨圈制造厂，1946年迁至长沙（初在城南路，后迁厂树木岭路），是中国第一家活塞、活塞环制造厂，致力于发动机关键零部件活塞环的研发和生产。1954年8月，长沙正圆涨圈制造厂将私营志诚机械厂并入，改名正圆动力配件厂；1956年，再与中友、力强、云飞等机器厂及石德昌铁工场合并，组成公私合营正圆动力配

长沙正圆动力配件厂毛泽东塑像　（区文物管理所 提供）

件厂；1959 年冬，该厂收归国有，定名为长沙正圆动力配件厂。该厂 1979 年引进英国 AE 公司活塞环镀硬铬技术，1983 年引进德国格茨公司的活塞环设计、制造和检测技术，先后建立钢环生产线、特殊镀生产线、重型机大缸径环生产线、铬基陶瓷复合镀生产线，并与有关单位共同开发新一代 PVD（物理气相沉积）技术。2018 年 1 月，该厂因噪声、废气污染等问题，启动全面搬迁。正圆动力配件厂毛泽东塑像位于厂内，于 1967 年建造，系正圆动力配件厂干部职工为配合全国性纪念活动而设置的专门性纪念设施。塑像为花岗岩材质毛泽东立像，像高 3 米，立像面东，双手置于背后，身着风衣，平视前方。基座置于二级台阶上，呈四方形，高 3 米。基座东、西面中间嵌长方形汉白玉碑，东面刻“毛主席万岁”，西面刻毛主席语录。2014 年被公布为市级文物保护单位。

长沙鼓风机厂　位于雨花区雨花亭街道树木岭路 388 号，前身系 1950 年创建的湖南省度量衡制造厂，1958 年转产改名为长沙鼓风机厂。占地面积 10.2 公顷，总建筑面积 56.79 万平方米，曾与长沙电机厂、长沙水泵厂被称为长沙市机械行业三强企业。1958 年开始专业生产罗茨鼓风机，1986 年经国家外经贸委批准从日本引进先进的罗茨鼓风机（真空泵）设计制造技术，逐渐发展成为中国罗茨鼓风机领域的领军企业。1993 年 3 月，与香港悦新发展有限公司共同组建“湖南长悦机械设备有限公司”，合资建立高精度齿轮工厂。2000 年 11 月，长沙鼓风机厂作为长沙市首批试点改制企业，注册成立长沙鼓风机厂有限责任公司。2008 年，该厂开发的 AR 系列罗茨鼓风机，国内市场占有率 30% 以上。2014 年 6 月，长沙市发改委对鼓风机厂搬迁新建工程项目立项做出批复同意。2017 年 11 月，雨花区联手世界地产“五大行”之一的戴德梁行启动长沙鼓风机厂“活化”等五大城市更新 4.0 版项目的招商行动。2017 年，该厂区被市政府列入棚户区改造范围，雨花区完成对该棚改项目的签约。2018 年，雨花区对长沙鼓风机厂棚改项目实施“原址修缮，修旧如旧”的旧厂“活化”改造工程，打造“雨花文化创意产业园”，实现文化创意产业与工业历史建筑保护的结合。

重点企业

湖南路桥建设集团公司　位于雨花区雨花亭街道韶山南路239号，始建于1954年，是以公路、桥梁、隧道等交通基础设施建设为核心业务的省交通水利建设集团有限公司全资子企业。1954 年，湖南省交通厅公路局为修建大庸至慈利的湘西山区公路成立“大慈公路工程处”，此为湖南路桥集团的前身。1956 年 11 月，工程处改编为湖南省公路厅第一、二、三工程队；1977 年 7 月，合并成立湖南省交通公路工程处；1986 年 10 月，正式组建湖南省公路桥梁建设公司；1992 年 12 月，更名为湖南省公路桥梁建设总公司；2002 年 5 月，更名为湖南路桥建设集团公司；2004 年 5 月改属省国资委管理；2014 年 5 月，经国有企业改制为湖南路桥建设集团有限责任公司。2016 年 9 月 8 日，由湖南路桥等 10 家企业联合组建的湖南省交通水利建设集团有限公司成立。2001 年，该公司获建设部首批授予的“公路工程施工总承包特级资质”的企业，是湖南省唯一具备施工特级资质的建筑施工企业。公司承建的主要工程有：七座长江大桥、矮寨特大悬索桥、长沙湘江大桥（橘子洲大桥）、洞庭湖大桥、深圳湾大桥等。公司获得国家科学技术进步奖、国家优质工程奖、鲁班奖、詹天佑奖等省部级以上奖励 300 余项。获评“全国先进企业”“五一劳动奖状”、“全国质量效益型先进企业”等称号。截至 2019 年，该公司累计承建大中型桥梁 1000 余座、建成高速公路和高等级公路 4000 余千米、业务遍布国内 23 个省市自治区以及亚非欧 13 个国家、全球最大 250 家国际承包商之一。

商业地标

万坤图财富广场　位于雨花区雨花亭街道香樟路与圭塘路交会处东北角，由湖南万坤图房地产开发有限公司投资开发，于 2016 年建成，占地 2.73 公顷，总建筑面积约 18 万平方米，是长沙南城及武广新区的城市综合体。万坤图财富广场与长沙通程控股集团合作，引进通程商业广场、通程万惠超市以及拥有超五星级配套的通程国际酒店进驻，拥有写字楼、公寓等。2016 年 12 月 31 日，通程集团旗下首家精致化购物中心——通程喜乐汇开业。喜乐汇包含快时尚、潮品、化妆品、钟表服饰、儿

万坤图财富广场　（唐清明　摄）

童家居、餐饮美食等品类，以集合店、品牌主力店等形式专注专业商品组合，将通程电器与通程WANTS（万惠）超市融入其中。

五江天街　位于雨花区雨花亭街道，分为北区与南区，由五江集团投资打造，总建筑面积150万平方米，总投资额100亿余元。

五江天街美食文化节　（雨花亭街道　提供）

五江天街·北区位于曲塘路与圭塘路交叉口，为湖南江域置业有限公司开发，占地面积7.33余公顷，总建筑面积50万平方米，其中商务、商业面积30万平方米，总投资约30亿元，打造成情景式美食街区，会集中外美食、老字号美食、创意美食、时尚餐饮于一体。一期住宅楼栋于2016年10月25日交房，入住率98%以上。一期商业街世界美食小镇进驻品牌30家，于2017年4月29日满铺开街，进驻商家代表有：中影国际影院、宴长沙、吃饭皇帝大（57度湘旗下品牌）、日式料理等。北区二期签约汉堡王、Costa咖啡、DQ冰淇淋、屈臣氏、秦九和等品牌。2019年1月1日，美食流五江天街美食城开业，融合“美食＋餐车＋互联网”的全新用餐体验；11月30日，长沙首个情景式文艺慢生活主题街区五江天街北二期·时光里开街，以全开放式的街区设计、现代感的建筑风格，将休闲与文化相融合。

五江天街·南区位于木莲东路与圭塘路交会处西北角，由湖南江坤置业有限公司开发，占地13.33余公顷，总投资约70亿元，包括住宅、酒店、写字楼、商业中心等，由24栋高层建筑及5层商业裙楼组成，总建筑面积90万平方米，其中商务、商业建筑面积60万平方米，住宅建筑面积30万平方米。南区打造万象缤纷街区，包含时尚百货、国际超市、潮流精品、儿童体验、餐饮美食、娱乐休闲等。南区一期樱花里主力店签约大润发，面积2.5万平方米，欧悦真冰场2000平方米，保利影院8000平方米，主要餐饮零售包括名创优品、拉夏贝尔、艾疆、帕帕罗蒂、甜甜圈、奇米先生等企业。其签约的大润发超市，预计投资6000万元；保利影院预计总投资4000万元。

高桥街道

区域概况

位置面积

高桥街道位于雨花区北部，东以圭塘河为界与黎托街道相接，南以石坝路为界与圭塘街道相连，接劳动东路，西靠京广铁路与左家塘街道相邻，北以人民东路为界与芙蓉区马王堆街道毗邻，地处武广高铁和沪昆高铁、京珠高速和机场高速、城市地铁和城际轻轨交汇区域，毗邻高铁新城、接壤圭塘河生态经济带、坐拥高桥商圈，是“长株潭一体化”和“两型社会”建设的前沿阵地。驻街企事业单位有湖南省应急管理厅、湖南省邮政局、湖南美术出版社、长沙市交通运输局、长沙海关、湖南高桥大市场股份有限公司等。辖区面积 4.38 平方千米。截至 2019 年年底，辖区面积无变化。

长沙海关　　（高桥街道　提供）

建置沿革

高桥因圭塘河下游的高拱桥而得名。1996 年 7 月，长沙市区划调整，将东区五一村和马王堆乡高桥、友谊、火焰 3 个村划归雨花区，成立高桥乡筹备工作领导小组。是年 12 月，雨花区区域微调，设立高桥乡。1997 年 7 月，高桥乡改高桥街道。截至 2019 年年底，街道建置无变化。

行政区划

1996 年 12 月，高桥乡辖五一村、高桥村、火焰村、友谊村 4 个村，高桥市场社区 1 个社区居委会。2001 年 10 月，高桥市场社区调整为金环、怡园 2 个社区居委会。2005 年，成立五一、高桥、友谊 3 个社区筹委会。2009 年 7 月，设立高桥大市场社区居委会；9 月，设立火焰社区居委会。2011 年 8 月，撤销五一社区筹委会，在原五一社区筹委会管辖范围设立永定、永祥 2 个社区居委会。2012 年 7 月，设立五一社区居委会。2014 年 12 月，设立鑫华社区居委会。2016 年 4 月，友谊社区筹委会与鑫华社区合并为鑫华社区，高桥社区筹委会与金环社区合并为金环社区。截至 2019 年年底，高桥街道辖火焰、金环、怡园、高桥大市场、五一、永定、永祥、鑫华 8 个社区居委会。

高桥街道永定社区揭牌成立　　（高桥街道　提供）

高桥街道五一社区揭牌成立　　（高桥街道 提供）

人口民族

辖区人口以汉族为主。1996 年末，高桥辖区以农业人口为主，总户数 3456 户，其中农业户 3456 户；总人口 10153 人，其中农业人口 10153 人。2002 年末，总户数 5546 户，其中农业户 2537 户；总人口 14333 人，其中农业人口 10146 人。2005 年末，总户数 6973 户，总人口 17672 人，其中男性 8080 人；非农业人口 6808 人；计划内生育率 99.2%。2006 年末，总户数 7370 户，总人口 18642 人，其中非农业人口 7625 人，男性 8568 人。2008 年末，总户数 8145 户，总人口数 20596 人，其中非农业人口 9357 人，男性 24029 人。2009 年末，总户数 8719 户，总人口数 21845 人，其中非农业人口 10632 人，男性 10201 人。2010 年末，总户数 9454 户，总人口 23269 人，其中男性 10908 人。2011 年末，总户数 9983 户，总人口数 24505 人，其中非农业人口 13123 人，男性 11524 人。

2012 年末，总户数 10470 户，总人口数 25812 人，其中非农业人口 17548 人，男性 12146 人。2013 年末，总户数 10871 户，总人口 26822 人，其中非农业人口 26822 人，男性 12642 人。2015 年末，辖区户籍人口全部转为城镇人口，总户数 11688 户，总人口 29101 人，其中男性 13755 人。2016 年末，总户数 11974 户，总人口 30113 人，其中男性 14207 人。2017 年末，总户数 12589 户，总人口 31663 人，其中男性 14946 人。2018 年末，总户数 13197 户，总人口 33436 人，其中男性 15786 人。2019 年末，总户数 12560 户，总人口 34464 人，其中男性 16247 人，年度出生 265 人，死亡 91 人，迁入 1296 人，迁出 290 人。

经济发展

经济综述

1996 年立街伊始，高桥街道通过项目引进，繁荣街域经济，做大经济总量；通过项目定位，找准发展方向，培育新兴产业；通过项目策划，包装招商资源，打造特色经济；通过项目服务，构建发展平台，优化经济环境。是年，全街实现企业总产值 4.98 亿元，工业总产值 2.76 亿元，农业总产值 1820 万元，利润 2642 万元，实缴税金 609 万元。2002 年，完成国内生产总值 2.97 亿元，完成企业总产值 8.99 亿元，财政税收 4040 万元，地方税收 2565 万元，实际到位外资 600 万美元，内资 2.25 亿元，固定资产投资 2.5 亿元。2005 年，完成规模工业总产值 3985 万元。2006 年，高桥街道提出“新高桥、新商圈”发展战略构想，提出将高桥打造成为长沙市最具竞争力的核心商圈的发展目标，制定《新高桥、新商圈 2006—2020 产业发展规划》。同年，完成财政总收入 13060 万元，其中财税收入 13003 万元；完成规模工业总产值 7451 万元。2007 年，完成财政总收入 17701 万元，实际到位

高桥商圈示意图　　（区档案馆 提供）

外资980万美元。2008年，财政总收入首次突破2亿元，财政总收入完成2.28亿元，其中中央收入0.51亿元，地方收入1.77亿元，居全区首位；完成引进省外域内资金3.36亿元，市外域内资金7.93亿元，规模内资0.61亿元，合同引进外资1400万美元，实际到位1150万美元。2010年，规模工业总产值17442.7万元。据第二次经济普查统计，全街登记个体私营户20191户，法人单位382家。2011年，实现一般预算收入2.18亿元，完成全社会固定资产投资37亿元，完成规模工业总产值3.6亿元，引进省外域内资金2.48亿元，合同利用外资5400万美元、实际到位3500万美元。

2012年，完成一般预算收入24155万元，规模以上工业总产值5.78亿元，全社会固定投资45亿元。2013年，完成税收9亿余元，规模工业总产值2.2亿元，全社会固定资产投资51亿元，合同利用外资3230万美元。2014年，完成财税总收入8.7亿元，规模工业总产值1.56亿元，社会固定投资58亿元。2015年，财税总收入8.06亿元，规模工业总产值7579.86万元，社会固定投资57.7亿元，合同利用外资3800万美元，引进省外域内资金6.5亿元、市外域内资金19亿元。2016年，完成财税总收入8.1亿元，社会固定投资35亿元，外贸进出口总额2.5亿美元，引进市外境内资金22.4亿元。2017年，完成财税总收入8.1亿元，社会固定投资51亿元，外贸进出口总额1.95亿美元，引进市外境内资金24.6亿元。2018年，完成财税总收入8.6亿元，社会固定投资20.8亿元，完成高新技术产业产值13.1亿元。2019年，完成社会固定投资23.90亿元。

项目建设

街道以重点产业招商引资与项目建设促进经济发展。2003—2007年，长沙茶市、长远广场、华雅国际酒店、天润五江、美联置业、西子花苑、现代商贸城、新城新世界等项目相继开工建设。2008年，上河国际、西子花苑、尚东紫郡、铭诚国际、华雅花园、左岸右岸、锦湘国际等项目的建设和开发顺利推进，高桥现代商贸城实现开盘销售，友谊汽配市场改造工程前期准备工作基本完成。2009年，开工建设和续建的重点产业项目10个，开工建设面积120万平方米。2010年，有建成、在建和待建的重点产业项目17个，总建设面积为261.3万平方米。建成华晨双帆AAAAA纯甲级白金写字楼等商务楼宇，“天下一家”高建家居广场等项目开工。2011年，启动、续建和待建项目18个，开工建设面积140万平方米，投资总额30亿元。

新城新世界　（高桥街道 提供）

2012年，开工建设项目面积142万平方米，总投资35亿元。2013年，华晨世纪广场进入装修扫尾阶段，华雅国际财富180套写字楼全部售罄，铭诚摩根、天下一家项目主体封顶，华雅佳苑等项目开工建设，湖南信息园项目奠基。2014年，华雅林语苑、天下一家·华府、铭诚摩根进入销售。2015年，金鸿宇大厦、天下一家新天地进入销售。2016年，完成华雅·林语苑、金地·格林苑一期3栋高层和锦湘国际星城四期5栋高层的主体建设并开盘售销。2017年，锦湘国际星城四期、金地格林苑、金鸿宇国际商业广场开盘销售4.2万平方米。2018年，推进碧桂园时代广场、正荣悦玺、新城新世界四期、锦湘国际星城四期等产业项目建设，锦湘国际配套学校美联枫树山小学完成建设并顺利移交，神农茶都桑植白茶文化街成功立项。2019年，斥资百亿元建设“高桥大市场全球贸易中心”项目，正荣悦玺、碧桂园时代广场和新城新世界四期等3个续建项目进展顺利，高桥大市场全球贸易中心、宝能公馆和湘林·熙水豪庭3个新建项目取得突破。

湖南信息园项目　位于劳动东路与万家丽路交会处西北方向，由中国电信集团湖南电信公司投资建设，于2014年4月23日奠基，总占地面积7.6公顷，总建筑面积20万平方米，计划总投资8亿元，定位为雨花区重要的总部经济区、服务中南地区的数据信息处理中心。2017 年，湖南信息园办公楼主体部分建成。

商贸服务业

1996 年，高桥街道突出市场建设，以市兴街、以市富民，全力推进市场建设，加快全街经济发展。2000 年，高桥街道制定市场发展规划纲要，力争把高桥建设成为中南五省最大的日用品集散地，再造长沙市东大门，在环线两厢、火星路（现名万家丽路）以西形成一级批发市场连锁带，实现仓储区与商品展示区分离，部分实现信息化贸易，走大商业圈的路子，带动相关产业发展，走综合发展道路。2002 年，建成以高桥大市场为龙头的长沙市最大商贸市场群，有高桥大市场、高桥友谊汽配大市场、长沙建材批发大市场、高桥建材市场、高桥商贸城、火焰文体商贸城等综合、专业市场 6 个，市场投资总额 3.5 亿元，总建筑面积 8.77 万平方米，摊位 7982 个，从业人数近 2 万人，年交易额 80 亿元，缴纳税金 3820 万元。2003—2007 年，高桥现代商贸城开工建设；高桥大市场酒店用品城、皮具城、医药流通园、家电城、建材水暖城等项目竣工营业；长建市场改扩建设一期交付使用，二期开工建设；友谊汽配市场改造启动前期准备工作；上河国际商业广场一期交付使用，湖南华雅国际大酒店形成品牌效应。2005 年，实现社会消费品零售总额 27.96 亿元；长沙市政府把高桥地区纳入长沙市商业布局规划。2006 年，实现社会消费品零售总额 32.98 亿元；《雨花区“十一五”发展规划纲要》将高桥作为全区重点打造的商圈的重要组成部分。2008 年，通程百货实现开张营业，铭诚国际商务楼与 40 余家公司签约，现代商贸城电脑大世界引进商户 200 余家。2011 年，实现社会消费品零售总额 58.8 亿元。2011 年，火焰新茶叶城营业。

1996 年湖南高桥大市场开业　　（区档案馆　提供）

2012 年，实现社会消费品零售总额 62 亿元，其中限上社会消费品零售额 28.7 亿元；引进居然之家、温德姆至尊豪生酒店、华润万家、江苏卫视幸福蓝海国际影城等新型业态。2013 年，实现限额以上社会消费品零售额 33.7 亿元；制定出台《促进现代商贸业发展扶植奖励办法》，高桥国际、华雅国际财富等商务写字楼实现部分企业入驻，和顺石油总部启用；引进神农茶都专业市场；举办“幸福高桥 · 乐购雨花”等大型消费节活动。2014 年，引进上市公司区域性总部山东高速湖南发展有限公司、国药控股湖南大健康产业有限公司、搜啦集团区域总部湖南搜啦移动电子商务有限公司等多家企业；华晨世纪广场、华雅国际财富入驻企业 120 余家。2015 年，实现限额以上社会消费品零售额 33.5 亿元。2016 年，实现限额以上社会消费品零售额 22.3 亿元；金鸿宇大夏、高桥冷链食品市场签约入驻商户 120 余家。2017 年，引进企业 20 家，商务楼宇去库存 21920 平方米。2018 年，实现限额以上社会消费品零售额 40 亿元；广大环球家居市场成功签约入驻悦欣商业广场。2019 年，实现限额以上社会消费品零售额 46.6 亿元；金鸿宇国际商业广场、华晨双帆、华雅财富等楼宇引进 9 家企

高桥现代商贸城　　（高桥街道　提供）

业，商务楼宇去库存25240平方米。截至2019年年底，辖区有高桥大市场、高建市场、高桥汽配城等综合（专业）型市场8个。

长建建材大市场　位于雨花区人民中路与东二环交会处西南角，于1997年8月开业，是一家经营木业、板材、水暖、五金的大型专业性批发市场，市场占地2.67公顷，建筑面积3万余平方米，拥有经营门面400余间，仓储6000余平方米。

高桥友谊汽配大市场　位于雨花区桂花路与东二环交会处西南角，于2001年4月开业，定位以中小型轿车配件为主的市场，占地面积4.26万平方米，有门面540间，280户经营户，从业人员1160人。

高桥友谊汽配大市场　（高桥街道 提供）

高桥建材市场　位于雨花区人民中路与东二环交会处西南角（长建建材大市场北侧），于1997年11月建成营业，经营国内外建材、装饰材料数万种。

广大环球家居广场　位于雨花区人民东路与东二环线交会处东南角天下一家嘉园1~5层，于2018年10月1日开业，总建筑面积约3.3万平方米，以经营各式名优家具为主。

2018年10月1日，广大环球家居广场开业（高桥街道 提供）

基础设施

交通运输

2000年9月，雨花大道（后改名为长沙大道）全线通车。2001年9月，人民东路全线竣工通车。2003—2007年，启动城市次干道朝晖路、马王堆路一、二期的建设，通过三年努力，筹资2700万元，拉通2.2千米长的朝晖路，修建和改造紫薇路、石坝路、民主路、桂友路、区间六号路等路段。2003年9月，长沙机场高速路竣工通车。2008年，马王堆路新世界段、火焰段和区间六号路上河段竣工通车，长沙大道改造基本完成及高架桥投入使用，朝晖路亮化绿化工程完工。2009年，石坝路、桂友路、紫薇路五一北段建成通车，区间六号路、紫薇路火焰段亮化、绿化工程全面完成。2010年，新修、改造、亮化、绿化主要道路和路段5条。2011年，紫薇路五一段顺利通车，沿河路高桥段开工。2014年，优化拓宽高桥市场片区“两横四纵”道路网络。2015年，万家丽路高架桥、石坝路实

赤新路立交桥　（区档案馆 提供）

长沙大道　（区公共工程建设中心 提供）

现通车。2018 年，美联路（万家丽路—沿河路）及轨道交通 5 号、6 号线站点进行施工建设。2019 年，长沙轨道交通 5 号线试运行，高桥南站、高桥北站位于街道辖区内；石坝路（二环线—政修路）完成建设。截至 2019 年年底，街域距长沙站 2 千米、距长沙南站 4 千米、距长沙黄花国际机场 20 千米，二环线、万家丽路高架桥纵贯南北，人民路、长沙大道横穿东西，长沙大道东接机场高速公路和京港澳高速公路，次干道有火焰路、马王堆路、民主路、贵友路等。

城市建设与管理

2002 年，高桥街道成立全市首家按市场运行的高桥环卫所。2003—2007 年，拆迁 93.4 公顷，拆迁房屋 900 余栋，拆违 63 万平方米；建安置房 460 栋，安置 4000 户 1.4 万人；完成市重点工程火焰 110 千伏变电站、人民东路立交桥改造、赤新路立交桥改造、新城新世界一期拆迁和区重点工程锦湘国际星城拆迁、马王堆路一期拆迁等拆迁腾地。2008 年，辖区城市用地 426.96 公顷，村庄用地 86.1 公顷；拆除违章建筑 8.5 万平方米。高建市场二期、新城新世界二期等 9 个拆迁项目启动，面积 27.47 公顷，拆除房屋 96 栋 1.87 万平方米，125 户 437 人，新城新世界二期等 4 个项目全面实现拆迁腾地，相继开工建设。2009 年，拆除违章建筑 3.12 万平方米，共建安置房 1.86 万平方米。2010 年，完成拆迁腾地 48.67 公顷，安置 1413 户 5319 人。2011 年，高桥大市场展区提质改造全部完工。

提质改造后的高桥酒水食品城　　（高桥街道　提供）

2012 年，拆除火焰社区金属铸造厂；高桥、友谊 2 个社区筹委会纳入长沙市“城中村”改造计划。推进高桥大市场、高桥汽配市场的提质改造，升级高桥茶叶茶具城。2013 年，拆违 15 万平方米；制作高桥街道立体三维地图；高桥大市场完成中北栋、西大门提质改造工程；高福星小区三期安置房工程启动。2014 年，高桥大市场投入 10.2 亿元改造 24.5 万平方米专业市场，成立电商运营中心；东片区——区一号攻坚项目高桥村拆迁纸质工作拆除合法建筑 75 栋、违章建筑 6.3 万余平方米，西片区——启动桂友路拆违；北片区——拆迁安置扫尾，五一村片区拆除 13 栋，火焰社区安置工作顺利完成。2015 年，投入 2000 万余元整治提质赤新路立交桥，改造朝晖路、五一片区等区域，现代商贸城北向、新药材城相继改造，原老药材城改建为农副产品城，高桥物流市场的商户全部外迁，农安小区市场提质改造同步跟进。2016 年，完成新城新世界（友谊村）项目第一期开发地块拆迁腾地工作，投入 1 亿元对原高桥物流市场进行改造，提质改造高桥大市场东大门百货城、茶叶茶具城。2017 年，完成高桥大市场提质改造；推行“网格化”城市管理，建立 5 大片（片区）、10 大块（社区）、20 条线（主次道路和支路）、47 个网格单元的网格化框架。2018 年，推进友谊片区拆迁安置扫尾工作。启动牛串岭小区、红粉墙小区、周南雨花中学教师宿舍楼等老旧小区提质改造，以及东二环人行道、紫薇路、朝晖路等道路市政设施提质改造；鑫华、怡园、金环 3 个社区创建长沙市生活垃圾分类工作示范、试点社区。2019 年，拆除新建在建违章建筑 22 处近 600 平方米；新城新世界项目实现拆迁腾地面积 4 公顷。

火焰社区完成拆迁　火焰社区金属制品厂的一栋砖瓦房，建于 20 世纪 60 年代，占地 2000 余平方米，被四周高楼所包围，8 月 2 日，该建筑被顺利拆除，标志着长沙首批“城中村”改造试点单位之一的雨花区高桥街道火焰社区拆迁工作全部完成。截至 2012 年 8 月，社区共建好安置房 172 栋，总建筑面积

419773平方米，安置住户1104户，年内社区安置房建设全面竣工，社区基础配套设施基本完成，主次干道和路政建设全部到位，创下长沙"城中村"改造的"火焰速度"。

社会事业

教育

1963年，长沙县东山附中搬迁至友谊大队，搬迁后学校定名为"长沙市第二十六初级中学"。2002年，高桥街道辖区内有中学1所、小学3所，小学生2129人，其中借读生1366人，在职教师130人。2009年，街道成立全市第一所商圈党校（夜校）。2014年，搭建"启善读书会"学习平台，街道社区学校获长沙市示范性社区学校称号、终身教育学校品牌。2015年，"长沙市第二十六初级中学"更名为"周南雨花中学"，枫树山美联小学开工建设，打造"他乡美俱乐部""启善读书会""国学馆"等一批学习载体和教育品牌。截至2019年年底，辖区内有周南雨花中学1所中学，枫树山美联小学、五一小学、砂子塘新世界小学3所小学，五一幼儿园、东方明星幼儿园、旺旺幼儿园、新世纪幼儿园、英蓝上河幼儿园、蓝山迪诺幼儿园、依依幼儿园、小明珠幼儿园、华雅幼儿园、成长树幼儿园、锦程幼儿园、火焰幼儿园等幼儿园。

高桥国学馆　　（高桥街道 提供）

周南雨花中学　位于雨花区长沙大道206号，于1960年创建，其前身为长沙县东山附中，1963年由东山搬迁至现址（友谊村），始名长沙市第二十六中学，学校初创时为初级中学，1976年创办高中，1999年创办职业高中，2015年4月与周南中学联合办学，更名为"长沙市周南雨花中学"。学校被评为中国基础教育资源共建共享理事单位、湖南省现代教育技术实验学校等。截至2019年秋季，学校有初、高中教学班级53个，在校学生2600余人，教职工200余人，其中有正高级教师2人，高级教师47人，长沙市市级及以上骨干教师8人，研究生25人。

周南雨花中学　　（高桥街道 提供）

枫树山美联小学　位于雨花区嘉雨路和民主路交会处的东北角，是由湖南美联置业有限公司配套建设的一所高规格的标准化小学，其前身为培蕾小学。学校原校舍为一栋三层楼的教室加两排临时搭建的板房，操场与教学楼均严重老化，且生均面积不足2平方米，于2018年9月迁入新校。新校占地面积1.67公顷，建设面积1.5万平方米。其中教学及辅助用房面积达10447平方米，运动场地面积8352平方米，学校建有美术、音乐、科学、多媒体等设施齐全的功能室，建有篮球馆、跳绳馆等室内体育场馆。截至2019年秋季，该校有班级31个，学生总人数1470人，教职工78人。教师队伍本科及以上学历达76人，其中2人为研究生学历；区级以上骨干教师15人，高级教师3人。

五一小学　位于雨花区高桥街道辖区内，原名一环东路学校。原校舍面积1000余平方米，生均校舍面积不足2平方米。2006年，雨花区将该校异地重建，2007 年 7 月，学校搬入新址冬青路与东进路交叉路口东南侧，并更名为五一小学。学校占地 13332 平方米，生均占地面积 18 平方米，校舍面积 8887 平方米，生均校舍面积 12 平方米。2008 年，该校有教学班 13 个，学生 762 人，其中外来务工人员子女 574 人。2019 年，学校发展成有 27 个教学班，学生 1300 余人，教职工 70 余人，其中硕士研究生 3 人，副高级教师职称 6 人，中级职称 30 人，区级骨干教师 14 人。

砂子塘新世界小学　位于雨花区石坝路与西湖路交叉口西南 150 米，占地 3.53 公顷，校舍建筑总面积 1.79 万平方米，于 2010 年秋季竣工投入使用。该校是友谊小学异地重建的新校，主体由新城新世界楼盘开发商投资兴建。2019 年有 42 个教学班，学生 2135 人，教师 113 人。

砂子塘新世界小学　（高桥街道 提供）

文化体育

1997 年 1 月，雨花区组织驻区 40 家单位、演出人员 6000 余人举办为期一个月的“97 雨花之春”高桥广场群众文化体育活动月，与高桥大市场“百万春节物资交易会”同期开幕，首开长沙地区广场文化先河。2008 年，开展“奥运盛典”“财富高桥”“快乐雨花”等广场文化活动。2010 年，怡园社区被评为省级文明社区称号，高桥建材市场通过“湖南省文明标兵单位”评比验收。2011 年，举办首届少数民族群众联谊会活动。2012 年，建成街道综合文化站暨“新市民”文化活动中心和五一基层文化站点，建立街道机关文化导视系统，举办高桥商圈首届篮球赛，街道新市民服务平台获得文化部颁发的“全国农民工文化建设示范项目”称号。2013 年，启动新市民大舞台建设，举办“上河杯”广场舞大赛、“共建两型社会、共享青山绿水”为主题的书画创作活动等活动，丰富“民族之家”、民族“三进”、“同心工作站”等品牌内涵。2014 年，实施文化惠民工程，举办文艺会演、拔河比赛等 20 余场文体活动；怡园社区成为全市首批文明“示范社区”。2015 年，举办文体活动 30 余场次；怡园社区成功创建省级同心社区，高桥大市场社区成功创建市级同心社区。2016 年，开展千人舞林比赛、青少年徒步体验长征红色教育、趣味运动会等 30 余场文体活动；开展“高桥公益行・爱心仓库”、第二届“高桥好人”评选表彰等活动；开展娱乐场所专项整治。2017 年，火焰社区打造“诚”文化；五一社区打造百“德”文化长廊；永定社区打造“善”文化宣传长廊；金环社区引进“携众社工”社会组织，设置“书香小筑”图书漂流点。2018 年，开展“‘红领巾’传承中华美德——廉政篇”书画活动。2019 年，开展“我和我的祖国”群众性主题宣传教育活动。

高桥街道综合文化站　位于雨花区鑫雅路与万家丽中路交会处西北角(高桥街道办事处内)，项目总投资 38 万元，于 2012 年 5 月底开工建设，同年 10 月底竣工。室内面积 1000 余平方米，室外面积 2000 余平方米。站内设置多功能活动室、图书阅览室、文体活动室，室外配备篮球场。有多功能座椅 200 个，图书 3000 余册，音响设备 1 套，室外坪音响 2 套。通过文化站，街道开展“新市民”“素质工程”实施计划，开展“和谐风・邻里情”邻里互助活动，举办长沙首场外来务工人员鹊桥相亲会，建立未成年人活动室等。

永祥社区综合文化服务中心　位于雨花区高桥街道永祥社区，于 2017 年建成，总面积 2270 平方米，是集图书阅览、体育健身、文化娱乐、教育培训、道德讲堂等为一体的多功能社区综合文化服务中心。以“和气致祥，崇善尚美”为主题，打造“和文化”品牌，完善基础设施建设，设有未成人活动室、心理咨询室、老年人日间照料室等服务场所，联合优儿帮、益友会等社会组织开展文体活动。

医疗卫生

2008 年，高桥街道大病医疗救助 37 人，发放救助款 135130 元。2009 年，建设标准化社区卫生服务中心1个，大病救助53人。2011年，依托“他乡美”俱乐部，为13名流动人口大病医疗救助提供服务。2015年，成立湖南首个家庭医生社区工作室，联合高桥卫生服务中心开展“爱心接力工程”，免费赠送每人价值2000元的健康医疗服务。2016年，实施家庭医生免费签约上门服务，开展老年人免费体检36场，新增办理高龄老年人津贴43人。2017年，举办“健康母亲、文明家庭”大型宣传义诊活动。2018年，联合“湘中医”举办大型义诊活动。2019年，落实妇女病普查、老年人体检等14项免费国家基本公共卫生服务政策。

高桥街道社区卫生服务中心　位于雨花区上河国际h栋，建于2009年，建筑面积2000平方米。2013年，被评为“湖南省示范社区卫生服务中心”，2017年被评为“湖南省群众满意社区卫生服务中心”，2018年被评为“国家优质服务示范社区卫生服务中心”。开设全科、妇产科、中医科、口腔科、检验科、影像科、中/西药房、预防接种室、儿童保健室、妇女保健室、公共卫生科等职能科室，有职工70余人。住院病床30张。配备数字化X射线诊断系统（DR）、彩色B超、阴道镜、盆底功能障碍治疗仪、产后康复治疗仪、心电监护仪等诊断治疗设备。2016年，门诊人次88164人，免疫规划类疫苗25800剂次，非免疫规划类疫苗11492剂次，业务收入713.08万元。2017年，门诊人次67463人，免疫规划类疫苗31173剂次，非免疫规划类疫苗14011剂次，业务收入908.55万元。2018年，门诊人次72590人，免疫规划类疫苗27646剂次，非免疫规划类疫苗18472剂次，业务收入1231.14万元。2019年，门诊人次78716人，免疫规划类疫苗23058剂次，非免疫规划类疫苗24651剂次，业务收入1433.34万元。

社会保障

2002年，对全街的五保户、残疾人、军退人员、烈军属以及拆迁困难户共368户进行走访慰问，发放慰问金和慰问物资共计6.65万元；为城市低保户58户105人发放最低生活保障金93622元；为农村低保户39户75人发放低保金2000元。2006年，街道获评全省“最充分就业街道”称号。2008年，新增城镇就业人数1501人；城镇居民医保参保人数10090人，医保覆盖率70%；为汶川地震捐款540万余元；街道被评为全省“社会救助规范化建设示范单位”。2009年，新增城镇就业人数2748人，新增就业培训285人，城镇居民医保参保人数12164人。2011年，城镇新增就业2542人，免费再就业培训600余人；依托“他乡美”俱乐部，为1100余名流动人口子女就学、2600余人就业培训提供服务。

2012年，城镇新增就业1009人，救助城市低保对象958人次26.2万元，城镇居民基本医疗保险登记参保20040人、新型农村社会养老保险3130人。2013年，城镇新增、再就业共1813人，救助城市、农村低保对象1827人次、共计53.98万元，城乡居民基本医疗保险实际缴费人数13861人；长沙市统一战线同心共建“爱心驿站”启动。2015年，实施就业再就业培训工程，新增就业人数2026人；怡园、高桥大市场社区成功创建省级充分就业社区；成立湖南首个家庭医生社区工作室。2016年，新增城镇就业人员1151人，带动城乡就业1520人，获评“湖南省首届创新创业带动就业示范街道”；新增企业养老保险2100余人；募集善款256万余元，成立高桥慈善理事会。2017年，新增城镇就业人员1076人，新增创业主体805个，带动城乡就业1620人；征缴居民养老保险26.24万元，帮助230名就业困难人员申报社保补贴89.5万元。2018年，新增城镇就业人员1041人，失业人员再就业431人，就业困难对象再就业195人，新增农村劳动力转移就业74人，新增创业主体858个，带动城乡就业2383人，创业贷款150万元；高桥集资委取消5户低保，实现“零”低保户；将全街42名低保对象纳入医疗救助“一站式”结算范畴；大病医疗救助19人，救助金额15.9万元。2019年，新增城镇就业人员1514人，失业人员再就业764人，就业困难对象再就业236人，办理就业失业登记证87本，申报社保补贴181人，发放补贴904172元，职业技能培训100人，创业培训30人；申报大病救助22人，发放救助金151102元；临时救助2人，救助金额7345元，新增低保3户5人。

永祥社区康乃馨老年人日间照料中心　位于雨花区马王堆南路与东进路交叉路口往北约50米（永

祥小区），于2013年成立，是一所公办性质的养老院。该中心包括有医务室、配餐中心和老人休息室、长者文化活动中心等。

| 特色地情 |

商业地标

高桥大市场　位于雨花区高桥街道，是经湖南省计委批准，由湖南高桥大市场发展有限公司于1995年6月在高桥村投资规划建设的项目，1996年9月3日开业。市场定位以糖酒、副食、日化、家电、百货、皮具、文体、农副产品为主，辅以小商品、针织品、服装等经营项目，销售覆盖省内各地市，辐射中南地区及周边10余个省市。高桥大市场四周公路交织成网，客货运输便利。自1996年9月3日开业以来，市场重点实施“规范管理、重点引进、分片搞活、集中发展”和“以文促商、以文活市”的发展策略，先后引入福建食品城、广东食品城、日化城、名酒饮料城等10余个大型专业批发市场。2003年，企业成功改制。2009年，高桥现代商贸城建成起航，标志着市场由传统商贸向现代商贸迈进。2011年，高桥茶叶茶具城扩建完成。2012年，成为全国日用工业品重点市场、农业部定点市场。2013年，市场年交易额突破1000亿元，获“中国优秀示范市场”称号。2014年，高桥大市场正式确定“国际高桥世界商港”的发展战略，开启国际化发展道路；高桥大市场上升为全

高桥国际商品展示贸易中心　　（高桥街道 提供）

国第三大综合型市场；酒水食品城和酒店用品城等就地进行提质改造；完成批发物流和仓储物流的外迁工作。2015年，获“中国优秀市场”“全国转型升级示范市场”称号。2016年，围绕电子商务、现代物流、国际贸易对产业结构进行转型升级；引进企业282家，新增税收1200万余元；获批湖南首家“内外贸结合商品市场”和“旅游购物”贸易方式试点市场，实施内外贸一体化发展战略，推广发展跨境电子商务，推动外向型经济发展。2016年11月11日，涵盖46个国家、1000余家工厂，包含1.2万种产品的国际商品展示贸易中心营业，建立湖南与海外国家和区域的B2B贸易模式。2017年，高桥大市场名优特商品（香港）展示展销中心成立；高桥商城启动上线交易；湖南（高桥）首届酒水食品展销会举行。2018年，高桥大市场国际名酒街开业；打造现代商贸城室内风情街区；成功获批市场采购贸易方式试点市场；湖南（高桥）第二届酒水食品展览会举行，成交额130亿余元。2019年，斥资百亿元建设“高桥大市场全球贸易中心”项目，3月19日正式走单，共出口通关7800余票，贸易总额近6.3亿美元；6月29日，湖南（高桥）非洲商品展销馆开馆，在第一届中非经贸博览会期间，该馆接待24个非洲国家的51个代表团、1200余人次的参观考察，现场购物200万余元，达成意向贸易订单约4.8亿美元（其中进口1.95亿美元，出口2.85亿美元）。截至2019年年底，

高桥大市场航拍　　（高桥街道 提供）

高桥大市场拥有经营用地面积66.67公顷，商户8000余户，从业人员20万余人，经营商品170万余种，年交易额1480亿余元。

高桥大市场包括酒水食品城、酒店用品城、现代商贸城、文体用品城、服饰家纺城、医药流通园、农副产品城、茶叶茶具城8个商场，湖南出口产品集聚区、国际商品展示贸易中心2个进出口双向贸易平台。酒水食品城于1996年开业，经营面积10万余平方米，经营商户有2100余户，主营名酒、饮料、炒货、糖果、休闲、进口食品等。酒店用品城于2006年开业，经营面积16万余平方米，商户总数有940余户，主营客房用品、厨房设备、咖啡用具、中西餐具、陶瓷用品等，为“中国酒店用品最佳采购基地”。现代商贸城于2009年开业，经营面积约44万余平方米，商户总数有1120余户，主营皮具箱包、饰品百货、电脑数码、家居摆设、玩具婴童等，是湖南地区最大的小商品及玩具批发市场。文体用品城于1996年开业，经营面积3万余平方米，商户总数有850余户，主营体育用品、体育设施、健身器材、学习用品、办公用品等，代表品牌有耐克、晨光、真彩等。服饰家纺城于1996年开业，经营面积6万余平方米，商户总数760余户，主营服饰鞋类、床上用品、窗帘布艺等，配套东、西两个区域共6000余平方米餐饮服务。医药流通园于2006年开业，经营面积5万余平方米，商户总数660余户，主要从事中药材、保健食品、医疗器械及药品等四类商品的批发交易，是“中国17家中药材市场之一”“全国一流医药集散平台”“保健食品无假货示范市场”。农副产品城于1998年开业，经营面积9万余平方米，经营商户有850余户，主营粮油、农副食品、干货、调料等，是湖南菜篮子工程的重要组成单位，形成以农副产品批发零售、物流配送、检测检验于一体的综合性农副产品专业市场。茶叶茶具城于1998年开业，经营面积8万余平方米，商户总数900余户，主营茶叶、茶具、茶品、茶包装等，代表茶类有黑茶、黄茶、君山银针、古丈毛尖、铁观音等，拥有中国茶叶市场中首条“茶叶包装一条街”，发展成为全省规模最大、品牌最全的茶叶茶具专业市场。

高桥茶叶茶具城　（唐清明 摄）

高桥医药流通园　（高桥街道 提供）

神农茶都　位于雨花区高桥街道朝晖路与马王堆南路交会处西北角，由雨花区于2013年开始打造，面积10万余平方米，是现代化的专业茶叶大市场和全国最大的黑茶交易集散地，获评“湖南省旅游购物示范点”称号。神农茶都以经营茶叶批发为主，同时经营与茶相关的茶具及茶工艺品。汇集来自全国各产地的茶叶六大系列800余个品种。神农茶都打造神农茶都电子商务平台。20世纪90年代，火焰村是长沙市典型的“城中村”。1998年，雨花区委、区政府在全市率先启动村改社区试点工作，火焰村成为首个试点单位。2009年，火焰村改为火焰社区。2012年，火焰村172栋居民安置房建成，1258户居民得到妥善安置，社区基础配套设施和主次干道建设全部到位。火焰社区分为三个大型市场：火焰大市场、火焰文体商贸城和火焰C区鞋服城。2013年起，火焰社区逐步淘汰掉服装、玩具、电器等产业，打造神农茶都文化产业园。2014年，火焰神农茶都二期“腾笼换鸟”和三期招商基本完成。自2014年起，每年中华茶祖节开幕式在神农茶都举办。2015年，投入1000万余元打造神农茶都文化步行街，次年修建完成。2017年10月15日，神农茶都首届红诗歌茶文化节举行。2018年，雨花区政府与桑植县政府合作，在神农茶都文化产业园建设专门的桑植白茶文化街。同年4月20日，中华茶祖节开幕式在神农茶都举行。

2013年6月16日，神农茶都开业典礼（高桥街道 提供）

华雅国际大酒店　位于雨花区高桥街道万家丽中路二段81号，由湖南新华雅实业集团有限公司投资兴建，于2006年1月26日营业，按五星级标准设计建造，是一家集客房、餐饮、娱乐、商务、办公、休闲于一体的豪华生态型新建酒店。酒店总建筑面积12万余平方米，包括主楼（含560间客房）和别墅3栋拥有10万平方米城市高尔夫俱乐部。

华雅国际大酒店　（唐清明 摄）

上河国际商业广场　位于雨花区高桥街道万家丽中路358号，于2006年竣工销售，由五江集团、长沙城建、天润置业共同投资20亿余元开发，总用地面积21.67公顷，总建筑面积68.04万平方米，由1条主题商业街、2大休闲广场构成，是集购物、娱乐、休闲、居住、商务、餐饮、观光、旅游等多功能于一体的超大复合型城市综合体。

上河国际商业广场　（唐清明 摄）

华晨·双帆国际　位于雨花区高桥街道万家丽路与景园路交会处西北角，由湖南华晨投资置业有限公司投资3亿余元开发，始建于2008年，2010年建成，定位为AAAAA甲级写字楼。占地6600平方米，总建筑面积5.2万平方米，高26层，其中1~4层为商业群楼，建筑面积9200平方米，5~26层为写字楼，建筑面积3.4万平方米，停车位318个。

华晨·双帆国际　（区档案馆 提供）

华晨世纪广场　位于雨花区高桥街道长沙大道与万家丽路交会处西南角，始建于2008年，2012年投入使用，占地面积5.6万平方米，建筑面积35万平方米，主体25层，高110米，是高桥商圈的大型城市综合体。该广场在布局上分为三大功能区：北侧为大型购物中心，中段为商业步行街、商业内广场、酒店办公集合体，南侧则为高层住宅，融合超甲级 AAAAA 写字楼、华晨豪生国际大酒店、豪生全套房公寓、华晨国际公馆、居然之家家居生活馆、华润万家生活超市、通程奥特莱斯百货、通程电器、MC 国际影院、致青春量贩式 KTV、四季时尚商业街、特色风味美食街、大型地下停车场等多元配套于一体。2012 年，居然之家高桥店开业。2015 年 2 月 7 日，通程奥特莱斯华晨店开业，由“百货 + 电器”组合，经营面积 4 万平方米。

华晨世纪广场　（区政府办　提供）

居然之家高桥店　位于雨花区长沙大道与万家丽路交会处西南角，总面积 8 万平方米，于 2012 年 4 月 22 日开业，是中国家居连锁企业居然之家在长沙的第二家店（全国第 47 家店）。营业楼层为地下一层至地上七层，涵盖从地板、洁具、瓷砖、石材、吊顶到沙发、软床、柜门、窗帘、壁纸等硬装、软装品类；陈列现代板式、儿童家具、实木、红木、藤艺及古典等各式家具，引进厨房电器、家装公司等，汇集友邦、欧琳、萨米特瓷砖、箭牌卫浴、德国威能、朗斯、欧瑞博、拉卡萨等品牌。2015 年 1 月 17 日，居然之家高桥店欧美进口家具馆开业，位于店 2 层、4 层、5 层，总面积 3 万余平方米，汇聚国际级欧美家具品牌。2018 年 5 月 1 日，居然之家智能服务机器人“居小然”上岗为顾客服务；10 月 15 日，“居然之家 & 天猫双 11”商户启动大会召开，居然之家与天猫合作，采取线上线下相结合模式。2019 年“双 11”期间，居然之家打造各类型直播进行流量转化。

居然之家高桥店　（唐清明　摄）

恒嘉西子商业中心　位于雨花区高桥街道万家丽中路一段 318 号，于 2013 年 4 月 28 日营业，总建筑面积近 2 万平方米。项目定位为以中产家庭互动体验、品质生活升级需求为核心的轻型 MALL。

永定美食七街　位于雨花区高桥街道永定小区，“七街”为“吃街”的谐音，占地面积 0.24 平方千米，是长沙美食文化观光街区。2005 年，高桥失地农民在此自发形成夜市一条街，门店 5 家左右。2015 年，永定美食七街协会成立。2016 年，美食七街用无烟环保烧烤车取代直排烧烤摊，解决油烟污染和扰民的问题，街区获评长沙市首条无烟示范街。美食七街以烧烤、夜宵为主，涵盖湘菜、粤菜、川菜等几大特色菜系，有小吃、海鲜、烧烤串串、面食、炒菜、粥类等几类食品，包括皮皮烧烤、朝阳烧烤、体委烧烤城、刘百味粉馆、方记虾尾等商家。截至 2020 年 8 月，美食七街拥有协会会员门店 55 家，定点摊位 38 个，从业人员数千人，是高桥区域最活跃、最繁华、最有特色的地带之一。

永定特色美食七街　（高桥街道　提供）

左家塘街道

2014 年，左家塘街道代表全市迎接民政部验收，以全省排名第一的成绩获“全国和谐社区建设示范街道”。

| 区域概况 |

位置面积

位于雨花区西北部，“内四街”（即指雨花区靠近城区中心的左家塘、侯家塘、东塘、砂子塘四个街道）东北角，东以京广铁路为界与高桥街道相邻，西以韶山路为界与侯家塘街道相接，北起人民路，南以劳动东路为界与砂子塘街道相连，北以人民中路为界与芙蓉区毗邻，三纵四横七条主干道贯穿其中。街道辖区面积 7.8 平方千米。截至 2019 年年底，街道面积无变化。

建置沿革

民国时期，辖区属长沙市郊区文艺区。1950 年冬开始土地改革，左家塘、阿弥岭、赤岗冲一带属文艺区桂花树乡。1956 年撤区并乡，属雨花乡。1958 年 9 月，属雨花亭人民公社。1960 年 4 月实行人民公社，废除区街体制，因重新划分，左家塘地区划为南区的一部分。1961 年 9 月，左家塘从东塘分社划出，成立左家塘街道办事处。1968 年 9 月撤销街道，成立革命领导小组。1979 年撤销领导小组，恢复街道建置，属南区管辖。1990 年，由街道办事处自筹资金近百万元修建城南东路 282 号的五层办公大楼和 242 号、26 号的文化活动中心，两栋建筑面积 5960 平方米，1991 年迁至新址办公。1996 年 7 月，由于区划调整，左家塘划归雨花区管辖。是年 12 月，区域微调，新设立东塘、砂子塘 2 个街道，保留左家塘建置。2011 年 4 月，街道办事处搬至桂花路 271 号办公。截至 2019 年年底，建置无变化。

行政区划

1974 年，辖妹子山、广济桥、水电局、长岭、东塘、制筛、树木岭 7 个居委会。1978 年，增加矿通、赤岗冲、井巷 3 个居委会。1980 年，成立自然岭、正圆 2 个居委会，东塘居委会改为湘农新村居委会，水电设计院家属委员会改为东塘委员会，矿通居委会分为一、二居委会，妹子山居委会分为一、二居委会、雅塘村居委会。截至 1982 年底，辖 15 个居委会。1984 年，将原来 15 个居委会划为 18 个居委会。1986 年至 1987 年，市开发公司在左家塘辖区内新开发红旗、桂花两个大队，郊区开发公司开发赤岗大队，街道根据这一情况，将“农转非”人口再增加 4 个居委会，共有 22 个居委会。1991 年，辖长岭、营山巷、广济桥、湘农桥、东塘、湘农新村、牛角塘、曹家坡、赤岗冲、泉塘、狮子山、唯物岭、赤岗一委、赤岗二委、桂花一委、桂花二委、树木岭一委、树木岭二委、长塘里一委、长塘里二委、梓元一委、梓元二委、妹子山一委、妹子山二委、荷叶塘、左家塘、赤岗北路 27 个居委会。

1996 年 7 月，街道划归雨花区，文艺路、朝阳街道办事处在人民路以南的湖橡、窑岭、韶山路、长钢、王公塘 5 个居委会和复兴街居委会部分（并入梓园一居委会）、东广济桥居委会部分（并入梓园二居委会）及朝阳一委、人民路2个居委会部分（并入桂花一村居委会）划归左家塘，街道辖37个居委会。是年12月，进行区域微调，将韶山中路以西的梓园一委和二委、长塘里一委和二委、湘农桥、韶山路、广济桥、东塘及泉塘9个居委会划归侯家塘街道，至此，街道辖28个居委会。1998年，将街内一个地名同时设两个居委会的桂花一、二委，赤岗一、二委，树木岭一、二委，狮子山一、二委8个居委会合并成4个社区居委会，将湘农村居委会撤销并入牛角塘和曹家坡社区，赤岗北路并入荷叶塘社区，赤岗冲并入官塘冲社区，妹子山一、二委并入左家塘社区，街道辖左家塘、桂花、荷叶塘、阿弥岭、狮子山、树木岭、官塘冲、赤岗、红花坡、营山巷、牛角塘、曹家坡、窑岭、湖橡、长岭、王公塘、长钢、曙光18个社区居委会。2012年7月，设立长铁、车站南路2个社区居委会。2014年12月，设立嘉园社区居委会。截至2019年年底，街道辖赤岗、长钢、曹家坡、长岭、阿弥岭、桂花、官塘冲、红花坡、湖橡、荷叶塘、牛角塘、曙光、树木岭、车站南路、长铁、狮子山、王公塘、窑岭、嘉园、营山巷、左家塘21个社区居委会。

湖橡社区公共服务中心　（左家塘街道　提供）

人口民族

左家塘街道辖区人口以汉族为主。1961年末，总户数2368户，其中家庭人口8272人，集体人口5823人。1972年总户数5684户，总人口29603，出生率13.03‰，自然增长率9.3‰。1973年末，总户数5550户，总人口28835人。1977年，总户数9057户，总人口41359人，出生率12.17‰，自然增长率8.4‰。1982年末，总户数13168户，总人口54114人，出生率11.7‰，自然增长率7.6‰。1990年末，总人口76673人，其中男性40137人。1996年末，左家塘街道为纯城市居民，总户数28433户，总人口64476人。

2002年末，总户数29351户，总人口88033人；常住人口9.8万人。2005年末，总户数33174户，总人口96785人，其中男性49546人；计划内生育率99.87%。2006年末，总户数34447户，总人口99170人，其中男性31280人，非农业人口98070人，未落常住户口人员1100人。2008年末，总户数38809户，总人口数103995人，其中男性52950人，非农业人口102862人，未落常住户口人员1133人。2009年末，总户数37600户，总人口数105782人，其中男性53763人，非农业人口104679人，未落常住户口人员1103人。2010年末，总户数38630户，总人口108704人，其中男性55486人。2011年末，总户数39233户，总人口109883人，其中男性55016人，非农业人口108178人，未落常住户口人员1705人。

2012年末，总户数39805户，总人口110009人，其中男性55081人。2013年末，总户数40432户，总人口111249人，其中男性55607人。2014年末，总户数40942户，总人口112098人，其中男性55941人。2015年末，总户数41306户，总人口112754人，其中男性56156人。2016年末，总户数41587户，总人口112189人，其中男性55711人。2017年末，总户数41658户，总人口109718人，其中男性54069人。2018年末，总户数41869户，总人口109186人，其中男性53611人。2019年末，总户数41747户，总人口107958人，其中男性52764人，年度出生799人，死亡1281人，迁入2204人，迁出766人。

经济发展

经济综述

街道沿革于长沙市郊区，历经建设郊区新农村、发展城郊型农业，发挥服务城市功能，丰富“菜篮子”，接手城区管理，建设新城区，统筹城乡一体发展，推动国民经济和各项社会事业快速发展等阶段。1965年，街道无工业可言，仅有少部分如草绳组、翻砂组等几个合作小组，生产自救以解决少数人的生活困难问题。1966年，办起7个厂组职工180人，其中居委会办有4个厂组，职工57人，年产值18万元。1967年，办有翻砂、化工、手工制筛3个小厂，职工20人。1972年，完成工业总产值104万元。1978年，完成工业总产值382.12万元，销售值250万元，利润值50万元。20世纪80年代至90年代初，主要抓工业经济发展，开办街、委企业，为国有大企业堵漏补缺，进行生产自救。1983年，街道开设厂、队6个及修理、饮食和服务性商店20余个，自办工业泵厂、医用电仪厂等6个工厂，计有职工1444人。1988年，街道劳动服务公司新办企业24个，其中工业6个，商业16个，劳务队1个，综合厂1个，注册资金共713.5万元，从业人员177人。1996年，全街有中小型企业7家，服务业3家，工业年产值553万元，销售营业额1721万元；国地两税收入600万余元，街道可支配使用财政仅200万元。

1996年区划调整后，左家塘街道调整经济结构，主要发展第二、第三产业，先后撤销生活锅炉厂、联群筛网厂、东塘皮鞋厂、华湘机电厂、永光液精仪器厂、湘南机绣厂和华中汽配厂，打造人民路建材市场、车站路钢材市场和曙光路餐饮美食一条街及长钢商业服务板，自筹资金兴办桂花、赤岗岭、狮子山、红花坡和营山巷5个农贸市场。2002年，财政收入3186万元；有企业4293个，企业产值5.49亿元，营业收入11.73亿元，实现利润1623万元。2003年，完成财政总收入4201万元。2004年，完成一般预算收入4746万元。2005年，完成一般预算收入10003万元。2006年，完成财政总收入14957万元，其中财税收入13760万元。2007年，完成财政总收入16931万元。2008年，完成财政总收入2.27亿元，实现合同利用外资1980万美元，实际到位外资1050万美元，全社会固定资产投资11.38亿元，引进省外域内资金2.8亿元，市外域内固定资产6.3亿元。2009年，财政总收入2.69亿元，其中地方财政收入首次突破2亿元，达到2.1亿元；全社会固定资产投资15亿元；实现合同利用外资1900万美元；引进省外境内资金3亿元，市外境内固投6.9亿元。2010年，完成一般预算收入20011万元，实现合同利用外资4600万美元，引进省外境内资金4.57亿元，市外境内固投8.13亿元，固定资产投资20.6亿元。2011年，完成地方财政总收入24634万元，实现合同利用外资4500万美元，引进省外境内资金3.15亿元，市外境内固投完成8.48亿元，固定资产投资26.5亿元。

2011—2013年，街道深化内城区二次开发模式，推动经济转型升级、提质增效，连续三年获长沙市经济社会发展综合实力“十强”街道。2012年，完成地方财政收入3.001亿元，突破三亿元大关；合同利用外资2980万美元，引进省外境内资金4.63亿元，市外境内固投10.99亿元，全社会固定资产投资32.3亿元。2013年，财政总收入11亿元，一般预算收入完成31718万元，实现合同利用外资3230万美元，引进省外域内资金54890万元，市外固定资产投资完成13.32亿元，全社会固定资产投资36.1亿元。2014年，完成财政总收入96477万元，固定资产投资33.64亿元，引进省外境内资金54879万元，市外固投12.66亿元。2015年，完成财政总收入9.6亿元；完成固定资产投资39.12亿元，实际到位外资4700万美元，实现省外域内资金4.78亿元，市外固定资产投资13.19亿元。2016年，完成财政总收入11.3亿元，固定资产投资19亿元，实际到位外资4079万美元；实现省外境内资金5.7亿元，市外固定资产投资9.75亿元。2017年，完成财税总收入12.35亿元，全社会固定资产投资总额为25.76亿元。2018年，完成税收收入13.48亿元，固定资产投资9.7亿元，外贸进出口18300万美元，实际到位外资4050万美元。2019年，完成全口径税收10.88亿元，全社会固定资产投资总额4.5亿元。

项目建设

2003—2007年，开发原国企闲置土地福乐康城、名都凯旋城、丽星景园等房地产项目；启动集高档住宅、酒店、商务写字楼、大型卖场于一体的融圣国际。2008年，将项目建设作为促进经济发展的突破口，引导企业合理开发东厢铁路用地等闲置资源；推进名都花园、中江·佳境天成、融圣国际、锦绣世纪、丽星景园等项目的开发建设。2009年，有项目18个，总用地面积34.67公顷，总建筑面积230万平方米。其中：在建在售的项目有5个，建筑面积80万平方米，全年累计投资7.5亿元，售出500余套，实现销售收入8.6亿元，完成区级税收5000万余元；待建项目有13个，用地面积21.33公顷，建筑面积150万平方米，投资40亿元。2010年，有在建、待建产业项目17个，其中在建项目有10个，待建项目有7个，总占地面积共计37.9公顷，总建筑面积178.32万平方米，总投资40亿元；长沙市首个棚改保障性住房项目——湖橡（原湖南橡胶厂）项目开工奠基。2011年，有在建、待建项目16个，总投资额度约16亿元，产生区级税收4000万余元。

天翼未来城　（左家塘街道　提供）

2012年，列为区、街“三定三抓”（定目标、定责任、定惩罚；抓引进落地、抓建设成长、抓提质升级）的有8个项目，其中湖橡棚改项目主体封顶。2013年，推进天翼未来城、天龙大酒店等项目建设。2015年，汇财中心项目、芒果雅苑项目、天翼未来城项目1-8号栋综合楼及商铺封顶竣工，对外招商。2016年，中湘置业、鹏程家园、水电宾馆、富华国际广场动工建设。2018年，建发·中央悦府、东方悦邻MALL项目竣工并投入使用，鹏程家园完成主体竣工。2019年，宇洋东海在建项目整体拍卖招商。

东方悦邻MALL商业提质改造项目　位于雨花区曙光中路56号，总投资近1.5亿元，对原有产业进行提质改造，其改造商业经营面积约2万平方米，定位于一站式精致悦邻购物生活广场。项目引进大小各类型商家120余户，提供就业岗位约1000个，商场日消费客流6000人次，会员人数1.5万人。

东方悦邻MALL　（左家塘街道　提供）

工业

1951年，为生产自救，在原来的打靶场新建“华新电机织布厂”，有职工250余人，年产织布6万余米，这是辖区的第一家工厂。1962年，与长沙市光华染厂合并，改名为“长沙印染厂”。1972年，完成工业总产值104万元，增加职工130人，新建产房518平方米，添增设备38台。5个单位建成新厂房，职工人数增加至800名，添置多种机床10台，试验成功矿山用品、发爆器、可控硅电焊机等新产品。1973年，完成工业总产值169.01万元，增加11项新产品，10种对口产品，增加多种机床设备30台。1975年，完成工业总产值为280万元。东虹冷作厂实现一项模具革新，工效提高95%以上，减轻劳动强度89%。1976年，完成工业总产值约265.05万元。1977年，完成工业总产值约315万元。

1980年，街道有14个单位，街办厂6个，500人，泥木队1个，机绣、单车修理组各1个，居委会综合厂4个（126人），合计1213人。长沙工业泵厂完成年产值230.62万元；联群机械厂完成年产值60.15万元；精益皮鞋加工厂完成年产值43.27万元。1981年，完成工业总产值493.45万元，利润实际完成42.96万元。1982年，完成工业总产值485.38万元，销售297.8万元，利润42.34万元，资金利润率11.05%，销售率61.95%。1995年，完成工业总产值3382.1万元，销售3228.2万元，利润143.3万元。1996年，街办工业企业7家，服务业企业3家，年产值553万元，营业收入1721万元，上缴税金43万元，利润总额72万元。

2002—2008 年，全面完成街办企业改制，工厂不再是街道经济发展的支柱产业。2005 年，完成规模工业总产值 30989 万元。2006 年，完成规模工业总产值 41818 万元。2009 年，完成规模工业总产值 1.3 亿元。2010 年，完成规模工业总产值 1.67 亿元。2011 年，完成规模工业总产值 1.55 亿元。2012 年，完成规模工业总产值 2.42 亿元。2013 年，完成规模工业总产值 22754 万元。2014 年，完成规模工业总产值 17101 万元。2015 年，完成规模工业总产值 1.22 亿元。2016 年，完成规模工业总产值 8500 万元。截至 2019 年年底，街道的工业产业不再是主导产业。

商贸服务业

1980 年，左家塘地区个体商贩有 19 人，1982 年有 30 人，1983 年有 67 人。其经营项目有理发、食杂果品、副食烟酒、干鲜、馄饨米粉、零售商品等。1983 年，左家塘辖区有国有、集体、个人办的各种商店、饮食店、理发店等 40 余家，农贸市场每天有六七十余名农民赶集。

2002 年，全街有商贸服务业 4041 个；辖区内沿街店 1800 余间，大型商贸业有家润多、红星等超市和钢材、建材、农贸等市场 10 个，酒店有九龙蛇城、大蓉和、山水人家、小湘汇、天龙、蓉泰、金叶等。2003—2007 年，以港岛娱乐城、鸿铭商业街为代表的现代商贸特色日臻成熟，以曙光中路美食一条街的传统商贸，呈现提质扩张的态势；鸿铭商业街引进餐饮、酒吧、休闲、娱乐企业 60 家，经营面积 4.8 万余平方米，凯天美食增加营业面积 800 平方米，大蓉和酒店重新装修开业，成功引进全省知名餐饮企业“旺府酒楼”，湘怡源、湘水谣、老妈厨房等餐饮店相继开业。2005 年，实现社会消费品零售总额 15.3 亿元。2006 年，实现社会消费品零售总额 17.30 亿元。2008 年，新引进旺府、什锦盒等知名餐饮企业进驻曙光路和城南路；举办“夜・宴”美食节；鸿铭商业街入驻企业 50 余家，月缴税收近 100 万元；完成王公塘、赤新、曙光中路和桂花 4 个农贸市场的提质改造。2009 年，实现社会消费品零售总额 26 亿元；引进青苹果连锁酒店、MOTO168 连锁酒店、天地轩酒楼、毛家湾饭店等。2010 年，实现社会消费品零售总额达 37.5 亿元；车站南路特色景观街“第五大道”开街。2011 年，实现社会消费品零售总额 48.5 亿元；举办“乐购雨花”购物消费节暨第五大道商业街时尚服饰节。

鸿铭商业街 （左家塘街道 提供）

2012 年，实现社会消费品零售总额 54.5 亿元；湖南国际珠宝城开业，总投资 1.2 亿元，营业面积近 4000 平方米。2013 年，实现限上社会消费品零售总额 31.8 亿元。2014 年，实现限上社会消费品零售总额 34.59 亿元；天翼未来城项目获批区电子商务信息示范基地；新引进信达财险湖南分公司、安大汽车销售、深圳华阳工程设计长沙分公司等多家现代服务业企业。2015 年，实现限上社会消费品零售总额 42 亿元；王公塘新街市开业；中铁五局（集团）有限公司本部入驻，新引进华住酒店集团、长沙哲博百众（团 800）网络科技有限公司等 20 余家现代服务业企业。2016 年，实现限上社会消费品零售总额 33.5 亿元；恒丰银行长沙分行入驻汇财中心。2017 年，实现社会消费品零售总额 26.2 亿元；湖南联盛网络科技股份有限公司成功上市，实现服务业企业营业收入 55 亿元，年度缴税额度 2 亿元。2018 年，实现社会消费品零售总额 15 亿元；引进东方悦邻 MALL 商业提质改造项目和长城人寿保险有限公司湖南分公司等企业，长城人寿入驻中邦国际楼盘。2019 年，湖南温尔登商贸管理有限公司、湖南普博能源发展有限公司等 25 家企业入驻街道；步步高集团、友阿集团接管家润多超市平稳过渡；改建赤新农贸市场、曙光路农贸市场。

王公塘新街市　位于雨花区人民中路王公塘

29号，于2014年10月15日启动建设，2015年年初开业，由新街市集团开发，将传统农贸市场、海鲜零售市场、社区配套中心紧密结合，引入长沙市首个邻里中心理念，以五星装修标准、农商对接形式、食品安全溯源、全新IC卡消费模式等打造中南地区及长沙市首个“五星级菜市场”。该市场周边有颐美园、朝阳欣园、天润花园、曙光领峰等近10个住宅社区，建筑设计风格为双首层，东首层主要经营海鲜批发加工、粮油干杂、活禽专卖等，西首层则以肉菜市场为主，配以餐饮美食、邻里中心等服务设施。

王公塘新街市　　（左家塘街道 提供）

| 基础设施 |

交通运输

左家塘原系城郊菜农区，境内主要为简易砂石公路和泥泞小道。1958年，打通枫林山，向东延伸到赤岗冲、树木岭，全线铺成碎石路面。自1960年冬起，从侯家塘到东塘修成双行车道、间以绿化带的水泥路面。从东塘到树木岭修单行车道的沥青路面，称之为劳动路。从窑岭到长岭原有一条狭窄的简易马路，常年失修，坑坑洼洼，难以行车，1962年开始翻修加宽，并打通窑家坡，穿过长沙印染厂，修通窑岭到东塘这段双行车道、间以绿化带的沥青马路，北至袁家岭接八一路，向南延伸通到韶山，故命名为“韶山路”。劳动路和韶山路的修成，改善了区域交通条件，促进辖区的发展，许多机关、企业、工厂纷纷建起。从长岭至东塘这段韶山路两侧，属辖区的有铁道部长沙指挥部、湖南省水利厅等20余个单位。从东塘至树木岭一带属辖区的有湖南省生物药厂、建材机械厂等10余家大中型厂。北起韶山路，经街道办事处，南至劳动东路的赤岗北路，是贯穿辖区的一条主要马路，其两侧有湘粮机械厂、探矿机械厂等10余家工厂。西起左家塘，经阿弥岭，东至京广铁路复线的桂花路，是连接城乡的要道，两边有线材制品厂、湘江火柴厂等工厂。1965年街道建成劳动东路赤岗冲至树木岭段，一年后建成车站南路。1985年铁路建设开发。1987年，建设车站路，路宽30米。1991年，京广铁路和107公路从左家塘街道穿越而过，东有长沙火车编组站（货站）。1996年树木岭建成二环线劳动路立交桥，而桥西南角有大型农贸市场和超市。长沙铁路货站建于桥西北段。

1997—2002年，城南东路（车站路至韶山路）、曙光路（劳动东路至人民路）及赤新路全部绿化，路旁人行道全部换成彩色釉面瓷砖。2003—2007年，改建提质曙光路、牛角塘路，拓宽拉通曹家坡路。2008年，辖区交通运输用地156.36公顷。2009年，车站南路两厢环境综合整治铺开，景观街建设启动；人民路、城南路提质改造顺利竣工投入使用。2011年，完善车站南路长沙“第五大道”各类配套工程。2012年，改造提质赤岗路。2013年，韶山路支路42项目启动拆迁工作，支路E-2完成腾地。2014年，韶山路支路42拆迁实现零强拆倒地，征收土地面积2840平方米。

车站南路路面维护施工作业　　（区市政维护中心 提供）

2019年，长沙轨道交通4号线试运营，赤岗岭站位于辖区内；长沙轨道交通3号线试运行，桂花公园站、阿弥岭站位于街道辖区内。截至2019

年年底，街道公路交通南北走向“三条”：韶山中路、曙光中路、车站南路，东西走向“四条”：劳动东路、赤新路、城南东路、人民东路，市内 6、7、11、104、107、108、122、135、138、146、147、602 等近 20 余条公共汽车穿插运行；社区内背街小巷道路均硬化。

城市建设与管理

1997—2002 年，左家塘街道投资千万元用于拆违还绿、拆违还路，建设文化体育设施和休闲场所，共拆违 2 万余平方米，修建街心花坛、花园 30 个，辖区道路全部硬化、绿化、亮化。2003—2007 年，推进桂花、长钢、红花坡、赤岗、王公塘、左家塘、曹家坡等 18 个社区的背街小巷改造提质和社区环境整治。2007 年，启动 15 个社区、26 个居民小区的社区环境综合整治工程。2008 年，辖区城市用地 319.91 公顷，村庄用地 1.74 公顷；启动湖南省广播电视大学教职工宿舍拆迁。拆除户外违章广告 1256 块计 18900 平方米，改造门店招牌 613 块；桂花社区、牛角塘社区分别被评为省级和市级绿色社区。2009 年，完成曙光、官塘冲、左家塘、赤岗、荷叶塘 5 个社区的社区环境整治工程；对韶山路牛角塘巷口、赤岗集贸市场外摊担、王公塘马路菜市场等重点地段开展 30 余次市容环境集中整治行动；建成树木岭社区公园。2010 年，获评“长沙市城市管理五佳街道”称号。2011 年，湖橡社区和红花坡社区的棚改项目签约清零，湖橡安置房进入主体工程建设；一汽棚改项目拆迁腾地，进入基坑施工阶段。清理人民中路夹皮沟、长标危房改造工地、改制企业锻压机床厂宿舍等重点、难点地段的裸露垃圾、建筑垃圾及堆物约 130 余吨。

2012 年，拆除违章建筑 127 处，新增绿化面积 1.2 万平方米；签订铂金馆和沸点 100 项目支路 42 的代征协议，确定拆迁安置方案。2013 年，营山巷社区和牛角塘社区环境综合整治工程完成，改建桂花社区公园，新增绿地 14106 平方米。2014 年，轻安五栋危改项目实现 10 天全部签约腾地；杨家山家禽市场实现整体外迁；长钢片区一、二期棚户区改造和模拟征收项目启动。2015 年，一汽棚改项目实现全面竣工，顺利完成分房；长钢新老 11 栋棚改项目征收工作完成签约腾房；莱特尔棚改项目实现房屋倒地，施工进场。改造拆除王公塘街、红花坡小学、杨家山夹皮沟等违章建筑 500 余处，60706.58 平方米，清理沟渠 170 余条，清理绿化带 35 万平方米。2016 年，启动长沙衡器厂、长岭市政宿舍、劳动东路 3 个棚改项目，征收土地约 17.34 公顷，拆迁 1684 户。新建休闲小广场 2 个、社会停车场 2 个，新增绿化面积 1800 平方米。2017 年，国有土地征收共签约 454 户，腾房 580 户，拆除建筑面积 3094.51 平方米。省话剧团老旧宿舍区及周边地块棚改项目、长沙衡器厂项目、劳动东路项目 A 地块实现签约清零。对长钢、桂花、湖橡等 11 个社区进行提质提档，推行七彩社区建设，完成 237 个提质提档项目。2018 年，新建立体停车场 1 个，改建停车点 2 处，新增停车位 200 余个。2019 年，拆除历史违法违章建筑 2400 平方米，发现制止拆除新建违章建筑 8 处，158 平方米；新启动棚改项目 1 个。王公塘 001 栋实现群众意愿率和模拟签约率双 100%。

改造后

改造前

左家塘街道赤岗社区提质改造对比图

省话剧团老旧宿舍及周边地块棚改项目 位于雨花区左家塘街道，东临曹家坡社区、北临湖南互相发展置业有限公司、南临曹家坡路，西至韶山路。总占地 0.85 公顷（可出让面积 0.65 公顷），用地性质为商住。项目于 2015 年 7 月启动签约，2017 年 4 月清零腾地。征收时承诺配建 128 套限价商品房被征收户

购买，并建1500平方米剧场及配套用房。2019年，完成项目土地收回，成本结算（结算总额3.28亿元），顺利通过控规修改专家论证会，市区职能部门意见征求完毕。

社会事业

教育

1975年以前的教育活动，主要是通过办学习班、政治夜校讲课，办墙报等方式进行。1976年，街道成立业余教育办公室，组成业余教育小组，全街选出22名教师，自编教材，教育课本350本，在工业泵厂、制筛厂、皮鞋厂、电子仪4厂、泥木工厂、广济桥、东塘、长岭等居委会和各厂办教育班。通过两年的教育，文盲及半文盲人数逐渐下降到68人，截至1979年，只剩下26人，并于年底全部脱盲。1975—1979年，街道开办业余技术学校，举办各种文化学习班、速成技术学习班、巡回辅导660场，办文化专栏275个，办宣传栏81个，写学习心得490篇，逐步建立健全中心学习理论队伍16个，青年学习小组4个，并邀请湖南大学教师讲授机械制图、工艺学等专业课程。1981—1982年，街道开办文化班两期，第一期110人，第二期180人，科目有语文、数学、物理，聘请长沙市二十三中教师任教。1983年左家塘街道机关办有婴儿间24个，幼儿园37所，有中学2所，即三十三中学、二十六中学，有工矿子弟学校8所。1988年，有中小学4所。1991年，街道有中专、中学及小学共7所。2002年，有省广播电视学校、市外国语学校、市四十一中等学校12所。2003—2007年，桂花树小学成立“7080成人学校”；左家塘社区以“新三味书屋”为载体，实施周六、日开放式教学，为50%以上的社区居民进行市民公德行为规范的培训。2014年，枫树山鸿铭小学、劳动东路小学、赤岗冲小学等7所学校被授予“校园雷锋超市”铭牌。截至2015年年底，左家塘街道有各类学校12所，包括枫树山鸿铭小学、劳动东路小学、赤岗冲小学、桂花树小学、红花坡小学等公立学校。2019年12月，曹家坡小学更名为枫树山鸿铭第二小学。

枫树山鸿铭小学　　（左家塘街道 提供）

文化体育

1977年以前，文化体育活动以联欢会、大规模开展工间操为主。1978年，成立有54人的左家塘街道业余文艺宣传队，划分为歌舞组、戏曲组、后勤组、乐队。在曙光子弟学校、水电院子弟学校等单位推广工间操，建设开放小型图书室，收纳科技书籍、杂志等900本左右。1981年，组织歌咏调演、文艺会演，评报诗歌比赛等小型活动15次，参加活动的有40个单位，表演节目有相声、戏剧等。1982年，文化站排演大型花鼓剧和现代戏《打碗记》，先后深入附近农村演出。建立中心广播站1处，设置图书及文化室5处，面积519平方米，其中文学书籍812本，连环画1662册，接待人数22260人次。其中文化站购置活动设施，有电视机2台，乒乓球台1个，康乐棋、羽毛球等11副。1984年，街道开设法制宣传课1035场次，听众116387人次，举办青少年学习班38期。有7个居委会开办气功、太极拳和剑活动点，参加锻炼的有2000余人次。动员20640人投入“五讲四美”文明活动，举办“热爱伟大祖国，致力振兴中华”辅导报告会，群众宣讲21场，举办专刊7个。1986年，有固定宣传新橱窗102个，“文明楼”57栋，“五好家庭”1150个，文明单位9个。1988年，左家塘文化娱乐中心被南区宣传部评为十大新闻之一，其三楼为豪华舞厅，二楼设有录像放映室、少儿艺术培训班，待业青年培训班，一楼设有阅览室、电子游戏室、棋艺室、老年人活动室、艺术照相室、桌球室等。左家塘文化站被省、市文化主管部门确定为城区文化工作示范性单位和对外开放窗口。1990年，省戏剧协会委员陈建秋（已故），省京剧团著名演员徐生莉、米莲娣，省音协委员、指挥家刘跃林等组建

“蛙鸣雅集”业余京剧社，把传统、现代京剧唱遍左家塘每个角落。1995 年 5 月，街道太极拳队 30 余人与到访的日中友好太极拳交流活动访问团一行 20 人进行太极拳交流和切磋。

2003—2007 年，开展“文化夜市”“邻里牵手、共建和谐”“首届邻里艺术节”“庆三八展巧手”“电影进社区、科普宣传进社区”“新市民大舞台”等系列活动，组织群体性文化体育活动 300 余场次；全街组建业余文体队伍 26 支，包括威风锣鼓队、腰鼓队、群众戏曲队、舞蹈队、老年合唱团等各类文体组织。2009 年，开展“元宵喜乐会”、“祖国颂”百团文艺会演和“爱国歌曲大家唱”等节会活动；以“祖国颂”为主题开展 20 余场文艺展演和 80 余场电影放映活动。2010 年，开展“元宵喜乐会”“社区文化节”“周六街坊大舞台”等一系列主题活动；在通程万惠市民文化广场组组群体性文化体育活动，参加群众 1 万余人。

2014 年 11 月 14 日，阿弥岭社区“书写核心价值，共创文明和谐”校园文化进社区活动　（左家塘街道　提供）

2014 年 8 月 1 日，牛角塘社区“民族同心·五教连心”活动　（左家塘街道　提供）

2012 年，开展街道首届“同心·邻”文化节暨邻里美食节活动，通过“邻互爱”“邻互助”“邻互学”三大系列共 10 个主题活动，满足群众多层次、多样化的文化消费需求。2013 年，开展“家庭厨艺大比拼”、“中国梦、我的梦”书画展等一系列文体活动，送戏、送电影进社区 50 余次；绿色网吧实现全覆盖，新增公共健身器械 50 余件（套），新建室外健身场地 3 处；《同心窑岭》发刊；街道组建的老年人气排球代表队参加长沙市第八届城市运动会夺得男、女组的冠军。2014 年，开展“聚校园文化、展文明新风”“校园书画作品展”等群众文化活动；赤岗社区被评为“中华诗教先进单位”。2015 年，全街以各社区为单位，建有秧歌腰鼓队 10 个，歌咏合唱队 4 个，体操舞蹈队 4 个，拳、剑、武术队 2 个，共 500 余人。开展“满意潇湘·美丽雨花”书法美术摄影大赛、“书香雨花”读书节、“校园书画作品展”等活动，在全街范围内开展中老年人广播体操比赛，新增 1 处室外健身路径，建成窑岭社区示范性社区文体活动中心。2017 年，开展“感恩母亲、分享经典”母亲节活动、最美家风，幸福家庭”主题活动、诗书画展等活动。2018 年，举办东塘商圈迎春文化节、“郡苑缤纷，雨外艺美”第十九届文化艺术节等活动；红花坡文体品质生活园建成开园。2019 年，举办廉政书画展、开展廉政文艺会演、进行廉政知识测试，读书思廉、廉政征文、讲廉政故事等活动；集中观看新编花鼓戏《洄水湾》。

2018 年 4 月 12 日，牛角塘社区“品特色小吃·扬传统文化”活动，市民现场品尝火宫殿臭豆腐　（左家塘街道 提供）

医疗卫生

1970年以前，左家塘没有专门的医疗站。1970年第四季度开始于城南路595号筹建合作医疗站。1970—1973年，街道医疗站送药上门14次，医治41名患者，用药人数6832人，用药392.5千克；妇科普查756人，打预防针2900余人。1971—1973年，医疗站采集中草药2269千克，自制烫伤、止血、止咳、化痰、止痢、鼻炎药粉、多种油剂及水剂，以应群众需要。1974年因行政区划调整，左家塘医疗站划归南区。根据业务需要，医疗站1979年添置4件医疗器械。1981年，成立左家塘

2014年3月5日，长沙普济医院爱心义诊

（左家塘街道 提供）

卫生院，有5名工作人员。1983年卫生院以透视X光及对外实行体析，扩大业务。在医疗卫生方面，医疗站响应全市中心爱国卫生运动，建立分片包干经常化、制度化，定期检查，总结经验，开展评比，经过验收评比左家塘地区涌现卫生大院15个，卫生之家1200户。20世纪80年代末期，湖南橡胶厂建立湖橡康达医院，成为辖区居民看病的主要医疗场所。

2002年，辖区内医院有长沙市妇幼保健院、179医院等4个医院。2008年，与康达医院合作，为辖区12361名育龄妇女进行免费B超和妇检；开展30余次健康讲座、咨询义诊活动，为1030户困难居民送去药品共价值4万余元；推进白内障患者手术复明工程，组织80余名白内障患者进行检查，5名患者接受免费手术。2009年，4名白内障患者成功接受免费手术，为3位肢体残疾的居民免费装配假肢；为1000余名育龄妇女做免费健康检查和B超孕检；开展人禽流感、H1N1甲型流感疫情的防控工作。2010年，33名白内障患者成功接受免费手术，为4位肢体残疾的居民免费装配假肢。2014年，为12名0~14岁贫困残疾儿童开展抢救性康复训练工作；联合长沙普济医院（湖南省“肾斗士在行动”组委会唯一指定医院），启动湖南省第一季“肾斗士在行动”大型援助公益项目。截至2019年年底，辖区有长沙市妇幼保健院、长沙德雅医院、左家塘街道康达社区卫生服务中心等各类医院。

长沙市妇幼保健院　位于雨花区韶山路和城南东路交会处东北角，创建于1962年，1987年由所改院，占地1.53万平方米，建筑面积4.01万平方米，编制床位600张，在岗人员1100余人，是一所集预防、医疗、康复、科研和教学为一体的三级妇幼保健院。医院门诊设有产科、妇科、儿科、内科、中医科、辅助生殖科、妇女保健科等20余个科室。住院部设有妇一科、妇二科、产房、产一科、产二科、普儿科、新生儿一科、外科等病区。其中，妇科是全省重点专科及全市重点学科，产科、儿童保健科是全市重点专科。1993年被卫生部评为全国第一批爱婴医院（当时全国共21所），也是湖南省首家爱婴医院，1994年被卫生部评为全国模范

长沙市妇幼保健院　（唐清明　摄）

爱婴医院，2015 年被国家卫计委评为全国百佳优秀爱婴医院，2016 年被国家卫计委评为改善医疗服务示范医院，2017 年成为国家级儿童早期发展示范基地，2019 年成为国家卫健委第一批国家分娩镇痛试点医院。

左家塘街道康达社区卫生服务中心 位于雨花区曙光中路 108 号，是在长沙康达医院的基础上，新建社区病房，将公共卫生服务和基本医疗服务相对独立，转型而来的长沙市示范性社区卫生服务中心。中心有职工 70 余人，组建全科医师团队 7 个。服务范围 7.8 平方千米，服务人口 13 万余人，下设 8 个社区卫生服务站。设有全科门诊、中医科、妇科、儿科、专家教授门诊（心血管内科、内分泌科、神经内科）、康复科、放射科、中西药房、儿童保健科等科室，住院病床共设 99 张，配备大型 DRX 光机、彩超多普勒机、全自动生化仪、全自动血球仪等设备。该中心自 2013 年起开设专家门诊医疗服务，开通双向转诊的绿色通道。

左家塘街道康达社区卫生服务中心 （左家塘街道 提供）

社会保障

从 1962 年以来先后组织各基层居委会与有关单位联系挂钩组建火柴盒、麻绳、花生等加工组，办综合性服务商店等。1970 年后，开办工业逐渐解决军烈属、困难户等就业问题。1976 年，街道对 17 户计 40 人进行定期补助，临时困难补助的 88 人 1982 年，街道定期补助 14 户 21 人，临时补助 14 人。1982 年，全街对 558 户军属、32 户烈属和荣誉残废军人、10 户“五保户”进行 32 次普遍访问，共计做好人好事 2088 件。1979 年，街道有定期救济 140 户 347 人，共计 2106 元。1980 年，有定期救济 172 户 232 人，共计 3023.92 元。盲人和纯居民的残哑待业人员有 69 人。1984 年，街道报请市区将东塘和精益两个鞋厂批准为社会福利工厂，为 17 名聋、哑等病残人员找到生活出路。全街共捐献衣服和被褥等生活用品 485 件，为修建市社会福利院集资 8800 余元，为 1770 余名待业青年和 448 名农转户办就业、升学和录用等手续。1988 年，辖区内有“五保”老人 13 人，有烈、军属和残废军人 350 余户，街道慰问费近 2000 元；安置病残人员 17 人，为 8 名病残人员办顶职和个体经商手续；捐献各种衣服、被褥 435 件；为修建市社会福利院捐资 3800 余元，共发行福利奖券 35 万元。

2003—2007 年，开展以“关注民生，促进就业”为主题的大型宣传活动；开展岗位技能和创业培训；定期组织辖区失业人员参加大型现场招聘会；赤岗社区、红花坡社区建立残疾人康复中心、康复档案，添置室外康复器材，成功创建为残疾人示范社区。2003 年，救灾、救助棉被 50 床，资金 5 万元；社区服务办理老年证 700 余人，为本地区会审、驾驶证 400 余人次，帮助 400 余人就业。2008 年，新增企业养老保险参保人数 1421 人，城市居民基本医保覆盖率 70.2%，新增企业医疗保险参保人数 540 人，新增企业工伤保险 548 人，新增企业失业保险 322 人；大病帮扶累计救助 211 人次，发放救助金 464115 元；享受城市低保待遇的有 1836 户计 4190 人，月支出低保金 691425 元；成立 1 个居家养老服务中心，7 个居家养老服务站。2009 年，新增城镇就业人员 2265 人；城市特困家庭医疗救助 232 人次，发放救助金 572055 元；新增企业养老保险参保人数 1473 人，城镇居民医保参保人数 18800 人；街道享受城市低保待遇的有 1740 户 3888 人，月支出低保金 611119 元。2010 年，新增城镇就业人员 4480 人；对低保对象 1606 户 3477 人，发放低保金 707.63 万元；新增企业养老保险参保人数 1936 人，医疗保险新增参保人数 945 人，完成失业保险 1022 人、工伤保险 977 人、生育保险 905 人。2011 年，新增城镇就业人员 2585 人；新增基本养老保险 2402 人，医疗保险 2007 人，工伤保险 2010 人，失业保险 1841 人；新增城镇居民养老保险参保人数 3405 人；低保户 1462 户，发放低保金 840 万元。

2012 年，城镇新增就业人员 1481 人；完成城镇基本养老新增参保人数 1563 人，城镇居民医疗保险登记参保人数 28181 人；发放最低生活保障金 1113.49 万元。2013 年，新增城镇就业 1644 人；企业基本养老保险新增 1002 人，企业基本工伤保险新增 1050 人，城镇居民医疗保险缴费 19673 人；为 1248 户低保户发放低保费 1007 万元。2014 年，城镇新增就业 1628 人；发放社会救助资金 977.24 万元；新增城镇企业基本养老保险 1040 人，城镇居民养老保险参保 1159 人，缴费金额 33 万元，居民医保缴费人数 20372 人。2015 年，城镇新增就业 1628 人；新增城镇企业基本养老保险 1040 人，城镇居民养老保险参保 1159 人，缴费金额 33 万元，居民医保缴费人数 20372 人；发放高龄津贴 35.6 万元，发放社会救助资金 977.24 万元；有低保对象 4000 余人，发放低保金 150 万余元；完成窑岭社区无障碍改造工程和桂花、红花坡、车站南路、王公塘、长钢、曹家坡等社区的残疾人家庭无障碍改造工作。2017 年，对 1260 名低保对象发放各类救助资金约 577 万元；医疗救助 318 人，救助金额约 105 万元。2018 年，城镇新增就业 1424 人；对 1165 名低保对象发放各类救助资金 590 万余元；医疗救助 191 人，救助金额约 65 万元。新建阿弥岭社区日间照料中心，引进“乐来龄”养护院和“快乐老人”大学等养老机构；狮子山社区居家养老服务中心、桂花社区居家养老服务中心建成启用。2019 年，城镇新增就业 1204 人；完成“三供一业”提质改造小区 11 个，总投资约 700 万余元；打造红花坡社区居家养老服务中心。牛角塘社区获“全国民族团结进步模范单位”，是湖南省唯一一个获此称号的社区。

桂花社区居家养老日间照料中心 位于雨花区左家塘街道港桂街 32 号附近，于 2018 年 2 月 24 日开业。桂花社区引进坤元社工服务中心，建设运营“桂花社区居家养老日间照料中心”，成立长沙市第一个以医疗保健、照护、康复、社会支持性服务为核心的社区多学科老龄服务小组，向辖区 1200 余名老年居民提供“24 小时养老管家服务”。

桂花路社区居家养老日间照料中心　（左家塘街道 提供）

乐来龄·红花坡老年养护院 位于雨花区左家塘街道红花坡路 60 号，建筑面积近 4000 平方米，共 5 层，设立 250 张床位，建设日托休息室、医务室、心理咨询室、文娱活动室、读书阅览室、残疾人康复中心、老年大学、文体活动室以及配餐服务等多功能社区居家养老服务中心，社区低保户、“三无”（无劳动能力、无收入来源、无法定赡养人或扶养人）老人、百岁老人可以在养护院得到免费或特殊套餐照顾。

| 特色地情 |

历史人文

左家塘 民国时期，本地地主姓左，家产雄厚，有占地十余亩的水塘，故此地被俗称为“左家塘”。据说，左姓地主家室败落后，本地佃户主要依赖朱姓地主，受到的剥削压榨更甚，农民生活困苦不堪。1927 年“马日事变”后的次月，中共长沙郊区区委书记、省农协委员长滕代远在左家塘、红花坡一

长沙中级人民法院　（左家塘街道 提供）

带开展革命活动。1938 年 1 月，中共湖南省地下工作委员会成立，机关驻地设在左家塘附近的城南路。抗战时期，因日军空袭，左家塘地区百姓死伤无数，贫民血流成河，惨不忍睹。1941 年第三次长沙会战期间，左家塘与雨花亭、金盆岭、猴子石等地构建了中国守军的第一道防线，见证长沙大捷。中华人民共和国成立后，左家塘地区逐渐由郊区转变为城区。1961 年，成立街道办事处，以“左家塘”命名。20 世纪 80 年代前，左家塘是长沙市内老城区与郊区东屯渡人民公社桂花大队菜地犬牙交错、混合共居的地区，数十家省、市属企事业单位坐落辖区。1984 年，长沙市政府决定整体征收桂花大队全部属地，将农业用地开发为城市商业民用公共用地，先后有保险公司、妇幼保健院、长沙市中级人民法院、规划设计院、国际信托公司等大单位迁至左家塘。20 世纪 90 年代，原位于左家塘地区的厂矿单位相继开发成住宅小区，左家塘进入城市化的“快车道”。

左家塘出土古墓　1957 年，左家塘发现一座战国时期部分被盗的木椁墓，出土陶器有四鼎、四盒、六壶、四勺；铜镜有素镜；兵器有钢戈、钢矛；以及玉璧、木俑、骨簪以及铁口锄等。其中最有价值的是长柄钢戈，上篆有“四年，相国吕不韦(造)……”等铭文(四年即秦王政四年，为公元前 243 年)，据考证此戈为秦中央官工所造，秦取长沙时带入。1959 年，在左家塘发掘一座西汉大墓，出土一枚“桓启”玉印，还陪葬有兵器，且桓启其人，不避汉景帝刘启的名讳，表明桓启墓的年代在汉初。1984 年，辖区发现一座春秋时期古墓，出土错银铜盆 1 件，高 13.5 厘米，腹径 2 厘米，饰满云风纹，纹锦系器表阴刻嵌错银丝磨成。1990 年，在长岭橡胶厂汉代墓葬中，又发现一枚“桓驾”玉印，与“桓启”玉印的形制、材质、字体等基本相同，推测“桓启”与“桓驾”当属同一家族。

阿弥岭　原为丘陵地段，多矮山土堆。原名峨嵋岭，山岭树林荫翳，坟冢累累。民国时期，许多郊区菜农都会从东边挑菜进城贩卖，经常早出晚归。然而，沿途闭塞，常有强盗土匪隐蔽于此，欺压无辜百姓。由于封建迷信，谣言误传这里有鬼神出没。为了辟邪以保平安，人们四处筹钱，竖一“南无阿弥陀佛”石碑于岭，希望祈福观音菩萨，乃“阿弥岭”俗称的由来。阿弥岭为长沙城防要塞，素为兵家必争之地。清康熙十五年(1676)，清征南将军穆占扎营阿弥岭，与吴三桂所率军队相持。1930 年红一方面军攻打长沙，国民党湖南省政府主席何键在阿弥岭一线构筑防线抵抗红军，9 月 10 日　红一方面军向二里牌、阿弥岭之敌发起总攻，敌死守不退，随后红军撤围。1941 年第三次长沙会战，中国军队在阿弥岭一线布防。“文化大革命”时，阿弥岭曾改名为“唯物岭”，后改回。1949 年长沙解放时，阿弥岭为长沙城郊文艺区八保所辖。改革开放前，该地区建有阿弥岭小街。1984 年，长沙市政府对该地区进行征收，阿弥岭小街全部推平，重新规划修建一条新的阿弥岭街。2001 年，雨花区以“阿弥岭”命名，在该地区设立社区居委会，面积 0.45 平方千米，社区居民以铁路家属为主。2019 年 12 月，长沙轨道交通 3 号线，路经该地区的站以“阿弥岭”命名。

阿弥岭社区　（左家塘街道　提供）

赤岗冲　民国时期，该地为荒郊野岭和乱石山岗，因土色赭赤、山冈起伏而得名赤岗冲。赤岗冲为长沙城防要塞，素为兵家必争之地。1941 年第三次长沙会战，国军第十军曹健生营在赤岗冲一线布防，全营 500 余名官兵全部殉国。20 世纪 50 年代，长沙市政府从赤岗冲至树木岭一线开始兴建机械行业制造厂。长沙锻压机床厂、湖南省建材机械厂，湖南工程机械厂、长沙金属制品厂、南方工具厂、长沙标准件厂、长沙阀门厂、长沙变压器厂等一大批机械行业制造厂家先后落户赤岗冲。随着工厂及宿舍的落成，赤岗冲由荒郊野岭变为工业生产基地及职工生活区。20世纪90年代，赤岗冲的大部分工厂企业被改制或停产破产。进入21世纪，随着城市化的发展，赤岗冲的商贸服务业得到长足发展，形成以友阿家润多超市为中心的商圈，环绕着友阿家润多超市有家电店、零食店、中老年服装店、饭店、药店等各色店铺，其中包括公交新村粉店。2019年5月，长沙轨道交通4号线开通运营，路经赤岗冲地区的地铁站以“赤岗岭”命名。

赤岗冲小学　（区档案馆 提供）

妹子山及狮子山　妹子山及狮子山古时皆为墓地，石碑林立。妹子山，据说埋葬的大多是未婚配的女子或孤苦女婴，因无法进入祖坟，故由家人丧葬于此，故俗称“妹子山”。妹子山亦有“梅子山”之名。1942年1月第三次长沙会战，日军第18联队在妹子山一带遭到国民革命军第四军102师和第十军3师夹击，伤亡惨重。1944年，日军侵占妹子山一线，随之占领长沙。20世纪80年代，长沙钢厂、曙光电子管厂、长沙衡器厂的宿舍区位于妹子山一带。截至2019年年底，妹子山一带建有妹子山街、妹子山巷、妹子山小区等以“妹子山”命名之地；狮子山社区以“狮子山”命名。

树木岭　为长沙地片名，地处圭塘、左家塘、雨花亭、砂子塘4个街道交界地段。原系几处小山岭，树木密集，故名树木岭。20世纪60年代，树木岭成为长沙市新兴工业基地之一，大型工业企业有长沙矿山通用机械厂、长沙正圆动力配件厂、云华机械厂、白云电冰箱厂（长沙医疗器械厂）、省建材机械厂等。1958年新修京广铁路从岭南脚而过。1965年建成劳动东路赤岗冲至树木岭段，1977年建成车站南路，1996年树木岭建成二环线劳动路立交桥。桥西南角有大型农贸市场和超市。长沙铁路货站建于桥西北段。

小龙王庙　左家塘街道长岭社区居委会辖区原有一座小龙王庙，相传在古时由数人用大树墩雕刻成“龙王菩萨”建起来。1927年“马日事变”前夕，地下党员以此作为开会和联络的隐蔽场所。20世纪60年代，因破“四旧”（旧思想、旧文化、旧风俗、旧习惯）而废除。另有贞节牌坊三座，在1958年“大跃进”时期，被作为建筑基石之用。

近郊区农民复仇大队成立遗址　位于雨花区左家塘街道红花坡社区，是研究中国共产党所领导的工农武装力量发展壮大及开展革命斗争的重要见证地。1927年长沙“马日事变”后，湖南省农协代理委员长滕代远坚持在近郊区领导地下革命斗争。1927年6月，近郊区农民复仇大队在赤岗冲后的红花坡上成立，滕代远任大队长，易正超任副大队长，队员有黎桂福、汪庆余、龙子安、易钦富、易国生、易六生、易雨田、刘东顺（女）等36人。其中，大多数是共产党员和农协骨干。复仇大队制定队规，明确任务是“专杀土豪劣绅和迫害我们共产党人的敌人，以镇压反革命气焰，为死难同志报仇”。该遗址周边暂时没有相关的文物设施，没有相关的纪念碑或标识牌。

近郊区农民复仇大队成立遗址——红花坡社区　（区档案馆 提供）

营山巷古井　位于雨花区左家塘街道营山巷湖南印染厂职工宿舍区 1 栋、2 栋宿舍楼之间，是一口清代单眼古井，附近的居民习惯称它为“南沙井”。据考证：该古井开凿于清末，为当地居民生活饮水用井。该井形制为方形，占地面积 22 平方米。由井圈和井体两部分构成。井圈原为木质结构，后改为水泥材质，高出地面 0.3 米，外径为 1.5 米 ×1.5 米，内径为 1.15 米 ×0.65 米。井体深约 6 米，内壁由枋木首尾相连层层垒砌而成。古井修葺后四周用水泥围成约 1 米高，上方则专程搭建成一个保护亭。该井对研究长沙地区社会生产生活及水井形制变化具有一定的历史价值和艺术价值。

中冶长天　（左家塘街道 提供）

营山巷古井　（区文物管理所 提供）

长沙钢铁厂炼钢车间　位于雨花区左家塘街道长钢社区，建造于 1958 年，系钢铁厂炼钢生产车间。建筑物坐南朝北，平面呈长方形布局，总占地面积 5660 平方米。整栋建筑为框架结构，内部无分层分区，长 108 米，宽 52.4 米，高 18 米。1995 年停产后闲置，后承包给长沙港岛酒店有限公司经营。建筑物内外均进行过装修，外部装饰以桃形风格为主。内部改造为 4 层，一、二层主要为娱乐设施；三、四层经营酒店。

中冶长天大楼　位于雨花区左家塘街道韶山北路与劳动中路交汇处东北角，是一栋具有现代主义风格的仿苏式公共建筑，建造于 1965 年，由湖南省第十五冶金建设公司承建，属长沙市保护性建筑。2003 年进行改造装修，内部空间有所变动，层高降低 3 米左右。该建筑坐东朝西，平面呈反“ㄣ”形，建筑面积约 1.2 平方米。整座建筑物为钢筋砖混结构，中央塔楼高 6 层，东部“｜”形楼高 5 层，西部“┌”形楼高 4 层，层高 3.7 米。2016 年，湖南天友酒店管理有限公司中标并入驻中冶长天大楼，利用一年多时间，将大楼改造成为一家集住宿、餐饮、商务、传媒、娱乐、商超、银行等为一体的大型商业综合体——图兰朵花园酒店，于 2017 年 12 月开业。

风景园林

桂花公园　位于雨花区左家塘街道桂花路 97 号，占地面积 1.73 公顷，东邻高桥大市场，西靠东塘商圈，地铁 3 号线途径桂花公园站，因公园前址为桂花水库，曾有古桂数株，故名桂花公园。

桂花公园　（区园林绿化维护中心 提供）

1987年6月开始筹建，征园地2公顷，将原桂花水库以客土填充，改建而成。1995年5月28日建成开园，2009年6月对外免票开放。公园辟有风格、功能各异的“丹桂传情、吟诗咏桂、古亭寻芳、朝霞桂影、曲廊探幽、登桥闻香、甘泽遗存、金桂满庭”桂花公园八景，建有亭、廊、小桥、假山、水景等各色小品供游人观赏。植物以桂花为主，银杏、罗汉松、紫荆、金丝竹等名贵植物点缀其中，绿化覆盖率80%。2020年6月，对桂花公园进行提质改造，同年11月1日竣工开园。提质改造后，增设50平方米雨水收集池一座，排水管940米，建设雨水循环系统，以雨水循环代替自来水循环；增加绿化面积5200平方米，增设标识标牌50块等；新建廉政文化宣传阵地，增设160平方米的宣传栏；运用网络技术搭建公园与游客互动平台。

红花坡文体品质生活园　位于雨花区左家塘街道红花坡路30号，于2018年12月开园，由原长沙阀门厂整体提质改造而成。原阀门厂占地面积3.53公顷，有10间厂房，2栋办公楼，职工400余名，建筑面积为2.2万平方米，后经企业改制搬迁至望城。街社两级通过招商引资，盘活闲置厂房，将原本路面破损、厂房陈旧、环境较差的阀门厂变成拥有篮球馆、游泳馆、瑜伽馆、羽毛球馆、幼儿园等以健身为主，配套生活设施的文体生活园区。改造后的园区总建筑面积1.5万平方米，新增就业人口400人。截至2019年年底，该园进驻11个体育项目、18家公司，包括台湾风格客栈酒店、80时代主题餐厅等。

红花坡文体品质生活园　　（左家塘街道 提供）

侯家塘街道

区域概况

位置面积

位于雨花区西北部，“内四街”西北角，东以韶山北路为界与左家塘街道相连，南至劳动西路与东塘街道相依，西到芙蓉路与天心区城南路街道相接，北至人民中路与芙蓉区定王台街道接壤。街道东南角为东塘商贸区，西南角是侯家塘商业中心区。1961年成立办事处时街道总面积6.8平方千米，1987年面积6.68平方千米，1995年面积8.9平方千米，1996年12月18日区划微调后总面积1.72平方千米，2002年面积1.76平方千米。2004年全市城市规划再次测量，侯家塘辖区范围1.78平方千米。截至2019年年底，街道面积无变化。

建置沿革

中华人民共和国成立前，侯家塘隶属于长沙外四区中的金盆区。1956年，金盆区划分为金盆岭、雨花亭两个乡，属雨花亭乡范围。1961年初，属雨花亭人民公社黄土岭街道，2月划入南区管辖，4月改称妙高峰人民公社东塘分社，9月东塘分社及仰天湖、扫把塘、狮子塘、侯家塘和桥头分社砂子塘管区合并成立侯家塘街道。1968年9月改称侯家塘地区革命领导小组。1979年3月恢复街道建置。1996年7月，由于区划调整，侯家塘街道划归雨花区管辖。是年12月，区域微调，新设立东塘、砂子塘2个街道，保留侯家塘建置。截至2019年年底，建置无变化。

行政区划

1996年区划调整前，侯家塘街道辖27个居委会。区划调整时，将芙蓉路以西的6个居委会划归天心区管辖；并划入原南区南大路街道上、下麻园湾居委会和金盆岭街道的上伍桂村、下伍桂村、涂家冲居委会在芙蓉路以东的部分（分别并入七里庙和牛婆塘居委会）。调整后，辖侯家塘、上、下麻园湾、廖家湾一委、二委（南大门）、枫树山、马家冲、政干校、雨花亭、省人大、七里庙、牛婆塘、涂家冲、野坡、新塘冲、茶园坡、梨子山、冶金院、砂子塘一委、二委、长沙卷烟厂、长沙锅炉厂、内燃机配件总厂共23个居委会。是年12月，雨花区区域微调，马家冲、省人大机关大院、枫树山、七里庙、雨花亭、政干校、牛婆塘、涂家冲8个居委会划归东塘街道，梨子山、冶金院、内燃机配件总厂、新塘冲、砂子塘一村和二村、野坡、茶园坡、长沙卷烟厂、锅炉厂10个居委会划归砂子塘街道，划入左家塘街道的韶山路、泉塘、广济桥、湘农桥、梓园一村和二村、长塘里一、长塘里二、水电9个居委会，街道辖侯家塘、上、下麻园湾、韶山路、廖家湾一委、南大门、广济桥、梓园冲一、二委、长塘里一、二委、水电、湘农桥、林子冲、泉塘15个居委会。1998年，新建林子冲居委会。2000年7月，撤水电居委会，增设水院、电院和远东（后改称人民中路）3个居委会。2001年，17个居委会经过调整合并改建为廖家湾、侯家塘、泉塘、韶山路、梓园、林子冲、广济桥、湘农桥、长塘里、水院、电院、麻园湾、枫树岸13个社区居民委员会。2009年7月，将林子冲、长塘里2个社区合并为活力社区居委会。截至2019年年底，辖廖家湾、侯家塘、泉塘、韶山路、梓园、广济桥、湘农桥、水院、电院、麻园湾、枫树岸、活力12个社区居民委员会，下设居民小组235个。

廖家湾社区公共服务中心　（侯家塘街道 提供）

人口民族

辖区人口以汉族为主。1982年末，总人口55311人，其中男性29573人。1987年末，总人口72500人，人口密度每平方千米11948人，其中男性38553人。1995年，总人口数11万人。1996年末，侯家塘街道为纯城市居民，总户数16541户，总人口50468人。2002年末，总户数17631户，总人口54492人。2005年末，总户数18284户，总人口57681人，其中男性29833人；计划内生育率98.97%。2006年末，总户数18454户，总人口60358人，其中男性31280人。2008年末，总户数19056户，总人口数76345人，其中男性40653人。2009年末，总户数19367户，总人口数76165人，其中男性40331人，非农业人口73894人，未落常住户口人员2271人。2010年末，总户数19752户，总人口74068人，其中男性38945，未落常住户口人员526人，人口密度每平方千米4万余人。2011年末，总户数20000户，总人口65075人，其中男性33594人，非农业人口64872人，未落常住户口人员203人。

2012年末，总户数20206户，总人口65547人，其中男性33839人。2013年末，总户数20382户，总人口65780人，其中男性33890人。2014年末，总户数20548户，总人口65850人，其中男性33824人。2015年末，总户数20673户，总人口63030人，其中男性31605人；流动人口3万余人。总人口中，汉族人口占97.18%，有土家族、苗族、瑶族、回族、侗族等16个少数民族1782人，占2.71%。2016年末，总户数20777户，总人口62360人，其中男性31176人。2017年末，总户数20741户，总人口59865人，其中男性29622人。2018年末，总户数20973户，总人口59926人，其中男性29481人。2019年末，总户数20871户，总人口59397人，其中男性29085人，年度出生524人，死亡538人，迁入1219人，迁出432人。

经济发展

经济综述

侯家塘街道办事处原辖区解放初期多为稻田、菜地，间以荒山、野坡。昔日的砂子塘系荒塚连片的浙江公山，东塘是城外的荒郊僻野，红旗区是连片的田土，黄土岭东侧为战国至西汉的古墓葬魏家大堆。居民多从事农业，以菜农为主。20世纪60年代末辖区始有街办企业，20世纪80年代街办工业、商店逐渐兴起，1998年后全部改制为民营。

梓园路　（区档案馆 提供）

2001年开始，街道以梓园路为代表的特色街市，经济快速发展。2002年，街道财税收入1183万元，辖区内有企业657个。2003—2007年，完成街域经济从自然经济、“自来水经济”向特色街市、特色经济转变，从单纯房地产经济向楼宇经济转变，从无序发展的商贸经济向科学规划、合理配置、优化结构的商圈经济转变，从传统服务业向现代服务业转变。2004年，完成一般预算收入2844万元。2005年，财税收入10001万元，迈进区“亿元方阵”行列；完成一般预算收入8409万元，同比增长195.67 %。2006年，完成财政总收入11688万元，其中财税收入10986万元。2007年，完成财税收入1.68亿元。2008年，推进“项目兴业，产业强街“战略目标，规划建设“长沙客厅”。2010年，《侯家塘商圈楼宇经济五年规划》公布，根据该规划，侯家塘商圈将被划分为人民中路专业楼宇群、韶山南路总部经济走廊、劳动西路商务商贸楼宇街、芙蓉中路星级酒店群和“中央公园”创意商务楼宇区等五大板块，重点发展主题楼宇经济。2009—2012年，街区明确发展现代服务业目标，成功引进北京银行侯家塘支行、星巴克咖啡有限公司、湖南嘉丽购物有限责任公司、海翼电子商务等企业。2009年，完成财税收入2.16亿元。2011年，完成财税收入3.15亿元。

2012年，街道区级公共财政收入3.38亿元，居全区第一。2013年，围绕街域现代服务业发展目标，制定出台街道产业发展规划，明确“两圈两带两街”（即侯家塘商圈、东塘商圈，芙蓉中路、韶山北路综合型商务产业带，城南中路珠宝文化街、梓园路健康商业街）的产业发展布局和“三支柱一特色”（即金融保险业、现代商贸业、中介咨询业三个支柱产业和电子商务特色产业）的产业发展重点。当年地方财政收入3.06亿元，全口径税收入13.33亿元，固定资产投资27亿元。成立侯家塘街道商会，吸纳会员单位40余家。2014年，完成财政总收入10.41亿元，地方财税收入2.4亿元，全社会固定资产投资26.94亿元。2015年，完成全口径财税收入8.92亿元，全社会固定资产投资30.07亿元。2016年，完成财税收入9.6亿元，全社会固定资产投资15.5亿元。2017年，完成全口径财税收入9.78亿元，全社会固定资产投资22.66亿元。2018年，完成全口径财税收入10.36亿元，固定资产投资5亿元。2019年，完成营利性服务业8.7亿元，增长18.46%；固定资产投资总额3亿元。

项目建设

2003—2007年，通过用优惠政策吸引企业，用优良环境留住企业，用优质服务壮大企业，实现产业项目从低层次、低品位向高层次、高品位提升，从一次性向永久性提升，从小规模向大规模提升，从粗放管理向智能化管理提升，开发土地154公顷，引进项目15个，总投资36亿元，建筑面积120万平方米。2012年，打造珠宝玉石文化产业集聚区，四海怡家项目全面竣工，新增商务楼宇7万余平方米；省地矿厅项目完成拆迁腾地，湖南中隆国际地产开发公司启动建设。2014年，嘉熙中心、地质家园二期开盘销售。2015年，大财门项目竣工，进入尾盘销售、商业区招商、集中交房阶段；地泰地质家园竣工，销售逾六成。2018年，重启停滞6年的东上一品二期项目。

大财门项目效果图　　（侯家塘街道 提供）

工业

侯家塘街道街区工业以街办工业企业为主。侯家塘街道的工业企业最早兴起于1969年，当年兴办的复新包装长有职工61人，年总产值28万元，固定资产原值6万元，年利税1万元。1970年，兴办起自力滤芯厂、长征油漆日用品厂、长沙医用塑料厂，3个厂共增加职工99人，增加年总产值

86万元，增加固定资产原值15万元，增加利税10万元。1973年，新创办长沙绘图量具厂。街办工业企业职工总数199人，年总产值146万元，固定资产原值32万元，年利税16万元。截至1987年年底，街办工业企业固定资产净值14万元，定额流动资金平均余额43万元，产品销售收入135万元，产品销售税金7万元，全部商品成品115万元，全员劳动生产率9618元/人，工资总额14.6万元。1988年，有街办工业企业5家，居委会办商店、废品回收站30家；年工业产值368.58万元，工业销售额338.95万元，工业利润32.36万元，商业销售额647.57万元，商业利润33.12万元。1995年，完成工业总产值2967.2万元，工业销售额2869.8万元，工业利润154.6万元。1996年，完成工业总产值4557.1万元；工业销售额3737.3万元，工业利润98万元。1997年，街办企业陆续增加军属汽车蓬套厂、三通通用机械厂、慧星天线厂、云麓茶厂、三星汽车电器厂、天剑制衣厂6家，有10个居委会办有企业；企业总产值3697万元，工业销售额2615万元，工业利润77万元；企业增加值2147万元，国税收入106万元，地税收入146万元。1998年，街道和居委会办企业全部改制为民营企业，同时引进和发展个体民营企业。2002年，共有企业657家，企业总产值17855万元，为1997年的483%。街办企业改制后迸发的活力从2002年以后逐渐显现。

2005年，完成规模工业总产值13581万元。2006年，完成规模工业总产值10.06亿元。2010年，完成规模工业总产值17.29亿元。2011年，完成工业总产值17.5亿元，占地区国内生产总值的34%。拥有工业企业25家，职工人数693人；实现工业增加值10.78亿元，比上年增长23.6%。其中省海利化工集团是湖南省比较知名的一家化工企业。2013年，规模工业产值17.32亿。2014年，完成规模工业总产值17.27亿元。2015年，完成规模工业总产值17.86亿元。2016年，完成规模工业总产值17.2亿元。2017年，完成规模工业总产值17.99亿元。2018年，完成规模工业总产值18.06亿元。

湖南海利化工集团（侯家塘街道 提供）

商贸服务业

1981年，东塘百货大楼在东塘广场西北侧（现金色家族原址）开业，标志着东塘开始有了商圈的概念，营业面积6200平方米，职工800余人，主要经营百货。20世纪90年代，街道楼宇经济逐渐兴起。2002年，商贸服务业产值12137万元，大型商贸企业有通程东塘百货大楼、南大门副食品大楼和金源、华程等6家大酒店。2005年，实现社会消费品零售总额26.56亿元。2006年，实现社会消费品零售总额31.05亿元。街道引进国美电器等大企业，发展东一国际、佳天国际等千万元级税收楼盘。2007年，打造雨花大厦、兴威名座、金源大酒店3座500万元税收楼宇，引进5000万元以上的商贸服务业企业平和堂。2011年，域内有购物中心3个，大型超市1个，品牌专卖店27个；各类商业网点436个，职工人数2235人；市区集贸市场4个，年成交额65.37万元；社会商品销售总额26.90亿元。

金源大酒店（侯家塘街道 提供）

2012年，湖南国际珠宝城开业，营业面积近4000平方米，是湖南高端珠宝鉴定交易中心。2013年，实现社会消费品零售总额36.49亿元；新引进华泰财产保险股份有限公司和湖南保利达投资担保有限公司等重点企业20余家。2014年，实现社会消费品零售总额43.57亿元。引进华融证券湖南分公司、天健湘江等两大总部项目落户，新注册公司426家。2015年，实现全社会消费品零售总额42.12亿元；引进湖南黄金股份有限公司（上市公司总部）落户，新注册公司474家。2016年，实现全社会消费品零售总额41亿元；引进湖南国企改革发展基金管理有限公司（注册资金1亿元）、湖南国企改革发展基金企业（注册资金30亿元）等项目落户，新增企业390家，其中注册资金500万元以上

湖南国际珠宝城　　（侯家塘街道 提供）

雨花大厦　　（雨花城投集团 提供）

企业78家。2017年，实现限上全社会消费品零售总额31.54亿元；加大嘉熙中心、大财门等高端商务楼宇招商推介力度，新增企业411家（注册资金500万元以上105家）、个体户725家。2018年，实现限上社会消费品零售总额29亿元；迁回国网电力公司下属二级机构，引进注册资金2000万元以上公司3家、注册资金500万元以上企业68家。2019年，实现限上社会消费品零售总额26.7亿元；新增企业292户，其中注册资金500万元以上企业60户。落地引转国网电力咨询有限公司等企业23家，其中金色家族first city项目黄金之城珠宝有限公司、长沙金果百货有限公司实现转化落地。成功引进中国500强中国邮电器材集团有限公司湖南分公司、美国财富五百强之一的维宁尔（中国）电子有限公司。

截至2019年年底，辖区有佳天国际、金源天麒楼、汇富中心等现代楼宇，其中专业的纯商务楼宇10座，聚集企业1100余家，成功引进华融证券湖南分公司、湖南黄金集团、湖南国企改革发展基金管理有限公司、湖南国企改革发展基金企业（注册资金30亿元）、贝贝熊孕婴童连锁商业有限公司、湖南海王星辰健康药房连锁有限公司等知名大中型企业，形成以中国能源建设集团湖南省电力设计院有限公司、湖南省水利水电勘测设计研究总院、湖南省农林工业勘察设计研究总院、湖南地质环境监

雅士亚豪生酒店　　（侯家塘街道 提供）

测总站为龙头的科研院所产业集群。辖区的大型商贸企业有嘉丽购、湖南大宗商品交易中心、通程金色家族、平和堂东塘店、国美电器等以及金源、华程、雅士亚豪生、延年神禹等酒店。

基础设施

交通运输

1921年11月，以驿道为基础修建的全省第一条公路——长潭公路竣工通车。该公路起于韭菜园，经识字岭、侯家塘、黄土岭、金盆岭、新开铺、大托铺、牛角塘出郊区入长沙县境至湘潭市。1959年9月由湖南省投资，按二级公路标准改扩建长潭公路，路面扩宽至14米。1960年12月至1966年，铺设柏油路面，成为长沙市南向的交通动脉。1984年，建成梓园路，1986年铺沥青路面。芙蓉路是1982年长沙市委、市政府自筹资金分期建设的一条城市主干道，1994年12月中旬全线贯通。1995年1月26日，芙蓉路开通公共汽车208专线，为芙蓉路首次开通公交车。2008年，辖区交通运输用地24.38公顷。2009年，街道提质改造城南中路、人民中路、林子冲路，3条城市主要道路相继通车。2019年，长沙轨道交通3号线试运行，东塘站位于街道边界。截至2019年年底，辖区内有纵向的芙蓉中路、韶山北路和横向的人民中路、城南中路、劳动西路5条城市主干道。

芙蓉路侯家塘段　　（侯家塘街道 提供）

邮政通信

清末年间，街道所在区域为郊区农村，邮件大多交由民信局投送，并按规定向收件人收取投递费用。1913年邮政总局颁布《乡镇设邮办法》后，代办所、信柜负责投递邮件，由邮局按里程和数量付给酬金，不再向收件人征费。1916年湖南邮政管理局派人定期到农村集市、墟场收寄和投递邮件。这种投递形式，一直持续至中华人民共和国成立前。长沙解放后，农村信、报投递，每日由邮局用运邮汽车或运输单位客车将信件分送到各支局组设的投送线路，再投送到户或稍转点。1955年，郊区农业生产合作社试行邮递员制度，后于1957年废止。1987年长沙市劳动路邮政支局在雨花亭乡的新开村、石人村、红星村试行承包投递点，由承包人投送一定范围内的信、报，之后在各地区推行，街道所有单位和郊区农户都能直接送达。2019年，中国邮政在辖区有韶山北路支行及城南路邮政所、长岭邮政所、梓园路邮政所、劳动路邮政所4个邮政所。有申通、圆通、中通等各个快递公司的营业网点。街区有中国移动、中国联通、中国电信等服务网点，中国电信在街区的营业厅4处。

城市建设与管理

1997—2002年，侯家塘街道拆除违章建筑9.7万平方米，修建街心花坛880平方米，植物4000余株，植矮灌木3.8万余株，植绿篱7600米，铺草坪2.4万平方米，共还绿5万余平方米。2001年6月，修建梓园路文明示范街，集资200万余元，在梓园路边建20座中外名人雕像，铺设人行道彩板7000平方米，升级改造行道绿化和花坛绿地6000余平方米，增设8个公交车站停靠站台和阅报栏、指路图、休闲健身场地等设施。2003—2007年，投入227万元，对麻园路、长塘里路、团结路、爱民路、军属新村路、胜利路和廖家湾路7条背街小巷进行全面改造，先后投入600万余元对廖家湾、梓园、长塘里、枫树岸、侯家塘、广济桥等9个社区进行综合整治，建设枫树岸、广济桥等5个标准化站厕，完成红旗农贸市场“农改超”。2008年，辖区城市用地151.73公顷。

2019 年 5 月广济桥社区清掏　　（侯家塘街道 提供）

2012 年，实施老旧城区背街小巷改造、水网改造、煤气入户、设施补损等惠民工程，拆除违章搭建 1 万余平方米。2014 年，推进“一路两社区四广场”（长塘里路，活力社区、侯家塘社区，梓园路红旗广场、廖家湾崇德广场、活力小游园、梓园小游园）综合改造，拆除 67 处 1373 平方米违章搭建，粉刷 14 栋居民楼，新建 10 个三级化粪池。2015 年，取缔长塘里夜市点，拆除历史违法建筑 9291 平方米、违章广告 616 块；完成侯家塘社区、长塘里小区提质改造扫尾工程；完成 5 个社区内 8 座化粪池改造。2016 年，提质改造广济桥社区。2017 年，投入 1094 万元对侯家塘、广济桥、湘农桥、电院、麻园湾 5 个社区进行全面提质提档；路面进行“白改黑”硬化 2.2 万余平方米，增绿补绿 1150 余平方米，拆除违法建筑 880 余平方米，改造老旧楼栋化粪池、雨水沟、雨水管等 1080 余

侯家塘社区法治文化长廊　　（侯家塘街道 提供）

米。2018 年，整改违规夜市行为 100 余起，拆除违章建筑 415 平方米，完成餐饮单位油烟净化器安装 300 余家。全面提质枫树岸片区（含水院社区）及小林子冲路、梓园路南段、长岭巷。区、街筹集专项资金 3962 万元，对梓园、活力、枫树岸、水院社区 93 个提质提档项目进行改造，实施道路“白改黑”2 万余平方米，绿化提质 1.67 万平方米，疏浚下水道 2500 米，改造活力生鲜市场，新建上城军天立体停车场。2019 年，整治长塘里马路市场，完成辖区餐饮单位油烟净化 380 家。

小林子冲棚改项目　占地面积约 2.17 公顷，于 2013 年启动，规划用地性质为商业用地。项目拟建设为城市综合体，主要包括五星级酒店、AAAAA 级写字楼，集酒店、办公、会议、购物、餐饮等功能于一体。2014 年，小林子冲棚改项目获长沙市发改委立项批复，进入规划蓝线调查审批阶段。2015 年，完成签约 379 户。2016 年，签订征收协议 424 户，实现腾房 370 户。2017 年，完成项目扫尾清零、拆除倒地，实现签约、腾房 470 户（其中公房 47 户，私房 423 户）。2018 年，项目实现“三通一平”（水通、电通、路通和场地平整）。

2017 年 12 月 5 日，雨花区委、区政府领导到小林子冲项目现场观摩　　（侯家塘街道 提供）

社会事业

教育

1997 年，侯家塘街道广济桥居委会首创文明市民学校。1997 年 9 月 3 日，广济桥居委会成立长沙市首家文明市民学校。截至 1998 年 3 月全街各居委会市民学校相继建成。2000 年 8 月，街道

成立两校（街道工委党校、社区大学）、两会（社会思想政治工作研究会、文体工作协调委员会），下设人口学校、市民学校、老年学校、妇女学校、普法培训学校、职业技能培训中心和家长学校；10月，组织全市第一个社区少年大队，下设17个居委会少年中队，至此，社区市民教育体系初步形成。2003—2007年，街道做深“公民道德教育”，做强“课堂式教育”，做活“参与式教育”，做实“交流式教育”，做细“未成年人教育”。2008年1月，成立“青少年保护家园”。截至2011年年底，有幼儿园8所，在园幼儿1097人，专任教师123人；有枫树山小学等小学3所，在校生4098人，专任教师166人；初高中一体化学校有湖南省地质中学等3所，在校学生10053人，专任教师741人。2019年12月，麻园湾小学更名为长塘里第三小学。截至2019年年底，辖区内有湖南省地质中学、长沙市十一中、长沙市十五中3所中学，长塘里小学、枫树山小学、长塘里第三小学3所小学。

枫树山小学　位于雨花区劳动西路447号，建筑面积5935平方米，始建于1949年，是一所历史悠久的中心城区老校。2003年，学校开始集团化办学，截至2019年，枫树山教育集团下有8所小学：枫树山小学（本部）、枫树山莲湖小学、枫树山东南海小学、枫树山大桥小学、枫树山明昇小学、枫树山南屏锦源小学、中航城枫树山小学、枫树山鸿铭小学。学校坚持“做对人终身负责的远视教育”的办学目标，追求“办给孩子一生留下美好记忆的学校，做经得起孩子一辈子反思的教育”。学校被评为全国中小学创造教育先进集体、中国青少

枫树山小学　　（侯家塘街道 提供）

年创客奥林匹克系列活动实验基地、全国啦啦操实验学校等称号。

长塘里小学　位于雨花区城南中路与梓园路交会处西南角，建筑面积1.3万平方米，创建于1946年，是长沙市首批示范性小学。学校坚持“用辩证的眼光看教育、用平和的心态做教育”，形成“让孩子遇见更美好的未来”的办学理念，实现教育信息化、传统体育、书法教育三大特色齐头并进。2014年，创立长塘里二小。2019年，成立长塘里三小。获评全国教育信息化创新应用先锋学校、全国网络学习空间应用优秀学校、首批全国中小学校长网络学习空间人人通专项培训基地学校等称号。

科普大篷车进校园长塘里小学　　（侯家塘街道 提供）

长塘里第三小学　前身为麻园湾小学（2019年12月更名），位于雨花区麻园湾巷55号，始建于1964年，是长沙市现代教育技术实验学校、长沙市篮球传统项目学校。

长塘里第三小学　　（侯家塘街道 提供）

文化体育

从1997年开始，侯家塘街道创建红旗文明社区（红旗社区系梓园、韶山路、长塘里、侯家塘、

广济桥、廖家湾、枫树岸7个社区的总称，面积1.06平方千米，人口3.26万人）。1997年，广济桥社区首创文明市民学校，次年3月推广至各居委会。1998年1月，廖家湾社区在全省首开将“全民健身工程”引入社区居委会之先河，举行廖家湾全民健身工程开工典礼。2001年，街道投入30万元，为廖家湾、长塘里、梓园、枫树岸、麻园湾、广济桥及街道办事处7个老年星光计划活动点配齐四室(活动室、健身室、图书室、医疗室)、一场(室外健身场)、一校(老年大学)、一协会(老年人协会)。全街道大小健身广场(花园)100余处，安装大型室外体育器械30套。2000年2月，长沙市委、市政府授予红旗社区“长沙市文明小区”称号；2001年6月，省精神文明建设指导委员会授予“湖南省文明社区”称号；12月省科协授予“湖南省首批科普文明社区”称号。2001年，街道打造梓园文化一条街，建造20座名人雕塑、腾飞雕塑和文化墙。2002年春节，举办雨花区首届社区文化节。

2002年雨花区首届社区文化节在侯家塘街道举行
（区档案馆提供）

2003—2007年，打造“欢乐湾”、楼道文化、楼宇文明创建、楼宇白领帮助联盟等品牌项目，开展激情文化广场、全民健身等各类文体活动，开展“诚信侯家塘”创建，推荐孟繁英、鲁遐龄等一批先进典型人物，廖家湾、湘农桥两个社区创建为全国青年文明社区、省级文明社区。2006年，街道修建湖湘文化特色雕塑和壁画，全面启用建好的红旗广场等梓园路沿线的休闲文化广场。2008年，投入13万余元对“欢乐湾”进行整体改造；策划和举办“第七届社区文化节”“弘扬桑梓文化，打造乡情社区”等大型主题文化教育活动。

2008年侯家塘街道楼宇文明创建　（区档案馆 提供）

2009—2012年，开展“百万群众颂祖国，爱国歌曲大家唱”暨“心文化”活动，举办“庆国庆、迎中秋、赞孝心”、社区文化节等40余场次文化活动。截至2011年年底，有文化艺术院团3个，从业人员535人；公共图书馆13个，建筑面积320平方米，藏书4.8万册；域内有线电视用户9.24万户；有体育社团14个，各级社会体育指导员149人。2012年，开展道德讲堂和群众性文体活动，建成街道文化活动中心，社区绿色网吧、图书阅览室、室外运动场等文体设施配备齐全；在电院社区打造全市首个社区自助式、开放型室外图书室，24小时免费开放；开辟侯家塘街道社区党史教育中心。2015年，建设侯家塘“法为本”主题广场、廖家湾崇德广场和廖家湾“善做魂”、韶山路“孝当先”主题社区。2017年，开展“爱在社区，梦圆中华”全国社区网络春晚廖家湾社区专场活动、“倡勤廉家风·扬清风正气”诗文朗诵会活动、“朗读春天 悦动青春”朗读比赛暨五四青年节活动、“美丽长沙·美德先行”主题系列实践活动等文化活动。2019年，开展“侯家塘大舞台”系列主题活动、“健康人生，绿色无毒”百万签名禁毒宣传活动等活动；

“爱在社区，梦圆中华”全国社区网络春晚廖家湾社区专场活动
（侯家塘街道 提供）

绘制完成全市首张立足街道的“15分钟生活圈”手绘地图。

医疗卫生

20世纪60年代之前，区域内卫生事业较为落后，看病就医以“赤脚医生”为主。20世纪60年代，侯家塘卫生院创办，位于梓园路与城南路交界的西南角，后发展成为街道社区卫生服务中心。1977年，湖南省水利职工疗养院（后启用“湖南省水利水电医院”名称）在长沙东郊泉塘成立。1987年6月，湖南省儿童医院开院。2007年7月，湖南省水利水电医院从泉塘迁入省水利厅机关大院内。2008年，街道全面落实计划生育“五奖一免一干预”（“五奖”即农村部分计划生育家庭奖励扶助、独生子女死亡伤残家庭困难扶助费、夫妻双方炎农村居民或城镇未从业居民自愿放弃再生育奖励费、城市低保户部分计划生育家庭奖励扶助费、夫妻双方为农村居民或城镇未从业居民独生子女保健费；“一免”即免费优生检测；“一干预”即出生缺陷干预）工作，推进城区计生改革，符合政策出生率99.2%，管理到位率100%。2014年，长沙和雅妇产医院经长沙市卫健委批准，在辖区芙蓉中路2段321号成立。2015年，城乡居民医疗保险参保缴费11201人；街道总出生569人（其中一孩出生430人，二孩以上出生126人），全街符合政策生育率为97.72%。截至2015年年底，辖区有各级医疗卫生机构15个，其中：医院6所，社区卫生服务中心1所，社区卫生服务站5所，学校医务室3所；6所医院中省级医院2所，民营医院4所。病床1940张，专业卫生人员1352名，其中：执业医师350人，执业助理医师175人，注册护士730人。医疗机构（门诊部以上）完成诊疗12.2万人次。新型合作医疗参加人数1.78万人，参合率100%。2017年，开展“我们一起来聊聊抑郁症”世界卫生日主题活动。2019年，辖区1041名居民有家庭医生，完成医疗互助保险1800余份，为辖区原红旗大队退养人员城镇居民医疗保险实行全额补贴，组织1559名老年人开展免费体检。

湖南省儿童医院　位于雨花区梓园路86号，于1987年6月1日开院，占地5.47公顷，1995年成为国内首批三级甲等综合型儿童专科医院，2016年获批爱婴医院、国家儿童早期发展示范基地和药物临床试验机构，2017年成为中国出生缺陷干预救助基金会湖南省项目管理机构。医院有编制床位1800张，在职职工1800余人，临床专业科室35个，医技科室9个。儿科重症是国家临床重点专科，儿童急救医学研究室是湖南省重点实验室，儿内科、外科、感染、康复和护理是湖南省临床重点专科，拥有湖南省儿童危重症救治中心、省儿童造血干细胞移植中心、省儿童脑瘫治疗康复中心、省青春期医学中心、省儿童眼视光弱视斜视防治中心、省儿童肝病诊疗中心、省儿科质控中心等医疗中心。2016年7月起，医院在门诊试行“分时段诊疗服务”+“升级支付宝、微信就医平台”，患者可预约时间段后再前往医院候诊。2020年，该院互联网医院上线，患儿家长可通过微信公众号，享受名医咨询、在线复诊、线上处方、在线支付、药品配送到家等多维度的健康医疗服务。同年11月10日，医院住院部成功开出首张医疗住院电子票据，这是湖南省医疗机构首次开出的医疗电子发票。

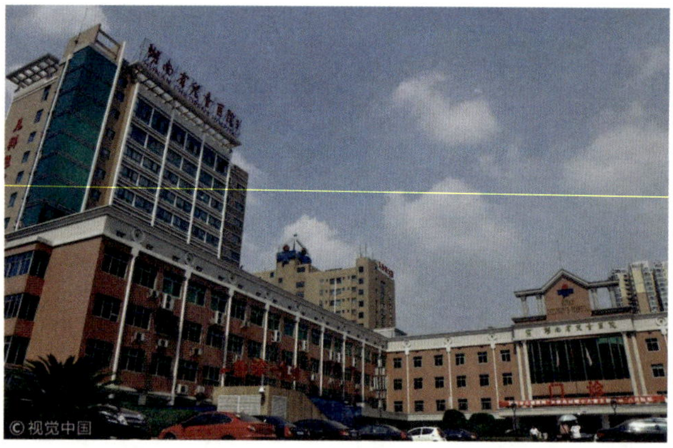

湖南省儿童医院　（侯家塘街道 提供）

侯家塘街道红旗社区卫生服务中心　位于雨花区梓园路与城南路交界的西南角，前身为侯家塘卫生院，创办于20世纪60年代，是集预防、医疗、保健、康复、健康教育和计生指导的六位一体的基层社区卫生服务机构。有近60名工作人员。业务用房面积2000余平方米，服务面积1.76平方千米，下设4个社区卫生服务站，服务人口7万余人。设康复病房、全科门诊、中西药房、中医特色门诊、妇科门诊、康复理疗等科室，配有多普勒检测仪、DR、全自动生化仪、血球计数仪、彩超、心电图、

骨密度检测仪等设备；国家基本公共卫生服务包括预防接种、妇幼保健、中医药健康管理、居民健康管理、老年人管理、精神病疾病管理、卫生监督、肺结核管理等13大类45小项。

侯家塘街道社区卫生服务中心　（侯家塘街道 提供）

社会保障

街道成立之初，社会保障能力弱，贫弱帮扶机制不完善。1997年，街区有低保户29户，人数34人，发放低保金1.7万元。1998年，有低保户21户，人数40人，发放低保金3.1万元。1999年，有低保户47户，人数82人，发放低保金9.6万元。2000年，有低保户159户，人数400人，发放低保金35万元。2001年，有低保户496户，人数1073人，发放低保金80万元。2002年，有低保户633户，人数1482人，发放低保金101.5万元。1998—2000年，全街培训推荐297名下岗职工实现再就业；2001—2002年，全街失业人数982人，通过培训推荐、支持创业，760人实现再就业，就业率77%，湘农桥社区成功创建为“最充分就业社区”。

2003—2007年，城镇就业人员5700人，基本养老保险参保数2503人，低保户300户。2006年，湖南省第一家基层劳动争议调解组织在侯家塘街道挂牌成立。2007年，街道探索居家养老服务新模式，创新成立夕贝居家养老服务中心；成立“孟妈妈青少年保护家园”。2008年，建立民生服务站，开设“民生论坛”“民生信箱”“民生QQ”“民生热线”，接受群众求助、咨询、意见和建议，及时提供11大类60余个项目的服务信息。2010年10月，全国唯一一个落户社区的“全国预防青少年犯罪研究基地”定格廖家湾社区。2011年，城镇新增就业2585人，失业人数再就业808人，就业困难人员再就业275人，城镇登记失业率2.1%；城镇最低生活保障户数320户，人数573人，支出169.81万元，城市医疗救助98人次；社区福利中心2个，慈善超市3个，全年接受社会捐款3.9万元，捐赠物资折款33964元；筹集公益金14.90万元；参加城镇居民基本养老保险1035人，参加企业基本养老保险2224人；参加城镇基本医疗保险19384人。

2012年，实现再就业880人，医保参保21393人，发放低保金175.73万元。2013年，发放各类补助、救助金、低保金323.4万元，推荐就业139人；“雷锋e超市”试点启动，无障碍电影驿站启动，“红徽章e频道”开通，“先锋自助爱心吧”揭牌。2014年，成功推荐就业155人，发放独生子女费20万余元，发放各类补助、救助金、慰问金、低保金390万元；打造韶山路社区“桑榆舒苑”日间照料服务中心、廖家湾社区社会组织发展中心、活力社区“幸福家园”计生特殊家庭社会工作服务中心等7个项目；引进仁与、康乃馨2家专业社会组织，为辖区群众提供养老、志愿服务、计生等专业社工服务，启动购买社会组织服务项目。2015年，成功推荐就业513人，企业养老保险参保1734人，城乡居民基本养老保险参保1180人，缴费75830元，发放各类补助、救助、慰问金146.1万元、低保金135.13万元、高龄津贴31.7万元；打造韶山路社区“邻里坊”综合服务中心、“怡梦轩”社会组织党组织双孵化基地。2017年，新引进的培源、康乃馨、湖南发展侨亚等7家专业社会组织。2018年，发放优抚、高龄津贴等各类补助、慰问金、低保金600万余元，新创企业730家，带动就业1561人，摸底采集退役军人和其他优抚对象1733人。2019年，新创企业730家，新增城镇就业人数1242人、失业再就业人数362人；对116户城市特殊困难群体实行“五帮扶”，帮扶金额299750元；基本养老保险征缴金额22万余元。

和美嘉老年养护院　位于雨花区芙蓉中路167号医博肛肠医院四楼，是2019年3月由民政局审

批成立的和美嘉旗下首家社区嵌入式医养结合养老机构。总面积1600平方米，共设置60张床位，主要面向失能老人开展长期照护服务。院内特聘有中高级养老护理员、护士、康复师、营养师、社工等，设有公共活动室、双人起居室、洗浴间、盥洗室等，配备全自动护理床、呼叫系统、24小时监控设备等。

和美嘉老年养护院　　（侯家塘街道 提供）

心悦养护院　位于雨花区梓南巷18号，于2017年7月20日成立。该院独栋5层楼，场地面积约1600平方米，拥有养老床位96张，专门辟出600平方米设置中医康复室、多功能活动厅、书画室、阅览室、棋牌室、餐厅、厨房等功能用房。

韶山路社区康乃馨居家养老服务中心　位于雨花区韶山北路298号紫金苑1栋桑榆舒苑，于2013年8月成立，床位数300张，是长沙康乃馨国际老年生活示范城—康乃馨养老社区在长沙市区设立的第二个分点。该中心可为周边全自理、半自理、完全不能自理的老人提供与康乃馨养老社区望城本部同质量的全方位照护服务。

韶山路社区康乃馨居家养老服务中心（侯家塘街道 提供）

特色地情

历史人文

侯家塘　据记载，侯家塘原系荒丘一片，其间有一水塘由侯姓管理，遂称“侯家塘”。中华人民共和国成立前，侯家塘片区地处长沙近郊，居民以菜农为主，交通不便，除长潭公路由此经过外，只有乡间小道以通行人。20世纪90年代，侯家塘得到飞速发展，劳动路、胜利路、跃进路贯穿侯家塘，市公共汽车二、四、十一路皆在此地设站，省交通技校、长沙汽车工业公司、市第十五中学、红旗剧院等单位设于此处。

广济桥　因古广济庙面而得名，今仍为地片名。明崇祯《长沙府志》载：“广济桥在县东三里。”清光绪《善化县志》载：“广济桥，乾隆十五年师天文修，后师明昭复修。”广济桥旧址在今城南中路与梓园路交会处。旧时此处为农田、渠涧纵横，为便利交通，建有多座小桥，广济桥为最著名的一座。广济桥为全花岗石拱桥，长约10米，宽3米，桥两侧有石栏杆，造型优美。旧有广济庙，祀广济真人，常有文化名人前往祭拜，清末《郭嵩寿日记》载“同治十三年八月十五日，诣广济真人殿行礼”，相传求雨辄验。广济庙后不复存，广济桥后被城南路高架桥取代，“广济桥”被作为地名留下，桥所在的社区也因此被命名为“广济桥社区”。

湖南省林业厅离退休职工办公楼　位于雨花区侯家塘街道湖南省林业厅内，1956年由湖南省第六建筑公司承建，办公楼最早用于苏联专家办公，后用作林业厅厅长办公兼居住之用，上下四户。新

湖南省林业厅离退休职工办公楼　（区文物管理所 提供）

办公楼建成后，改为职工办公楼，后为退休职工办公楼。2009 年 5 月，湖南省林业厅对建筑物进行整体改造装修，内部空间有所变动。该建筑坐北朝南，二层，为钢筋砖混结构，长 26 米，宽 11 米，建筑面积约 290 平方米，平面为长方形。2014 年被公布为市级文物保护单位。

湘农楼北栋、南栋　位于雨花区侯家塘街道湖南省水利水电勘测设计院内，建于 1951 年 11 月，原使用单位为省农科院，1954 年移交湖南省水利水电勘测设计院使用。建筑面积约 4557 平方米，平面呈长方形，两端略有突出。北栋坐南朝北，平面呈长方形，两端略有突出，建筑面积约 4557 平方米。建筑物为三层钢筋砖混结构，四面坡屋顶，盖红板瓦，红砖墙。南栋坐南朝北，平面呈长方形，建筑面积约 3298 平方米。中间主楼三层，两侧翼楼两层。

湘农楼北栋　（区文物管理所 提供）

湘农楼南栋　（区文物管理所 提供）

湖南省水利水电勘测设计研究总院 9 号职工楼　位于雨花区侯家塘街道水院社区，建于 1958 年，为湖南省水利水电设计院为改善职工居住条件而建造的住宅楼。整栋建筑坐北朝南，呈长方形布局，总建筑面积 550 平方米。该建筑为 3 层砖混结构两面坡悬山顶，屋面盖红板瓦，墙体为红砖砌筑。房屋正向前一、二层均设廊，廊柱间多以券型弧顶装饰楼层栏杆为木质结构。一层地面为方形红砖铺面。

湖南省水利水电设计院 9 号职工楼
（区文物管理所 提供）

湖南省水利厅办公楼　位于雨花区侯家塘街道湘农桥社区湖南水利厅内，建造于 20 世纪 50 年代，是长沙地区第一批仿苏式建筑。建筑坐北朝南，呈“器”字形布局，长 66.6 米、宽 26.4 米，高 15~25 米。主楼六层，两侧辅楼五层，主楼四角的翼楼四层。该建筑对研究湖南水利厅历史变迁与中华人民共和国成立初期长沙地区建筑形式提供实物参考。

商业地标

通程金色家族　位于雨花区侯家塘街道韶山北路与劳动中路交会处西北角，前身为 1983 年建成开业的东塘百货大楼。东塘百货公司主要经营百货、针织品、纺织品、五金交电、家用电器、家具、文体用品等，是 20 世纪 80 年代长沙市四大国有百货公司之一（另三家分别为中山路百货公司、五一路百货公司和韶山路百货大楼），1992 年完成销售额 2.05 亿元，实现利税 1085 万元，2004 年退出市场，

东塘百货大楼　　（区档案馆 提供）

通程金色家族　　（侯家塘街道 提供）

经换装改建后更名为通程金色家族世界名品中心，改变传统大众百货的经营模式，转向高档次、高品位精品购物。2010年8月13日，通程金色家族东塘店全面新装开业，在原有经营范围基础上，金色家族新增黄金珠宝、母婴用品、针棉内衣、女士内衣、羊绒针织等经营品类；同时原“通程金色家族世界名品中心”更名为“通程金色家族东塘店”。2018年10月17日，金色家族第一城开业，以珠宝为基础，致力打造一个集时尚、美食、家居、美妆、珠宝于一体的购物中心。

平和堂东塘店　位于雨花区侯家塘街道韶山北路与劳东中路交会处西北角（金色家族北侧），于2007年9月29日开业，是平和堂在长沙市的第2家店。平和堂引进更新国外、香港及内地大量品牌，着重发展以进口商品，特色商品为主的差别化商品构成，打造引领时尚的百货公司。

中隆国际·嘉熙中心　位于雨花区人民中路152号（地质中学站附近），由湖南省嘉熙国际房地产开发有限公司建设，于2014年10月建成投入销售，总建筑面积21万平方米，总占地面积25333平方米，共计房屋932户。该中心集商业、办公以及理想居所于一体，融合专业写字楼和超高层商务综合体，包括住宅嘉熙公馆、超高层甲级写字楼“嘉熙中心”以及临街

中隆国际嘉熙中心　　（侯家塘街道 提供）

商业“嘉熙商业道”3个部分。2015年4月29日，中南大学湘雅二医院与中隆国际·嘉熙中心签订战略合作协议。2017年，嘉熙中心引入湖南仁和环保科技有限公司（注册资金1亿元）、然健环球（中国）日用品有限公司湖南分公司、湖南力普及实业有限公司、长沙市盛大实业有限公司等企业入驻。

文化地标

湖南省杂技团　位于雨花区侯家塘街道韶山北路438号，建于1959年，该团在继承民族民间传统技艺的基础上，大胆创新，追求综合艺术的完美性，创作一批具有时代气息和民族特色的杂技精品。2009年一台以“湘魂、湘韵、湘情”湖湘文化为主题的杂技晚会《芙蓉国里》，作为湖南艺术节开幕式首演，集中展示湖南省杂技艺术的最高水平，

获“促进文化发展突出贡献奖”及多个单项奖。2010年8月，湖南省杂技团应邀赴越南河内参加第三届国际马戏节，《四人柔术》节目获“银奖”、演出团获优秀团队奖。同年《技巧造型》荣获第四届全国杂技比赛金狮奖，《抖杠》获银狮奖。

湖南省木偶皮影艺术保护传承中心 位于雨花区侯家塘街道韶山北路432号，初建于1956年，由“湖南省军区政治部洞庭湘剧工作团灯影队”和“邵阳木偶剧团”合并而成，2012年，划转为湖南省木偶皮影艺术保护传承中心，是湖南省唯一以少年儿童为主要服务对象的专业表演艺术团体。湖南木偶最早见于《旧唐书·崔慎由传》：唐咸通六年（865），桂州戍边官兵起事，经湖南“每将国郡县，先令倡卒弄傀儡，以观人情”。湖南杖头木偶戏至清代已甚为兴盛。清同治八年（1869）《溆浦县志》中，载有清嘉庆六年（1801）科举人邓大猷的《竹枝词》：“梨园弟子不知耕，一担傀儡随处行，但过重阳风雨后，村村演剧赛秋成。”湖南省木偶皮影艺术保护传承中心有湖南杖头木偶戏和湖南皮影戏两种表演艺术形式，2007年分别入选为国家级非物质文化遗产名录项目。1965年，在罗马尼亚举行的第三届国际木偶节上，皮影戏获最佳演出奖。1966年在越南，该院获“一级劳动勋章”。1993年，大型木偶剧《火云鸟》获文化部颁发的第三届“文华新剧目奖”。1997年，皮影戏《三只老鼠》获文化部颁发的第七届“文华新节目奖”。2003年，在全国“金狮奖”木偶皮影比赛中，大型木偶剧《石三伢子》获“金奖”。2004年，大型木偶剧《石三伢子》在杭州第七届中国艺术节上，获文化部第十一届“文华新剧目奖”。2005年，大型木偶剧《马兰花》在苏州第五届全国优秀儿童剧展演中，获“优秀剧目三等奖”；木偶皮影戏剧目还多次在湖南省新剧（节）目会演中获“优秀剧目奖”及湖南省“五个一工程奖”。2012年，该中心与广州瑜源文化传播有限公司联合创作人偶舞台剧《猪猪侠》的第二部《猪猪侠——魔幻森林》。2013年，该中心共演出383场，其中惠民演出233场、商演150场，演出足迹遍及全国。2014年、2015年，完成约200场的演出，其中每年商演约60场。2019年，该中心推行“院团开放日”活动，让社会大众特别是学生们更近距离地接触湖湘木偶皮影艺术。

湖南省木偶皮影戏进社区　　（区文旅体局 提供）

湖南省歌舞剧院 位于雨花区侯家塘街道人民中路274号，成立于1953年，2012年4月转企改制，是湖南省规模最大、品类最多的专业艺术表演团体。下辖五团（舞剧团、交响乐团、民族乐团、歌剧团、合唱团）、两部（舞美工程部、演出营销部）、艺术创作室和舞蹈学校的省级歌舞艺术强院。舞剧、歌舞《刘海砍樵》《红缨》《蝶恋花》《风雷颂》《三湘杜鹃红》为其代表作品。1996年，舞剧《边城》获第六届“文华大奖”，1997年该剧和剧中男女主角，又获得第五届中国戏剧节的曹禺戏剧奖——优秀剧目奖和优秀主角奖、梅花奖；舞剧《古汉伊人》获第三届全国舞剧展演“演出大奖”；舞剧《南风》获第二届湖南艺术节“田汉大奖”；舞剧《天山芙蓉》获第三届湖南艺术节“田汉大奖”；第九届中国艺术节“文华优秀剧目奖”、第二届中国新疆国际民族舞蹈节“艺术贡献奖”。

砂子塘街道

| 区域概况 |

位置面积

位于雨花区西北部，“内四街”东南角，东北以劳动中路为界与左家塘街道相接，南以南二环为界与雨花亭街道接壤，西以韶山中路为界与东塘街道相连。1996 年 12 月，街道面积 2.41 平方千米。砂子塘街道办事处自 2015 年 12 月起搬于长沙市雨花区曙光南路 1 号，原址长沙市雨花区王家冲路 86 号。截至 2019 年年底，辖区面积无变化。

建置沿革

1996 年 12 月，雨花区区域微调，以原郊区赤岗村开发区和橘园开发区为基础，将侯家塘街道所辖的野坡、新塘冲、内配等 10 个居委会划出，成立砂子塘街道。截至 2019 年年底，街道建置无变化。

行政区划

1996 年 12 月区域微调后，砂子塘街道辖野坡、新塘冲、内配、卷烟厂、茶园坡、梨子山、锅炉厂、冶金院、砂子塘一、二委、王家冲、桔园一、二委 13 个居委会。1998 年 2 月，设立王家冲居委会。2000 年 1 月，设立桔园一委和二居委会。2001 年 10 月，经过拆、并、改和新建，街道辖砂子塘、桔园、茶园坡、白沙苑、金地、金科园、梨子山、野坡 8 个社区居委会。截至 2019 年年底，街道辖砂子塘、桔园、茶园坡、白沙、金地、金科园、梨子山、野坡 8 个社区居委会。

人口民族

砂子塘街道辖区人口以汉族为主。1995 年，总户数 15147 户，总人口 47524 人，其中男性 25963 人，未落常住户口人员 752 人。1996 年末，砂子塘街道为纯城市居民，总户数 9229 户，总人口 36011 人。2000 年，总户数 16503 户，总人口 51109 人，其中男性 26258 人，未落常住户口人员 921 人。2002 年末，总户数 15981 户，总人口 49837 人。2005 年末，总户数 17019 户，总人口 53450 人，其中非农业人口 52485 人，男性 27129 人，未落常住户口人员 965 人；计划内生育率 99.62%。2006 年末，总户数 17427 户，总人口 54775 人，其中男性 27569 人。2008 年末，总户数 17854 户，总人口数 57145 人，其中男性 28271 人。2009 年末，总户数 18086 户，总人口数 56414 人，其中男性 27900 人。2010 年末，总户数 18321 户，总人口 55638 人，其中男性 27610 人。2011 年末，总户口数 18511 户，总人口 54742 人，其中男性 27240 人。

2012 年末，总户数 18778 户，总人口 54446 人，其中男性 27132 人。2013 年末，总户数 19103 户，总人口 54639 人，其中男性 27172 人。2014 年末，总户数 19586 户，总人口 55383 人，其中男性 27495 人。2015 年末，总户数 20328 户，总人口 56970 人，其中男性 28156 人。2016 年末，总户数 20883 户，总人口 57874 人，其中男性 28490 人。2017 年末，总户数 21250 户，总人口 57926 人，其中男性 28298 人。2018 年末，总户数 21579 户，总人口 58481 人，其中男性 28438 人。2019 年末，总户数 21568 户，总人口 58225 人，其中男性 28203 人，年度出生 559 人，死亡 481 人，迁入

1112人，迁出437人；全街常住人口55276人。

经济发展

经济综述

1997年，有街委企业30个，产值2645万元，完成财政收入257万元。建成砂子塘箱包、百货精品市场一条街、中南照相器材市场、东塘精品服装城、众豪竹制品有限公司、今利园普通商品住宅小区、新东方大酒店和金地华园房地产项目，合同利用外资560万美元，引进内资1.43亿元。2002年，实现财政收入1624万元；全街有企业1803个，产值6900万元，营业收入3.86亿元。街道以东塘商圈为重点，以土地二次开发为契机，发展楼宇经济、总部经济和商贸服务业，建设新建东路、曙光南路特色街市。2003年，财政收入2193万元。2004年，财政收入3936万元，完成一般预算收入2323万元。2005年，财政收入6892万元，完成一般预算收入5305万元。2006年，完成财政总收入10027万元，其中财税收入9613万元；街道跨入区“亿元街道”方阵。2007年，财政收入18066万元。2008年，财政收入11606万元，全社会固定项目投资10.20亿元，合同利用外资1200万美元，实际到位外资950万美元，引进省外境内资金21735万元，引进市外境内固定资产投资44935万元。2009年，实现财政总收入1.416亿元，全社会固定项目投资13亿元，合同利用外资1400万美元，实际到位外资1100万美元，引进省外境内资金2.3亿元，引进市外境内固定资产投资5亿元。2010年，完成财政总收入17287万元，全社会固定资产投资19.28亿元，合同利用外资2900万美元，实际到位外资2800万美元，引进省外域内资金3.7亿元，引进市外域内资金形成固定资产9.7亿元。

2012年，完成财政总收入2.608亿元，全社会固定资产投资33亿元，合同利用外资2900万美元，实际到位外资2900万美元，引进省外境内资金5亿元，引进市外境内资金12亿元。2013年，完成财政总收入9.1895亿元，全社会固定资产投资36亿元，引进省外境内资金10.8亿元，合同利用外资4000万美元，引进市外境内资金16.4亿元。2014年，完成财税收入8.06亿元，全社会固定资产投资32.8亿元，引进省外境内资金4.8亿元，合同利用外资3618万美元，引进市外境内资金18.6亿元，

2015年，完成财政总收入9.13亿元，社会固定资产投资37.7亿元。2016年，完成财政总收入9.89亿元，固定资产投资总额22.1亿元。2017年，完成财政总收入10.59亿元，固定资产投资总额29.98亿元。2018年，完成财政总收入11.49亿元，固定资产投资总额6.21亿元。2019年，全街全社会固定资产投资完成15.86亿元。

项目建设

2003—2007年，完成《东塘商圈砂子塘片区产业设计规划书》，对沿韶山路的长电集团、机电市场、潇影集团、友谊商城，沿曙光南路的“桔园经典”、“内配二期”、长沙锁厂宿舍，沿劳动路的人汽公司、“赤岗冲商务楼”、电缆附件厂、顺特变压器厂，沿未来车站南路的省纺织机械厂、南华物业等项目的开发建设、项目定型、产业定位进行具体的规划，策划包装砂子塘社区整体开发项目和湖南恒宇石油安装有限公司等开发项目。2008年，启动和建成都市金领、桔香鑫城、山水花都、长利盛和国际、烟厂停车场和高层住宅喷洁工程等产业项目6个。2009年，启动建设潇湘影视综合楼、顺天财富广场、长利盛和国际、丽星蓝钻、曙光南

阳光锦城　　（砂子塘街道 提供）

路建设、长沙锁厂等产业项目。2010年，顺天国际金融中心、万博汇、阳光锦城、都市兰亭、中医临床科研大楼、电缆附件厂棚改、长沙锁厂棚改、曙光南路建设8个项目开工建设，其中万博汇住宅一期进入预售。2011年，新开工项目1个，续建项目8个。

2012年，万博汇项目一期售罄，二期进入外墙装饰和拆架，销售商住房19985平方米；纳爱斯·阳光锦城项目9栋全部封顶，销售43%（含1.5万平方米的商铺）；都市兰亭项目交房；顺天国际金融中心项目南北双子楼封顶；中医科研大楼封顶。2013年，潇影综合大楼、顺天国际金融中心的主体商务楼完成施工，进入招商阶段；万博汇一期售罄，二期进入尾盘销售，三期商务楼城市综合体开始地基施工；阳光锦城竣工交房；友谊商城装修工程完工。2014年，续建、新建产业项目9个，项目计划总投资40.4亿元，总建筑面积64.1万平方米。顺天国际金融中心投入使用，潇影综合大楼竣工验收；48层217米的超高层AAAAA级商务写字楼万博汇三期完成基坑建设，裙楼建设达到正负零；友谊公寓项目主体建筑完成封顶；泰禹国际项目完成基坑建设。

2015年，万博汇三期、友谊公寓、楚城东塘一号、潇影大厦等5个产业项目纳入雨花区“三定三抓”活动项目，街道“三定三抓”项目共4个。

万博汇三期施工图　　（砂子塘街道 提供）

万博汇三期2万平方米商业裙楼封顶进行外墙装饰；友谊公寓主体工程建设完工；拿铁空间项目进行基坑、护壁及地下室施工。2016年，万博汇三期进入基坑加固阶段，泰禹国际项目主体工程封顶，拿铁空间项目主体工程封顶并启动销售。2017年，万博汇三期项目竣工交房并销售面积0.6万平方米。2018年，万博汇三期项目租售面积2.8万平方米；泰禹国际项目租售面积1.43万平方米。

泰禹国际项目　位于雨花区劳动路、曙光路、砂子塘路交会处，由湖南省泰禹实业有限公司投资开发，于2016年主体工程封顶，总投资4亿元，项目整体定位为亿元楼宇、超5A甲级写字楼，地上23层，高100米，其中商业裙楼4层，19层AAAAA甲级写字楼；地下4层。

泰禹国际　　（砂子塘街道 提供）

工业

20世纪90年代，砂子塘街道范围内有长沙白沙卷烟厂等10余家大中型工业企业，工业总产值远远超过服务业，工业经济成为街道经济的主体。随着20世纪90年代国有企业改制浪潮的到来以及城市发展规划“退二进三”（第二产业从市区退出，发展商业、服务业等第三产业）的需要，砂子塘街道辖区范围内的中大型工业企业逐步改制。2005年，完成规模工业总产值119.39亿元。2006年，完成规模工业总产值127.76亿元。2008年，完成规模工业总产值8..28亿元（不含长沙卷烟厂）。2009年，完成规模工业总产值6.35亿元（不含长沙卷烟厂）。2010年，完成规模工业总产值164.42亿元。

2012年，完成规模工业总产值6.06亿元（不含长沙卷烟厂）。2014年，完成规模工业总产值5.98亿元（不含长沙卷烟厂）。2015年后，服务业总产值超过工业。2018年，完成长沙量具厂企业改制资产清算。

长沙卷烟厂　位于雨花区劳动中路426号，其前身是1947年兴建的欧亚烟厂和新中烟厂，1964年更名为长沙卷烟厂，隶属于长沙市一轻工业局，是一个生产低端卷烟的厂家，以生产岳麓山牌香烟为主打产品。改革开放后公司迎来发展机遇，1984年，肖寿松任长沙卷烟厂厂长，在他的带领下，长沙卷烟厂一步步摆脱困境，发展壮大。1988年，长沙卷烟厂上升为国家二级企业。2000年，以长沙卷烟厂为核心企业组成的白沙集团成立。2006年11月，长沙卷烟厂、常德卷烟厂合并重组新的湖南中烟工业公司。2007年11月，公司更名改制为湖南中烟工业有限责任公司。公司主要经营范围：烟草制品的生产、销售，烟用物资、烟机进口和卷烟出口业务，与烟草制品生产销售相关的其他生产经营、多元化经营、资产经营等。2005年，长沙卷烟厂实现销售收入131.85亿元；“白沙”品牌销量突破150万大箱。2018年，湖南中烟工业有限责任公司营业收入近998.96亿元。2019年，公司位列湖南企业100强第3名。

长沙卷烟厂　（唐清明　摄）

商贸服务业

2003—2007年，砂子塘街道吸引嘉德置业、沃尔玛、兄弟华纳等三家世界500强企业入驻；打造方圆设计、财富传家宝等一批聚集总部经济、楼宇商贸、楼宇工业的千万元级税收楼盘；通过主办“老工业基地，新东塘商圈”首届诚信经营联盟等系列活动，推介街道产业项目。2005年，实现社会消费品零售总额11.76亿元。2006年，实现社会消费品零售总额13.7亿元。2008年，实现社会消费品零售总额21亿元；引进和家酒店、雅凯四季连锁酒店、汉森培训学校、全国调酒师咖啡师培训学校4家内资企业；举办“动感砂子塘、快乐新雨花”酒吧餐饮娱乐文化招商促进会；砂子塘街道野坡社区被商务部评为全国商业示范社区。2009年，实现社会消费品零售总额27.49亿元；引进香槟时尚酒店、星城奥胜酒店、向尚咖啡店等3家企业；完成王家冲农贸市场提质工程。2010年，实现社会消费品零售总额32亿元；引进嘉德置业、沃尔玛等世界五百强企业、友谊商城、通程电器、步步高、国美等本土企业。2011年，举办长沙沙·雨花·砂子塘街道重点招商项目推介会；聘请“戴德梁行”为街域经济发展战略咨询顾问；顺天国际金融中心引进德国凯宾斯基大酒店。

步步高超市与国美电器　（砂子塘街道　提供）

2012年，实现社会消费品零售总额43.5亿元。2013年，实现社会消费品零售总额43亿元；向区委上海招商团、深圳招商团推荐顺天、潇影等项目，将虹猫蓝兔等优质项目资源向企业推介。2014年，实现社会消费品零售总额48亿元；街道以专业化高端化楼宇建设推动全街现代服务业发展升级。凯宾斯基酒店营业，南北两栋AAAAA甲级商务写字楼引进中国建设银行、华润怡宝、金元证券等40余家泛金融机构入驻；将潇影综合大楼打造成文化创意类专业楼宇。2015年，实现全社会消费品零售总额49.08亿元；引进潇湘影视广播电台、潇湘

万博汇雅戈尔旗舰店 （砂子塘街道 提供）

电影频道、潇湘电影投资有限公司、潇湘印象（湖南）传媒有限公司、飞鹰广告设计有限公司、明珠旅游广告策划有限公司、长沙潇影电影城有限公司等文化企业7家。2016年，实现社会消费品零售总额44.87亿元；潇湘电影频道入驻潇影大厦，新旗舰文化传播有限公司入驻京电大厦。2017年，实现全社会消费品零售额29.04亿元；泰禹国际签约亚健康管理中心、天悦荟健身中心两家企业。2018年，实现社会消费品零售总额15.75亿元；雅戈尔旗舰店、金吉鸟健身、中国人寿长沙分公司、中南影院、华美达酒店等10余家企业入驻万博汇·云谷、顺天国际金融中心；完成砂子塘社区农贸市场改造工程。2019年，实现社会消费品零售总额完成40.88亿元；万博汇·云谷引进中国人寿长沙分公司和麦格思商业管理公司；顺天国际引进中国联通沃阅读和美兆医疗健康体检。

基础设施

交通运输

2006年，完成砂子塘路等城市次干道的改造工程。2007年，完成曙光南路建设的前期工作。2008年，新建、改造城市主次干道3条；赤黄路竣工通车；新建和改造桔园小巷等背街小巷。2010年，完成赤黄路、曙光南路、新建东路等城市干道改造工程，新建和改造王家冲路、梨园巷、运动巷、新塘冲巷等背街小巷。2011年3月，曙光南路通车。2013年，开展曙光南路改造第二期工程。2015年，劳动路跨京广铁路桥改造项目完成项目内房屋征收腾地工作，洞井路、曙光路（延伸线）完成涉及范围内所有土地及建筑物的初步摸底。劳动路和韶山路两条交通要道的修成，改善区域交通条件，促进辖区的迅速发展，许多机关、企业、工厂纷纷建起。2016年，洞井路建设征收项目与茶园坡社区、砂子塘街道、顺特变压器厂3家单位签约，与精工机械厂进行协商，拆除建筑6527平方米；车站南路项目发一公告，完成现场线形的踏勘工作。2017年，洞井路项目拆除腾地，车站路项目发布征收征收四公告；推进韶山路人行道提质改造以及沿街楼栋立面改造。2018年，车站南路（劳动路—曙光路）道路建设项目的南华物流实现腾房交地；完成维一地块停车场建设工程。2019年，完成车站南路建设项目征收工作。截至2019年年底，街道公路交通南北走向道路有：曙光路、洞井路、车站南路等，东西走向道路有：劳动中路、砂子塘路、万顺路、新建东路、桔园路、南二环等。

劳动路跨京广铁路桥 （砂子塘街道 提供）

城市建设和管理

1997—2002年，砂子塘街道拆除违章建筑4.6万平方米，自筹资金2000万余元，还绿、建绿5.35

万平方米，完善社区居委会基础设备，8个社区居委会实现“七个一”（即一个图书阅览室、一个健身广场、一个社区服务站、一个高标准宣传橱窗、一所市民学校、一个志愿者服务队、一支文明宣传队），社区居委会办公和服务站用房共1900平方米，固定资产500万余元。2003—2007年，完成桔园四片的社区环境综合整治，启动砂子塘、梨子山、金地、茶园坡4个社区的社区环境综合整治工作。2008年，辖区城市用地207.51公顷，村庄用地2.55公顷。2009年，长沙锁厂拆迁项目启动。2010年，长沙电缆附件厂棚改项目启动。2013年，启动野坡社区环境综合改造工程，完成绿化带提质改造工作；开展茶园坡社区1—5栋提质改造工程；推进茶园坡社区自来水网及下水道改造工程。

2015年，长电宿舍、食品一厂宿舍两个地块动签约工作，完成签约266户。2016年，维一公司地块成为全市首例成功的模拟征收项目，省顺特宿舍棚改启动。投资2000万余元的茶园坡社区提质改造项目进场施工；梨子山片区综合棚改项目发改立项；完成省纺机棚改项目124户私房户签约工作。推进梨子山、桔园、砂子塘社区环境提质改造，启动茶园坡党群服务中心、野坡小游园、精品巡防站等项目建设。2017年，顺特模拟征收项目完成签约、腾房、交地；省纺机推进公房清租，186户清零。完成桔园社区新塘冲巷、湘银巷路面以及桔园四片的提质改造工作，实施果茶巷、今利园巷、金科院巷提质工程，建设赤岗游园工程；投入资金1400万余元对茶园坡社区33个项目进行提质提档改造，打造“五彩茶园”理念；投入1596.5万元对桔园社区13个项目进行提质提档改造，打造“桔香情 ·幸福梦”理念；投入资金150万元对野坡社区15个项目进行提质提档改造，打造“四德文化·野坡记忆”特色亮点。2018年，拆除违章建筑88处，共10867平方米；梨子山长电宿舍棚户区改造项目实现全面清零。对金科园、砂子塘社区进行提质提档，完成梨子山党建示范社区、茶园坡党群服务中心、野坡小游园等项目建设；打造白沙社区、金科园社区、茶园坡社区生活垃圾分类工作示范、试点小区。

社会事业

教育

1963年，辖区创办砂子塘小学，有6个教学班，9名教职员工，300余名学生，活动场地仅一个篮球场，历经50余年发展，学校先后成为国家教育部首批命名的现代教育技术实验学校、湖南省基础教育实验学校、湖南省现代教育先进单位。1995年，稻田中学（前身为1912年创建的湖南省立第一女子师范学校）在砂子塘境域复校，总建筑面积为1.66万平方米。1996年3月，创办王家冲小学，占地面积8000平方米，校舍总面积4236平方米。2003年8月，民办耀华中学委托稻田中学管理，改名“稻田耀华中学”。2004年7月，长沙市四十一中被稻田中学接管整合。2007年，打造赤黄路教育示范街。2012年，创办砂子塘小学万博汇校区，小学一年级12个班全部入读万博汇校区。2016年，砂子塘街道野坡社区和长沙理工大学联合举办的“校地合作”签约揭牌。2017年，投入资金实施儿童友好

茶园坡社区党群服务中心 （砂子塘街道 提供）

砂子塘小学万博汇校区 （砂子塘街道 提供）

校园建设工程。2018年，完成小白鸽幼儿园民转公。2019年，完成“一幼”产权移交工作和桔园“心语”幼儿园“私转公”工作。截至2019年年底，辖区有稻田中学1所中学，王家冲小学、砂子塘小学（包括本部与万博汇校区）、砂子塘第二小学、桔园小学4所小学，区教育局第一幼儿园、区教育局第二幼儿园、小白鸽幼儿园、小白鹤幼儿园等幼儿园，以及湖南中医药大学湘杏学院1所大学。

白沙集团小白鹤幼儿园　位于雨花区曙光南路110号，占地面积21460平方米（含户外公共花园面积），建筑面积7860平方米，户外活动场地面积1.6万平方米。幼儿园配有活动室、餐厅、盥洗室、寝室、中央空调，冬暖夏凉，可容纳16个班级500余名幼儿。获评幼儿基本体操最佳示范园（全国唯一一所）、湖南省示范性幼儿园、湖南省绿色幼儿园等称号。

稻田中学　是公办全日制完全中学，位于雨花区砂子塘街道砂子塘路121号，于1912年在天心阁附近的古稻田建校，前身为湖南省立第一女子师范，因校址坐落于天心阁古稻田，人们习称“稻田师范”或“稻田中学”。1995年于砂子塘复校。学校占地21340平方米，建筑面积1.8万平方米，共投资2000万余元。首任校长朱剑凡，是著名的教育家。徐特立、周谷城、周士钊、田汉等曾任该校教师，学生中有缪伯英、杨开慧、李淑一、向警予、刘英等。该校挖掘“百年稻田”文化底蕴，率先将传统文化进课堂，建设反映学校历史沿革、以浮雕诗墙为载体的文化长廊，打造润泽心灵的书香校园。2018年高考，稻田中学287人参考，一二本上线215人。

砂子塘小学　位于雨花区砂子塘路16号，创建于1963年秋，当时有班级6个，学生290人，教师9人；1980年班级规模扩大到32个，50余名教职工和1600余名学生，有教学楼3栋，活动室1栋，教工宿舍1栋，操场2个。20世纪80年代，学校首开校企联合办学的先河，与长沙卷烟厂、中医附一等40余家单位合作，以优质的教学品质吸引企业捐资助学，完善学校硬件设施，提升办学规模。2000年10月，学校与洞井镇天华村联合创建砂子塘天华寄宿制实验学校，实现股份制民办体制的办学合作。2002年6月27日，由砂子塘学校、砂子塘天华寄宿制实验学校、砂子塘小白鸽幼儿园共同组建的砂子塘教育集团成立。2007年10月，区教育局委托砂子塘小学管理泰禹小学（砂子塘东校）。2009年8月，砂子塘小学东校区开学，招收6个年级800余学生。2010年，砂子塘新世界小学建成开学。2012年，创办砂子塘小学万博汇校区，砂子塘小学本校做到“一校两址”。2013年，砂子塘万境水岸小学、砂子塘湘天小学、砂子塘吉联小学建成开学。2015年，砂子塘东澜湾小学建成

稻田中学　（砂子塘街道 提供）

砂子塘小学　（砂子塘街道 提供）

开学。2016年，砂子塘万科魅力之城小学建成开学。2017年，砂子塘第六都校区建成开学。2019年，砂子塘泰禹小学脱离砂子塘集团，更名为泰禹小学。截至2019年年底，砂子塘集团下的学校有：砂子塘小学、砂子塘小学万博汇校区、砂子塘第六都校区、砂子塘万境水岸小学、砂子塘万境第二小学、砂子塘新世界小学、砂子塘东澜湾小学、砂子塘吉联小学、砂子塘湘天小学、砂子塘万科魅力之城小学、砂子塘启新小学、砂子塘嘉和小学、砂子塘天华寄宿小学、砂子塘新世博寄宿小学（望城区）14所学校，其中天华寄宿小学与新世博寄宿小学为民办学校。学校秉承“和孩子们一起成长”的理念，以课堂为突破口，构建“三种课堂”，为学生的成长搭建立体、多元的学习平台。获评全国现代教育技术实验学校、湖南省基础教育课程改革样板校、长沙市首批城市示范性学校等称号。该校坚持以创建名校，构筑高品质的文化校园为办学目标，打造优才教育、国际教育、构建集团运作模式。

文化体育

1974年，砂子塘小学何欣杰获7省市小学生男子乒乓球单打冠军。21世纪以来，砂子塘街道引导社区成立群众文艺团队、老年太极拳体育团队、太极剑体育团队，多次参加省市区的体育盛会。结合社区提质改造工程，以搭建立体化群众教育平台为目标，充分整合各方力量，打造群众文体活动广场，凯德广场、友谊商城广场等，让文化发展成果惠及各类人群。截至2002年年底，辖区共创建省文明卫生单位1个、市级文明社区3个、市级文明卫生单位5个。2008年，建成街道文体活动中心，新建三处绿色上网场所。

2013年，雨花区首届“社区安全文化节”在凯德广场开幕。2014年，开展“欢度元宵·让爱传递”、“欢乐潇湘”原创文艺节目评选、非公有制经济组织党组织“先锋杯”篮球赛、“冬日暖阳”登山比赛、“幸福像花儿一样”文艺会演、“残疾人才艺汇演”、长沙市第二届孝文化节百场“孝”文化展宣活动等活动。2016年，承办“崇德尚信·诚实守信”专题教育之“情暖幸福家·诚信砂子塘”活动等各类省、市级活动10余次；开展“我教爸妈学电脑”活动、歌友会、“清风乐队”、慈爱公益组织制作和义卖等活动。2017年，开展长沙市“名师经典进基层”活动、“讴歌新时代·共筑文明城”学习宣传党的十九大精神主题活动、“爱在雨花暨壹家人温暖湖南”公益活动等活动15次，承办长沙市九运会老年组武术比赛项目。2018年，开展“我们的节日”系列主题文化活动、湖湘文化进万家志愿服务活动、“文明风‘扇’行·清廉幸福家”活动等活动；实施白沙共享书屋建设工程，启动砂子塘路文化步道建设。2019年，组织“移风易俗树新风、党群同乐迎国庆”主题宣传等5次主题活动。

“移风易俗树新风 党群同乐迎国庆”宣传活动
（砂子塘街道 提供）

医疗卫生

1963年，湖南中医药大学第一附属医院在辖区内创建。2008年，街道免费为2位白内障患者实施复明手术。2009年，免费为3位白内障患者实施复明手术。截至2015年年底，辖区有各类医院和药房40余家；有砂子塘街道社区卫生服务中心（雨花区曙光南路108号）、砂子塘街道社区卫生中心口腔科（雨花区曙光南路104号）、桔园社区卫生站（新塘冲巷24号）等多个医疗卫生服务中心，以及长沙卷烟厂职工医院。2016年，组织开展“治未病”系列“民意快线”活动，深化家庭保健项目，面向居民大众开展健康讲座和义诊。2017年，联合湖南中医药大学附属第一医院组织“治未病”系列“民意快线”活动，开展中医名医进社区活动，深化家庭保健项目。2018年，街道作为卫生计生综合监督“三级网络”示范单位，迎接全市的观摩参观。

湖南中医药大学第一附属医院　位于雨花区韶山中路95号，创建于1963年，是“七五”计划期间全国七所重点建设的中医院之一，2008年12月入选国家中医临床研究基地，2017年入选“中医药传承创新工程”项目建设单位。医院占地面积7.33公顷，有建筑面积24万平方米，编制床位1800张，年门诊人次160万余人次，年住院人次近7万人次。医院开设有37个临床科室、12个医技科室，设有多个中医特色诊疗门诊和特色治疗室。医院有5个国家临床重点专科：针灸科、肝病科、心血管科、眼科、护理学;11个国家中医药管理局重点专科：肝病科、眼科、心血管科、儿科、骨伤科、妇产科、外科、耳鼻喉科、风湿病科、重症医学科、护理学;7个国家中医药管理局重点学科：中医眼科学、中医肝胆病学、中医妇科学、针灸学、中医儿科学、中医男科学、中医耳鼻喉科学。眼科、妇科、针灸科是国家区域中医（专科）诊疗中心建设单位。医院开设有37个临床科室、12个医技科室，设有多个中医特色诊疗门诊和特色治疗室。2018年，医院成立国际医疗中心。同年10月21日，“全国脂肪肝规范诊疗中心”落户该院。2020年抗击新冠肺炎疫情期间，该院推出中医组合疗法。

湖南中医药大学附属第一医院　（砂子塘街道　提供）

砂子塘街道社区卫生服务中心　位于雨花区王家冲路82号，是一所由政府举办的集预防、保健、医疗、康复、健康教育及计划生育技术指导等服务为一体的非营利性基层医疗卫生服务机构。中心有职工40余人。服务范围2.6平方千米，服务人口6万余人，下设4个社区卫生服务站。设有全科门诊、妇科门诊、中医门诊、康复治疗室、B超心电图室、DR摄片室、化验室、留观输液室等科室。配备DR摄片机、B超机、心电图机、心电监护仪、电解质分析仪、血糖仪等。中心建立起以全科医生为核心，采取主动上门服务，电话追访关怀服务等方式，对慢性病患者特别是高血压和糖尿病患者，进行全程连续的“全科医疗团队服务模式”健康管理服务。

砂子塘街道社区卫生服务中心　（砂子塘街道　提供）

社会保障

2002年，砂子塘街道建有社区服务中心，下设9个社区服务站，服务项目有120余个，以下岗职工为主体的服务从业人员4000余人，全街劳动就业率96％以上。2003年，投入10万余元，解决下岗职工的后续保障。2007年，进行零就业家庭援助31户，100%实现消除城镇零就业家庭。2008年，新增城镇就业人员1403人；城镇居民基本医疗保险9106人，职工医疗保险参保人数493人，养老保险参保人数784人，失业保险参保人数318人，工伤保险参保人数335人。2009年，新增城镇就业人员2203人；城镇居民基本医疗保险10828人，职工医疗保险参保人数184人，养老保险参保人数1086人，失业保险参保人数820人，工伤保险参保人数 820 人。

2012 年，新增城镇就业人员 1265 人；举办招聘会 10 余场，提供职位 4700 余个；依托砂家帮志愿者协会，关爱孤寡空巢老人；设立白沙社区居家养老服务中心和 7 个居家养老服务站。2014 年，城镇新增就业人数 1603 人，城镇登记失业率 2.41%；居民医疗保险缴费 12844 人，企业养老保险扩面 1120 人，工伤保险扩面 954 人，居民养老保险缴费 12.76 万元。砂家帮志愿者协会“关爱孤老项目”通过区民政部门的联合验收。

2015 年，街道城乡居民医疗保险缴费 12863 人，城乡居民养老保险缴费 17.36 万元；有低保户 380 户 609 人，月发放低保金 22.5 万元。打造“一中心、一园地、多站点”的发展模式，即区级社会组织孵化中心—街道社会组织实践园—社区社会组织服务站；将金地社区阳光锦城 800 平方米的新办公阵地无偿提供给雨花区政府，作为雨花区社会组织孵化中心。2016 年，城镇新增就业 1217 人；城乡居民医疗保险缴费 12918 人，城乡居民养老保险缴费 24.78 万元。2017 年，城镇新增就业 1304 人，小额担保贷款 141 万元，企业养老保险新增参保人数 1774 人，城乡居民医疗保险缴费人数 13197 人，城乡居民养老保险个人缴费 46.8 万元 (303 人)。2018 年，新增就业 1304 人，新增创业主体 811 户，企业养老保险新增参保人数 1774 人，城乡居民医疗保险缴费人数 13197 人，城乡居民养老保险个人缴费 46.8 万元。2019 年，新增就业 531 人，新增创业主体 217 人。

金地社区和润居家养老服务中心　位于雨花区砂子塘街道金地社区，占地 780 平方米，于 2017 年建成开放，引进长沙市和乐健康产业有限公司，为辖区内老人提供就餐、娱乐、休养的阵地和平台，以及上门协助洗澡、代理烹饪、协助洗衣、理发及修剪指甲等服务。一楼设阅读吧、书法台、棋牌室等，二楼设多间健康理疗功能室，全科医生每日坐诊；三楼每间房里设有三个床位。

金科园社区和润居家养老服务中心　位于雨花区砂子塘街道金科园社区，于 2019 年 9 月 17 日试运营。该中心一楼为活动诊疗区，有医生诊室、理疗室、老年食堂、书香吧、邻里客厅、三室艺厅等多个功能室，二、三楼为康复照料区，有 12 间照料室 24 个床位。中心引进长沙和乐健康产业有限公司，通过政府购买服务，为老人们提供康复照料、门诊就医、养生课堂、临时托老、老年餐桌、上门家政等全方位服务。

金科园社区和润居家养老服务中心　（砂子塘街道　提供）

| 特色地情 |

历史人文

雨花亭　位于雨花区砂子塘街道辖区内。雨花亭原为佛道合一的雨花亭庙，由李公庙、关帝庙和雨花亭三大建筑组成，外加杂屋和孝堂，占地约 6000 平方米，具有悠久的历史，雨花区与雨花亭街道之定名皆源于此。清同治《善化县志》所记：“雨花亭，县东七里，祀李公普佑真人、红龙白马三郎，咸丰二年 (1852) 兵燹，后众姓重修。”《增订湘城访古录》载：“在市东南七里黄土岭之东，今就基地建真人庙，四山环抱，清雅宜人，古木参天，池塘可鑑。”。雨花亭庙约建于唐开元十三年 (725)，元朝时，雨花亭庙已成为长沙近郊香火旺盛、善男信女们纷至沓来的繁华兴盛之地，附近百姓入庙敬香求福一时成为习俗，并一直延续到民国时期。20 世纪 30 年代，政府拟在雨花亭建“市南公园”，该计划后因抗日战争爆发而搁浅。抗战时，雨花庙观因战火而被夷为平地，仅李公庙保存完好。1952 年，金盆公安分局设于其内。1956 年庙址被政府征用，兴建拖拉机配件厂（1987 年更名为长沙内燃机配件总厂），庙后山全部被推掉，填平庙前的掩山塘。工厂迁至雨花亭时，大兴土木，雨花庙残留的部分全部拆除，不少石狮、石虎、石马等被炸毁埋于地下，唯有一对花岗石雕刻的石象保留下来，系雨花亭留存下来的唯一遗物。改革开放后，厂区所在地开发成居民住宅小区金地华园，在雨花亭遗址处由万兴房地产公司仿建雨花亭。

雨花亭　　（砂子塘街道 提供）

张祖策　（1878-？），长沙市野坡村人（今雨花区砂子塘街道）。清光绪四年 (1878) 生。光绪三十一年 (1905) 到吉林；三十二年 (1906) 捐从九品，又加捐通判。宣统元年 (1909) 十一月，吉林省民政厅委任张祖策为东宁厅试署通判。宣统二年 (1910)，张祖策动员当地农商各界集资小洋 5 万元，成立富宁屯垦公司 (设在北河沿)，开发东宁北部荒原。与当地军民开辟三岔口东经万鹿沟通往绥芬河的道路，全长 70 千米，能通行马车。1912 年 11 月，张祖策离任，张作霖 (不是东北军阀) 署任东宁厅通判。1913 年 2 月 6 日，章太炎在长春旧道署衙门设东三省筹边公署，选任张祖策为二等参赞。9 月，富宁屯垦公司经东三省筹边使章炳麟购归官办，改称阜宁屯垦公司。张祖策在东宁厅任内，首先倡办农垦，开发东宁北部，为解决借道俄境受俄国刁难的问题，开辟三岔口通向绥芬河道路。这些对东宁早期的发展都有积极意义。

长沙内燃机配件总厂　原址位于雨花区砂子塘街道辖区内，1953 年，雨花亭庙原址被征用，兴建长沙拖拉机配件厂（后改名长沙内燃机配件总厂），工厂位于新建东路南侧，工厂大门设原韶山路 113 号。该厂主要生产曲轴、汽缸盖、凸轮轴、连扦、油泵、油嘴 、三副精密偶件等 70 余个品种，广泛用于汽车、内燃动力机等，拥有从国外引进的先进水平的精密机械设备和检测仪器。1990 年 12 月，该厂从日本引进两台总价值为 350 万元的 SIG-2S 全自动双轴内圆 (即中孔座面) 磨床，并投入使用，使该厂喷油嘴偶件的生产工艺在国内同行业中稳居领先地位，成为机械电子工业部的重点企业。1993 年，该厂上缴国家利税 500 万余元。从 1995 年开年始，开始陷入困境。2002 年初，长沙市政府批准该厂进行企业产权制度改革，制定“盘活土地存量，理顺劳动关系”的基本思路，先后引进金地华园、都市家园、阳光锦城、方圆商务楼、嘉信茂购物广场、沃尔玛、华纳影院等项目，并安置 200 余人再就业。工厂生产区正式退出，腾地置换为商住综合区；工厂宿舍生活区改称金地社区，交由砂子塘街道管理。

长沙内燃机配件总厂　　（区档案馆 提供）

商业地标

巢娭驰月饼　系闻名于湖南乃至于全国的长沙本土月饼品牌，巢娭驰月饼糕点店位于雨花区砂子塘街道茶园坡桔园路都市兰亭，为该月饼品牌唯一一家店，创始人为巢金云。1971—1974 年，巢金云在长沙糕点厂糕点厂工作，20 世纪 90 年代下岗后开始自己开店做糕点和月饼，其创立的“巢娭驰月饼”逐渐成为长沙知名的月饼品牌。巢娭驰月饼采用纯手工制作，月饼的各项制作工艺都公开对外。月饼有广式蛋黄月饼和本式五仁月饼两个口味。

巢娭毑月饼　　　　（砂子塘街道 提供）

砂子塘夜宵一条街　位于雨花区砂子塘街道砂子塘社区，是长沙夜宵一条街中较早较有名的美食夜宵街。该夜宵街最开始以烧烤和口味虾而闻名，后逐渐入驻各类美食商家，主要商家有老马烧烤、岳阳烧烤、刘记干锅、鸭王卤货公司、马叉虫烧烤店、留一手烤鱼等。

砂子塘夜宵一条街　　　　（唐清明 摄）

友谊商城　位于雨花区砂子塘街道劳动中路与韶山中路交会处东南角，营业面积 2.7 万平方米，由湖南友谊阿波罗商业股份有限公司投资开发，于 1995 年开业，当年实现销售 4 亿元。2012 年，总营业额 13 亿元。2013 年 9 月，友谊商城重装开业，对 70% 的品牌进行调整，引进兰蔻、娇兰、纪梵希、进口女鞋 JC(捷希)、UN、Pinko、恩曼琳、Kistina、马天奴等品牌。

凯德广场　位于雨花区砂子塘街道韶山中路与新建东路交会处东南角（新建东路 421 号），于 2005 年 10 月开业，总面积 7.5 万余平方米。21 世纪初，长沙内燃机配件总厂破产清算，工厂原地块被陆续开发成房地产项目。2005 年，深圳国际信托投资有限责任公司斥资 10 亿在工厂原地块兴建四层购物广场（初名嘉兴茂广场，2012 年更名为凯德广场）。同年 10 月，沃尔玛和时代华纳市场入驻商场。凯德广场定位为一站式家庭购物休闲中心，融合大型超市、电影院、美容健身、休闲游乐、婴童用品、儿童教育、中外快餐、美食广场和精品服饰、生活服务等各种业态。

顺天国际金融中心　位于雨花区韶山路 355 号，由湖南顺天建设集团投资兴建，由两栋超高层建筑组成，占地面积 18848 平方米，建筑面积 17 万平方米，于 2012 年 10 月建成并投入销售，是一座集酒店、写字楼、商业为一体的新概念城市商务综合体。顺天国际金融中心工程获中国建设工程“鲁班奖”。2012 年 6 月 19 日，凯宾斯基酒店签约入驻，标志着首座德式五星级酒店正式落户中南地区，该酒店始建于 1897 年德国柏林，是欧洲十大酒店之一。2014 年 11 月，凯宾斯基酒店正式营业。2016 年 11 月 11 日，中国建设银行砂子塘支行、中国平安人寿湖南分公司、华润怡宝（中国）有限公司湖南分公司、九州证券有限公司、五矿国际信托有限

顺天国际金融中心　　　　（砂子塘街道 提供）

公司、中融国际信托有限公司6家企业集中签约入驻。2017年，中国平安人寿保险股份有限公司湖南分公司、平安普惠小额贷款有限责任公司、九州证券、华林证券、海通期货、金元证券、太平洋证券等金融企业入驻顺天国际金融中心。2020年，该中心获评长沙美丽楼盘单项奖。

潇湘影视大厦　位于雨花区砂子塘街道劳动中路与韶山中路交会处东南角（友谊商城南侧），占地面积为7819平方米，总建筑面积7万平方米，由湖南潇湘影视集团自主开发，于2010年12月20日奠基，2014年竣工。潇影综合大厦呈书卷打开式造型，为雨花区文化创意类专业楼宇，楼层为28层，分为临街商业裙楼5层，酒店、专业写字楼22层，是集商业百货、旗舰影院、星级酒店、专业写字楼于一体的现代化综合项目。2015年6月24日，入驻潇湘影视大厦裙楼的东塘荟举行招商推介大会；12月18日，东塘荟开业。

万博汇·云谷摩卡大街　位于雨花区砂子塘街道韶山中路与新建东路交会处东北角，于2018年10月26日开业。万博汇·云谷总建筑面积10万平方米，建筑总高度218米，楼高49层地下3层。摩卡大街商业中心集购物、餐饮、娱乐、居住、商务、商业、教育为一体的都市综合体，以满足城市高端人群消费需求为初衷，规划多元复合业态，吸引雅戈尔、中影、金吉鸟等商家进驻，引入国际旅行社、健康轻餐、医美、美甲、网红小吃、欧包、茶饮等生活品牌。

潇湘影视大厦　（区政府办 提供）

万博汇·云谷摩卡大街　（唐清明 摄）

东塘街道

| 区域概况 |

位置面积

位于雨花区西北部，“内四街”西南角，东以韶山中路为界与砂子塘街道相接，西以芙蓉中路为界与天心区赤岭路街道毗邻，南以南二环为界与天心区文源街道接壤，北以劳动西路为界与侯家塘街道相连。辖区内有东塘商圈、黄土岭特色风情街等繁华的商业区；有湖南省人大常委会、湖南省气象局、湖南省质量技术监督局等企事业单位69个。1996年12月，街道辖区面积2.39平方千米。截至2019年年底，辖区面积无变化。

建置沿革

1996年12月，雨花区区域微调，将原侯家塘街道劳动路以南，韶山路以西，芙蓉路以东，新中路以北的区域新建东塘街道。截至2019年年底，建置无变化。街治位于雨花区新建西路188号。

行政区划

1996年12月，街道辖涂家冲，浦沅（由原下伍桂村更名），枫树山一、二委，马家冲，政干校，雨花亭一委，雨花亭二委（增设），省人大，七里庙一委，七里庙二委（由牛婆塘更名），东塘（增设）12个居委会。1997年区域调整，原有12个居委会调整为枫树山、省人大、东塘、牛婆塘、新雨、浦沅、芙蓉南路、政院、七里庙9个社区居委会。2009年，原新雨社区划分为新雨、华银园社区居委会。截至2019年年底，街道辖东塘、省人大、枫树山、牛婆塘、芙蓉南路、浦沅、华银园、政院、新雨、七里庙10个社区居委会。

人口民族

东塘街道辖区人口以汉族为主。1996年末，东塘街道为纯城市居民，总户数9652户，总人口41899人。2002年末，总户数9996户，总人口38097人。2005年末，总户数10729户，总人口57897人，其中非农业人口30691人，男性30691人，未落常住户口人员2800人；计划内生育率100%。2006年末，总户数10885户，总人口59052人，其中男性32030人。2008年末，总户数11724户，总人口数45593人，其中男性24029人。2009年末，总户数12093户，

七里庙社区　　（侯家塘街道 提供）

总人口数43525人，其中男性22590人。2010年末，总户数12631户，总人口42252人，其中男性21772人。2011年末，总户数13145户，总人口49748人，其中男性26169人，非农业人口49718人，非落常住户口人员30人。

2012年末，总户数13452户，总人口46744人，其中男性24298人。2013年末，总户数13629户，总人口45033人，其中男性23186人。2014年末，总户数13839户，总人口44130人，其中男性22583人。2015年末，总户数13962户，总人口43718人，其中男性22174人。2016年末，总户数14200户，总人口43492人，其中男性21872人。2017年末，总户数14533户，总人口43314人，其中男性31214人。2018年末，总户数14953户，总人口43931人，其中男性21550人。2019年末，总户数15182户，总人口43974人，其中男性21527人，年度出生442人，死亡271人，迁入1315人，迁出562人。

经济发展

经济综述

1996年，建街之初地方财政收入不足200万元。1997年，企业产值1656万元，财政收入610万元。2002年，财政总收入1538万元；企业产值和财政收入比1997年建街之初分别增长4.57倍和1.37倍。2003年，财政总收入2020万元。2004年，财政总收入3701万元，一般预算收入2469万元。2005年，财政总收入4369万元，一般预算收入3252万元。2006年，完成财政总收入10773万元，其中财税收入7899万元；财政收入首次突破亿元，跻身于长沙市经济社会综合实力“十强”街道。2007年，财政总收入10918万元。2008年，完成财政总收入约1.23亿元；确立东塘区域经济发展的差异化定位，为“东塘商圈”和“金三角”区域进行重新定位，实现双翼齐飞——“绿色生态型商务区”和“新一代娱乐购物中心区”。2009年，完成财政总收入14844万元。2010年，完成财政总收入1.34亿元（按2009年统计口径完成2.68亿元），引进规模经营项目8580万元，全社会固定资产投资17.85亿元，工业及生产性服务业投资3.8亿元，技术改造投资4亿元。

2012年，完成财政总收入21378万元，全社会固定资产投资37.2亿元，生产性服务业投资额16.5亿元，实际到位外资3480万美元，省外境内资金4.56亿元，市外境内资金形成固定资产11.4亿元。2013年，完成地方财政收入23819万元，全社会固定资产投资完成33.7亿元，实际到位外资完成3880万美元，省外境内资金形成固定资产完成4.97亿元，市外境内资金形成固定资产完成14.1亿元。2014年，完成税收收入53002万元，全社会固定资产投资完成39.4亿，生产性服务业投资完成21.4亿元，实际到位省外境内资金完成56650万元，市外境内实际固定资产投资完成16.73亿元，实际到位外资完成4340万美元。2015年，完成税收收入63663万元，固定资产投资38.9亿元，市外境内固定资产投资完成15.62亿元，实际到位外资完成4932万美元。2019年，完成全社会固定资产投资15.05亿元

项目建设

自20世纪80年代以来，随着长沙市的东拓南进，东塘商圈逐步形成一个重要商业中心。伴随着省政府的南迁以及长株潭一体化脚步的迈进，活跃城南经济，韶山路、芙蓉路的拓宽，新建西路、黄土岭路的拉通，为辖区提供了便利的交通条件和发展空间，各类房地产商竞相开发。2000年，由华银电力开发的华银园小区在南二环建成。2003—2007年，有50个项目落户东塘街道，创税收6180万元。其中房产项目18个，以华银园、中江国际花城、三万英尺、现代华都、星都心城为代表；三产服务项目32个，有九禧、华鼎、辣椒炒肉、紫天、潭州等规模餐饮企业20家，有大都市，潮流堂等商业项目4个，有亚太体足、重庆富桥、颐而康、福安康等休闲项目8个。2005年，长沙中江置业有限公司成功开发新建西路原起重机厂的厂区，建成花园式小区中江国际花城。2006年，北京融科智地房地产公司和湖南璟泰置业有限公司联合开发韶山中路原湖南机械工业学校和长沙市第三机床厂，建成融科三万英尺。同年开建的还有由湖南银旺置业开发的新芙蓉之都和由长沙三重置业开发的

融科三万英尺施工图　　（东塘街道 提供）

中江国际花城　　（东塘街道 提供）

三重新都心，三重新都心楼盘的建成促成赤黄路的拉通。2007年，引进规模内资项目2个，产业建设项目15个，其中主体完工项目4个，在建项目9个，新签约项目2个，计划总投资46亿元。湖南现代华都房地产开发有限公司在东塘商圈西南角开发原大华宾馆，建成集商务楼宇及住宅于一体的高档住宅小区现代华都小区；厦门建发房地产开发集团开发原长城信息厂区项目建发中央公园项目，建发中央公园项目是街道第一个通过棚改（长城信息棚改项目）后建设的项目。

2008年，新引进规模内资项目4个，分别为新麦客量贩KTV、妙趣风味菜馆、鸿兴渔港、金太阳大酒店，总计投资3500万元。2009年，竣工并销售的项目有6个：现代华都、三重·星都心、新芙蓉之都、融橙·上品公寓、城市快线、云鼎公馆一期；在建项目4个：云鼎公馆二期、明城公馆、六都国际一期、军事大酒店项目，其中六都国际项目由湖南湘电集团与湖南建鸿达房地产开发有限公司共同投资，湖南湘电房地产开发有限公司开发建设，项目位于芙蓉中路原水泵厂生产区，总占地18.67公顷，净用14.67公顷，是长沙二环城区内用地面积最大，开发体量最大的项目之一。湖南商会大厦、湘电总部大厦开工，对华狮啤酒厂项目进行规划引导。2010年，城市快线、明城公馆、商会大厦、湘电总部大厦、军事大酒店等商务楼竣工封顶；云鼎公馆二期、六都国际二期住宅区项目进行开发建设。

2012年，中机国际设计研发中心动工建设；云鼎二期项目完成交房，九街雅第项目开盘销售；六都国际项目二期进行施工，威斯汀酒店奠基；化工院鸿图花苑项目开工建设；新芙蓉之都鑫融国际项目调规工作完成。2013年，六都国际二期实现预售，鸿图花苑项目1栋、3栋开盘预售，新芙蓉之都鑫融国际写字楼封顶，中机八院项目一期主体建设顺利进行。2014年，中机新里程项目一期研发中心双子塔楼主体封顶；新芙蓉之都进行前期招商；大鸿裕华公馆（鸿图花苑）项目主体完工。2015年，中机八院项目一期东院办公区入驻办公；长沙建鸿达威斯汀酒店进行地基与地下层建设，六都国际三期进行主体施工，芙蓉南路小学启动主体建设。2016年，在建项目9个，待建项目3个，列入区级“三定三抓”项目9个。中机国际工程技术研发中心双子塔楼入驻办公；长沙建鸿达威斯汀酒店、芙蓉路小学和六都国际三期主体完成施工；建发中央公园项目有序推进。2017年，打造六都国际综合大楼10层作为其总部办公用地，成功签约五星级酒店威斯汀酒店入驻。2018年，新增税收超亿元商务楼宇中机国际，建发央玺住宅售罄，建鸿达IEC大楼封顶招商，兴业银行湖南总部招商落地，华狮棚改项目腾地清零。2019年，中富航银座暨集团总部基地奠基，建鸿达兴业IEC项目交付使用。

中机国际工程技术研发中心及配套工程　位于雨花区韶山中路与劳动东路交汇处西南角，为办公用新建公共建筑，总建筑面积81358.94平方米，地下4层，地上26层，建筑总高度为99.95米。地下室负二层局部为长沙市城市地铁3号、7号线换乘站，抗震设防烈度六度，地铁换乘站区域设计使用年限为 100 年。该工程于 2013 年 10 月 1 日开工，2016 年 1 月 29 日竣工验收。该工程获评国家优质工程奖、中国有色金属建设协会优秀工程设计一等奖、全国有色金属行业（部级）优质工程奖、全国建设工程优秀项目管理成果奖、全国 AAA 级安全文明标准化工地等称号。

中机国际工程技术研发中心及配套工程（东塘街道 提供）

中富航银座项目　位于雨花区东塘街道，东临韶山中路，西靠华银园小区，南近桔园立交桥，于 2019 年 9 月奠基，项目规划用地面积为 15195 平方米，建筑高度为 100 米，是中富航入驻长沙的首个项目。 产品业态由平层公寓、LOFT 及 3 层商业街区构成 。

2019 年 9 月 26 日，中富航银座暨集团总部基地奠基仪式举行（东塘街道 提供）

建鸿达兴业 IEC 项目　位于雨花区芙蓉中路，由建鸿达集团投资开发，于 2019 年交付使用，占地面积 0.68 公顷，总投资 8 亿元，是雨花区现代服务业示范综合体。项目有兴业银行湖南总部、鸿扬家装湖南总部、潇湘资本集团等入驻。

建鸿达兴业 IEC 项目　（东塘街道 提供）

工业

20 世纪 90 年代，街道范围内有长沙九芝堂（集团）有限公司、长沙英博白沙啤酒有限公司、湘计算机厂（长城信息股份有限公司）、湖南省浦沅集团有限公司等 10 余家大中型工业企业，工业经济为街道经济的主体。随着 20 世纪 90 年代国有企业改制浪潮的到来以及城市发展规划“退二进三”的需要，东塘街道辖区范围内的中大型工业企业逐步改制，从 2000 年大中型工业企业开始搬离市区，工业经济占街域经济的比重逐年下降。1997 年，全街工业企业 6 个，工业产值 957 万元。2002 年，完成工业产值 4300 万元。2005 年，完成规模工业总产值 29217 万元。2006 年，完成规模工业总产值 10.08 亿元。2008 年，湖南尔福茶业成功开发尔福减肥茶和雨花毛尖品牌茶叶，填补雨花区无自主品牌茶叶的空白。2010 年，完成规模工业总产值 54448.3 万元。2012 年，完成规模工业总产值 1.22 亿元。2013 年，完成规模工业总产值 1.49 亿元。2014 年，完成工业总产值完成 2.86 亿元。2015 年，街道工业仅由一些印刷企业及手工业加工作坊构成，规模以上工业仅剩长沙湘之印彩色印刷有限公司一家，规模工业总产值 1.3 亿元。

湖南省浦沅集团有限公司　系 1968 年从上海内迁湖南的大三线企业，是集工程机械科研开发、制造、贸易于一体的大型国有企业，是国家工程机械行业的骨干企业，也是湖南省、长沙市政府推进工业化进程的十大标志性工程所重点支持的企业之一。1983 年，由省政府牵头，把常德浦沅机械厂兼并新中机械厂，变为浦沅机械总厂。1992 年，浦沅开始生产专为起重机设计的底盘的汽车起重机。2000 年 11 月，经国家经贸委批准，公司实施债转股。2001 年 12 月，由浦沅集团公司控股的债转股公司——湖南浦沅工程机械有限责任公司正式挂牌，同年公司销售额 6 亿元，上缴利税 1800 万元，出口创汇 256 万美元。2003 年，由省政府牵头，长沙建机院、中联重科、浦沅集团、浦沅工程机械有限公司实现四方重组并购。重组进入湖南长沙中联重科股份有限公司，成为中国工程机械的支柱企业。

浦沅机械总厂锅炉车间　　（东塘街道 提供）

商贸服务业

20 世纪 80 年代末，东塘服装交易大楼创建，集服装、鞋帽为一体的大型综合市场。1994 年芙蓉路改建以来，沿线门面也随之诞生，以生产经营饮食、服装、五金、广告等方面的个体户为主。2003—2007 年，辖区服装零售业、新建西路休闲业和芙蓉南路餐饮业得到快速发展，街道确立一点（东塘商业圈）辐射、两纵三横（韶山路、芙蓉路；劳动路、赤黄路、新建西路）格局的整体思路，培育区域性中心商务区。2004 年赤黄路改建，辖区增加餐饮、酒店等大型门店。2005 年，实现社会消费品零售总额 8.36 亿元。同年，大都市地下商业街开业。2006 年，实现社会消费品零售总额 99540 万元。随着道路的扩建和完善，批发零售业得到较快发展，东塘服装交易大楼和大都市地下商业街发展成为亿元市场。2008 年，神农商务楼有包括长沙市烟草专卖公司、阳光 100、华菱集团等近 20 家大公司入驻；商会大厦对水泵厂成功进行招商引资。2009 年，举办"唱响新城"活动、"共享盛世·国美家美生活美"东塘街道家电促销节、"东塘商圈购物休闲美食节"活动；神农商务楼成为雨花区第一栋区级税收过亿元商务楼宇。2010 年，实现社会消费品零售总额 22.86 亿元；引进桑吧电音会所、云鼎 KTV、阿锋香港酒楼、老湘食餐饮连锁、喜湘盈等企业。

2012 年，实现社会消费品零售总额 35.76 亿元，其中限上完成 9.45 亿元。依托商会大厦、神龙商务楼等楼宇，引进华泰财产保险股份有限公司湖南公司、民生人寿保险湖南公司、天闻数媒湖南公司、长沙肯德基有限公司、湖南金浩股份有限公司、海通期货、用友软件、北京盈科律师事务所、湖南金果园投资发展股份有限公司等 40 余家企业进驻；华泰财产保险湖南分公司等 48 家企业税证关系落户东塘街道，全年新增税收近 2 亿元，其中区级税收贡献约 7000 万元。2013 年，实现社会消费品零售总额 13.63 亿元；湖南新大新股份有限公司、湖南南方水泥集团有限公司、潇湘资本集团、建鸿达实业集团有限公司等数十家优质企业进驻；20 余家企业税证关系转入街道，全年新增税收近 5000 万元。2014 年，实现社会消费品零售总额（限上）26.11 亿元，外贸进出口完成 736 万美元；吸引兴业银行湖南总部、西南证券湖南总部、华夏人寿保险长沙分公司、阳光人寿保险湖南分公司、都邦财产保险湖南分公司、湖南省联合产权交易所等重点企业 17 家进驻。2015 年，实现社会零售消费品销售总额（限上）23.05 亿元，外贸进出口总额 730 万美元。东塘服装交易大楼、大都市地下商业街的营业收入分别为 2.4 亿元、2.8 亿元；新一佳超市侯家塘店、国美电器大华宾馆店、通程电器芙蓉南路店三家超市实现营业收入近 4 亿元。成功培育全区首栋全口径税收超两亿元楼宇——商会大厦，新芙蓉之都商务楼、中机国际工程技术研发中心、神农商务楼、大华商务楼 4 栋税收超千万商务楼。形成以中机八院、湖南化工医药设计院、中国中建设计集团为龙头的规划设计业品牌；以中原地产、新环境房屋为龙头中介代理品牌；以盈科、大成、协力等律师事务所为龙头的法律咨询品牌；以平安人寿、华夏人寿、民生人寿、华泰财险、天安财险、都邦财险为龙头的保险业总部品牌；以潇湘资本、湖南省股权交易所，湖南省联合产权交易所、湖南省中小企业信用担保公司为龙头的金融品牌；以湖南云企网络、美团（长沙）网、湘村电商为龙头的电子商务品牌等。

2017年，财富证券湖南总部、湖南省路桥公司总部等多家知名大企业进行招商洽谈。2018年，培育2栋亿元楼宇、3栋千万元楼宇，吸引湖南东轩网络科技有限公司、湖南微算互联网信息技术有限公司等51家企业纷纷入驻；完成招商去库存23787平方米。2019年，实现社会零售品销售总额（限上）约18.3亿元；全街入驻企业1500余家，商业门店1000余个，加大鑫融国际、商会大厦等示范性楼宇的培育。

星级酒店　以神农、五华、金辉酒店为首。神农大酒店是湖南省第二家五星级酒店。长沙五华酒店是一家集餐饮、客房、娱乐、休闲于一体的四星级旅游涉外酒店，获得首批A级卫生单位。金辉大酒店是由湖南省地税局培训中心投资兴建的四星级宾馆（2010年提质改造升为四星级）。星都心酒店位于雨花区黄土岭路368号，于2010年以四星级定位开业，是由湖南长沙三重房地产开发有限公司投资兴建的一家商务型酒店。大华宾馆、华云大酒店、国天花园酒店等星级酒店也争相开业，形成以神农、五华、金辉、金赋等星级酒店为首的较成熟的住宿餐饮经济圈。

星都心酒店　　（东塘街道　提供）

基础建设

交通运输

1958年，建设雨花路（北起芙蓉路黄土岭，南至韶山路，北段黄土岭至新建西路长1.1千米，南段新建西路至韶山路长0.52千米）、新建路，1974年分别铺沥青路面。2003年，芙蓉路、新建西路完成拓宽改造。2004年，韶山路改拓提质。2005年，街道实行“政府为主，街道负责，企业出资”的模式，顺利完成黄土岭路改造前期工作，策划赤黄路的产业定位和发展方向，街道的两纵三横路网格局基本成型。2006年，赤黄路、新建西路支路建成通车。2008年，辖区交通运输用地27.77公顷；连接芙蓉路和韶山路的城市次干道黄土岭路通车，全长约930米，路幅宽30米，双向4车道。2009年，启动雨花路拓宽工程、东塘支路1道路2条道路工程。2010年，完成东塘支路1道路手续办理、地籍调查、勘测定界、入户调查，涉及道路沿线的房屋拆迁工作启动。

2013年，东塘支路1道路全线通车。2016年，长沙轨道交通1号线一期工程试运营，南湖路站、黄土岭站、涂家冲站位于街道辖区边界。2018年，七里庙路南沿线拉通。2019年，长沙轨道交通4号线试运营，砂子塘站、黄土岭站位于辖区边界；长沙轨道交通3号线试运行，东塘站位于辖区边界；新建西路跨线桥跨越芙蓉路通车，将新建西路西延至书院南路，道路全长约1.22千米，路幅宽度为46米，双向6车道。截至2019年年底，辖区以四条城市主干道为边界，东边是韶山路，南边是南二环，西边是芙蓉路，北边是劳动路；辖区内有四条支路，分别为东西向的赤黄路、新建西路、新建西路支路，南北向的雨花路；辖区东南角、西南角、西北角、东北角分别为桔园立交桥、新中路立交桥、侯家塘高架桥、东塘高架桥。

城市建设与管理

1997—2002年，街道、社区建设共投入上

新中路立交桥 （东塘街道 提供）

千万元，拆违6万余平方米，新增绿化面积4.6万平方米。2003—2007年，畅通辖区4条背街小巷——雨花巷、马家冲路、金牛巷、新建巷。2005年，街道投入10万余元在雨花巷建设一条约百米的廉政文化墙，集古代廉训警句108条刻于围墙上。2006年，完成牛婆塘、枫树山两个社区的综合改造，成为长沙市社区整治的第一批精品社区；举全力建设街治，结束有街无治的历史。2008年，辖区城市用地172.4公顷；拆除违章42处，拆除面积1200平方米。2009年，投入近百万元对华银园、枫树山2个社区进行改扩建；启动“数字化”城管系统；在牛婆塘社区、枫树山社区开展社区物业化管理试点；投入50万元改造提质集贸市场。

2012年，枫树山社区马家冲小区进行全面提质改造，在马家冲口设立近百米的“城管文化墙”；省人大社区被定为全区文明创建网格化管理试点社区；拆除雨花巷菜市场，马家冲菜市场等历史违章建筑65处，总面积700平方米。2013年，完成枫树山社区综合提质改造工程，政院社区办公楼竣工投入使用，面积1000余平方米；制止在建违章建筑，拆除违章面积500余平方米。2014年，华狮棚改项目一期完成拆迁腾地，二期发布征收补偿公告；长城信息棚改项目启动；芙蓉路小学建设拆迁完成；制止在建违章建筑20余起，拆除新建违章面积4000余平方米；将雨花巷老街提质改造成古色古香景观一条街，新建雨花巷标准化生鲜市场；芙蓉南路社区自来水入户表改造全面完工；处理数字化案卷8000余条。

2015年，华狮棚改项目一期除因被法院冻结的2栋外完成拆迁腾地，长城信息棚改项目244户签约231户，地铁3号线东塘站项目征收工作全部完成；对牛婆塘、政院社区进行提质改造。投入60万元打造“东塘智慧城管网络监控指挥中心”，有效处置数字化案卷8000余条；提质街区环境，新增绿化面积0.546公顷。2016年，长城信息棚改实现全面清零，华狮棚改项目签约率96.7%；地铁4号线砂子塘站、黄土岭站按期交付使用；省气象局沿街门店完成拆除腾地。浦沅、芙蓉南路、华银园社区提质改造全面施工。2017年，推进华银园、浦沅、省人大、牛婆塘社区提质提档工作；融和巷灾后重建工程顺利验收；举办“垃圾分类宣传大使”“垃圾分类学生共参与”等系列活动。2018年，完成社区提质提档“三年行动计划”，10个社区全面达标；完成4个社区阵地改造，推动10个老旧宿舍提质提档。成功创建全市首个无燃煤散煤街道；雨花区首台微型空气监测仪落户华银园社区。2019年，打造浦沅社区15分钟生活示

芙蓉路（国防科大段）景观提质改造工程项目

（区公建中心 提供）

范圈，提质改造社区服务中心阵地 2 个，综合文化服务中心 1 个，农贸市场 1 个；成功创建新建西路绿色餐饮一条街；芙蓉路（国防科大段）景观提质改造工程项目竣工，总用地面积 2.4 万平方米，用地总长度约 1.3 千米；完成社区垃圾分类全覆盖，省人大社区成为湖南省首批垃圾分类城市示范点。

华狮啤酒厂棚改项目　位于雨花区韶山中路 304 号，北临长沙市工人文化宫，南临九芝堂药业有限公司，东临韶山路，西临国防科大社科院，于 2009 年启动。项目红线范围面积 5.76 公顷，其中规划道路及公共绿地面积为 2.42 公顷，净用地面积 3.35 公顷。项目分为两期开发。项目二期征收面积 1.72 公顷（114 户居民住户以及韶山路沿线 6 家单位），于 2016 年 5 月启动签约工作，签约期内签约目完成签约 115 户（其中私房 113 户，公房 2 户）。2017 年 2 月 28 日，对该项目二期私房 22 号栋房屋顺利实施拆除。2018 年，该项目腾地清零。

长城信息棚改项目　位于雨花区雨花路 161 号，于 2014 年 12 月 4 日启动，系长沙市第一个按“四增两减”（增加公共绿地、公共空间、配套设施、支路网密度，减少居住人口密度、开发强度）要求开工建设的项目。项目征收的范围包括长城信息宿舍区，占地面积 0.812 公顷，房屋 7 栋 17734.11 平方米，其中私有住宅 228 户 16783.11 平方米，单位公房面积 951 平方米；雨花路 47 号—191 号历史性占地棚户区建筑，私房 16 栋 3336 平方米。大多数房屋建于中华人民共和国成立前，土木结构房屋占 80%，由于年久失修，部分房屋破烂不堪，卫生状况较差，出行通道狭窄，安全隐患严重。2014 年 6 月，长沙市人大常委会会议通过将该项目列入 2014 年国民经济发展计划，7 月初，东塘街道对项目征收红线范围内的居民住户进行入户调查摸底工作，12 月项目启动。2015 年 6 月 27 日，发布征收补偿决定公告，2016 年 11 月 23 日完成所有的征收签约、腾房工作。同年，该项目提供优价商品房 628 套供 246 户被征收户自主选择，共有 169 户居民选择回迁安置。2017 年 3 月 28 日，对项目 10 号栋房屋依法实施拆除，拆除面积 3999.76 平方米。

2018 年，湖南省委常委、长沙市委书记胡衡华（前左二）调研长城信息棚改项目　（周红　摄）

| 社会事业 |

教育

1906 年，雅礼中学在长沙创建。1946 年，雨花亭小学创建。1951 年 3 月，湖南军政大学（后为国防科技大学人文与社会科学学院）在辖区建校。1953 年，雅礼中学迁入辖区办学。1957 年，长沙市第二十一中学创建。1959 年，育新小学创建，前身是原解放军铁道兵学院子弟学校。2002 年 8 月，雨花区教育局第三幼儿园创建。2013 年，与辖区学乐国际早教中心签订合同，在政院、枫树山社区开设早教服务室。2017 年 8 月，雨花亭小学因提质重建，整体搬迁至砂子塘小学第六都校区过渡办学。2018 年，建发项目幼儿园顺利封顶。截至 2019 年年底，辖区有雅礼中学、长沙市第二十一中学、长沙市中雅培粹学校 3 所中学，砂子塘小学第六都校区、育新小学 2 所小学，雨花区教育局第三幼儿园、国防科技大学第四附属幼儿园、雨花区六都红黄蓝幼儿园、雨花区纯然幼儿园、建发幼儿园、诺贝尔摇篮幼稚园 7 所幼儿园。

雅礼中学　位于雨花区东塘街道劳动西路 428 号，始建于 1906 年，是湖南省首批挂牌的 8 所重点中学之一、全国文明单位、全国现代教育技术实验学校、湖南省示范性普通高级中学。校名源自《论语》“子所雅言，诗书执礼”，又谐“耶鲁”音译，是东西方文化交流相融的产物，也是百余年中国教育近现代发展史的缩影。1906 年，雅礼大学堂在西牌楼的民房创办；1910 年，雅礼会在雅礼大学堂内办雅礼中学；1914 年，雅礼大学成立；1919 年，雅礼大学迁址北门外麻园岭；大革命时期，雅礼大学迁到湖北武汉，1928 年，雅礼协会返回长沙，复办雅礼中学，大学再也没有恢复；抗战时期，迁往湖南沅陵继续办学；1946 年，迁回长沙；1951 年，学校改名为“解放中学”；1952 年，改制为长沙市第五中学；1953 年老校区让给湖南医学院（湘雅医学院），在枫树山地区新建校舍；1985 年复名为“雅礼中学”。2002 年，创办长沙雅礼寄宿制中学（后改名长沙市南雅中学）；2009 年，创办北雅中学；2010 年，创办长沙市雅礼雨花中学、德雅中学、怡雅中学；2012 年，创办雅礼实验中学；2013 年，创办长雅中学、雅礼天心中学。2006 年校庆之际，雅礼中学校史馆落成。校史馆以图文形式展现雅礼中学自 1906 年由美国耶鲁大学的雅礼协会创办以来的历史，分为 5 个部分，是宣传学校、联系校友、活跃文化的基地，也是缅怀历史、启迪新人、传承文化的平台。曾就读该校的学子有金岳霖、柳直荀、厉以宁、李星学、张友尚、陈能宽、曾昭抡、邓起东、邹承鲁、黄子卿、盛彤笙、程镕时、俞汝勤、萧健、赵煦、魏曦、陈文贵等。2014 年 9 月，该校占地 6.3 万平方米，教学班 60 余个，学生 3320 人。2017 年高考，600 分以上文理总计 403 人，占参考人数的 43.7%；文理总计一本上线率 92.6%。

雅礼中学校史楼　　（区文物管理所　提供）

长沙市第二十一中学　位于韶山中路 610 号，始建于 1957 年，2003 年晋升为湖南省重点中学，2004 年更名为“湖南省示范性普通高级中学”。学校有教职员工 200 余人，占地面积约 26117 平方米，建筑面积 34081 平方米。

长沙市第二十一中学　　（东塘街道　提供）

雨花亭小学　位于韶山中路 680 号，始建于 1946 年，创建之初仅 2 个教学班级。2015 年，学校占地 5437 平方米，建筑面积 4247 平方米，拥有全套现代教育技术装备的完全小学，有 16 个教学班，学生 800 余人。2017 年 8 月因提质重建，雨花亭小学整体搬迁至砂子塘小学第六都校区过渡办学。

砂子塘小学第六都校区　位于雨花区芙蓉中路三段 589 号，建于 2017 年 8 月，是一所非独立法人的完全小学，以第六都小区和浦沅社区部分楼栋及原雨小的学区范围适龄儿童为生源。学校有教学班级 30 个，在校学生 1300 余人。

砂子塘小学第六都校区　　（东塘街道　提供）

育新小学　始建于 1959 年，位于芙蓉中路三段 13 号。前身是原解放军铁道兵学院子弟学校，于 1991 年创办为全国第一所少年政治军校，萧克、张爱萍、陈丕显、杨成武等为军校题词勉励，高玉保、陈广生、王遐芳等应邀担任军校校外辅导员。学校占地 5200 平方米，有 20 个教学班，1100 名学生。

育新小学　　　　　　　　　　　　　　（东塘街道 提供）

雨花区教育局第三幼儿园　位于辖区牛婆塘小区内，于2002年8月建成，占地面积1401.3平方米，有5个教学班，在校学生160余人。

国防科技大学第四附属幼儿园　位于国防科技大学前沿交叉学院（原政院干校）院内，地址长沙市芙蓉中路三段207号，始建于1975年。幼儿园有9个教学班占地3900余平方米，建筑面积2100平方米。

长沙市雨花区六都红黄蓝幼儿园　位于东塘街道第六都小区西北门外，于2017年8月建成，有15个教学班，占地面积2930平方米，建筑面积3270.47平方米。

雨花区纯然幼儿园　位于辖区中江国际花城小区内，于2019年2月建成，有4个教学班，占地面积663平方米。

雨花区教育局幼儿园建发幼儿园　位于雨花区黄土岭路316号，于2019年年初成立。幼儿园占地面积2719.3平方米，有6个班级，在园幼儿220余人。

诺贝尔摇篮幼稚园　位于雨花区韶山中路758号，于2009年建成，占地面积5300平方米，有8个教学班，在校学生200余人。

长沙市雨花区普元幼儿园　位于芙蓉南路618号（浦沅社区内），成立于1957年。幼儿园有4个教学班，占地面积1290平方米，建筑面积580平方米。

文化体育

1958年12月，长沙市歌舞剧院建立。1989年1月，长沙市工人文化宫建成，之后为满足居民群众精神文化需求陆续建立3个文化广场，10个文化活动中心，10余个舞蹈、歌唱等艺术团队。1997—2002年，辖区内建设健身场、门球场、篮球场、老年活动中心60余个，社区服务网点500余家，社区建立健康队、腰鼓队、秧歌队、书法协会、棋协、文艺宣传队，经常参加文娱体育活动的5000余人。进入21世纪，东塘街道整合各方力量，打造枫树山社区亲情广场、牛婆塘社区市民广场、政院社区文化活动中心等群众文体活动广场；引导社区成立七里庙社区俏佳娘舞蹈队、湘计退休人员歌唱团、东塘社区三万英尺歌唱团、华银园社区地矿医院舞蹈队、省人大社区先锋陪伴艺术团等10余个群众文艺团队。2000年，全街创建省级文明卫生单位7个，市级文明卫生单位11个。2001年，牛婆塘社区获评市级文明社区。2002年，创建市级文明社区1个，市标准化社区3个，启动雨花路文明示范路创建工程。

2003—2007年，对所辖9个社区进行特色定位，着力于社区文化、社区服务、社区凝聚力建设，形成阳光社区、廉政社区、AAAAA社区、亲情社区、数字化社区、商务社区、宜居型社区等9个社区品牌。2008年，开展“社区故事会”“文明火炬传递”“家家都有绿、春意牛婆塘”“文明交通进社区”“礼仪大秀场”等活动；建设信息共享工程和街道图书馆。2009年，开展“橄榄绿行动”“清明网上祭祀”“爱国主义歌曲大家唱”“辉煌60年”“文明交通进社区”“母爱春晖”等活动。2010年，开展“礼仪香社”“社区辩论会”“越活越来神社区健身节”“你说话吧”“社区五日，快乐候鸟”等活动。2012年，枫树山社区建成标准化社区文化广场和社区图书室，新建华银园社区篮球场、浦沅社区篮球场2个篮球场。2013年，开展残疾人摄影大赛、保护未成年人合法权益法律知识书法展、廉政文化节、普法宣传等活动。2014年，开展“同行你和我，共圆健康梦”、“折翼天使旅行梦”、“感恩祖国，同心共建美丽社区”书画摄影展等活动。2014年，开展“大手拉小手，文明路上走”、“向国旗敬礼、做诚信少年”经典诵读、“书爱国豪情，画祖国变化”书画摄影比赛、“学身边雷锋，扬文明新风”社区网络春晚展演、“向阳花开，同心送福”、“红色乐章，欢乐潇湘”文艺会演、拔河比赛等活动，涌现“中国好人榜”敬业奉献好人傅学俭、省“两型”示范家庭丁秋林、市文明市民彭忠秋等先进典型。

2016年11月11日，枫树山社区文化节活动（东塘街道 提供）

2015年，枫树山社区成功创建雨花区示范性社区文化活动中心，政院、华银园成功创建雨花区文化馆总分馆基层服务点。华银园、枫树山、政院、芙蓉南路、浦沅等社区自身文体活动阵地均达到500平方米以上，其他社区超过200平方米，室外健身场地平均达到10处。开展长沙市“学身边雷锋，扬文明新风”社区网络春晚、“大美东塘”摄影大赛、“我们的节日·重阳——诗词歌赋楹联颂，最美不过夕阳红”、“诵读经典，我的梦”讲故事比赛等活动。打造牛婆塘“和为贵”、枫树山“孝为先”等主题文化社区。2016年，创建省级文明社区2个、市级文明社区8个。打造政院“国是家”、新雨“廉为要”等多个主题文化社区。2018年，开辟东塘商圈首个24小时自助书屋，打造“六都邻亲”邻里中心。2019年，开展“全民‘廉’动，共享‘清’风”廉政教育活动、“新生命课堂·寒假安全嘉年华”活动、“乐助集市”等活动。

浦沅24小时自助书吧　位于雨花区芙蓉中路三段613号浦沅社区匠心园内，于2018年7月23日开馆，是东塘商圈首个集自助办证、借还书的全智能管理的“24小时书屋”。馆藏书籍2000余册，配置自助办证系统、自助借还系统等设备。

2018年7月23日，浦沅24小时自助书吧揭牌（东塘街道 提供）

医疗卫生

1950年，建立中国人民解放军中南军区第六预备医院（1999年更名为湖南省脑科医院，2005年加挂湖南省第二人民医院），该医院以整形美容科、神经内外科、精神内科为主的集医疗、教学、科研、康复、预防、保健于一体。1961年，建立湖南省职业病防治院，集职业病预防、诊断、治疗、康复、教学、科研于一体的疾病预防控制机构。1962年，建立湖南省地质矿产勘查开发局职工医院（2013年更名为湖南省地矿医院），该医院是集医疗、预防、保健、教学、科研为一体。1995年，建立浦沅医院，设有中医、内科、耳鼻喉科。2006年，成立七里庙卫生服务站，设有妇科、全科、口腔科、康复保健、中医5个科室。同年，建立长沙安贞妇产医院，是一家妇产专科医院，设有妇产科、内科、外科、影像、麻醉、检验等十余个临床科室。2007年，成立枫树山社区卫生服务站，科室设置有全科、中医科、妇科、口腔科、理疗科和公共卫生科。2008年，成立牛婆塘卫生服务站，设有全科和预防保健科。2010年，成立东塘街道社区卫生服务中心。2012年，在全省率先成立“医疗纠纷人民调解委员会”，全年受理处置医患纠纷15起，其中死亡纠纷10起，均成功调解。2013年，“名源社区健康哨所”成立，“百姓健康社区行”活动启动。2015年，推动公共卫生服务均等化，整合医疗资源，为居民群众开展义诊、家庭医生、健康咨询等各项服务；推出“健康直通车”活动，宣传发布健康小知识；打造政院社区近1000平方米“市新家庭文化屋”，并创建为省卫计委文化宣教阵地。2016年，推出“全周期·大健康”套餐式服务，绘制街道健康版图，打造社区健康公园，开辟健康驿站、健康步道，创建“健康东塘”。2017年，对90名精神病人进行药物救助及免费体检，救助金额9878元；精神病人住院救助3人，救助金额17574元，重症病人实施应救尽救；深化“健康集市、健康套餐、健康版图、智慧医疗”等特色服务。2018年，成立东塘街道浦沅社区卫生服务站；东塘街道健康生活馆开馆。2019

年，打造健康生活馆1家、家庭医生工作室4个。

湖南省第二人民医院　位于雨花区芙蓉中路三段427号，始建于1950年，占地面积8万平方米，建筑面积15.1万平方米，是一所集医疗、教学、科研、康复、医学鉴定、预防保健、社区医疗于一体的三级甲等医院。医院设有老年及躯体疾病精神科、成人精神科、精神康复科、临床心理科、睡眠障碍与神经症科、儿少心理科、神经内科、神经外科、创伤骨科、骨关节科、脊柱外科、手足外科、癫痫治疗中心、中医科等临床和医技科室。2015年10月12日，湖南省首家网络医院在该院上线运行。

湖南省第二人民医院　（东塘街道　提供）

东塘街道社区卫生服务中心　位于雨花区黄土岭路366号(三重星都心小区正门)，于2010年成立，业务用房面积1600平方米，是雨花区政府举办的公益性、非营利性社区卫生服务机构。2016年至2017年创建为湖南省群众满意社区卫生服务机构、健康促进医院、全国优质服务示范社区卫生服务中心。有职工40余人。服务面积2.38平方千米，下辖4个服务站，服务人口5万人。设有全科、中医科、检验科、儿科、妇科、公共卫生科等职能科室。配备数字化X射线摄影系统（DR）、迈瑞彩色B超、全自动血压监测仪、全自动生化仪、全自动尿液分析仪、产后康复等诊疗设备。开设住院病床28张。

东塘街道社区卫生服务中心　（东塘街道　提供）

东塘街道健康生活馆　位于雨花区东塘街道位于牛婆塘社区裕华名苑小区3栋，面积240余平方米，于2018年4月3日揭牌开馆，是一家非营利性的健康生活馆。馆内开设健康生活馆、颐养e家、悦动天地、健步花苑四大主题空间，包括健康保健区、医疗互动区、疾病预防区、健康生活区、合理膳食区五大功能区，集体验式健康教育、健康促进和公共服务于一体。

社会保障

1997年，街道开始实施城市居民最低生活保障，经过10次提高发放标准，从实施之初的120元，2017年最低生活保障550元。2003年3月，街道开始搭建最低生活保障和社会保障工作平台。2009年，新增城镇就业人数2406人，企业基本养老保险新增参保人数、基本医疗保险新增参保人数分别为1035人、362人，失业保险新增参保人数、工伤保险新增参保人数分别为287人、285人，城镇居民医疗保险累计登记人数13152人。2011年4月，枫树山养老服务中心正式运营，这是雨花区第一个由街道兴办的社区养老服务机构。2012年，城镇新增就业1013人，新增企业基本养老保险参保人数1030人，城镇居民养老保险443人；城镇居民医疗保险累计缴费人数6024人，医疗救助累计救助37人70796元；举办4场社区招聘会；落实社区低保户1664户3021人，发放最低生活保障金840794元。2013年，落实社区低保户122户计212人，月发放低保金77552元；枫树山社区被评为“省级社区养老服务中心示范点”；引进“善行社工”“培源社工”等专业社工组织，“同心善行社”“向阳花”等志愿服务组织，培育“五新社会组织”“青枫义工团队”等社会组织。2014年，新增就业1645人；发放低保家庭低保金117户67987元；居民养老保险缴费3.6万人，工伤保险完成800人；居民医疗保险缴费6668人，医疗救助36人，61485元；枫树山社区获评“市妇女儿童之家示范社区”。

2015年，培育或引进政院社区老首长工作室、牛婆塘社区金牌帮女郎、枫树山社区培源社工等64个社会组织；累计申报、审核、落实社区惠民资金项目23个，金额近150万元；打造政院社区近1000平方米“市新家庭文化屋”，成功创建省卫计委文化宣教阵地；芙蓉南路社区康怡养老院被评为“省居家养老服务示范点”。2017年，辖区内低保95户136人，月发放低保金60093元；举办专场招聘会5场，成功签订就业意向180起；抗洪救灾期间，向跳马镇杨林新村捐赠18万余元。枫树山老年人日间照料中心、和润养护院等老年服务机构，共拥有养老床位269张，有智慧养老平台1个，为老年人提供送餐、护理、理发、心理陪护等服务。2019年，培育居家养老服务中心3家，打造老年食堂2家。

长沙市第一社会福利院 位于雨花区芙蓉中路三段331号，始建于20世纪50年代，是隶属于长沙市民政局的综合型社会福利事业单位。该院占地1.83公顷，建筑面积5.4万平方米，固定资产1.54亿元。主要工作职责是收养孤寡老人和孤残婴幼儿，同时为社会老人提供医疗养老服务。该院独立主办老年康复医院、老年康复护理院，管理长沙市老年公寓管理所，内部设有老年评估与管理中心、老年大学、居家养老服务中心、医养结合老年综合征临床研究中心、国内顶尖微创治疗中心等机构，为老人提供治疗期住院、康复期护理、稳定期生活照料、安宁疗护一体化的健康养老服务。

长沙市第一社会福利院 （东塘街道 提供）

长沙市第一社会福利院居家养老服务中心 位于雨花区芙蓉中路长沙市第一社会福利院，于2017年成立，是长沙市AAAA级居家养老服务中心，是长沙市首个公办居家养老服务中心。该中心使用面积约600平方米，设有日间休息室、休闲娱乐室、图书阅览室、信仰室、心灵慰藉室、书画室、排练室、康复室等多个功能活动区。该中心主要为60周岁以上、无传染性疾病及精神疾病的轻度失能或高龄空巢、生活基本自理老人服务，提供慢性病管理、生活照料、文化娱乐、膳食供应、保健康复、教育咨询、精神慰藉等服务。有专业的养老、社工、医护和志愿者服务队伍，可为老年人提供上门或基地集中服务。

枫树山社区康乐年华居家养老服务中心 位于雨花区劳动西路（马家冲小区），是区民政局与东塘街道办事处共同建设，委托湖南省康乐年华养老服务连锁机构运营的一家集社区全托养老、日托养老、居家养老服务于一体的社区养老机构。中心主要针对社区老人服务，拥有少量床位，有独立卫生间、厨房、日间照料中心、阅览室、户外亲情广场等。

康怡老年人日间照料中心 又名康怡老年护养院，位于雨花区新建西路162号附近（湖南省职业病防治医院院内），于2014年12月建成，是一家民办非营利性、“医养结合”的新型老年护养院。一期面积3300平方米，有床位158张，设营养配餐室、康复训练室、心理疏导室、文体活动室、电子阅览室、互动交流室等多个功能室。

特色地情

历史人文

魏家大堆汉墓 位于国防科技大学政治学院院内，西北部为橘园，东南有营房，墓葬区域内被学校作为苗圃和绿化区。魏家大堆汉墓为一圆形大土岭，底径约50米，高约10米，墓堆上树木葱茏，有两条小径可通其顶。因属地属魏姓所有，故称呼“魏家大堆”，中华人民共和国成立前曾有人在此盗掘出汉代文物，1952年经过中国科学院考古研究所专家实地勘查，确认为一座大型汉墓，随之予以保护，1956年定为湖南省重点文物保护单位。1974年，文物部门曾在大堆西侧发掘一座战国晚期的土坑木椁墓，葬具为一椁二棺，保存尚好，出土有陶器、铜器、漆木器等名贵文物20余件。1986年，该墓重新被省人民政府公布为省级文物保护单位。

魏家大堆汉墓　（区文物管理所 提供）

雨花巷　历史可追溯到20世纪20年代，旧名叫新丰（风）路，是通向天心阁老城区的必进之路，它经过七里庙、黄土岭进入长沙的老城区，雨花巷经过多年的发展，从菜农遍布的小巷发展为20世纪90年代的鞋服一条街、21世纪的廉政文化墙，具有很强的时代感。

长沙谜语　是长沙人民群众智慧的结晶，集汉字知识、美学、文学、民俗、智力游戏和其他艺术形式于一身，具有极为高尚的知识性、益智性和娱乐性。长沙谜语在以敖耀寰、刘涤瑕等为代表的第二代传承人，以雨花区东塘街道下属的市工人文化宫为中心传播，遍及长沙市芙蓉区、天心区、岳麓区、开福区、望城区和浏阳市、长沙县、宁乡县等地域，以及毗邻长沙的湘潭等古长沙府所属的部分区域。隶属东塘街道的长沙“楚湘谜苑”，成为一张独特的文化品牌，自1980年至2015年，培养出第四代传承人。

商业地标

大都市商业街　位于雨花区东塘街道韶山中路沿线地下层，由雨花区政府和长沙工程置业有限公司联合开发，于2005年开业，是平战结合的人防工程。该商业街北起劳动东路，南至九芝堂药业，全长624米，宽39米，总建筑面积26288平方米，其中商铺面积21220平方米（分6个商业区），地下停车场3138平方米（可泊车160辆），6条地下通道面积1930平方米。自2012年后，地下商业街受电商的影响而逐渐衰落。2015年，大都市地下商业街营业收入2.8亿元。

大都市商业街　（唐清明 摄）

东塘服装交易大楼　位于雨花区东塘街道韶山北路与劳动中路交会处西南角，营业面积2.28万平方米，建立于20世纪80年代末，是长沙的一家老牌服装市场，开业之初是湖南地区规模最大、实力最强的服装市场。经营模式为物业管理公司，经营方是湖南合安格美商业管理有限公司。大楼每层提供390个摊位，可容纳1万人次现场交易。2015年，该市场营业收入2.4亿元。

东塘服装交易大楼　（唐清明 摄）

湖南商会大厦　位于雨花区东塘街道芙蓉中路569号，于2007年12月奠基，主体工程于2010年7月竣工，2013年投入使用，共投资1.6亿元，楼高28层，建筑面积4.5万平方米，是湖南地标写字楼。2017年7月18日，湖南金融资产交易中心在该大厦举行新址揭牌。获评2020年长沙市重点楼宇。

湖南商会大厦　（东塘街道 提供）

神农大酒店　位于雨花区东塘街道芙蓉中路三段269号(近黄土岭路)，创建于1997年，酒店主楼高23层，副楼高22层，建筑面积7.7万平方米，由长沙市烟草公司独资兴建，是湖南省第二家五星

神农大酒店　（东塘街道 提供）

级酒店，是湖南省第一家由国际酒店管理公司管理的酒店。

鑫融国际广场　前身为新芙蓉之都商务大楼，位于雨花区东塘街道芙蓉中路3段489号（新建西路与芙蓉中路交会处东北角，地铁1号线涂家冲站4号出口处），由湖南银旺置业发展有限公司投资开发，于2014年1月竣工，是雨花区专业服务业示范楼宇。总建筑面积约3.6万平方米，其中裙楼建筑面积约1万平方米，主楼建筑面积约2.6万平方米；共29层，1~5层为商业裙楼，6~29层为写字楼。2017年10月27日，中共鑫融国际广场总支部委员会成立，系东塘街道第一个楼宇党总支。

鑫融国际广场　（东塘街道 提供）

文化地标

长沙市工人文化宫　位于雨花区东塘街道韶山北路与劳动中路交会处西南角（东塘服装交易大楼南侧），于1989年建成，占地4万余平方米，建筑面积2.5万平方米，是一个集文化、娱乐、学习、

长沙市工人文化宫　（东塘街道 提供）

游览于一体的多功能职工文化活动中心，曾是“全国示范工人文化宫”之一。该文化宫有文化、科技、教育图书楼、影剧院、 科技交流中心、服务楼、游泳池、球场、游乐场、人工湖等，娱乐设施主要有舞厅、排练厅、录像厅、健身厅、老年活动室、棋苑、谜苑、露天茶座等。2000年以来，文化宫先后组织“海尔杯”青少年文化艺术大赛、长沙市“冰红热辣”街舞大赛、长沙市职工乒乓球赛、长沙市首届家庭趣味游泳比赛、长沙市职工健美操团体赛等赛事。文化宫具有代表性的经营场有新海岸舞厅、巴比伦滚轴溜冰城、保龄球馆、恒力游泳健身俱乐部等。随着设施老化、停车位不足等问题的凸显，工人文化宫逐渐不能满足市民的需求。2020年7月，该文化宫启动拆除及新建等提质改造，计划在原址基础上新建一座以弘扬市民文化、促进市民交流为主题，以职工教育中心、职工体育中心、职工文化中心、职工服务中心、职工之家5大功能为主的复合型文化综合体。项目总用地面积约32625.11平方米，拟建建筑面积约6万平方米。

圭塘街道

区域概况

位置面积

位于雨花区中部偏北，是雨花区委、区政府所在地，东连京珠高速公路，与黎托街道、东山街道接壤，西以圭塘河为界分别与雨花亭街道、井湾子街道相接，南抵省森林植物园与洞井街道相连，北靠机场高速与高桥街道、黎托街道相邻。街道辖区面积12.1平方千米。截至2019年年底，面积无变化。

建置沿革

1986年9月，由长沙市南区左家塘街道雅塘冲一、二、三委，重型机器厂一、二委，自然岭、正圆、井巷、圭塘9个居委会和征用郊区部分土地，组建圭塘街道，属南区。1996年7月，划入雨花区。截至2019年年底，建置无变化。

行政区划

1988年，圭塘街道设立井塘、体院、航空路、中南院、医疗、大塘、鼓风7个居委会。1996年7月，辖区面积8.23平方千米，辖井塘、体院路、航空路、中南院、医疗、大塘、鼓风、自然岭、正圆、井巷、圭塘，雅塘冲一委、二委、三委、重型机器厂一委、二委16个居委会。是年12月，雨花区区域微调，将圭塘街道雅塘冲一、二、三委，自然岭、正圆、鼓风、井塘、井巷8个居委会划归雨花亭街道，洞井镇圭塘、大塘、月塘3个行政村划归圭塘街道管辖，街道辖8个居委会、3个村。2000年8月，设立劳动东路社区居委会。2001年10月所辖居民委员会经过调整合并，组成长重、劳动东路、航空路、体院路、圭塘、中南院、大塘7个社区居委会。2006年1月，成立雨花家园社区居委会。2007年1月，航空路社区更名美林景园社区。2010年12月，撤销村委会建制，成立大塘、圭塘、月塘3个社区筹委会。2013年7月，设立泰安、景程2个社区居委会。2016年4月，大塘社区筹委会与泰安社区合并为泰安社区，圭塘社区筹委会与圭塘社区合并为圭塘社区，月塘社区筹委会与大塘社区合并为大塘社区；12月，设立金福社区居委会。2017年11月，调整雨花家园、中南院、长重、劳动东路、圭塘、体院路、大塘、美林景园、景程、泰安、金福11个社区区域范围。2019年5月，设立升达社区居委会。截至2019年年底，街道辖雨花家园、中南院、长重、劳动东路、圭塘、体院路、大塘、美林景园、景程、泰安、金福、升达12个社区居委会。

雨花家园社区新阵地 （圭塘街道 提供）

人口民族

辖区人口以汉族为主，少数民族主要有回族、苗族。1996年，辖区以城市人口为主，总户数12017户，其中农业户1024户；总人口43668人，其中农业人口3873人。2002年末，总户数7754户，其中农业户1047户；总人口32985人，其中农业人口4189人。2005年末，总户数8386户，总人口33782人，其中非农业人口28262人，男性17655人，未落常住户口人员965人；计划内生育率99.4%。2006年末，总户数8791户，总人口33381人，其中非农业人口28672人，男性17474人。2008年末，总户数9603户，总人口数33105人，其中非农业人口28164人，男性17519人。2009年末，总户数10353户，总人口数34526人，其中非农业人口29547人，男性18214人。2010年末，总户数11019户，总人口35322人，其中男性18557人。2011年末，总户数11699户，总人口数36429人，其中非农业人口31835人，男性19037人。

2012年末，总户数12615户，总人口数38222人，其中非农业人口33887人，男性19918人。2013年末，总户口13584户，总人口40274人，其中非农业人口35988人，男性20910人。2014年末，总户数14693户，总人口42696人，其中非农业人口38547人，男性22006人。2015年末，辖区户籍人口全部转为城镇人口，总户数15876户，总人口45233人。2016年末，总户数11974户，总人口30113人，其中男性14207人。2017年末，总户数12589户，总人口31663人，其中男性14946人。2018年末，总户数21690户，总人口63115人，其中男性31459人。2019年末，总户数23017户，总人口65889人，其中男性32600人，年度出生1001人，死亡300人，迁入3420人，迁出687人。

经济发展

经济综述

1996年前，街道地处城郊结合部。1996年区划调整后，街道抓住城区开发机遇，招商引资，优化经济环境，扶植民营经济发展。2002年，财政总收入981万元；民营企业37家，其中产值500万元以上的规模企业14家，产值100万元至500万元的13家。2004年，完成一般预算收入2861万元。2005年，完成一般预算收入4743万元。2006年，财政总收入10509万元，其中财税收入10196万元，首次跨入亿元街道序列。2007年，提出“产业强街，品牌立街”目标，形成以雨花创意产业园为发展方向，以万家丽路两厢项目建设为税源主体，以杨子、博长及汽车销售等一批工商企业发展为基础，以湘府东路片区开发建设为重点的产业发展布局。2008年，实现两税总收入1.43亿元，市外境内项目固定投资6.3亿元。2009年，财政总收入1.71亿元。2010年，财政总收入2.62亿元(按老口径)。2011年，围绕圭塘河生态经济带建设，实施“主攻项目、决战产业、推进招商”的战略。当年财政总收入2.01亿元。

2012年，实现一般预算收入2.5亿元。2013年，完成区级税收30019万元，全社会固定资产投资50.84亿元。2014年，完成两税总收入11.10亿元，一般预算收入30366万元，全社会固定资产投资40.75亿元。2015年，完成财政总收入10.61亿元，全社会固定资产投资50.70亿元，引进省外域内资金6.2亿元，引进市外域内项目固定资产投资19.08亿元，实际到位外资4000万美元。2016年，完成两税总收入11.26亿余元，全社会固定资产投资约39.88亿元。2017年，完成两税总收入12.3亿元，全社会固定资产投资48.65亿元，完成外资引进4300万美元，新增各类企业900余家，2000万以上的40家。2018年，完成税收15.8亿元。2019年，完成全社会固定资产投资49.7亿元；新增规模以上法人企业14家。

项目建设

2007年，圭塘街道有27个建设项目，计划总投资118亿元，其中泰禹、德普、新世界、领域、圭塘河5个项目投资过10亿元，启动建设项目19个。2008年，在建项目18个，启动德普二期、香港新世界等项目建设；云阳一期、广电一期、月塘村安置地、泰禹二期项目完成交地。2009年，在建、待建项目共有35个，在建项目总投资20亿元，房产销售面积55.6万平方米。万科金域华府、长沙广电产业园、欧亚达家居广场等项目启动，圭塘河生态景观区、湘府东路、新城新世界、“城中村”、沙湾路、安徽国帧等14个重点拆迁项目共206.67

公顷土地启动腾地拆迁。2010 年，万科金域华府、香雨一品、利璞大厦、鑫天御景湾等楼建成销售。2011 年，喜盈门·范城奠基；圭塘河生态景观区、都市商城、欧亚达家居广场等项目拆迁腾地完成。

万科金域华府　　（圭塘街道　提供）

2012 年，新苏广场和欧亚达家居广场启动建设。2013 年，开工建设的房地产项目和商业地产项目有 15 个，新建面积 30 万平方米，实现销售面积超 10 万平方米。兴苏广场 D 地块近 10 万平方米住宅部分的建设完成封顶。2014 年，街域级“三定三抓”项目共 43 个，引进旭辉国际广场、欧亚达第一国际、长房·半岛蓝湾产业项目，其中半岛蓝湾一期、旭辉国际广场进入销售阶段。2015 年，有产业项目 17 个（在建 11 个，待建 6 个），投资 17 亿元，房地产销量 28 万余平方米。2016 年，有产业项目 14 个，其中续建项目 7 个，待建项目 7 个，实现产业项目投资 16.35 亿元，房地产年销售量约 89 万平方米。引进长沙地产集团、中天（理工大学地块）、进达合能（沙湾公馆）、平日上（平吉上苑）等项目；欧亚达、旭辉国际、新城新世界三期整体封顶建成。2017 年，纳入区级的 13 个重点产业项目，完成投资 22 亿元。创元时代、平吉上苑、中天星耀城等新建项目开工建设。2018 年，有产业项目 24 个，其中续建项目 9 个，待建项目 7 个，待招商项目 2 个。保利·大都汇等 7 个楼盘开盘销售，房地产销售面积约 36 万平方米，实现销售额近 34 亿元。2019 年，有产业项目 19 个（包含 3 个政府投资项目），其中新建、在建项目 18 个，待建项目 1 个，总建筑面积约 385.5 万平方米，完成投资 34.19 亿元。房地产投资项目 16 个，完成投资 38.5 亿元，实现商品房销售 60.7 万平方米。推进湖南省安装公司总部大楼、创元大厦等项目建设。商品房销售 20.4 万平方米，销售额 22.4 亿元。

农业

2000 年，辖区耕地面积 245.8 公顷，园地面积 70 公顷。2011 年，农业总产值 200 万元，蔬菜种植面积 15 公顷，产量 200 吨，主要有包菜、花菜、白菜、黄瓜、冬瓜、莴笋、韭菜、大蒜等 14 个品种；饲养生猪 9000 头，年末存栏 1200 头；家禽年饲养量 400 羽。2013 年，农业总产值 120 万元，生猪出栏 500 头，家禽年出笼数 320 羽。随着城市建设加快，截至 2019 年，全境退出农业生产。

工业

辖区工业以矿山设备、不锈钢薄板、冶金设备、机械加工为主。1995 年，完成工业总产值 419.6 万元，销售 727.3 万元，利润 15.5 万元。2002 年，完成工业产值 10135 万元，比 1996 年增长近 12 倍。2005 年，完成规模工业总产值 21.00 亿元。2006 年，完成规模工业总产值 22.38 亿元。2007 年，街道有规模工业企业 11 家，其中亿元工业企业 2 家。2010 年，完成规模工业总产值 23.88 亿元。2011 年，完成工业生产总值 23.7 亿元，拥有工业企业 30 家，职工 2600 人。其中湖南长重机器股份有限公司拥有湖南省著名商标 1 个，湖南杨子冶金实业有限公司拥有省优产品 2 个。湖南杨子冶金实业有限公司生产的轧辊在全省甚至全国同行业中均处于领头地位。2013 年，完成规模工业总产值

中天星耀城　　（圭塘街道　提供）

13.09亿元。2014年，完成规模工业总产值11.7亿元。2015年，完成工业及生产性服务业投资18.51亿元，规模工业总产值10526.7万元。2016年，完成规模工业总产值6819万元。2017年，完成规模工业总产值17959万元。2019年，完成规模工业总产值1.4亿元，同比增长14%。

湖南长重机器股份有限公司　位于雨花区东二环1段56号，前身为长沙矿山通用机器厂（俗称“矿通”），始建于1958年，1988年改为长沙重型机器厂，2008年改制为湖南长沙重型机器制造有限责任公司，是一家专业制造重型机器产品的大型企业，是散状物料运输、港口设备、冶金、矿山机械制造行业的骨干龙头企业。公司拥有TK6926大型数控落地镗、8M滚齿机、双立柱镗、德国龙门铣、大型立车等设备，主导产品有：斗轮堆取料机、圆形料场堆取料机、焦炉设备、港口设备、圆筒混合机、板材矫正机等。

湖南长重机器股份有限公司（圭塘街道　提供）

湖南杨子冶金实业有限公司　位于雨花区杨子路大塘2号，前身为长沙南方冶金机械轧辊厂（1989年成立），1996年更名为长沙杨子冶金实业有限公司，2001年更名为湖南杨子冶金实业有限公司。2007年，公司实现工业总产值5亿元，销售收入3亿元，总资产规模10亿元。2008年，完成8000万元技改扩大再生产，成功收购长沙冶金机械厂。该公司为中国钢铁协会、中钢集团轧辊定点生产单位，经营范围包括国家法律、法规允许的冶金机械轧辊、合金钢的生产等。

商贸服务业

2003—2007年，引进新启派特钢、杨子冶金、博长钢铁、湖南中烟公司等规模工业企业，长沙出版物交易中心、长沙广电中心、娱乐快报等文化产业，美林景园、泰禹、鑫天等房产，福特、北京现代等10多家4S汽贸店，累计引进投资金额近百亿元。2005年，街道实现社会消费品零售总额6.98亿元。2006年，实现社会消费品零售总额83760万元。2008年，启动新城地标、中南博远招商，欧亚达签约，唐湘电器大市场开业。2010年，打造万家丽路、杜花路、沙湾路等数条集购物、休闲、餐饮、娱乐、服务、金融、文化等于一体的综合性高端名店、名牌、名品汇集特色街区（财富带）。喜盈门国际商业广场落户圭塘河生态景观区，步步高落户出版物中心，唐湘电器城提质改造项目——雨花城市广场项目完成签约。2011年，实现社会商品零售总额50亿元，城乡集贸市场1个，年成交额400万元；出口总额2000万美元，主要产品有机械、冶金设备、化工产品，销往印度、印尼、巴基斯坦等东南亚国家。同年5月，由长沙出版物交易中心有限公司投资开发的喜乐地购物中心开业，占地5.33公顷，总营业面积8万平方米。

新怡园酒店　（圭塘街道　提供）

2012年，大塘社区筹委会2万平方米集体生产门面与长沙新怡园餐饮集团签约成功。2013年，实现限上社会零售品总额31.89亿元；喜盈门·范城开业，开业当日销售过亿元。2014年，实现限上社会零售品总额22.3亿元，完成外贸进出口5800万美元。2015年，引进注册资本在5000万以上的企业4家，注册资本500万元以上的企业近百家。2016年，广电集团下属10余家子公司进驻新广电楼，引入的长沙海立方海洋公园项目开业。2017年，引入友阿奥特莱斯进驻原喜乐地项目，

2017 年 10 月 13 日，周末农博会暨新农村频道红辣椒平台启动仪式在圭塘街道大塘社区举行　　（圭塘街道 提供）

引入恒大进驻原兴旺正佳广场项目；新世界创邸夸克仓库的孵化模式，获国家文化消费试点合作单位、湖南省级众创空间等称号，吸引众业达、拼图公司等企业入驻；长沙欧亚达建材家居广场开业。2018 年，实现限上零售总额 12.15 亿元，规模以上其他营利性服务业营业收入达到 10.5 亿元，外贸进出口 1.29 亿美元；喜盈门范城引入阿里巴巴集团旗下的“盒马鲜生”超市，龙湖冠寓长租公寓整栋入驻欧亚达广场 2 号栋。2019 年，实现限上社会零售总额 14.3 亿元；完成营利性服务业营业收入 8.25 亿元；规模以上服务业单位 37 家，实现营业收入 108.2 亿元；规模以上商贸业单位 18 家，实现销售额 123.7 亿元。

| 基础设施 |

交通运输

圭塘街道原属于典型的城乡接合部，主要城市道路只有两条长年失修的机耕道。1981—1983 年，建设完成香樟路（圭塘河至长托村段）。1990 年 1 月，建成通往城区的第一条路——香樟路，开通两路公交车。1996 年区划调整后，火星路、劳动东路、曲塘路、高岭路、蔡家冲路先后建成通车。雨花区治南迁圭塘，街道成为雨花区政治、经济、文化中心。2000 年，辖区交通运输用地面积 5.1 公顷。2008 年，投入近 50 万元用于城市基础设施建设，硬化社会路口 7 条。2010 年，湘府东路、湘林路、木莲冲路、沙湾路二标实现拆迁腾地并启动建设。2011 年，白沙湾路一标段全线贯通；木莲冲路圭塘段、湘林路东段竣工通车；湘府东路完成路基建设。

2012 年，香月路中段和北段、杜花路西段、木莲冲路圭塘段竣工通车；白冶路、香月路实现拆迁着地。2013 年 10 月，沙湾南路（木莲冲路—湘府路）全线通车。2014 年，支路一、支路二、松林路、香月路一期完成建设并实现通车；沙湾北路完成改建，沙湾南路实现全线拉通。2015 年，完成丽白路、香月路、长塘路、圭星路、华塘路、山塘路拆迁建设；丽白路、香月路二期、长塘路通车。2016 年，完成丽白路、香月路、长塘路的建设，新启动新缘路、景园路、杜花路的建设；长株潭城际铁路长沙至株洲南、湘潭段开通运营，树木岭站位于街道辖区内。2019 年，长沙轨道交通 4 号线试运营，其站点树木岭站、圭塘站位于辖区内；长沙轨道交通 5 号线试运行，圭塘站、木桥站、雨花区政府站、大塘站、板塘冲站位于街道辖区内或边界。截至 2019 年年底，街域“四纵九横”（四纵是指万家丽路、白沙路、官寺冲路以及香月路，九横是指劳动东路、杜花路、香樟东路、木莲冲路、湘府东路、曲塘路、香松路、长塘路、丽白路）路网格局的初步形成。京广铁路擦边而过；湘府路西联省府，东二环连通市内各区；万家丽路、古曲路、沙湾路等与长沙大道交织；劳动东路横穿浏阳河、圭塘河；香樟路、杜花路直抵长沙南站和黎托高速汽车站。

2015 年香月路项目竣工通车　　（区公建中心 提供）

城市建设和管理

街道原为城乡接合部，城市基础设施滞后，居民出行、用电、用水、通邮、小孩入学入托与城区居民有着明显差距。1996年区划调整后，城市建设提速，随着第五届城运会主场馆定点建设，圭塘的城市化进程加快。2000年，辖区城镇用地280公顷，村庄用地75公顷。2003—2007年，街道以提高城市“宜居度”为目标，坚持统筹规划和基础设施先行的思路，建立城市管理长效机制。2004年，雨花区治南迁圭塘，街道逐渐成为全区城市建设的重点。2008年，辖区城市用地590.12公顷，村庄用地94.05公顷；长重、圭塘、大塘、劳动东路社区改造工程全部完成。2010年，共腾地66.67余公顷，拆除正房近200栋，拆违近10万平方米。推进“长重社区明沟改造、美林景园416站改造、大塘长冶小区改造”三个工程。圭塘村第四期安置房启动报建相关手续，月塘村6栋8.1万平方米的一期农民公寓竣工。2011年，拆除违章建筑9万余平方米。美林景园416站改造完成；建成现代化停车场。大塘村第六次分房完成，1284套公寓安置房分配到位。

2012年，拆除正房66栋，违章房屋117栋，违章面积5.9万余平方米，拆迁人口343人。长重棚改项目奠基开工；圭塘街道5.33公顷“城中村”改造项目拆除2.79万平方米搭建房。月塘社区筹委会分4批完成199户588套安置房分配。2014年，拆除合法建筑34栋，违章房屋115栋，违章面积3万余平方米，拆迁人口197人，腾地56公顷。投入400万余元，对3个农民安置小区“脏乱差”现象进行20余次联合整治行动，硬化裸露黄土1000余平方米，强制拆除违法搭建500处。启动月塘社区筹委会二期安置房和圭塘社区筹委会四期安置房的建设，圭塘社区筹委会和大塘社区筹委会分配安置房95套，安置村民99人。2015年，11个拆迁项目完成腾地；拆除集体土地内合法建筑37栋，违章建筑182栋，违章面积43680平方米，拆除国有土地内建筑面积37460平方米，腾地约26.65公顷；圭塘村商住楼实现拆迁腾地。启动大塘社区筹委会集体经济改制和“城中村”改造工作，圭塘社区筹委会3期安置房完成分房；月雅苑1期完成分房扫尾。2016年，拆除集体土地内合法建筑35栋，违章建筑163栋，违章面积38279.62平方米，拆除国有土地内建筑面积6068.26平方米，腾地16.75公顷。月雅苑第一次分房完成132户376套安置房的分房工作。2017年，有拆迁项目13个，其中，集体土地拆迁签约74栋，腾地17.98公顷；白云棚改项目实现拆迁腾地清零，共腾地1公顷，拆除房屋面积25678.03平方米；地铁4号线树木岭站实现清零交地；泰禹7号地项目拆除清零；城投27号地项目签约清零。拆除违法违章建筑40余处，共约1.5万平方米。完成月雅苑第二批314人、230套房的分配工作。2018年，拆除各类违章建筑8542平方米，完成国土卫星图斑4处，拆除违规占地建筑4593平方米；涉及扫尾清零16户，完成签约13户，拆除合法建筑13栋，拆除违章建筑6处，面积3000余平方米。2019年，管控违法建设85处，拆除违法建筑面积2600平方米；圭塘街道储备2号地项目、地铁5号线5个站点、湘府路高架桥建设项目完成拆迁。

2016年月雅苑分房大会　　（圭塘街道 提供）

农民两安“五破五创”模式　2006—2007年，街道在推进农民“两安”工作过程中，提出农民两安“五破五创”模式，即：破解“城中村”难题，创精品安置样板；破建设融资难题，创集约安置样板；破拆安互动难题，创前置安置样板；破物业管理难题，创有序安置样板；破民生保障难题，创和谐安置样板。“五破五创”模式的运用，不仅有效解决了项目拆迁缓慢、安置项目建设资金不足、安置土地利用效益低、安置小区管理无序等问题，而且减少拆迁在外过渡时间，保障拆迁户后续生活来源。

2012 年 9 月 29 日，长重棚改安置房建设开工奠基（区棚改办 提供）

长重棚改项目 位于雨花区圭塘街道长重社区，于 2012 年奠基开工，是长沙市最大的国有工矿区棚改项目。原生活区有住宅 77 栋 3323 户。棚改拆除改造房屋 28 栋，新建安置住房 1054 套。长沙市国资委筹资 4.6 亿元，在原地建起总建筑面积共 7 万余平方米的安置房。2012 年，完成长重 B 地块征收工作，C 地块 204 户 11053 平方米房屋征收完成 193 户签约。

月塘片区开发 位于雨花区玉竹路以南，湘府路以北，沙湾路以东，京港澳高速以西。该区域可供开发土地总面积达 155.18 公顷，依照 2017 年的规划，可供开发商业地块 39.4 公顷，住宅 98.43 公顷（含杨子冶金地块），配套绿地 9.88 公顷，配套教育用地 7.47 公顷。2018 年 5 月 9 日，雨花区委书记张敏调研圭塘街道，要求月塘片区项目指挥部加快拆迁扫尾和项目引进。2019 年，整合月塘村 40.27 公顷土地，引进中国民营企业 500 强前 50 位的红星美凯龙集团成功进驻，集公寓、住宅、商业集成开发于一体。

社会事业

教育

1955 年，创办圭塘小学。1982 年，创办雨花实验小学。1984 年创办大塘小学。2002 年，创办长沙雅礼寄宿制中学。2004 年 8 月，圭塘中心小学新校落成。2009 年，新建砂子塘泰禹小学。2010 年，雨花区政府与雅礼中学联合创办雅礼雨花中学。2012 年 7 月，长沙雅礼寄宿制中学更名为长沙市南雅中学，转制为市属公办完全中学。2013 年 8 月，砂子塘吉联小学创建。2018 年，完成 12 所城镇小区配套幼儿园移交工作，清理整治无证办学机构，关停无证幼儿园 2 所，督促办证 8 所。圭塘小学成功申报国家级“流动人口健康促进学校”。2019 年，砂子塘泰禹小学脱离砂子塘集团，更名为泰禹小学；扩建圭塘小学。截至 2019 年年底，辖区有泰禹小学、砂子塘吉联小学、雨花实验小学、圭塘小学、树木岭小学、枫树山南屏锦源小学 6 所小学，区教育局第六幼儿园、圭星幼儿园、雨花幼儿园、红黄蓝幼儿园、宝宝树幼儿园、丁丁晓杜鹃幼儿园、朗皓幼儿园、梵米尼幼儿园等幼儿园，以及湖南省体育职业学院、湖南省体校、长沙航空职业技术学院（圭塘校区）、湖南省食品药品职业学院、长沙理工大学继续教育学院、湖南省工业贸易学校等大中专院校。

雨花实验小学 位于雨花区体院路 6 号，前身是中南院子弟学校，始建于 1982 年，曾是一所完全的中小学，2000 年停办高中，2012 年停办初中。2005 年、2011 年，学校进行两次装修整改。学校构建“政府＋学校＋家庭＋社会”四位一体的新型教育格局，坚持“足球”“艺术”等教育特色，是全国校园足球特色学校、全国书法教育实验学校、雨花区艺术教育特色学校。

泰禹小学 位于雨花区白冶路与香莲路交会处东北角，占地 3.32 万平方米，前身为大塘小学，2007 年由泰禹集团投资打造，2009 年秋季成立，通过砂子塘小学的优质教育资源，组建砂子塘小学东校区，2010 年 8 月更名为砂子塘泰禹小学，2019 年 1 月定名为“泰禹小学”。2019 年 3 月，东方红小学更名为泰禹第二小学；2020 年 4 月，泰禹第三小学揭牌。获评“中国最校园”、全国青少年校园足球特色学校、全国美术教育改革实验学校、全国生命教育百佳学校、中国少年培育联盟基地校、长沙市基础教育课程改革样板建设校等称号。2017 年“李臻校长工作室”揭牌启动，成为长沙市首批中小学名校长工作室之一。

泰禹小学　　（圭塘街道　提供）

泰禹第三小学　位于雨花区圭星路与华塘路交会处西南角，毗邻圭塘河风光带，占地面积 1.07 公顷，于 2020 年 4 月揭牌并于秋季投入使用。学校拥有 5 层的教学楼、科技综合楼，3 层的体艺综合楼等，同时配备 200 米环形塑胶跑道、800 平方米室内篮球馆、7 人制绿茵球场、图书阅览室等。

泰禹第三小学　　（区融媒体中心　提供）

砂子塘吉联小学　　（圭塘街道　提供）

砂子塘吉联小学　位于雨花区古曲路 109 号，占地 17624 平方米，建筑面积 12708 平方米，截至 2019 年年底，学校有教学班级 53 个，学生 2470 名，教师 130 名。获评全国足球实验学校、全国科学素质教育示范学校（全省唯一一所）、全国啦啦操实验学校、中国青少年创客奥林匹克实验基地、长沙市文明标兵校园等称号。

文化体育

2007 年，雨花创意产业园在辖区成立，引进 20 余家创意企业入驻，总投资 10 亿元，次年引进企业 100 余家，提供就业岗位 2000 个。2008 年，开展“礼貌用语我先行，三管九不讲”“楼道一家亲，和谐邻里情”等活动 30 余次。2011 年，开展“书香雨花・欣阅读”读书节、社区广场文体活动等，雨花家园老年广场舞蹈队在全省大赛中获得季军。2012 年，开展“送春联、送节目、送岗位、送温暖”的“四送”活动等活动，推进文化下基层、电影进社区工作；投资 30 万余元，建成圭塘街道综合文化站。2013 年，全街文化产业增加值占全区的三分之一，其中具有代表性的文化企业有湖南魅丽文化公司、联通沃阅读基地、大德美术馆、金源拍卖等。2014 年，开展文化下基层、电影进社区、社区体育运动节、农民工文化沙龙、读书节等乐民活动，开展各类公共文化服务活动近百场，举办第二届群众体育节暨“篮球嘉年华圭塘总动员——‘圭建杯’篮球赛”活动。2015 年，开展“校园文化进社区”“歌舞进社区”“体育节”等活动，承办市级文体活动 10 余场，成功打造长重、泰安等示范性社区文化活动室（中心）；实现所有社区（筹）配备篮球场、乒乓球台和健身路径等。2016 年，开展“微爱守护”“亲子行动派”“社区电影节”等活动，承办市级文体活动 10 余场。2018 年，街道联合和 + 共享图书馆开展阅读活动，推选社区广场舞队伍参与“欢乐潇湘・舞动雨花”全民健身广场舞大赛。2019 年，开展“校园文化进社区”“歌舞进社区”等活动。

2019 年圭塘社区“邻里一家亲·欢乐百家宴”活动 （唐清明摄）

圭塘街道综合文化站 位于雨花区雨花家园公共服务中心，占地面积 1000 平方米，配套投入 24 万元，于 2012 年 10 月投入使用，是雨花区政府设立的首批示范性综合文化站试点之一。有工作人员 4 名。设有阅览室、棋牌室、健身房、卡拉 OK 室、绿色网吧、市民学校、电影放映室、室外篮球场等。藏有图书 5000 册，报刊 100 余种，配备电脑 10 台等。

圭塘街道综合文化服务站 （圭塘街道 提供）

泰安 24 小时自助图书馆 位于雨花区万家丽路 295 号潇湘名城 10 号门面，于 2019 年 7 月 26 日开馆，藏书 2000 余册，设有数字报刊机、自助办证机、自助借还书机等，配备朗读亭、专业麦克风、头戴式耳机等。泰安社区组织“红管家”定期、轮流到图书馆进行志愿服务，管理、维护场馆、指导使用服务机和借阅。

泰安 24 小时自助图书馆 （区图书馆 提供）

医疗卫生

1997 年，辖区内中南水电勘测设计院居民区作为健康教育的示范小区。1998 年，改革公费医疗制度。2001 年，公费医疗制度改为基本医疗保险制度。2002 年 12 月，启动雨花区城镇职工基本医疗保险和大病医疗互助，推行新型农村合作医疗制度，启动贫困居民最低生活保障金制度。2005 年 4 月，实施特困家庭医疗救助制度。2006 年，投入 20 万余元建立新型农村合作医疗；启动精神病人药物救助工作。2010 年，新型农村合作医疗参合 3943 人，参合率 100%。2012 年，办理医疗保险 1 万余名，建立健全以社区卫生服务为基础的城市医疗服务体系，推广新型农村合作医疗制度。2013 年，组织 11 场次应急救护培训；街道支付公共卫生经费 164187 元；开展传染病防控，组织适龄儿童进行麻疹疫苗免疫接种和脊髓灰质炎查漏补种；街道红十字会为雅安地震募捐善款 16450 元。街道 65 岁以上的老年人共有 2412 人，其中 1684 人参加健康体检，健康管理率 69.82%。2016 年，推行“12345”失独家庭服务模式，探索为失独家庭提供医养结合的服务。2017 年，深化“温心家园”项目品牌打造，为 37 名失独对象提供家庭医生服务。截至 2019 年年底，辖区内有 1 个圭塘街道社区卫生服务中心，社区卫生服务站 5 个，民营医疗诊所有长沙市雨花区长重医院（长重服务站）、雨花齿瑞口腔门诊部等 40 余个。

圭塘街道中南院社区卫生服务中心 位于雨花区体院路 7 号，占地 0.73 公顷，其中业务用房建筑面积 3400 平方米，是一所非营利性基层医疗机构。设有全科、内科、外科、中医及中医康复科、住院部、预防接种、儿童保健、妇女保健、公共卫生等 13 个科室。配备彩色超声诊断仪、全数字化 X 线摄影系统（DR）、全自动生化仪、尿液分析仪、盆底康复治疗仪等医疗设备，设置病床70张。有职工70余人，服务区域面积12.1平方千米，服务人口6万余人，下辖6个社区卫生服务站。

社会保障

1997年，建立城市最低生活保障制度。1998年，建立农村最低生活保障制度，启动个体和私营经济的基本养老保险，农村特困户、残疾人最低生活标准人均每年800元。2000年11月，实现企业离退休人员养老金社会化发放。2003—2007年，建立再就业基地3个，兴办社区服务中心就业实体16个，建立培训基地4个，社区再就业商业街1条。2010年，新增城镇就业人员3119人，安置下岗失业人员453人，完成企业职工培训288人；对80岁以上高龄老年人发放高龄保健补助。

2012年，城镇新增就业1100余人，中南院社区被评为全省"最充分就业社区"；完成小额担保贷款112万元；办理社保1000余名；发放低保资金80万余元。培育欧阳宇等17名市、区创业之星，发展长沙敏立等4家创业示范企业，打造华菱·新城地标为市级创业基地。2013年，城镇新增就业1282人，发放救助资金20万余元，发放低保金和各类补贴80万余元，为731位老人办理高龄老人生活津贴，为75位老人办理政府非货币式居家养老服务。2014年，发放慰问资金、雷锋超市、慈善慰问物资513户，14.52万元；为18名困难人员申请各类救助资金4.5万元；73人享受重度残疾生活补助金6.24万元。2015年，对624户特殊家庭发放慰问资金26.56万元；落实双拥优抚、高效津贴、困境儿童等民生资金110万元；为各类重度残疾人和贫困残疾人发放补助20万元。2016年，为108名失业人员和失地农民兑现4.38万元的创业富民就业培训奖励，帮扶1家创业企业成功申报市级奖励，帮助431人解决就业问题。2017年，城镇新增就业1244人，居民养老保险征缴18.99万元，发放优抚金560376.92元，城乡居民医疗保险缴费877万元。圭塘街道老年人日间照料中心完成建设并投入运营，受益老年人1.4万人次；景程、中南院、大塘3个社区居家养老服务中心完成标准化验收。2018年，发放高龄津贴126万元，发优抚金64万余元，发放解困资金和慰问经费18万余元；落实3名退役士兵安置工作，完成千余名退役军人信息采集和登记工作。2019年，发放高龄津贴约150万元，走访慰问城市特殊困难群众帮扶1212户，发放慰问金38.6万元；走访慰问低保户、特困家庭、军烈属、残疾人等对象986户，发放慰问金53.3万元。

圭塘街道老年人日间照料中心　位于雨花区圭塘社区美林景园社区旭辉国际广场小区内，总面积820平方米，于2017年投入运营，由独立法人社会组织"福轮社"负责运营，属于公办民营性质。该中心设置多功能活动室、医务室、健身房、心理咨询室、棋牌室、电子阅览室、书画图书馆、餐厅、休息室、浴室等场所，生活照料床位16张，配备空调、热水器、放映设备、棋牌、血压计、血糖仪、电脑、乒乓球、轮椅桌等设备，集生活照料，文体娱乐，保健康复为一体。

圭塘街道老年人日间照料中心　　（圭塘街道　提供）

特色地情

历史人文

圭塘　位于长沙城东，为历史上有名的水利工程。《宋史·食货志》载："初马氏（马殷）于潭州东二十里，因诸山之泉筑堤储水，号曰龟塘，溉田万顷。其后堤坏岁旱，民皆阻饥，绍兴七年（1137）守臣吕颐浩始募修复，以广耕稼。"《湘城访古录》引《襄宇记》载："在长沙县东八里，塘下有良田数百顷，晋太始中，有神龟皎然白色，其形长四尺，数出其塘，土人名之。"清光绪《善化县志》载："圭塘县东十五里，原名龟塘。广延十馀里，明知县唐源修筑，年久荆废。"清康熙年间，生员王自拔呈

圭塘水利雕塑　（区文旅体局 提供）

请废塘作田。经知县贾汝翼丈承粮册名圭字区。晋代，据传有神龟在塘边出没，乃命名为龟塘。五代，马楚政权利用诸山之泉水，通过人工改造为为大型水利工程，灌田万顷，促进了长沙地区的农业发展。五代后，龟塘屡有淤塞等损坏现象，遇到旱季，百姓则遭遇饥荒。南宋绍兴七年（1137），湖南安抚制置大使兼知潭州吕颐浩主持对龟塘进行修复，以广耕稼。该塘除宋代修复外，明代中期龟塘又开始淤塞，万历三十八年（1610），善化县知县唐源再次组织修筑，广延十余里。清初又废，康熙年间，生员王自拔报请废塘为田，经知县贾汝翼清丈垦后，建石坝二座，塘遂废，册名圭字，遂称圭塘。至民国期间，圭塘再无灌溉建设。1986年，长沙以“圭塘”命名一街道。2019年12月30日，长沙地铁5号线试运行，“圭塘”为其中一地铁站之名。

长沙重型机械厂职工楼　位于雨花区圭塘街道长重社区长沙重型机械厂宿舍区内，于1958年建造，是一处具有现代主义风格的公共建筑。建筑物坐北朝南，平面略呈长方形布局，东西长33.2米，南北宽10.2米，占地面积1200余平方米，建筑面积953.28平方米。该建筑为三层砖混结构，两面坡悬山顶，屋面盖红板瓦。内走廊将建筑物内部空间分为南北两部分，南侧建筑为居住用房，套间每户32~38平方米不等；北侧中部向外平行凸起两段建筑，每段建筑长8.7米，宽2.4米，内部被分隔成多个空间，主要用于厨房及卫生间。

长沙重型机械厂职工楼　（区文物管理所 提供）

商业地标

喜盈门·范城　位于雨花区圭塘街道万家丽中路三段，南靠木莲路，西邻圭塘河，于2013年6月28日开业，由喜盈门集团斥资30亿余元打造，总占地面积6.45万平方米，建筑面积48万平方米，集建材家具广场、潮流百货、环球餐饮、连锁超市、国际影院、KTV、休闲步行街等多种业态为一体，引进无印良品、保利国际影院、华润万家、星巴克、H&M、C&A、优衣库、必胜客等品牌。2018年12月28日，湖南省首家盒马鲜生在喜盈门·范城开业，总建筑面积6000平方米，提供就业岗位500余个。

喜盈门·范城　（洪漪峰 摄）

欧亚达建材家居广场　位于雨花区圭塘街道劳动东路与万家丽路交会处西南角，于2012年启动建设，2017年4月29日开业，是城市“一站式”体验性专业家居广场。该广场有10万平方米的纯建材家居业态，1~3楼主营建材，4~6楼主营家具，涵盖建材、家居两个大板块共20余项产品，有200余个建材家居品牌入驻。

欧亚达建材家居市场（周灿黎 摄）

旭辉MALL　位于雨花区圭塘街道劳动东路与万家丽路交会处东南角，地铁4号和地铁5号线在此交汇（圭塘站），于2017年9月30日开业，由旭辉集团投资打造。开业之初，由于定位和周边环境不成熟等问题，经营一度陷入低谷，从2018年下半年开始，旭美商业总部调整经营策略，主打家庭市场，以生活零售、餐饮休闲、教育培训三大业态为核心，使项目重新焕发活力。2019年4月29日，步步高超市及负一层地铁休闲街区开业。商场有包括海底捞、万达宝贝王、中影星美影城、威尔仕健身、唯品会、和诚行、麦当劳、味上、韦博英语、蒙特梭利等品牌。

旭辉MALL（圭塘街道 提供）

圭塘河岸·悠游小镇　位于雨花区圭塘街道，南起湘府路，北至木莲路，南北全长2.3千米，规划总用地面积62.4公顷，总投资约8.03亿元，在圭塘河岸打造生态、文化、旅游的微旅行目的地。小镇于2017年12月23日开业，建筑面积8.6万平方米。小镇地处圭塘河滨水公园中游的2.3千米水岸长廊，沿圭塘河两厢最宽约200米，包含极限运动场、儿童游乐场、羽燕湖、帐篷基地、风筝广场、生态主题酒店、水岸风情酒吧街、漫生活馆以及88.67公顷生态公园，融汇海立方海洋公园、横店影院、步步高超市、止间书屋、特色餐饮、儿童游乐等多元业态的商业体。

圭塘河岸·悠游小镇（曹一飞 摄）

文化地标

宋旦汉字艺术博物馆　位于雨花区圭塘街道木莲东路269号圭塘河岸·悠游小镇，于2002年筹备，2017年12月锁定于雨花区圭塘河畔的悠游小镇，2018年8月18日试开馆，是中国首家以汉字艺术为主题的博物馆。建筑面积2000余平方米，集教育、交流、展示、研究、征集、收藏、服务于一体，以深根汉字艺术，弘扬中华优秀传统文化，培养中华

宋旦汉字艺术博物馆　　（宋旦汉字艺术博物馆 提供）

文化使者为己任，是世界了解中国汉字艺术、领略中华文化的公共服务平台，是国家文化出口重点项目、国家文化消费试点合作单位、文化消费十大创意品牌，是湖南省华侨文化交流基地、湖南省优秀民营文化机构、长沙市中小学生研学实践基地等。该博物馆研发并首创3~18岁汉字美育课程体系，被称为“启迪孩子一生智慧的艺术”。宋旦汉字博物馆免费对外开放，2019年日均接待350余人次。

和＋共享图书馆　位于雨花区木莲东路269号圭塘河岸·悠游小镇临湖1号楼，创立于2018年7月1日，由天下和书院、雨花区政府、益友公益促进会、湖南中烟工业有限责任公司共同发起与建设，是中国首家用“共享”思维创建的公益图书馆。该馆采取空馆开馆的方式，倡导有温度的阅读，号召市民们每人共享一本好书，通过“万人共享万本书”实现馆藏图书的快速积累，一年时间，收到人们共享的图书31982册。馆内每一本共享图书可生成一个独一无二的二维码，扫描后即可通过小程序查到每一本书的共享者和借阅者信息，同时小程序提供读书心得与感悟的分享和交流渠道，聚合该书的所有借阅者共同品书交流，让书香通过互联网快速分享。

湖南体育职业学院　位于雨花区体院路39号，占地面积45.93万平方米，是经湖南省政府批准、教育部备案，于2002年5月由湖南省体育运动学校（创办于1958年）和湖南职工体育运动技术学院（创办于1984年）和合并组建而成的一所全日制公办普通高等职业学院，是湖南唯一一所全日制普通高等体育职业院校。该学院是培养高水平竞技体育人才的摇篮，培养熊倪、龚智超、杨霞、龙清泉、王明娟、田卿、向艳梅7名奥运冠军，唐九红等近50名世界冠军以及200余名亚洲和全国冠军。

长沙新广电中心　位于雨花区圭塘街道湘府东路与沙湾南路交会处东南角，占地面积3.67公顷，建筑面积10.26万平方米。长沙新广电中心建设重在体现文化内涵和保证广电专业功能，广电主体大楼于2010年11月23日破土动工，2013年1月实现主体封顶。长沙广电拥有广播、电视、有线网络、广告经营、影剧院等多元化布局的综合性传媒集团，下辖新闻频道、政法频道、女性频道、影视频道、嘉丽购物频道、移动地铁6家电视频道，新闻广播、交通广播、城市之声广播、音乐广播等4家广播频率，国安网络、中广天择、嘉丽购物等10余家公司，共23家二级机构，2500余名员工，总资产超过21亿元。长沙新广电中心引进国内外有实力的文化产业集团公司与文化相关的商会，汇聚电视文化产业新型办公综合体。

和＋共享图书馆　　（乔育平 摄）

风景园林

圭塘河　圭塘河是浏阳河汇入湘江的最后一条一级支流，是长沙唯一的城市内河，发源于跳马镇鸭巢冲水库（石燕湖），在黎托街道花桥汇入浏阳河，河道全长 28.3 千米，流域面积 125 平方千米，纳污面积约 450 平方千米（含天心区、芙蓉区等部分区域）。圭塘河下游的村民历来饮用河水，并灌溉农田、菜土，自 1958 年以来，迁入该河域的数十家工矿企业的生产废水直接排入圭塘河，致使水质污染，影响村民的生产生活。20 世纪 70 年代前，由于河道多湾，水流不畅，每遇山洪暴发，两岸农田遭灾。1973 年，长沙市郊区组织劳力将该河裁弯截直，基本解除山洪威胁。改革开放以后，工业污染与过度开发让圭塘河污染日趋严重，造成污水横流、水质黑臭，该河有“龙须沟”之称。1998 年 12 月，圭塘河下游（劳动东路至长沙大道）河段防洪保安工程建设开工。1999 年 4 月 25 日，雨花区政府印发《长沙市雨花区圭塘河流域水污染综合整治工作方案》，明确工作思路和工作目标；4 月 29 日，区委、区政府成立长沙市雨花区圭塘河流域水污染综合整治领导小组。2004 年，人民东路圭塘河大桥竣工通车。2011 年 9 月 20 日，总投资约 28 亿元的长沙圭塘河生态景观区改造工程启动，该工程南起湘府路，北至香樟路，以圭塘河为轴心，沿河两岸展幅 200 米，全长约 3 千米，总面积约 160 公顷，其中公园内部面积 67.09 公顷，86.41% 绿化率。项目建设包括生态示范区、运动休闲区、文化艺术区、城市河流体验区和基础设施建设等。2013 年 12 月 24 日，圭塘河生态景观区项目（二期）举行合作签约仪式。2014 年 1 月 24 日，圭塘河生态景观公园一期（香樟路—木莲路）开园，该园在全长 700 米的圭塘河道两岸，设置台地花园、水韵广场、水生植物园等。2014 年 10 月，圭塘河生态景观公园二期（木莲路—湘府路）项目启动，工程主体为“圭塘河岸”滨水公园。2015 年 2 月 5 日，雨花区圭塘河流域综合治理研讨会召开。2016 年 9 月 13 日，圭塘河流域综合治理工作会议召开，研究审议《关于进一步加强圭塘河流域黑臭水体整治及海绵城市建设工作方案》。同年 10 月，圭塘河岸河滨公园与羽燕湖免费对外开放。2017 年 4 月，雨花区斥资 5 亿元注册成立圭塘河流域开发建设有限公司，并与社会资本合作，建设长沙首个采用 PPP 模式的治河项目—圭塘河井塘段城市“双修”及海绵城市示范公园（又名溪悦荟）。12 月 23 日，圭塘河滨水商业街区以“悠游小镇”为名全面开街；12 月 28 日，圭塘河生态引水工程竣工，将浏阳河水从跳马镇冬斯港引入圭塘河。2018 年 3 月，雨花区与德国汉诺威水协等设计团队合作，对圭塘河井塘城市“双修” 与海绵建设示范公园项目进行设计。6 月 30 日，雨花区圭塘河井塘段城市“双修”及海绵示范公园启动开工建设，是长沙首个 4.0 版海绵城市示范公园，计划投资总额 14.5 亿元。2020 年 4 月，圭塘河井塘段新旧河段换水工程正式完成，新建 900 米长河道投入使用。

圭河两岸　　（吴慕云 摄）

黎托街道

区域概况

位置面积

黎托街道地处雨花区东北部，北、东、南为浏阳河第六湾环绕。东与长沙县的榔梨街道隔河相望；南与东山街道接壤；西与圭塘街道、高桥街道毗邻；北与芙蓉区的东屯渡街道和东岸街道隔河相望。辖区主要机关、企事业单位有湖南现代投资股份有限公司长沙分公司、长沙交通投资控股集团有限公司、长沙市烟草专卖局（公司）、长沙市排水有限责任公司、雨花区合丰垸堤委会、长沙市产业投资集团有限公司、花桥污水处理厂、长沙市群众艺术馆、长沙市实验剧场、长沙文艺之家、长沙市妇女儿童活动中心、沙湾公园、湖南省网球中心、湖南省游泳中心、湖南运达房地产开发有限公司、中铝国际南方工程有限公司、长沙明昇发展有限公司、长沙中泛置业有限公司、湖南湘诚壹佰置地有限公司、长沙保利商业投资管理有限公司（保利 MALL 商场）、长沙市丰彩好润佳百货有限公司、毕马威企业咨询（中国）有限公司长沙分公司、长沙瑞宝汽车销售服务有限公司等。1996 年，黎托乡辖区面积 29.72 平方千米，可耕地面积 1259.6 公顷，养殖水面 100.5 公顷，山地 469 公顷。2015 年，街道辖区面积 15.5 平方千米，耕种土地面积基本退出。截至 2019 年年底，辖区面积无变化。

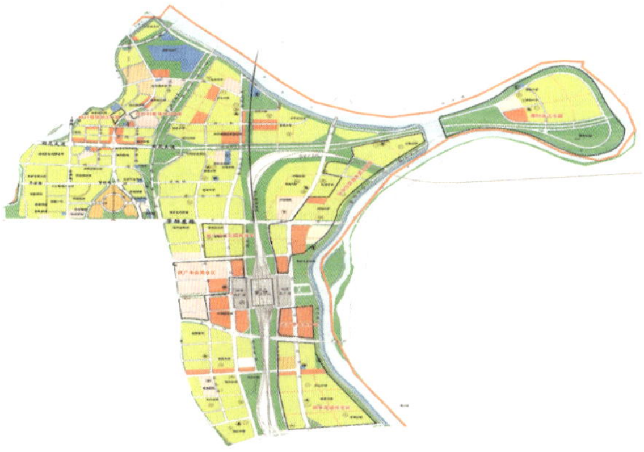

黎托商圈示意图（区档案馆 提供）

建置沿革

黎托街道前身为黎托乡的一部分，乡域曾有一椭圆形的泊坨地，由头坨、中坨、尾坨组成，面积 33.4 余公顷。明朝初期，黎姓在此标业而称黎坨，因“坨”与“托”形、音皆近，人们误将“坨”写成“托”，后约定俗成为“黎托”。1950 年 8 月，黎托乡人民政府成立。1958 年，黎托乡、榔梨乡、高塘乡合并成立榔梨人民公社，原黎托乡成为榔梨人民公社的一个片区，1961 年 3 月，黎托片区从榔梨人民公社析出成立黎托人民公社，归长沙市郊区管辖。1963 年 10 月，重新划归长沙县管辖，1978 年 1 月，再度划归长沙市郊区管辖，域内辖区未变。1984 年 3 月，黎托人民公社更名为黎托乡人民政府。1996 年 10 月，黎托乡属雨花区管辖，下辖辖区未变。2010 年 10 月，撤销黎托乡，设立黎托街道办事处，以原黎托乡的行政区域为新设黎托街道办事处的管辖区域，机关驻长沙大道（原黎托乡人民政府驻地）。同年 12 月 31 日，黎托街道办事处挂牌成立。2011 年 3 月，黎托街道析置为黎托、东山 2 个街道。2012 年 1 月 1 日，黎托街道挂牌成立。截至 2019 年年底，建置无变化。

行政区划

1950年8月，黎托乡属长沙县管辖，辖黎托、侯照、粟塘、潭垅、大桥、花桥6村和东山镇及胜利渔场。1958年，榘梨人民公社黎托片区辖大桥、东塘、曲塘、花桥、潭阳、边山、黎托、川河、长塘、侯照10个大队和东山镇及黎明渔场。1984年3月，黎托乡辖潭阳、川河、合丰、花桥、大桥、粟塘、平阳、黎托、东山、长托、边山、侯照12个行政村和东山镇及黎明渔场。2009年4月，黎郡社区筹委会揭牌成立。2010年12月，撤销村委会建设，成立潭阳、川河、合丰、花桥、大桥、粟塘、平阳、黎托、东山、长托、边山、侯照、黎明13个社区筹委会。2011年9月，设立广益社区居委会。2012年1月，黎托街道析置后，辖粟塘、合丰、花桥、大桥、潭阳、川河、平阳7个社区筹委会，黎托社区筹委会1个村民小组，广益社区1个社区居委会。2013年7月，设立东澜湾社区居委会。2016年4月，设立黎锦苑、体育新城2个社区居委会；大桥社区筹委会与广益社区居委会合并为广益社区居委会，花桥社区筹委会与东澜湾社区居委会合并为东澜湾社区居委会，平阳社区筹委会与黎锦苑社区居委会合并为黎锦苑社区居委会。截至2019年年底，街道辖广益、东澜湾、体育新城、黎锦苑4个社区居委会，潭阳、川河、合丰、粟塘4个社区筹委会。

自然环境

境域地处长沙盆地，浏阳河、圭塘河环绕，2011年3月，黎托街道地盘分为黎托街道和东山街道，故黎托街道地形成葫芦形，自东北到西南，地势平缓，高差小；沿河一带为沙洲低洼地，中间部分为平原土质肥沃地，尾部为小山丘紫色风化岩石地。全街道地貌为堆积地貌（平原）和侵蚀构造地貌（低山）。随着时间推移，境域现代化城市建筑鳞次栉比，地形地貌特征不再明显。

人口民族

1964年6月，辖区总户数3790户，总人口16897人。1982年7月，总户数5214户，总人口22668人。1987年末，总户数5976户，其中农业户5673户；总人口24860人，其中农业人口24050人，人口密度每平方千米854人。1990年7月，地区总户数6551户，总人口25767人。1995年末，总户数7160户，其中农业户6779户；总人口26037人，其中农业人口25314人，人口密度每平方千米854人。1996年末，黎托乡仍以农业人口为主，总户数7290户，其中农业户7290户；总人口26477人，其中农业人口26477人。2001年，地区总户数7556户，总人口28266人。2002年末，总户数8290户，其中农业户6535户；总人口27088人，其中农业人口26410人。2005年末，总户数9066户，其中非农业人口1123人，男性14119人；计划内生育率99.78%。2006年末，总户数9523户，总人口29408人，其中非农业人口1209人，男性14409人。2008年末，总户数10987户，总人口数31134人，其中非农业人口1477人，男性15105人。2009年末，总户数11855户，总人口数32483人，其中非农业人口1690人，男性15537人。2010年末，总户数12411户，总人口33824人，其中非农业人口2073人，男性16092人；常住人口64730人，人口密度为每平方千米4379人。

2011年3月经批复析置时，常住人口5.6万人（含流动人口）。2013年末，总户数9845户，户籍人口26241人，其中非农业人口8360人，男性14272人。2014年末，总户数10722户，户籍人口27927人，其中非农业人口11087人，男性13290人。2015年末，辖区户籍人口全部转为城镇人口，总户数11703户，户籍人口29946人，其中男性14272人；辖区常住人口24627人，流动人口3万余人；有白族3人、回族18人、土家族78人、朝鲜族2人、满族11人、维吾尔族2人、达斡尔族1人、蒙古族9人、瑶族25人、侗族16人、苗族41人、壮族5人。2016年末，总户数13152户，总人口34397人，其中男性16435人。2017年末，总户数15218户，总人口39325人，其中男性18726人。2018年末，总户数17405户，户籍人口44714人，其中男性21207人。2019年末，街道辖区常住人口34838人，流动人口22588人。

经济发展

经济综述

辖区在2000年前，是典型的农业经济，经历土改、合作社、人民公社化、家庭联产承包制4个经济变革阶段。1949年，境内主要经济来源就是靠1220公顷耕地，除少量商贩和手工业之外，没有其他产业，当年的农业总产值36600万元（旧币）。1956年，辖区建立供销社，为集体商贸企业，下辖5个综合商店，从业人员40人，年商品销售额约36000元。1958年，公社兴办6家社队企业。1963年，发展到10家，利润19550元。

1984年，恢复乡建制，正式建立乡财政，当年全乡财政收入51.8万元。随着改革开放不断深化，全乡工农业生产总值逐年增加，1986年6681.06万元；1988年11731.32万元，首次破亿元。1993年工农业生产总值28774.01万元比1988年翻一番多，1995年工农业生产总值35888.25万元，1997年工农业生产总值10.40亿元，突破10亿元大关。2004年，完成一般预算收入2505万元。2005年，完成一般预算收入6845万元。2006年，完成财政总收入7276万元，其中财税收入6355万元；工农业生产总值13.11亿元。

2010年后，随着城市化进程加快，境内的乡镇企业、商贸服务业也进入快速发展期，境内农业经济基本退出。是年拆乡建街，完全融入城市，境内经济逐渐以工业、商贸服务业为主。2013年，完成财税收入6.47亿元，固定资产投资完成50亿元。2014年，完成税收总收入12.49亿元，固定资产投资16.29亿元，省外境内资6.59亿元，市外境内资16.96亿。2015年，完成财政总收入10.67亿元，固定资产投资57.89亿元。2016年，完成财政收入11. 54亿元，固定投资完成52.64亿元，实际到位外资2750万美元。2017年，完成财税总收入14.04亿元，完成固定资产投资68亿元。2018年，完成税收入库15.58亿元，固定资产年度总投资53亿元。2019年，完成规模以上其他营利性服务业营业收入总额1.3亿元，固定资产投资62.7亿元。

项目建设

2001年2月，长沙体育新城建设启动。同年8月，长沙体育新城公交首末站开工，总投资6200万元，项目占地面积10269平方米，建筑面积9657.91平方米。2003—2007年，武广项目、体育新城、新殡仪馆、污水处理厂、中港珠宝城、报业文化新城、圭塘河改造、机场高速、人民东路、白沙湾路、战备路、雨花互通、劳动东路、香樟路、红旗路、新花侯路、天然气管道等近20项国家省市重点工程相继落户黎托乡，涉及全乡12个村，腾地940公顷，拆迁2630栋；引进绿城地产、三江、茂华、华天置业、融科智地、江河水利投等投资项目落地。2011年5月，运达中央广场开盘。

2012年，在建产业项目13个，有长沙瑞宝汽车销售有限公司、湖南三发汽车销售有限公司等6家品牌4S店及湖南申通快递有限公司等物流企业；启动雨花公馆、城市山谷等8个项目，全年实现房产销售面积32.5万平方米。2013年，在建项目14个，待建项目6个，其中列入区级“三定三抓”项目10个，计划投资48.5亿元，计划建设面积150万平方米。运达国际中央广场住宅楼、茂华禧都会、汇都·东城港商务楼全面完成建设，万科·环球村启动销售和建设，湘一实验中学启动建设，盛世华章三期、京武·城市山谷、江河东澜湾、吉联苑等多个项目相继预售。2014年，在建项目13个，待建项目4个，计划投资额超过45亿元，其中年度投资5亿元以上项目5个，在建项目中超50万平方米的6个。国中星城万国商业广场项目启动。

合能雨花公馆与运达中央广场　　（陈海良　摄）

2015年，江河东澜湾高层一二期竣工完成；京武浪琴山一期1#~6#高层12月底竣工验收，项目二期报建；运达中央广场完成美食广场、超市等地铁商业建设，12月开业；万科魅力之城二期高层进入装修阶段，幼儿园开工建设。2016年，在建项目9个，待建项目3个，列入区级“三定三抓”项目9个。万国商业广场主体封顶；运达中央广场购物中心和瑞吉酒店建成，W酒店进入精装修设计阶段，商业二期进行基坑施工；明昇壹城进场施工；江河东澜湾高层区、洋房区 A 区实现竣工交房，商业区处于主体建设和装饰装修阶段。2017 年，社会投资重点产业项目 10 个，年度计划投资 54 亿元，超额完成近 1 亿元；市级重点产业项目明昇壹城年度计划投资 11 亿元，实际投资 21.9 亿元。2018 年，明昇壹城年度总投资 17.6 亿元，投资完成率 117%；运达中央广场三期申报区重大观摩项目，总投资超 20 亿元。2019 年，有在建重点项目 10 个，重大项目投资完成率 100%。江河湾中心、半山国际中心、保利 MALL 完成签约面积 13626 平方米。

万科魅力之城　（曾祥平　摄）

长沙市国际体育中心项目　位于雨花区黎托街道高铁新城片区石坝路、劳动东路、沙湾路围合区域内，项目规划净用地 27.27 公顷，总建筑面积 68.5 万平方米，是集高水平体育赛事、文艺演出、体育休闲、全民健身、竞赛训练、教育培训等功能于一体的城市体育运动综合体。2016 年，湖南省委常委、长沙市委书记易炼红考察该项目；2017 年，长沙市委副书记、市长陈文浩考察该项目；2020 年，全面完成拆迁腾地并动工建设。项目呈“品”字形布局，东南地块为主体育馆及配套用房，主体育馆建筑面积 8.88 万平方米，能同时容纳 1.8 万人观看比赛，将建成长沙最大室内体育场馆；东北地块为一座面积 4.85 万平方米的竞技训练中心；西北地块为多栋公寓式办公楼和商业裙楼；西南地块为一座集篮球、极限运动、电子竞技、休闲展览于一体的体育文化公园以及娱乐康体设施配套。项目设停车位 5038 个。项目定位为长沙文体产业新地标，致力打造“一中心三基地”，即长沙市国际篮球训练竞赛基地、国家体育后备人才基地、现代服务业体育竞赛表演基地。

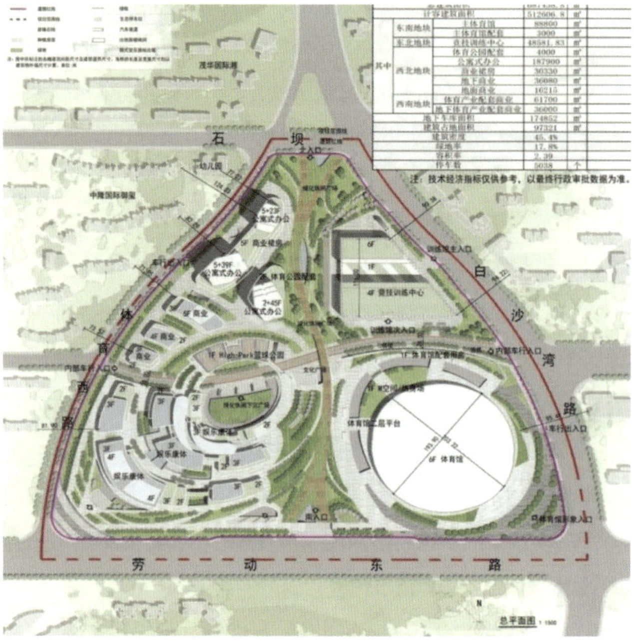

长沙市国际体育中心项目总平面图　（黎托街道　提供）

农业

境内农业分种植和养殖两大类。其中种植业 20 世纪 50 年代以种植水稻为主。1953 年，有稻田 958.9 公顷，注重选种、育种和推广良种，当年产稻谷 215.7 万千克。1956 年，全面推行双季三熟制，收获粮食 437.6 万千克。1958 年，成立人民公社。20 世纪 60 年代初，粮食严重减产，1962 年，产粮 126.44 万千克。1966 年，产粮 657.32 万千克。1967 年，产粮 679.9 万千克。1977 年，开始推广杂交水稻。1978 年 4 月，郊区黎托公社粟塘大队砂子塘生产队首先实行包产到户，随之在整个境内推广。1980 年，辖区耕地面积 1333 公顷，山地 602.13 公顷，旱土 45 公顷，水面 129.47 公顷；粮食总产量为 1018.5 万千克，亩产 730 千克；蔬菜种植面积 252 公顷，蔬菜 1120 万千克，西瓜 6 万余担，无核蜜橘 200 余担，鲜鱼 1000 余担；无子西瓜、无核蜜桔、辣椒并称为黎托三大特产，远销全国及东南亚各地。1988 年，实现农业总产值 2618 万元；全乡粮食播种面积 1572.4 公顷，产粮 895.7 万千克。1991 年，境内粮食总产量 2464.89 万千克。1994 年，黎托乡被长沙市授予“高效农业建设先进乡”称号。1995

年，辖区总耕地面积1200公顷，蔬菜种植800公顷，年上市9万吨；有青花菜、紫甘蓝等10个名特产品；国家级攻关项目净菜加工厂在潭阳村建立并投产；国家首家采用生物遗传工程技术繁育的工程鲫、鲤中试基地在黎明渔场立项建立，规模15.94公顷，投资557万元。同年10月，国家科委批准黎托乡为南方城郊型高效农业综合发展示范区。1996年5月，黎托乡黎明渔场建立国家“863”科技项目“工程鲫、鲤繁育中心试验基地”。

1994年黎托乡的田园风光　　　　（区档案馆 提供）

20世纪末，为发展现代农业，推行农业结构调整，稻田不断退出，粮食产量逐年减少，1997年，境内产量454.55万千克，与41年前的1958年持平。2000年，辖区耕地面积1283.4公顷，园林面积303.4公顷。2002年，实现农业总产值16025万元；全面退出水稻生产；花卉苗木面积116.6公顷；出栏肉猪76480头，产鲜鱼792号。2010年，撤乡建街，黎托街道靠近城市中心，农田变为城市建设用地，稻田全部退出，仅种植部分蔬菜。

1953年，全境旱土261公顷，其中约40%（105.4公顷）种蔬菜。1958年，成立人民公社，蔬菜面积增加到122.4公顷。1983年蔬菜面积88.8公顷，1984年蔬菜面积126.8公顷，1985年蔬菜面积253.3公顷，1988年蔬菜面积510.3公顷。从1988年起，全力发展以名、特蔬菜生产为主的高效农业，先后建立名、特、优新品种蔬菜基地333.33公顷。1994年，境内在发展传统蔬菜的同时，以潭阳村为基础，建立无公害净菜生产基地333.33公顷。1995年蔬菜面积847.3公顷，占当年郊区蔬菜面积的三分之一，上市蔬菜80447.8吨。1997年蔬菜面积852.47公顷，上市蔬菜88898吨，产值7779万元。2001年，境内蔬菜面积增至967.2公顷，上市蔬菜105600吨。2002年，蔬菜种植面积2415.73公顷，年产蔬菜96546吨。在发展蔬菜生产的同时，发展特色农业，种植葡萄、水果、苗木。

境内农业的养殖业，以饲养生猪为主。20世纪50年代为派购，开始以户养为主。1954年派购生猪约2000头。1958年人民公社化后，大办集体猪场。1961年，解散公共食堂，允许农户养猪。1962年，实行“公私并举，私养为主”的方针。1966年底，全境存栏活猪9849头。1978年中共十一届三中全会后，农户养猪迅速发展，1981年，全境养猪3.15万头，上市11220头。1982年，养猪3.3万头，出栏11440头。1988年，养猪7.1万头，出栏3万头。在饲养生猪的同时，农户还饲养少量的牛、羊和众多的家禽，还利用水库、山塘和鱼池养鱼。1957年存笼家禽1.5万羽。1983年上市肉鸡1万羽，1984年上市鲜鱼30吨，1996年饲养家禽22.1万羽，出笼家禽8.4万羽。上市鲜鱼450吨。1997年，上市鲜鱼629.4吨。20世纪末21世纪初，境内发展奶牛、山羊、山鸡、牛蛙、鸽子等特种养殖业，但未成规模，只是一些养殖专业户饲养。2003—2007年，应对因城市化进程造成耕地面积相对缩小的不利因素，实行全面退稻，发展特色农业；实行一村一品，建成长沙市放心菜生产基地，创出侯照丝瓜、边山水藕等获得国家质量安全产品认证的无公害蔬菜品牌。2010年拆乡建街后，黎托街道完全融入城市，为减少城市污染，养殖全部退出。随着城市化进程加快，农业逐年退出辖区经济，截至2019年年底，整个农业成为辖区经济的历史。

工业

20世纪50年代，境内工业只有一些传统的手工业，而且主要是家庭式的作坊，包括铁、木、竹、织布、油坊、染坊、磨坊等。1958年，在人民公社化高潮中，境内兴办打米、农具修造、竹器制作、湘粉、缝纫等社队企业6家。20世纪60年代初期，社队企业工厂基本关闭、仅剩下3家。1963年以后逐步恢复。1965年发展到13家，包括10家打米厂、1个弹花轧花厂、2个湘粉加工厂。

1976年，全公社有企业22家，从业人员1528人，总收入245.14万元，共有设备210余台。1980年，境内有企业18个，以“五七”机电厂出产的离心泵、电焊机、切药机、粉碎机、泥浆泵畅销全国，总产值500万余元。1984年，境内乡镇企业发展到52家，从业人员2370人，当年工业总收入1004.72万元。1993年，境内完成工业总产值19349万元，实际总收入14104万元，上缴税金1552万元，是年，被湖南省人民政府授予“乡镇企业产值达亿元乡镇”称号。1995年，创办川河泡沫塑料有限公司，属中外合资企业。1998年，创建凤凰工业园，投资4000万元，当年引进世达、基迅、旺华、未名等一批合资企业。2000年，创年产值1.3亿元。2005年，完成规模工业总产值50911万元。2006年，完成规模工业总产值75302万元。2010年，完成规模工业总产值12.13亿元；引进外资5000万美元，境内登记产业43个，其中投资5亿~10亿元的项目4个，投资超过10亿元项目9个，当年总投资30亿元。2013年，完成规模工业总产值2.4亿元。2014年，完成规模工业生产总值2.51亿元。2015年，境内有规模工业2家，规模工业总产值2.49亿元。2016年，完成规模工业生产总产值1.83亿元。2017年，完成规模工业生产总产值1.28亿元。2018年，完成规模工业生产总产值1.26亿元。2019年，域内有规模工业1家，规模工业总产值1亿元。

境内工业，生产一批新产品。1993年，开发新产品25个。其中4个填补省内空白，增加产值5000万余元。长安建材厂开发的“玻璃型轻质玻纤瓦”属于国内先进产品，填补省内空白，获省科委颁发的“新产品”证书。1996年，开发新产品7个，其中由启明机械厂开发的远洋集装箱锁杆，具有经久耐用、牢固防盗功能。由潭阳精工塑胶厂开发的光南豪迈—125座凳，采用一次性真空成型技术，式样新颖，质量可靠。1997年，境内企业开发新产品4个，其中长沙慧星无线电厂开发的“慧星”牌全频道电视天线获首届“国际爱因斯坦新发明、新技术博览会”金奖。21世纪后，乡镇企业和民营企业在发展传统产品的同时，创新一批新产品，星港公司生产的“星港床垫”，成为驰名商标；湖南红灯烟花公司生产的“彩色鞭炮”，环保无污染；久润机械厂生产的混凝土输送泵、混凝土输送车、拖式混凝土臂架等新产品，不仅销售全国，还远销俄罗斯。

商贸服务业

20世纪50年代初，辖区的商贸除走村串户的零星小货郎担之外，几乎是空白。1956年，成立供销社，逐渐有了商业。以后随着社会变迁，辖区内的商业经历个体、集体、国有、集体、民营多种商贸体制的变化。其中供销社在商品流通中占据时间最长，作用最大，其次是粮食部门，在统购统销年代，更是粮油交易的唯一渠道。1985年，随着改革开放的逐步深入，供销、物资、粮食、外贸改革经营方式，实行不同形式的经营承包责任制，乡镇企业的商店、饮食、服务业迅速发展。2005年，实现社会消费品零售总额3.46亿元。2006年，实现社会消费品零售总额38890万元。2010年，辖区内有商店、餐馆、旅馆、物流、网吧、4S店等353家，个体商贩1049家，年商贸销售额60790万元，其中仅钢材市场，年销售额就超过2亿元。辖区内有6个农贸市场、1个专业市场，还有临时性的赶集。

2011年拆乡建街后，商贸服务业成为全街经济发展的支柱之一，消费品零售总额逐年增加，2011年食品销售总额18.56亿元，2012年食品销售总额23.79亿元，2013年食品销售总额27.72亿元，2014年食品销售总额30.29亿元，2015年食品销售总额26.98亿元。2012年，花桥、大桥社区利用集体土地资源招商引资，江河双水湾Ⅱ期、明大项目、希尔顿酒店项目均完成签约。

2013年，实现限额以上社会消费品零售总额28.73亿元；在长沙高铁新城暨雨花区重点项目（上海）推介会上，推出运达城市中央广场、万国商业广场等项目，成功引进上海吉联重大战略投资伙伴。2014年，实现限额以上社会消费品零售总额30.28亿元；好润家购物中心、湘酒鬼营销总部落户黎托街道。2015年，实现社会消费品零售总额26.98亿元，外贸进出口额完成1000万美元；花桥生产安置用地和湖南东远置业有限公司签订框架协议，确定合作开发；吸引湖南运达房地产开发有限公司长沙瑞吉酒店、运达美食代美食广场、运达美生活·精品超市、北斗丝路股份有限公司、湖南合能房地产及旗下子公司、长沙丰采好润佳百货有限公司6家企业进驻。同年12月，运达中央广场的美食广场、超市等商业设施建成开业。2016年，实现限额以上社会消费品零售总额23.66亿元，外贸进出口额707万美元；运达中央广场购物中心和瑞吉酒店建成。2017年，实现限额以上社会消费品零售总额20.4亿元；承办“雨花购物节”；沃尔玛山姆会员店、保利MALL、天虹CC MALL集中开业，体育新城新商圈基本成型；平阳商业楼整体招租正式签约；大桥与上海绿厝、江西商会的合作开发用地完成调规；大桥一区、四区与运达实业集团合作签订意向协议；花桥与东远置业合作签订协议，启动项目拆迁；合丰与兴旺集团完成协议签订。2018年，实现限额以上社会消费品零售总额24亿元；江河湾中心开业。2019年，实现限额以上社会消费品零售总额22亿元；新增规模企业8家；世界500强企业区域性总部中铝国际南方工程有限公司落户街道。

2019年10月26日，中铝国际南方工程有限公司乔迁新址（黎托街道 提供）

基础设施

交通运输

黎托地区傍依浏阳河，自古水路交通发达，至20世纪90年代浏阳河仍有渡口6个。其中东山渡口为长沙通往浏阳一带重要渡口，设有茶亭、伙铺、商店等，渡船4只，划子10余只，每日往来行人上千人次，来自江西、浏阳的竹木、肥料，以及本地农副产品，均在此装卸，日吞吐量200吨以上。黎托乡村公路建设始于1958年。1962年，黎托公社境内拓宽新修的川花（川河至花桥）、东大（东山至大桥）公路通车。20世纪70年代，在农田基本建设中，田、水、路统一规划，加快乡村公路建设，但大多为简易公路和机耕道。截至1987年年底，全乡有公路5条，共32千米，均为砂石公路。其中纵贯南北的花侯公路和东西走向的潭白路，全长均为10千米，路幅宽6米，是黎托乡一纵一横的主要公路。1971年，黎托成立养路工班，由于坚持行道绿化，定期间伐，开田育苗，蓄水养鱼，兼营花木苗圃，以综合经营开辟养路资金来源，连续25年被评为各级先进工班。1988年10月，将花侯公路建成全乡第一条柏油公路。1991年7月，长沙市区开通第21路公共汽车至黎托乡侯照村，1992年4月1日因故停运，两年后应群众要求恢复运营。1996年，国家南北交通大动脉京珠高速公路湖南段长潭高速经过3年建设竣工通车，过境黎托乡8.92千米，跨越7个村，并建有雨花互通；市委、市政府专题研究东西走向的赤新路建设，拉开黎托乡大开发、大建设的序幕；8月，赤新路建设黎托段工程指挥部在大桥村成立。12月3日，黎托乡用4天时间将赤新路建设经过黎托段1.51千米46米路幅内3个组38户拆迁，7个组74户腾地和沿线两侧的开挖边沟工作任务基本完成。

1988年10月29日，黎托乡花侯路通车（区档案馆 提供）

2000年雨花大道（后改名为长沙大道）竣工（区档案馆 提供）

1997年9月5日，赤新路更名为“雨花大道”。2000年9月，雨花大道（后更名为长沙大道）全线通车，全长3.47千米，路幅宽50米，是连接长株潭的要道，2001年连接黄花机场高速，为长沙东大门主要交通要道。2001年6月，开工修建机场高速公路，途经乡境6.58千米。9月，境内劳动东路动工兴建，全长3.4千米，总投资2.7亿元。2002年，劳动路树木岭至体育新城段建成。同年11月，长托村村级主干道竣工通车。2003年7月，横贯全乡东西的潭白路硬化工程开工，全长8.5千米，8月底竣工；9月，境内体育新城3条主干道劳动东路、白沙湾路和曲塘路竣工通车。2006年3月，火焰路项目开工建设，7月竣工通车。2008年，辖区交通运输用地452.4公顷。2014年，长沙轨道交通2号线一期工程开通试运营，长沙大道站、沙湾公园站位于辖区内。2018年6月，长善路圭塘河桥通车，全长362米，设计为双向4车道。2019年，长沙轨道交通4号线试运营，沙湾公园站、粟塘站位于辖区内或边界。截至2019年年底，黎托街道先后建成红旗路、杜花路、合康路、长善路、湘风路、古曲路、新雨路、石坝路、川河路、大桥路、粟塘路等主次干道，与城市中心道路配套成网。

长善路圭塘河桥　　（黎托街道　提供）

邮政通信

1945—1949年，长沙近郊邮政均实行委托办理，黎托乡的东山镇开设邮政代办所，成为近郊8处代办所之一。1949年以后，农村信、报投递，每日由邮局用运邮汽车或运输单位客车将信件分送到各代办点，再由邮递员负责投送到单位和群众手中。20世纪60年代至80年代，黎托地区的信、报、包裹投递由劳动路支局所属的树木岭邮政所负责。1993年5月，乡机关开办经济实体，成立黎托邮电代办站，负责全乡的信、报投递和发行业务。20世纪末，报刊自办发行，电话代替了书信和电报，邮政部门业务扩展为邮政银行和物流公司，黎托地区有2家邮政储蓄所。

中华人民共和国成立初期，黎托乡有磁石手摇电话机1台。1961年，公社安装电话总机1台，单机20门，各大队、镇、域内企事业单位均安装手摇电话。1988年，黎托乡投资10万元建立60门纵横自动电话交换机，实现自动拨号通话，号码4位数。1991年5月，乡投资35万元，改磁石电话为程控电话，号码升为6位数。1994年2月，乡政府投资50万元引进深圳华为公司的程控电话交换机，单机容量5000门，农民开始家家户户安装电话，电话号码升至7位数，移动电话逐渐开始使用。2000年以后，手机开始进入普通百姓手中，成为人手一部的通信工具。2009年6月28日，长、株、潭一体化，使用统一区号，电话号码升至8位数。2010年以后，智能手机开始普及。2010年，黎托乡固定电话2万台，移动电话3万余部，宽带入户4000户。截至2019年年底，黎托街道实现成人均1部以上手机，基本实现户户通宽带。

水利设施

辖区水利资源丰富，属浏阳河水系，有合丰、潭阳、侯照3个堤垸。中华人民共和国成立前，辖区基本没有水利设施，1942年，才开始筑坝，但堤身矮小，无法抵抗洪涝灾害。1950年，中国人民解放军138师与合丰境内劳力联合筑坝，与侯照垸合并，建成长15.05千米大堤。1954年6月22日浏阳河水位40.13米（吴淞口标高，下同），大

长善垸大堤　　（区档案馆　提供）

堤溃口4处，洪水患难。1955年，开始冬修水利。1956年堤顶高程由35米提高至37米，以后逐年整修加高，截至1987年年底，堤顶高度40.5米，面宽1米~10米，并建成电力排灌站9处，装机15台，1211千瓦，保护垸内1719.5公顷耕地。潭阳垸始建于1900年，堤身单薄，1910—1949年，先后6次遭遇水灾。1954年6月22日又溃堤，经过历年修堤，截至1987年，堤顶高度39.5米，并建有电力排灌站2处，装机3台共165千瓦，保护面积197.1公顷耕地。1987年，辖区内基本达到旱涝保收。1998年，春末夏初，长沙地区连续出现大雨，辖区内险情四伏，其中重大险情46次，辖区开展万人兴修水利大动员，投资2796万元，填筑土方118.91万立方米，新建、改建排渍42处4机组402千瓦，封闭排渍管道16处，接长闸6处，加固大堤5000余米，2000年、2004年、2005年、2007年，先后投资300万元、750万元、950万元、455万元，修整池塘46口，建筑标准渠道1925米，新建护坡7.5万平方米、砼档墙2.7万立方米、砼预制块107万立方米、草皮护坡4.7万平方米，清理渠道6.24千米，检修排灌机具31台，维修闸门31处，电力排渍渠4万米，修建防洪道路25千米。21世纪后，随着城市化进程加快，农田逐步变为城市建设用地，农田水利建设完全由城市防洪建设替代，经过2000年、2004年、2005年、2007年四次大的修改，黎托街道内的大堤达到能防百年一遇洪水的超高标准大堤。2008年，水域及水利河流用地311.82公顷。截至2019年年底，辖区内无大规模防洪大堤建设。

供水供电

黎托乡被浏阳河三面环抱，水资源丰富。20世纪70年代以前，村民饮用水均以河水、塘坝水为主，部分村组有共用井供水。机关、学校、企事业单位用水一般由本单位打井建塔，自行解决饮用水问题。20世纪70年代以后，由于农业生产普遍使用农药化肥，水源受到污染，部分村民合伙或独户开始打井，20世纪80年代形成高峰。截至1990年年底，全乡有水井1697口，饮用清洁水的村民约2万人，但仍有30%的农村人口饮用河、塘坝水。1997年，全乡还剩76户313名贫困村民饮用不洁水，年底，雨花区政府拨款2万元改水专项资金，使最后一批村民用上清洁水。21世纪以后，黎托乡城市化进程加快，80%以上的村民成为城市居民，搬进安置小区，用上由长沙市水务局供应的管道自来水，入户率100%。

中华人民共和国成立初期，黎托地区无供电设施，村民靠点油灯、蜡烛照明。20世纪60年代，开始架设供电线路，东山镇及机关、学校、企事业单位开始用电灯照明，社队企业开始创办。1987年，乡成立农电站，各村均培训1名农电员，负责用电安全和收缴电费，电力建设加快。1989年12月25日，全乡所有村、场、镇居民和企事业单位全部用上了电，全乡有高压线路25.48千米，低压线路383千米。1992年，全乡年度用电总量424.62万千瓦时，其中农业用电211.28万千瓦时，工业用电156.71万千瓦时，照明用电56.63万千瓦时，收缴电费63万余元。1997年9月28日，乡成立农电管理站。1998年，雨花区农电办新架设一条10千米的高压线路至黎托，缓解黎托用电缺口。2000年，乡政府投资1320万元改造农电网，增加变压器39台，新建配电间54处，改造高压线路46.44千米，低压线路967.28千米，新架低压电杆3421基，高压线杆196基，总容量13615千伏安。是年，乡农电管理站撤销，合并到城南供电局雨东供电所，实现城乡用电同价。截至2019年底底，黎托街道年用电量约2.8亿余千瓦时。

城市建设与管理

20世纪90年代，黎托乡农民住房以自建房住房为主，1997年，大桥村39户村民在规划的安置小区内新建连户式四层住宅。2000年雨花大道通

星城新宇·黎雅苑　　（雨花城投集团 提供）

车后，黎托乡大桥、花桥、粟塘、平阳等村在承包地上修建仓库、食品加工厂。2008 年，辖区城市用地 738.87 公顷，村庄用地 813.36 公顷。2011 年 5 月，雨花区保障住房星城新宇·黎雅苑项目开工，项目位于边山村，建筑面积 24.28 万平方米，可安置人口 2858 人。2013 年，推进 18 个动拆项目，完成腾地面积 38.32 万平方米；平阳社区高层安置房附属扫尾工程完工并顺利分房，大桥社区四期安置房完成主体建设。2014 年，启动拆迁项目 20 个，涵盖“两河污染”治理、市政重点设施建设、保障住房建设和产业住房项目；实现拆违 48 万余平方米，合法建筑签订协议 312 栋，拆除合法建筑 247 栋。潭阳泵站、红旗路机场高速以南区域、磁悬浮、湘城壹佰、川河路（合丰段）、黎托派出所、京珠高速辅道扩征、黎锦苑二期、花桥污水处理厂 9 个拆迁项目实现腾地。完成黎锦苑一期保障住房和安置工作，共涉及 1858 套、2230 余人；完成平阳安置建设扫尾工作，共安置拆迁户 254 人。2015 年，启动拆迁项目 39 个，占全区拆迁项目的 40%，征地面积约 532.85 公顷、应拆合法房屋 3019 栋。实现合丰中泛四期、合丰安置地、花桥污水处理厂等 16 个项目的腾地目标，腾地面积 110.33 公顷。签订协议 463 栋，拆除合法房屋 481 栋 (含上年已签协议的)。文化产业园、湘诚壹佰 (南片)、D–09 号地项目等多个产业项目交地。

花侯小学施工图　　　　（区公共工程建设中心　提供）

花桥污水处理厂拆迁项目　　　　（黎托街道　提供）

2016 年，启动集体土地征拆项目 38 个，合法建筑签约 1071 栋，拆除 852 栋，腾地 76.34 公顷。红旗路、川河水文站、东旭国际、花侯小学、合丰路、沪昆安保评估用地、综合管廊、片区 4 号地（川河、合丰）、片区 7 号、8 号地（扩征）、文化产业园一期等 16 个项目腾地；用 3 个月全面拆除花桥教育用地、轨道三号地、湘诚壹佰北片、文化产业园二期等 6 个项目内 70 余万平方米的违章建筑；完成 16 个项目 17 个地块的复绿，面积 170 余万平方米。2017 年，铺排项目 42 个，合法建筑签订协议 804 栋、拆除倒地 940 栋，腾地交地项目 23 个、腾地面积 283.33 公顷。推进合丰、花桥、大桥“城中村”改造，其中合丰和花桥新纳入城改范围。文化产业园、合丰两安用地、湘诚壹佰、东旭国际、城投 15 号地、七里小学、片区 20 号地等项目全部清零。黎锦苑西片区分房交房 1078 套，560 余户群众搬迁新居。2018 年，完成腾地 21.67 公顷，拆除合法房屋 216 栋，花容路、嘉胜路、合丰两安商业地、合丰合作开发地、花桥生活安置地（花桥村范围内）、片区 4 号地合丰片（平阳社区）项目实现合法建筑全部拆除清零。街道开出雨花区首例个人焚烧垃圾罚单。2019 年，铺排征拆项目 19 个，应腾地面积 218.18 公顷，应拆合法建筑 558 栋；合法建筑签约 241 栋，拆除合法建筑 231 栋。片区 6 号地、黎托卫生服务站、东山变电站、片区 18 号地、浏阳河风光带、片区 4 号地、地铁 6 号线、片区 1 号地（火焰路以南），共 8 个地块或项目腾地清零，腾地 51.42 余公顷。安置分房约 3179 套，完成黎锦苑47套安置房分房，川河苑3132套分房。接收市、区数字化案卷3万余条，均及时办结。

潭阳洲片区拆违拆迁　2015年，长沙积极申办第12届中国国际园林博览会，初步选址潭阳洲。潭阳洲片区200余公顷，共有各类房屋3000余栋，待拆安居人口5000余人，是雨花区集体土地征拆中基数最大、任务最重、难度最高的项目。项目拆迁于2015年7月启动，经100余天日夜奋战，在2015年11月29日完成2000余栋136万余平方米违章建筑拆除，搬迁977家生产企业和401家门店。2017年3月15日，新一轮拆迁全面启动；7月25日，潭阳洲拆违拆迁签约基本清零，8月15日拆除基本清零，累计签约、拆除1205栋。

潭阳洲片区拆迁前　（区征地办 提供）

潭阳洲片区拆迁后　（区征地办 提供）

星城新宇·川和苑　位于雨花区黎托街道（高铁新城核心片区），占地12.4公顷，于2018年12月竣工，是雨花城投集团首个人车分流的保障住房。项目共有保障住房3154套，安置总人口3710人。2017年，被湖南省建设厅评为“安康杯”观摩项目。

星城新宇·黎锦苑　位于机场高速与花侯路交会处西南角（高铁新城核心片区），占地11.73公顷，于2011年6月22日奠基开工，是雨花城投集团开

川和苑　（黎托街道 提供）

发的第一个保障住房项目。项目分两期建设，可提供保障住房3007套，可安置总人口3680人，于2016年9月全部竣工。2015年1月12日，黎锦苑一期（东片区）启动交房。2017年2月22—28日，黎锦苑（西片区）集中交房，涉及粟塘、合丰、平阳、大桥、川河和潭阳6个村，共637户，994套，可安置约1100人。

星城新宇·黎锦苑　（雨花城投集团 提供）

园博家园项目　位于雨花区黎托街道（高铁新城核心片区），紧邻浏阳河，占地17公顷。项目

园博家园保障房建设　（区融媒体中心 提供）

共有保障住房4140套，可安置人口4920人。截至2019年8月，项目东片区拆迁未清零；西片区完成“三通一平”工作，围墙基本修砌完毕，土方开始外运，进入安置房基础全面施工阶段。

社会事业

教育

辖区内现代教育历史悠久，1904年创办合丰小学，办学历史悠久，虽然起步早，但办学规模较小。1949年8月，长沙和平解放时，有11所小学，有学生1180人。1980年，辖区有完全中学1所，初级中学1所，小学12所，共有中学生916人，小学生2768人，小学生入学率98％。2007年1月，湖南广益实验中学在经过湖南师大附中与湖南华夏科技投资发展有限公司联合进行股份制改造后，迁址至雨花区古曲南路办学。2008年，辖区内实现九年义务教育。2010年有小学9所，学生3036人，中学1所，学生947人。2012年街道析置后，3所小学、1所公办中学划归东山街道，辖区内剩6所小学，2022名学生。2014年4月，建立长沙市一中雨花新华都学校。同年9月，长塘里小学新华都校区开学，校址位于长沙市一中雨花区新华都中学内最北栋教学楼。2015年8月，砂子塘东澜湾小学建成。2016年8月，砂子塘万科魅力之城小学建成，长塘里小学新华都校区更名为长塘里第二小学（后又更名为长塘里阳光小学）。2018年8月，枫树山明昇小学、长塘里第二小学建成。截至2019年年底，辖区内有湖南广益实验中学、长沙市一中雨花新华都学校2所中学，砂子塘东澜湾小学、砂子塘万科魅力之城小学、枫树山大桥小学、枫树山明昇小学、长塘里阳光小学5所小学，明昇幼儿园、东澜湾幼儿园等、一二六华文高铁幼儿园、万婴茂华幼儿园、青果树万家城幼儿园、阳光幼儿园、幸福时光幼儿园、合丰中心幼儿园、童馨至雅幼儿园、金色梯田幼儿园等22所幼儿园。

2016年拆迁前的潭阳小学　（唐清明 摄）

湖南广益实验中学　位于雨花区体育新城古曲南路179号，前身为湖南师范大学附属中学于1997年创办的一所国有民办完全中学，2007年1月，湖南师大附中与湖南华夏科技投资发展有限公司联合，对湖南广益实验中学进行股份制改造，并剥离出湖南师大附中本部，迁址至雨花区古曲南路179号。学校校名源于湖南师范大学附属中学的前身、由民主革命先驱禹之谟于1905年创办的唯一学堂（一年后更名为广益中学堂）。占地7.33公顷，建筑面积8万余平方米，办学规模90个班。学校实现四区（分教学、办公、运动、生活区）四园（校园、家园、花园、乐园）的结合。2015年，初中毕业成绩6A直升302人，排名全市第一。

湖南广益实验中学　（黎托街道 提供）

长沙市一中雨花新华都学校　　（黎托街道　提供）

长沙市一中雨花新华都学校　位于雨花区长沙大道北侧，是由长沙市一中和雨花区政府于 2014 年 4 月 24 日签订合作办学协议，联合创办的一所全日制公办中学。占地面积 7.33 公顷，建筑总面积约 5.6 万平方米，投资近 2 亿元。学校有教学楼 2 栋，实验楼 1 栋，综合楼 1 栋，图书馆 1 栋，体育馆 1 栋，学生公寓 2 栋，学校食堂可供 1200 人同时就餐。学校的管理团队和大部分教师来自长沙市一中。获评“全国青少年校园足球特色学校”“全国啦啦操实验学校”“全国民族非遗与课程融合创建工程示范基地”“长沙市文明校园”等称号。

育新第二小学　位于雨花区潭白路与川河路交会处东南角，前身为托溪小学，于 1988 年在黎托乡川河村创建，2006 年 12 月该校创建成为长沙市现代教育技术实验学校，2020 年学校搬迁重建，更名为雨花区育新第二小学，是育新小学的第一所分校。育新第二小学是一所占地 4 余公顷的现代化小学，主体建筑包括综合楼、教学楼和体育馆等，可容纳 48 个教学班，提供 2400 个学位。

2015 年砂子塘东澜湾小学新校交接典礼（黎托街道　提供）

砂子塘东澜湾小学　位于雨花区沙湾路 389 号，由江河置业与砂子塘教育集团联手打造，于 2014 年 9 月 23 日动工建设，2015 年 8 月建成，是砂子塘集团第 10 分校。学校占地面积 2 万余平方米，总建筑面积 12378.51 平方米。

砂子塘万科魅力之城小学　位于雨花区雨花大道与劳动东路交会处西北角，由万科房地产开发有限公司、湖南湘诚壹佰置地有限公司投资建设，于 2016 年 8 月建成。总占地面积约 1.93 公顷，总建筑面积为 19249 平方米，可容纳 36 个教学班。

砂子塘万科魅力之城小学　　（黎托街道　提供）

枫树山明昇小学　位于京港澳高速与机场高速交会处东南角，由长沙明昇发展有限公司配套建设，于 2018 年 8 月建成。学校占地面积 2.53 公顷，建筑总面积约 21273.33 平方米，可容纳 54 个教学班，投资近 1 亿元。

枫树山明昇小学　　（黎托街道　提供）

长塘里阳光小学　位于雨花区长沙大道（长沙市一中雨花新华都学校东侧），前身为长塘里小学新华都校区，始建于2014年9月。2016年8月，长塘里小学新华都校区更名为长塘里第二小学（后又更名为长塘里阳光小学）；2017年3月10日，长塘里第二小学奠基；2018年9月，学校投入使用，教学规模43个班。学校将校园足球纳入发展规划，致力打造校园足球特色品牌。2019年，该校被评为全国青少年校园足球特色学校。截至2020年6月，足球队获得各级赛事25冠8亚4季。

2018年，长塘里阳光小学9名小学生球童亮相俄罗斯世界杯　（黎托街道 提供）

文化

1950年，土地改革，黎托农民分到田地后，粮食喜获丰收，广大农民踊跃向国家送爱国粮，黎托乡东山花鼓戏剧团据此创作男女对唱花鼓曲歌舞剧《双送粮》，后经省湘江文工团土改工作队19岁的徐叔华（后为省戏曲研究所副所长）修改完善唱词后，在长沙市郊久演不衰，受到热捧。1951年，《双送粮》参加武汉中南地区文艺会演选拔赛，顺利入选晋京演出节目名录。是年5月22日，西藏问题和平谈判成功，签字仪式后文艺表演助兴，东山花鼓戏剧团为在中南海怀仁堂参加签订西藏和平协议的毛泽东主席、中央政治局多名委员、西藏地区谈判代表阿沛·阿旺晋美等表演花鼓歌舞剧《双送粮》，获得赞许。1959年，阿尔巴尼亚艺术家代表团访问湖南，提出联欢时对唱一支湖南民歌，请湖南提供歌谱。结果《双送粮》中的第三唱段入选，提供者决定以第一句歌词作为歌名，即《浏阳河》。后经多位歌唱家以不同方式及风格进行演绎，深入人心，脍炙人口，成为知名歌曲。

浏阳河古渡口　（唐清明 摄）

1980年，为歌颂东山镇集市繁荣、闻名全国的东山辣椒丰收的场景，东山花鼓戏剧团创作花鼓小戏《小镇春秋》。2001年，花鼓戏小品《大堤上的笑声》获雨花区建党80周年文艺会演一等奖。2002年5月24日，《浏阳河》歌词作者徐叔华一行5人重访52年前创作这首歌的地方——黎托乡东山古镇，并赠书黎托。2003年1月，雨花区文化艺术节闭幕式在黎托乡举行。2007年4月6日，省美术家协会会员杨强立将创作的中国山水画《纵横山水间》赠送给东山镇，举行文化联谊活动。是年，乡政府组织文艺表演队参加区文明办举行的新市民教育活动启动仪式上表演《黎托威风锣鼓》、演唱《黎托新市民》、花鼓小戏《搬家》等节目。2006年，“美在黎托、乐在黎托”农民邻里节在体育新城举行，全乡14个村、场千余名群众、乡邻参加集体婚礼、集体舞比拼以及拔河比赛。2008年6月，举办庆“七一”唱响“黎托文明之歌”群众歌咏比赛，全乡20支歌咏代表队参赛。2009年10月，举办国庆60周年大型市民唱红歌歌舞晚会，全乡近3万群众到场观看。2010年，雨花区第七

2002年黎托乡黎托村创建市级文明村工作汇报会　（区档案馆提供）

届“缤纷雨花”社区文化节在长沙市首个农民安置小区黎托乡黎郡新宇社区举行。

2015 年，黎托街道有广场舞队伍 10 支，腰鼓队 7 支，网吧、KTV 等文化娱乐设施 30 家，图书馆 11 家，文化活动阵地面积 1650 平方米。2018 年，开展“家在黎锦 · 爱满社区” 黎锦苑社区文艺会演活动。2019 年，开展省市区级精神文化活动 12 场；完成东澜湾社区综合文化服务中心的建设；将花侯公园打造成市民健康公园。截至 2019 年年底，街道辖区有 2 个文化艺术馆，3 家影院，14 家网吧，21 家 KTV，有社区文化站 4 个，文化活动场所面积2080平方米，文化广场3个，面积约3818平方米。

长沙实验剧场越剧《红楼梦》演出　（唐清明　摄）

黎托街道综合文化站　位于雨花区长沙大道黎托街道办事处六楼，有工作人员 3 名。文化站建筑面积约 1500 平方米，设有舞蹈室、乒乓球室、书法（画）室、图书阅览室会议室和多功能厅等；室外活动面积 4000 余平方米，由健身区域、篮球场、文化广场组成。街道 14 个村（社区）都设有综合文化服务中。

花侯阅读花园　位于雨花区长沙大道与京港澳高速交会处东北角（花侯新市民公园内东南角），是湖南省首个在公园开设的小型图书馆。阅读花园由庭院与书屋组成，占地总面积 60 平方米，书屋占地 50 平方米，庭院内摆放特色阅览座椅 8 套。书屋内馆藏各类书籍近 2000 册。

体育

群众体育活动丰富多彩，农民传统的体育活动有春节元宵的舞龙、舞狮，端午节举行的龙舟竞渡。中华人民共和国成立后，除保持传统运动外，还逐步开展武术、拔河、自行车、游泳、乒乓球、羽毛球、篮球和棋类体育活动。1981 年 12 月，黎托公社举办首届农民篮球运动会，14 支球队参加。1987 年，黎托乡体育代表队参加长沙市郊区举办的首届农民运动会，参赛运动员 40 名，获得 7 块金牌，总分获第一。1991 年 2 月，黎托乡组织 60 人的体育代表队参加郊区第二届农民运动会，再次获总分第一的成绩。2001 年，黎托乡组织举办首届“振雄杯”农民拔河大赛，全乡共有 18 支农民代表队参赛，东山代表队获得冠军，大桥村和黎托村分别获得亚军和季军。2003 年 6 月，黎托乡举行第二届拔河比赛，16 支代表队参赛，侯照村“东南虎”代表队夺得冠军。是年 10 月，全国第五届城市运动会在长沙举行，黎托乡成为游泳、跳水和网球项目的主赛场。2005 年，乡全民健身委员会成立，负责指导全乡人民的健身运动。此期间，木兰拳、木兰扇、健身操、秧歌舞、太极拳、广场舞在全乡形成风气。2006 年 10 月，乡农民龙舟队和农民男女自行车载重队参加长沙市首届农民运动会，其中男女自行车载重队双双获得铜牌。2015 年，域内有游泳馆 1 座，社区篮球场 7 个，学校体育操场 8 个，乒乓球设置 11 处。体育场看台座位 2100 个，100% 的社区安装健身器材，经常参加体育活动人员占常住人口的 40%。截至 2019 年年底，辖区有 7 个游泳馆，学校体育操场 8 个，共有 40 家体育产业。

2005 黎托舞龙队表演　（黎托街道　提供）

医疗卫生

中华人民共和国成立前，农民缺医少药、恶性传染病、重病、大病均无法医治，病死率高，人均寿命短。1952 年，乡政府将当地私人郎中和私人药店组成联合诊所，负责本地卫生防疫、医疗保健工作。1959年，公社成立人民卫生院，院址建在平阳大队兴隆生产队，面积780平方米，设内、外、妇、儿科及手术室，有医务人员12人，病床20张。1970年1月，川河大队首先成立合作医疗机构，社员每人出资1.50元作为医疗基金，交大队统一使用。是年4月20日，全公社12个大队实现合作医疗，公社卫生院12名医务人员全部下大队指导，培训“赤脚医生”27人，不脱产卫生员151人。1974年7月，各大队“赤脚医生”开始到县卫生学校接受业务培训。1980年，有卫生院1所，卫生所1所，合作医疗站12个。1981年，社员合作医疗制度停止，看病住院个人掏钱。1989年，乡卫生院改为中心卫生院，下设5个医疗诊所，有医务人员23人，主要医疗设备有35毫安透视机1台，9英寸B超机1台，心电图机1台，单孔、双孔高倍显微镜各1台，病床20张。全乡有卫生室14个。门诊病人17615人，住院287人，完成业务总收入18.88万元。1997年11月25日，与正圆职工医院联手组建“长沙黎托联合医院”，走出了一条工农联手、城乡结合共同发展医疗卫生事业的创新之举。2003年4月，成立乡防治“非典”领导办公室，创作一首《非典预防歌》，未发生一起病例。2004年，乡卫生院与湖南省中医附一的教授组成医疗服务队，下村进行妇科普查活动，普查人数5351人，查出的妇科病人1562人，治疗疾病1297人。2008年，黎托乡建立新型农村合作医疗制度，全乡总人口27788人，参加农村合作医疗人数26269人，占人口的95%。是年1月至11月，医疗住院补偿2161人次，补偿金额208.52万元。2011年街道析置，街道卫生服务中心归属东山街道。2015年，黎托街道有9个社区卫生站，医务人员18人，其医疗业务由东山卫生服务中心管辖。2018，改造升级2所村卫生院，建成黎托基成社区卫生服务中心。截至2019年年底，黎托街道有10个社区卫生服务站、村卫生室，1个社区卫生服务中心。

20世纪60年代初，国家提倡计划生育，动员多子女育龄夫妇使用节育药具。1979年6月23日，黎托公社革命委员会制定《关于计划生育若干问题的规定》，实行一对夫妇只生一个孩子的奖励办法。1980—1982年，全社计划生育率90%。1983年，全社开展计划生育是基本国策的宣传教育，强调全社一胎率70%。1986年，成立乡计生协会，将计划生育工作纳入村目标管理，实行一票否决制。1987年，乡成立计划生育常年工作队。20世纪90年代，黎托乡多次评为计划生育先进单位。2001年，通过市、区计生委进行的计划生育管理模范乡的验收，被授予“湖南省计生工作模范乡”称号。2002年，乡政府与村、场、镇签订计划生育目标管理责任书，继续实施一票否决制。2010年，全乡计划生育合格率100%。截至2019年年底，黎托街道计划生育合格率100%。

黎托街道基成社区卫生服务中心　位于雨花区黎托街道曲塘路粟塘社区粟塘安置小区综合楼3号楼，由国家发改委2017年批复立项、拨款筹建，于2018年5月投入使用，隶属湖南基成医疗管理有限公司，是集临床与社区预防、医疗、保健、康复、健康教育、计划生育于一体的综合非营利性医疗机构。总建筑面积2778平方米，服务面积15平方千米，覆盖6个社区，有职工70余人。下辖全科、中西医专家门诊、外科、儿科、妇科、口腔科、国医馆（中医康复）、预防保健科等科室；拥有数字化X光机（DR），进口彩超、彩色经颅多普勒（脑彩超）、黑白B超工作站、全自动生化仪、全自动尿液分析仪、救护车等设备。

社会保障

中华人民共和国成立前，辖区内的孤寡老人和残疾人员生活困难，全靠群众行善积德照顾。土地改革时，对孤寡老人和丧失劳动力的残疾人实行分田代耕。农业合作化时，对这些人的生活费用由农业社负担，国家给予适当补助。人民公社化后，则由大队包干。20世纪80年代，农村实行家庭联产承包责任制，对孤寡老人和丧失劳动力的残疾人，实行分散供养和集体供养相结合，以分散供养为主的救助办法。1985年，辖区有五保户94人，粮食由所在村供给，零用钱由乡政府支付。

1997年，辖区有残疾人338人，其中靠社会救助的19人，供养124人，乡政府落实残疾人保障法，按“双定”标准救助，每人每月18元。是年，雨花区建立城乡最低生活保障制度，辖区认真执行这一制度，分城、乡两种低保户造册落实保障金。2001 年，境内农村低保户 47 户 141 人，发放低保金 78508 元。城市低保户 56 户 118 人，发放低保金 115584 元。2010 年，农村低保户 314 户 870 人，发放低保金 866250 元，城市低保户 70 户 134 人，发放低保金 325740 元。

2012 年，被征地农民纳入社保 3162 人，纳入城市居民养老保险和新型农村社会养老保险 3024 人，新增工伤保险 850 人，失业保险 580 人，居民医保参保缴费人数 16059 人；救助困难群众 1148 户 2653 人，大病救助 32 户，发放救助金 11 万余元。2013 年，纳入社保被征地农民 4170 人，新增社会养老扩面 15607 人；累计救助困难群众 52 人，发放救助金 262988 元。2014 年，新增城镇就业 1326 人，农村劳动力转移就业 390 人，新、老项目转户纳入社保 1436 人。2015 年，新增就业人数 1115 人，被征地农民纳入社保 271 人；完成境内城乡低保一体化并轨工作；投入 50 万元建设老年日间照料中心。2016 年，举办 4 场招聘会；加强职业技能培训，受训人员 115 人，街道怡心日间照料中心正式运营，可容纳 40 余名老人。2017 年，开展失地农民就业工程，342 人与用人单位达成就业意向。2018 年，被征地农民医社保纳入 745 人，城乡居民养老保险全年缴费人数 244 人，城乡居民医疗保险缴费人数 19002 人，打造“就业高铁站”特色服务品牌，近 400 人参加，召开 4 场招聘会，305 人与用人单位达成就业意向。2019 年，征地农民医社保纳入 1409 人，城乡居民养老保险新增参保人数 256 人，城乡居民医疗保险全年登记人数 19055 人，召开 3 场“失地农民”系列专场招聘会。

2015 年，潭阳洲失地农民专场招聘会　（黎托街道 提供）

特色地情

历史人文

黎家托　该地东倚浏阳河，南抵李家湾，北止平阳山，明朝初年即为黎姓标业，黎家托由此得名。中华人民共和国成立前，为邓、李、黄众姓养鱼公托，水面 33 余公顷，呈椭圆形，分头托、中托、尾托三个部分。头托、尾托水浅，中托水深，平均水深为 1.5 米。蓄水量为 50 万立方米。中华人民共和国成立后，头托、尾托改为稻田，中托蓄水养殖。20 世纪 80 年代，存原托的 40% 水面为大队渔场，养有青、草、鳙、鲢供应城市，以此托命名的地方有托里、托中等 9 处，江花公路从中穿过，长沙市至侯兆公共汽车在此设站。进入 21 世纪，随着城市化的发展，该处成为城市发展的前沿阵地。

花桥港　位于圭塘河入浏阳河口，据传因一户人家办喜事将花插于桥上而得名。从花桥至长沙城东门浏阳门，原有一条长约 7.5 千米的古道，当地流传着一首民谣：“七里港，八里田，花桥十五里到城边。”道路宽 2 米左右。路中央直铺两列长方形麻石，称为跑马石，所铺成的道路，则为古时传递公文等可催马快跑的特别驿道。直到 1949 年，7.5 千米长的古道中央依然有破损残缺的麻石。花桥港曾搭有木桥供行人通过。清乾隆二十年 (1755)，木桥被改建成石拱桥。石桥上曾竖有两块石碑，均刻有碑文。一曰：“此桥仿自康熙三十年，湖南巡抚杨公（指杨锡绂）而建也。因年久崩蚀动将倾，招憎募化，众捐资重修，刻数言，以招千载。乾隆二十年冬立。”另曰：“黎久长重修。乾隆三十一年。”1938 年，石桥被毁。1950 年，建钢筋混凝土桥。原花桥地域有一个急转的港湾，形似太极图，太极图顶部位于今花桥港的西南地段，顶端处建有钟馗庙。20 世纪 50 年代，花桥港裁弯取直，钟馗庙同时被拆。

潭阳洲　又名谭家洲，因谭姓家族聚居此地而名，位于雨花区黎托街道东北部，地处长沙市区最东端，北、东、南三面临水，北面与湖南农学院隔河相望，东面隔河是㮾梨镇，南面隔河是长沙县，西面与川河村相接，洲长700米，宽100米，总面积2.57平方千米，有一条唯一的入村公路，机场高速路从本村高架穿过，整个潭阳洲地形呈“葫芦状”，浏阳河拐了一个大弯，长约6.5千米的河岸勾勒出三面临水的潭阳洲。明朝洪武年间(1368—1398)，就有渔民迁居于此。清同治《长沙县志》载潭阳洲在“㮾梨市对岸，浏水环其二面，居民数十家，耕种而外，操舟业，实善邑东乡山水一大关键也。舟行过此，倏忽向背，风帆上下，莫辨东西，极回环映带之妙”。数百年来，人们在这里留下诸多古庙、古园等文化遗产。浏阳河流经㮾梨、潭阳段的河道叫梨江，由于浏阳河南来北往运送货物的船只均要在此河段停泊，梨江段两岸市场繁荣，商贾云集，故在㮾梨与潭阳两地分上下建两个渡口通往长沙城内，这就是浏阳河梨江河段的八景之一“梨江双渡”。潭阳梧凤园为当地有名的园林建筑，由九芝堂创始人劳氏家庭兴建，始建于清朝乾隆年间，因当时此地有梧桐树数棵，劳氏为家业兴旺、吉祥如意，便将房屋地名取为梧凤园，家有梧桐树，引来金凤凰。屋场占地0.64公顷，房屋20余间，是老四合院。据载，潭阳垸始建于1909年，由于堤身单薄，防洪能力弱，至1949年前有6次溃垸，洪水穿洲而过，一片汪洋，耕地被淹，人畜遭殃。1927年6月，“马日事变”发动者许克祥率一个团的兵力进驻潭阳洲，要“血洗三托两湾”（姚托、黎托、苏家托、解家湾、长塘湾），准备扫除浏阳河畔潭阳洲一带武装阻力。明道区委负责人徐守成、姚托支部书记孔福生，乘敌不备，动员农民武装力量，配合农军，主动阻击许克祥部队，武装夺取潭阳洲，粉碎敌人进犯浏、平的企图。1946年，垸内村民杨绍海倡议建垸修堤，初步建起永镇垸、永丰垸（即合丰垸）和潭阳垸，形成大堤雏形。1950年，在原在大堤基础上，军民携手修建一条长15.2千米，高38.87米，包括合丰垸在内的防洪堤，提高了防洪、抗洪能力。1954年，高达40.13米的洪峰让潭阳人民遭受重大损失。1965年起，洲上办起林场、茶园，广植竹林和名花异木。1998年，军民在潭阳共抗洪水。1999年春，潭阳再度掀起兴修水利的热潮，修建“百年一遇”的标准防洪大堤，耗资近3000万元，将原有大堤全面加高至41.5米，在大堤内侧修筑一条高38米、宽8米的矮子堤，整治险段8处，改造所有涵闸、涵管16处，新增排渍机台2处。2015年，为配合长沙市申办第12届中国国际园林博览会，对潭阳洲进行集体土地征拆。2017年8月，潭阳洲片区全部完成签订帮拆协议和拆除倒地任务。2019年，雨花区召开潭阳洲片区开发研讨会，共商潭阳洲片区未来开发建设方向和产业发展定位。

战白庙　建于潭阳村，清咸丰三年（1853），由当地居民谭、杨、黎、李、汤、阎6姓捐资兴建，历时6年于清咸丰九年（1859）竣工。当时，战白庙占地面积0.7公顷，朝向坐北朝向，为湖南古典式庙宇建筑，前厅为正殿，供奉战白龙王神像；东厢为偏殿，供奉平浪宫神像（杨四将军像），西厢同为偏殿，供奉莲花宫神像（观世音神像）；正殿后院为内庭院，是庙内住持的卧室、签字房和杂屋。据传，庙宇中供奉的战白龙王特别显灵，当时镇守长沙的清兵部下侍郎陈乃好的儿子走失，久等无音讯，求战白龙王卜其儿子平安无凶，于某日某时有人将其护送回家，几日过后果真如此。陈乃好为感神恩向战白庙捐巨资购置田产，田产收租养庙、办学、屯粮救灾。清末长沙太守成武大将军齐甘成也因失子求战白龙王显灵将失子寻回，为感神恩，齐甘成在长沙城里通泰街建战白龙

潭阳洲　（黎托街道 提供）

王行宫“二圣庙”，此庙于长沙“文夕”大火中被烧毁。1952年，战白庙改造办潭阳小学，神像迁出入潭阳15组黎云溪家；1953年在潭阳14组建简易庙宇三家，1954年浏阳河发洪水，潭阳洲溃垸，庙宇被洪水冲毁，神像迁入潭阳14组谭茂德家；2008年，潭阳村全体村民捐资，在老横堤外重建战白庙，所有神像一并迁入新建庙宇供奉。

战白庙志碑　　（唐清明　摄）

黎托阻击战　抗战时期，中日军队曾在长沙四次会战，其中第三次长沙会战的主战场就在东南近郊，黎托地区为主战场之一。此次战役发生在1941年12月底至1942年1月，日军进攻主力约6万人，迎敌的中国军队有9个军23个师约25万人。1941年12月31日，日军主力先后抵达㮾梨、黎托一带。1942年元旦凌晨，日军第三师团步骑3000余人，乘大雾强渡浏阳河，分三路向长沙东南外围第一线阵地进攻，被中方军队击退。11时，日军增援2000人，在飞机大炮掩护下再次进攻未遂。16时，日军增强兵力第三次猖狂进攻，虽攻破第一道防线，但中日军队在城郊一带激战4天4夜，日军伤亡惨重。5日拂晓日军退到黎托东山，又遭中方第79军98师阻击，炸毁军用浮桥，击毙日军300余人于浏阳河中。5日下午，日军溃败退到黎托东山渡口，准备乘船过浏阳河逃往㮾梨方向，被中国军队第79军与第4军占领浏阳河两岸，猛烈阻击日军，被打得狼狈不堪的日军在大部队接应下才免遭全军覆没，向㮾梨镇方向逃去，这次长沙会战，中日双方在长沙东南城郊激战5天6夜，日军攻占长沙的计划未能得逞，这也是抗战时黎托地区经历过的最大一次战争。

名优特产　东山辣椒潭阳菜，侯照丝瓜、边山藕均为有名的特产蔬菜。东山辣椒和侯照丝瓜名扬全国，东山辣椒曾进入人民大会堂宴席，中央首长到长沙视察点名要吃东山辣椒；侯照丝瓜因质嫩味甜曾被湖南电视台乡村栏目专题报道，畅销全国各地。1972—1975年，侯照大队利用山地宽阔优势创办一个园艺场，常年苗木培植6.7公顷。1976年，李家湾生产队黄子才带领全队社员搞苗木培植，无核蜜橘苗销往全省各地，苗木亩产值4万元，社员每份工所得报酬2元钱，全队户户当年都成了万元户，获全国第二个万元户生产队，农业部颁发荣誉证书。

商业地标

体育新城　位于雨花区黎托街道境内，长沙大道以南，京港澳高速公路以西，火星路以东，省

体育新城　　（曾祥平　摄）

体育运动技术学院以北，是借助长沙市2003年举行中国第五届城市运动会之机，进行的集现代家居、文娱方式与和谐的人文感触为一体的现代城区建设发展的尝试。新城总占地333.33公顷，总建筑面积为256万平方米。项目包括体育场馆、别墅、高尚住宅区、医院、学校及酒店式公寓等，形成集房地产业、娱乐业、酒店餐饮业于一体的体育新城。

保利 MALL （黎托街道 提供）

运达中央广场 位于雨花区长沙大道与沙湾路相交的西北角，由湖南运达集团投资60亿余元建设的城市综合体，占地面积9.13公顷，总建筑面积约60万余平方米。由高端商业和高档精装修住宅组成，其中总面积18万平方米的商业组合包括五星级酒店——瑞吉酒店、W酒店、大型国际名品商场——运达汇购物中心、国际AAAAA写字楼以及国际酒店公寓。运达中央广场引入国际流行的“低碳”理念，从建筑到装修将大规模采用低碳、智能建筑技术；中央空调系统、集中冷热水系统、超五星级酒店标准的精装修及其配套。2011年4月，瑞吉酒店、W酒店签约入驻运达中央广场。同年5月，运达中央广场开盘。长沙运达中央广场购物中心开业。2019年，运达中央广场以11.17亿元的销售总额登顶“2019年长沙公寓成交金额排行榜”。

运达中央广场 （吴慕云 摄）

保利 MALL 位于雨花区黎托街道劳动东路与沙湾路交会处西南角，地铁2、4号线接驳处（沙湾公园站），于2017年9月27日开业，商业面积约22万平方米，是一家定位家庭欢聚、绿色环保的一站式休闲娱乐购物中心。保利MALL汇集大型超市、国际影院、餐饮美食、儿童游乐、精品购物、生活服务等6个业态，内含2万方大型综合超市、6000平方米超大影院、1800平方米超大儿童体验王国、4个儿童主题游乐项目，引起沃尔玛山姆会员店、金逸国际影城、中健银座健身、瑞思学科英语、苏宁易购、优衣库、杨梅红国际私立美校、海之宝儿童游乐、全棉时代、屈臣氏、KFC、星巴克等品牌。

天虹 CCMALL 位于雨花区劳动东路260号，地铁2号线沙湾公园站2出口旁，总面积3.8万平

天虹 CCMALL （黎托街道 提供）

方米，区别于传统大型购物中心，定位为湖南首家“市集”主题、长沙首家主题性的购物中心，打造多元化的欧洲小镇街头元素、创意潮玩市集、社区生活配套，“小而美”的零售模式填补高铁新城片区社区商业空白。

花侯新市民公园　　（黎托街道 提供）

风景园林

沙湾公园　位于雨花区黎托街道劳动东路南侧，北临劳动东路，南靠曲塘路，东接高铁新城片区，呈狭长形山体，于2014年10月29日开工建设，2016年2月5日开园，主游道长2.3千米，二级游步道5.5千米（包括1.5千米长的木栈道），占地29万平方米，绿化覆盖率将81.2%，是综合性景观文化休闲生态城市公园。公园分为森林漫步区、活力运动区和花海休闲区3个区域，以及出云亭、栾华林、烟霭亭、映秀池、暗香楼、落英亭、疏影台、童趣坡、松风亭、阳光草坪、生态足球场、气膜羽毛球馆12个特色项目。

沙湾公园　　（谢望东 摄）

花侯新市民公园　位于雨花区黎托街道长沙大道与京港澳高速交汇处东北角，于2015年11月底动工建设，2016年6月开园，是长沙市最大的拆违复绿公园。花侯公园的前身是高铁入城口的大片违法建筑群，面积约2.5万平方米，经过2015年拆违大行动后，违建全部倒地，经清场复绿，规划建设成一个社区公园，成为长沙首段环城绿带建设的一个重要节点。公园西侧临京港澳高速，种植香樟、杜英、速生杨，形成防护林带；东侧布置广场、健身场地。

洞井街道

2004年6月，国家环保总授予洞井镇“全国环境优美乡镇”称号。2017年，洞井街道获评全国社区教育示范街道。2018年，获评湖南民间文化艺术之乡。

区域概况

位置面积

位于雨花区中部，东与东山街道相接，西与天心区毗邻，九峰街道园艺场，南以绕城高速为主界线与同升街道相接，北与井湾子街道、圭塘街道相连。驻街机关、企事业单位有化工部长沙化工研究设计院、化工部中南石油局、中铁五局集团公司、中铁电器化集团第四工程局、中盐集团、省建设厅、省林业厅、省森林植物园、省林科所、省质检局、省人才市场、省检验检疫局、省移动通信公司、长沙汽车南站、湖南旺坤集团、洞井建筑公司、长沙锅炉厂、时代阳光集团公司、全洲医药集团公司、雨花五金机电大市场、中南汽配城、洞井设备市场、红星糖酒城、京狮集团长沙公司、洞井明德中学和八所小学等。1987年，辖区面积45.4平方千米，耕地面积1347.53公顷。2012年1月街道析置后，辖区面积22.3平方千米。截至2019年年底，辖区面积无变化。

建置沿革

民国期间，属长沙县新德、九峰两乡管辖，1949年8月5日长沙和平解放，仍保留乡保甲制分属长沙县一区二区九峰、新德两乡管辖。1950年3月，废除乡保甲制，分设白田、桃阳、石碑、莲湖4个乡。1952年，区域内划为洞井乡、洪塘乡、白田乡、牛头乡等9个小乡。1953年，9个小乡合并洞井乡、桃阳乡、牛头乡、白田乡、金塘乡5个乡。1956年，长沙县撤区并乡，5个乡合并为洞井乡。1958年，并入大托人民公社。1961年10月，从大托公社划出，成立洞井人民公社。1962年1月，洞井人民公社由长沙县划归长沙市郊区管辖，同年11月，由长沙市郊区划归长沙县，隶属大托乡。1978年，洞井公社由长沙县划归长沙市郊区。1984年3月，洞井乡人民政府成立。1996年7月，洞井乡属雨花区。是年12月，洞井乡改为洞井镇，大塘、月塘、圭塘三个村划归圭塘街道。2010年10月，撤销洞井镇，设立洞井街道办事处，以原洞井镇的行政区域为新设洞井街道办事处的管辖区域，机关驻时代阳光大道(原洞井镇人民政府驻地)。2011年3月，洞井街道析置为洞井、同升2个街道。2012年1月1日，洞井街道挂牌成立。截至2019年年底，建置及街治无变化。

行政区划

1956年5月，洞井乡辖桃阳、金井、清泉、三联、板塘、卫星、和平、鄱阳、洞井、联星、三兴、金龙、白田、同升、牛头、兴隆、天华、联盟、金塘、高升20个高级农业生产合作社。1961年10月，洞井人民公社辖洪塘、白田、同升、金井、桃阳、桃花、鄱阳、和平、洞井、牛头、兴隆、天华、联盟、板塘、高升、月塘、大塘、圭塘18个大队。1980年，辖18个大队，656个自然村。1984年，辖洪塘、白田、同升、金井、桃阳、桃花、鄱阳、和平、洞井、牛头、兴隆、天华、联盟、板塘、高升、月塘、大塘、圭塘18个村和渔场，191个村民小组。1987年，下辖18个村，1个渔场，191个村民小组。

1996年洞井乡的大塘、月塘、圭塘3个村划归圭塘街道后，辖洪塘、白田、同升、金井、桃阳、桃花、鄱阳、和平、洞井、牛头、新兴、天华、联盟、板塘、高升15个村和新城、新裕2个社区，156个村民小组。2009年7月，设立丰园社区居委会。2010年11月，撤销村委会建制，成立洪塘、白田、同升、金井、桃阳、桃花、鄱阳、和平、洞井、牛头、新兴、天华、联盟、板塘、高升15个社区筹委会。2011年1月，设立景环社区居委会。同年3月街道析置后，辖牛头、高升、洞井、天华、鄱阳、和平、桃花、板塘8个社区筹委会，新裕、新城、商贸城、丰园4个社区居委会。同年8月，设立湘天社区居委会；9月，高升社区筹委会改为高升社区居委会。2012年11月，设立植物园社区居委会。2013年11月，设立龙庭、歇马亭2个社区居委会。2014年12月，设立南庭社区居委会。2016年4月，天华社区筹委会与商贸城社区居委会合并为商贸城社区居委会，板塘社区筹委会与植物园社区居委会合并为植物园社区居委会；12月，设立天际岭、星苑2个社区居委会。2017年11月，调整新裕、星苑、植物园、天际岭、歇马亭5个社区居委会区域范围。2018年12月，设立仙岭社区居委会。截至2019年年底，街道辖高升、新城、商贸城、丰园、新裕、湘天、植物园、南庭、龙庭、歇马亭、星苑、天际岭、仙岭13个社区居委会，牛头、洞井、桃花、和平、鄱阳5个社区筹委会。

两型示范社区：高升社区　（洞井街道 提供）

自然环境

洞井域内低山丘陵，平山矮山多，天际岭海拔102米，仙姑岭海拔115米。主要分布地岗地10~30米。域内处于东亚季风区中，气候温和，热量丰富，降水充沛，日照较足，四季分明。土地地质主要有第四季红色黏土、紫色砂页岩、近代河流冲积物3种。自然资源主要有石灰石和矽砂，石灰石主要分布于洪塘村，矽砂分布较广，同升、白田、牛头、洞井、和平、鄱阳、高升等地皆有。

天际岭　（雨花经开区 提供）

人口民族

洞井辖区内人口以汉族为主。1949年8月，辖区总户数2355户，总人口10674人。1964年，总户数3246户，总人口14550人，其中男性7582人。1982年末，总户数4909户（其中集体户6户），总人数20159人，其中男性10300人，汉族20156人，土家族3人。1987年末，总户数5433户，其中农业户5418户；总人口21273人，其中农业人口21206人，人口密度每平方千米468人。1990年末，总人口 27626 人，其中农业人口 22792 人；有 15 个民族，其中汉族 27451 人，各少数民族 175 人。1995 年末，总户数 5945 户，其中农业户 5938 户；总人口 22190 人，其中农业人口 22049 人，人口密度每平方千米 489 人。

1996 年，雨花区区域微调后，月塘、大塘、圭塘 3 个村划为圭塘街道管辖，总人口 3.4 万人。1996 年末，洞井镇仍以农业人口为主，总户数 5716 户，其中农业户 5716 户；总人口 24529 人，其中农业人口 24529 人。2002 年末，总户数 6950 户，其中农业户 4891 户；总人口 27184 人，其中农业人口 19563 人。2005 年末，总户数 8174 户，总人口 30955 人，其中男性 15740 人；计划内生育率 98.14%。2006 年末，总户数 9185 户，总人口 33314 人，其中非农业人口 11908 人，男性 16973 人。2008 年末，总户数 10008 户，总人口数 35816 人，其中非农业人口 13608 人，男性 18127 人。2009 年末，总户数 10333 户，总人口数 57291 人，其中非农业人口 24728 人，男性 24434 人。2010 年末，总户数 11070 户，总人口数 61858 人，其中男性 31214 人；人口密度每平方千米 4483 人。

2011 年 3 月经批复析置，总人口 7 万人（含流动人口）。2013 年末，总户数 10737 户，总人口数 55059 人，其中非农业人口 45365 人，男性 28960 人。2014 年末，总户数 12114 户，总人口数 55645 人，其中非农业人口 45786 人，男性 28779 人。2015 年末，辖区户籍人口全部转为城镇人口，总户数 13468 户，总人口数 55955 人，其中男性 28960 人。2016 年末，总户数 15161 户，总人口 57619 人，其中男性 29740 人。2017 年末，总户数 18466 户，总人口 61165 人，其中男性 31214 人。2018 年末，总户数 21156 户，总人口数 65633 人，其中男性 33068 人。2019 年末，总户口数 23351 户，总人口 69283 人，其中男性 34582 人，年度出生 1378 人，死亡 230 人，迁入 4502 人，迁出 1310 人。

经济发展

经济综述

中华人民共和国成立前，洞井地区经济发展十分缓慢，农村的自然经济表现为小农业和家庭手工业的结合，传统农业以水稻为主，兼种棉花、麻、油、茶等经济作物，家庭副业以养猪为主。铁、木、石、裁缝、剃头、泥工等手工业工人，多为沿门手艺，有的亦工亦农，私营商业集中于洞井铺和白田铺，还有货郎担上农村叫卖。洞井地区的土地大部分掌握在地主、富农手中，占稻田面积 77.3%，其他农民占 22.7%，其中贫苦农民稻田只占 0.83%，多数农民依靠做长工、零工维持生计。

中华人民共和国成立后，洞井发展社会主义生产力，生产水平逐步提高，人民生活显著改善。1958—1978 年，农村经济进入不稳定的发展阶段，洞井进行大规模农田基本建设和交通建设，兴办社、队企业，改革耕作制度，改良品种，推广新的耕作技术。1979—1999 年，农村经济进入全面持续稳定发展时期，洞井实现工作重点转移，进行经济体制改革。1980 年，实行专业承包，联产计酬的生产责任制。1982 年 6 月，洞井公社 18 个大队，建立不同形势下的生产责任制。1983 年初，全面推行家庭联产承包责任制，平均亩产 803 千克，改革工业体制，建立经营承包责任制，加速企业的发展，搞活集体经济。1987 年，社会总产值 6459.62 万元，人均纯收入 602 元。1993 年，辖区企业 79 个，企业总产值 2.93 亿元。1995 年，社会总收入 5.6 亿元，人均纯收入 1840 元，乡镇企业总产值 5.3 亿元。1996 年 10 月，洞井建筑工程公司承建的中国证券雨花综合大楼获评中国建筑工程最高奖——鲁班奖，实现湖南省鲁班奖零的突破。

2000—2012 年，为辖区农民转为市民的发展时期。2001 年，经建设部批准，洞井镇为全国小城镇建设试点镇，规划环线以内的 12.7 平方千米城市化建设。2002 年，洞井镇有乡镇企业 1209 个，从业人数 9867，乡镇企业产值 8.64 亿元，其中工业总产值 17981 万元，建筑业产值 31934 万元，商饮业 34492 万元，财政收入 2293 万元，全镇产值 500 万元以上的规模企业有洞井建筑股份有限公司、长沙超世实业有限公司、长沙庐山实业有限公司、麦香实业有限公司等。同年，策划并开始建设环线以外规划面积为 15.6 平方千米的湖南环保科技园；启动建设洞井镇千亩生产资料大市场——湖南雨花五金机电大市场。2003—2007年，引进内资30亿元。2003年，财政收入3694万元，农民纯收入5472元。2004年，完成一般预算收入4757万元。2005—2008年，连续四年跻身长沙市经济社会发展综合实力“十强乡镇”。2005年，完成一般预算收入9111万元。2006年，完成财政总收入10646万元，其中财税收入10634万元。2007年，财政收入1.66亿元，农民纯收入10200元。2008年，财政收入21847万元，固定资产投资29亿元。2009年，完成财政收入2.71亿元。2010年，完成社会固定资产投资41.3亿元；村级集体资产总17.18亿元，村均11453万元，集体经济总收入5847万元。2011年，实现税收2.14亿元。

2013年，完成税收总收入71008万元，固定资产投资50.08亿元，实际到位外资3240万美元，实现省外境内资金和市外境内资金形成固定资产投资分别为6.51亿元和14亿元。2014年，完成税收6.8亿元，固定资产投资47.3亿元。2015年，实现税收总收入6.48亿元，完成非税任务1450万元，固定资产投资59亿元，实现规模工业总产值1.3亿元，实现实际到位外资3987万美元，外贸进出口4950万美元，省外域内资金和市外域内资金形成固定资产投资分别61692万元和18.00亿元。2016年，完成税收入库8亿元，完成固定资产投资58亿元。村级集体经济不断发展壮大，高升、桃花、和平、板塘年收入均稳定在千万元以上，其他社区筹委会保持在500万元以上。2017年，财税总收入完成10.03亿元，完成固定资产投资55亿元，外贸进出口总额4300万美元，引进市外境内资金24亿元。2019年，完成固定资产投资64亿元，申报高新技术企业5家，新增“四上”单位12家。

项目建设

2003—2007年，引入雨花五金机电大市场、全洲药业、时代阳光医药集团、飞拓植物等优质项目，森林公园1号、山水熙园、郡原美村、岳泰理想城、世纪·桃花源、旺坤金质苑、华银电力、红区抽屉、水岸天际等房地产项目落户辖区。2008年，郡原美村地产综合体项目累计完成投资6.2亿元，推进高升·金典项目建设。2009年，有产业项目40个，其中续建项目21个，新建项目14个，待建项目5个，占地面积351.33公顷，总建筑面积574万平方米，计划总投资181亿元，年度完成投资36亿元，年内竣工项目5个。比亚迪汽车城重大战略项目和两型社会行政指挥中心落户环科园，桃花苑项目竣工发售，板塘综合楼项目与永通公司签约，全洲药业二期启动建设。2010年，有在建产业项目34个，完成投资45亿元。恒大城项目开盘销售；高升·金典商务社区竣工达产。

宏聚地中海　　（洞井街道 提供）

2012年，在建项目有德思勤城市广场、郡原美村、宏聚地中海等；待建项目有中部生物谷、冠铭生活广场、全洲物流金融港、兴隆景城花园、北大未名生物科技园、宏聚地中海二期项目等。2013年，区级“三定三抓”项目15个，街级17个，计划总投资348亿元，年度计划投资48亿元，完成实际投资50亿元；已运营商务楼宇6个，新建商业项目4个，待建商业项目4个。全洲大厦、高升金典和水岸天际商务楼等6个楼宇已进驻企业约200家，年税收2000万元。2014年，产业项目35个，

水岸天际　　（洞井街道 提供）

其中区级“三定三抓”产业项目11个。中豪城南时代、才子佳都、卓越蔚蓝城邦等项目相继完工并开盘销售；桃花苑、雅仕亚酒店项目完成招商并进入装修阶段，牛头酒店项目营业。推进北大未名湘雅健康中心、全洲健康城、冠铭生活广场、裕天国际、郗阳生产安置用地等项目建设。

2015年，有产业项目32个，其中区级“三定三抓”项目13个。板塘华美达酒店、桃花旺府酒店、京石医院、星享国际、天华国际茶叶城等相继运营，高升时代广场、五矿万境蓝山、中航城等项目开盘销售，北大未名、复地湘府路项目、湘天城市广场、中建嘉和城等项目做好前期准备。2016年，有在建产业项目35个。卓越蔚蓝城邦、才子嘉都、裕天国际等项目开盘销售；湘雅健康谷、中部生物谷项目和康胜生物科技园启动建设；天华安置项目与佳兆业集团签订框架协议，打造环植物园城市综合体。2017年，有产业项目33个，其中区重点帮扶项目9个。2018年，有31个产业项目。北大未名健康产业园等项目启动。2019年，有产业项目28个，其中11个为市、区重点帮扶项目。恒大金融广场、长房明宸府、佳兆业·湘府熙园、金地铂锐等项目启动建设，中海珑悦府（中海珑庭）、金科集美天辰、高升·复地星光天地、中建嘉和城等项目实现销售或运营。

长沙恒大城项目　位于雨花区时光阳光大道与万家丽路交会处东南角，由恒大集团投资18亿元开发，项目一期于2010年1月1日开盘销售。项目总占地面积27万平方米，总建筑面积50万平方米。项目设有62栋小高层或高层住宅，配置5200平方米湖畔会所，外享室外景观泳池，内拥室内300平方米恒温泳池，阅览室、台球室、健身中心、棋牌室等17大休闲娱乐设施。

长沙恒大城　（洞井街道　提供）

恒大金融广场项目　位于雨花区湘府中路与万芙北路交会处西南角，由恒大集团投资开发，于2019年启动建设，总占地面积10.44公顷，总建筑面积40万平方米，总投资16亿元，建设集名品购物公园、五星级酒店、AAAAA级商务港、CPD行政公馆为一体的城市综合体，打造成为雨花区唯一一个以金融为主体的城市商务区。

2016年3月27日，恒大金融广场启动暨恒大奥苑开盘　（洞井街道　提供）

农业

洞井域内种植历来以粮食为主，粮食中又以水稻为主，同时耕种秋荞麦、泥豆、小麦、油菜、长豆、麦豌豆、红薯、大豆、绿豆及蔬菜等。中华人民共和国成立前，由于封建土地所有制束缚，科学技术落后，政府对农业投入少，致使农业生产发展缓慢。中华人民共和国成立后，通过土地改革和兴修水利，推广良种，改革耕作制度，更新技术，防治病虫等一系列科技兴农措施，洞井农业得到飞速发展。1950年，洞井境内的白田、莲湖、石碑、桃阳4乡进行土地改革，粮食种植面积1326.24公顷。1951年2月土改结束时，稻田1445.8公顷。1952年，种植水稻面积1326.07公顷（19891亩），粮食总产4823.57吨，平均亩产粮食242.5千克，1956年，辖区38个初级农业合作社合作转并为20个高级农业生产合作社，入社稻田1485.4公顷（22281亩），种植水稻面积1325.44公顷（19881.62亩），粮食总产5172.60吨，平均亩产260.17千克。1958年，成立人民公社，开始水稻间作改为连作。1964年9月至1965年6月，把发展农业生产的重点转移到兴修水利和发展经济作物上。1965年，掀起开荒运动热潮，新建茶园24公顷，建橘园4公顷。1966年，水稻种植面积1271.90公顷（19078.6亩），总产7712.38吨，平均亩产404.25千克。1968年，全面开展“农业学大寨”。1974年，全面推行早稻小苗带土移栽，扩大三熟制面积。

1978年中共十一届三中全会后，农村实行家庭联产承包责任制，农业生产快速发展。1980年，水稻总产1150万千克，亩产615千克；西瓜年产4400担，生猪人均饲养超过两头。1981年开始，洞井接受蔬菜分配任务，种植蔬菜供应长沙市场。1983年，水稻种植面积1033.33公顷（15500亩），总产13467吨，平均亩产868.83千克。1985年，改革农产品统购派购制度，洞井除粮食实行合同定购外，其他农副产品实行市场调节。1986年，水稻总产12514吨。1987年，有农业人口21206人，人均耕地0.063公顷。1988年，农业总产值1674万元；有水稻面积2101公顷，蔬菜面积140.47公顷。由于城市建设不断扩大，水稻面积逐年减少，产量提高，总产下降。1993年，农业总产值3255万元，粮食总产量11497吨，上市蔬菜5400吨。1994年，农业总产值3244万元。1995年，有农业人口22049人，人均耕地0.065公顷。1996年，

郊区农业劳作　　（区档案馆 提供）

农业总产值3064万元。1997年，粮食种植面积787.53公顷（11813亩），粮食总产11943.5吨，平均亩产1011千克。1998年，粮食总产11528吨，平均亩产1009千克。1999年，投资200万元调整农业内部结构，以特色农业作为重点，全镇各种专业户1174户，其中种菜300户，养猪530户，养鱼280户，种草莓16户，养鱼、鸡、食鸽、养兔、羊、蛇、种花卉苗木等48户。

2000年，洞井镇向农产业内部结构调整上倾斜，辖区有耕地面积1215.2公顷，园地面积214.2公顷。2001年，农业由传统农业向都市农业发展，引导农民发展名、优、特高效农业。年内退稻547公顷，占应退稻面积92.6%。2002年，全面退出水稻生产，以种植花卉苗木，蔬菜为主，当年农业总产值6644万元；全镇蔬菜面积1154.87公顷，花卉苗木426公顷，有种植（蔬菜、花卉苗木、草莓）、养殖（猪、鱼、蛇、鸭等）专业户1174户，蔬菜年产量34911吨。2003年，农业实现产业化，成立洞井镇花卉协会，组织协调花卉营销；引导农转非农产，出现农民变技工、当老板的就业局面。2003—2007年，镇内城市面积312平方千米，农业用地逐年减少，至2011年只有零散用地。随着城市化的发展，截至2019年年底，洞井地区的农业退出历史。

洞井大队收割水稻　　（区档案馆 提供）

洞井地区的养殖主要以猪、鸡、鸭、鱼等为主。民国时期，农村长期处于自然经济状态，养殖产品主要是自养自足。中华人民共和国成立后，养殖业得到发展。1951年土改结束后，贫农和其他劳动人民私有耕牛381头。1954年，饲养生猪9346头；

成立74个互助合作组，耕牛71头。1955年8月。建立初级合作社38个，耕牛513头。1956年，各初级农业合作社建立集体猪场。1958年，人民公社片面强调集体养猪，因管理不善，疾疫流行，导致饲养量不断下降。1959年，饲养生猪5118头。1961年，有耕牛498头。1962年，饲养生猪5158头，耕牛574头。1966年，饲养山羊699只。1967年，饲养山羊508只。1969年，饲养生猪7253头，人均养猪0.44头。1972年，饲养生猪19660头，人均养猪1.2头。1973年，饲养生猪2.2万头，人均养猪1.3头。改革开放后，将养殖水面包干到户，渔业生产得到较大发展。1981年，饲养生猪38660头，上市任务完成7000头，社员向外贸出售乳猪1.9万头；鲜鱼起水55吨。1983年，饲养生猪42810头，由于国家取消生猪派购任务，生猪价格随行就市，洞井乡与广州、深圳、海南等沟通销售生猪1.82万头。1986年，鲜鱼起水123吨。1988年，鲜鱼起水167吨。1989年，饲养生猪69111头，肥猪上市23332头。1990年，鲜鱼起水256吨。1993年，饲养生猪79860头，出栏肥猪37918头，瘦肉型生猪出栏8670头，存栏25755头，外贸乳猪17527头；饲养生猪专业户93户，特种养殖业63户；完成蛋品上市任务182吨，家禽出笼5.71万羽，存笼501万羽；稻田改鱼池养牛蛙、养甲鱼、养鱼16.93公顷，鲜鱼起水364.8吨。1994年，鲜鱼起水456吨，养鱼专业户132户。1994年，饲养生猪100头以上的专业户27户，出栏生猪3.56万头，销售外贸乳猪6万头，生猪生产总产值占全乡农业总产值50.2%。1995年，农业总产值2775.74万元，产粮11955吨。1996年，饲养生猪100头以上的专业户30户，出栏肥猪4万头，销售外贸乳猪3.6万头。1997年，金井引进法国番鸭，饲养3400只。1999年，饲养生猪专业户530户，养鱼专业户280户，饲养鸡、鸭、食鸽、兔、羊等专业户41户。2002年，经济突出农村城市户，养殖逐步减少。至2006年，洞井镇农户退出养殖。

林业

中华人民共和国成立前，大部分山林归地主、富农所占有，一部分公山归祠堂、庙宇和学校所有。农民对自有或租赁山地有栽松、杉、种油桐、油茶、楠竹的传统。1950年实行土地改革，没收地主全部山林，征收富农的出租山林，分给无山和少山林的，地主亦分得同等一份。1956年高级农业社时，除房屋前后风景林和少量自由柴山，其余山林全部作价入社，为农业社集体所有。1958年建立人民公社，山林转为公社集体所有。1961年山林划归生产队所有，社员划分部分自由山和风景山。1963年，开始恢复林业生产，一手抓封山育林，一手抓组织规模造林，辖区封山育林1266.67公顷。1964—1976年，开始建立棚木基地，大办果林场，生产队种植油茶、楠木等，造杉木林163.33公顷；18个大队皆建立林场。1980年，林地占林业可以用地72.8%，以杉木、柑橘林发展较快，有近400公顷荒山可开发利用。1981—1984年，洞井公社分期分批开展稳林权、山权、划定社员自由山，确定林业生产责任制的林业“三定”（即一是稳定山权、林权；二是划定自留山；三是确立林业生产责任制）工作，土地权仍归集体所有。1949—1982年，洞井镇造杉木林165.67公顷；建橘园45.8公顷，投资57495元；建油茶林28.73公顷，投资4720元。1986—1990年，造林360公顷，其中荒山87.33公顷，蔬菜补植66.67公顷，“四旁”（宅旁、村旁、路旁、水旁）绿化124万株，幼林抚育66.67公顷。1991—2001年，补植85.33公顷，防止水土流失，矽砂矿造防护林7.33公顷，圭塘河植水杉500株，1998年林业收入342.42万元。逐年消灭荒山，不断造林，洞井绿化覆盖率100%。2000年，辖区有林地1101.2公顷。2004年6月，国家环保总局授予洞井镇“环境优美乡镇”。2008年，辖区林地1021.45公顷，草地42.72公顷。2017年，完成复耕复绿11480平方米。

工业

中华人民共和国成立前，洞井域内有家私营用柴烧石灰厂——上坝石灰厂。铁铺加工锄头，耙头等泥、木、石、篾匠等均是做沿门工夫。20世纪50年代，农业合作化时期，上坝石灰厂转为合作社管理，铁铺为农业服务社，加工农具，为农业生产服务。1966年，有社队企业15个，总投资6.81万元，年总产值29.14万元，年税收18190元，年纯利6.32万元，从业人员398人。1976年，有社队企业40个，总投资82.19万元，总产值23.5万元，年税收13.4万元，年纯利27.26万元，从业人员1064人。1978年，由郊社联合投资将上坝石灰厂改建为小型水泥厂，设计生产能力为年产水泥2万吨，石灰1万吨；同年10月，石灰车间建成投产，主要设备为竖窑2座；1980年初，水泥车间基本建成投产，主要设备为矿石破碎机3台、原料烘干机1强、球磨机2台、鼓风锻立窑1座，以及化验室、机修电器等。1980年，水泥厂生活水泥8300吨，石灰1.4万吨。1983年，社队企业55个，总投资445.76万元，年产值52.74万元，年税收34.23万元，年纯利56.74万元，解决剩余劳动力1420人。1985年，洞井乡建筑公司年产值超千万元，居全省农村建筑队之冠。1995年，有乡办企业11个，村办企业66个，联户办企业3个，主要以建筑材料为主。

2002年，洞井镇工业总产值17981万元。2005年，完成规模工业总产值33100万元。2006年，完成规模工业总产值61354万元。2007年，发展大工业、大市场、大物流、大楼盘，境内城区面积12平方千米。2008年，完成规模以上工业总产值9亿元，工业投资及技术改造2.1亿元。2010年，完成规模工业总产值12.42亿元。2011年，完成规模工业总产值1.3亿元。2012年，完成规模工业总产值5.1亿元。2013年，完成规模工业总产值36398万元。2014年，完成规模工业总产值3.9亿元。2016年，完成规模工业总产值2.8亿元。2017年，完成工业总产值2.25亿元。

商贸服务业

中华人民共和国成立前，洞井农副产品购销及日常用品供应都由私商经营，地点以洞井铺、白田铺、殷家巷3个小集镇为主，店铺31个，主要经营南食、日杂、小百货、布匹、作坊、行栈、雨具、饭铺、药店、茶亭等20个行业，多为小本经营，其次简公庙庙会每年农历七月二十三日：3~4天的庙会，喊买叫卖非常热闹，还有游散的货郎担，挑着皮箩穿梭于农户做小生意。

1950年，开始建立农村合作供销社，根据国家粮食统购统销政策，1953年统购粮食560吨。1954年，大托供销社成立，洞井商店为隶属大托供销社的一个分店。发动农民投资入股，20天时间供销社入股资金人民币510万元（旧币）。1955年9月，洞井铺21户工商户参加公私合营，其经营资料由工商业者及农民入股合作经营，经营项目以农民急需的生产资料、生活资料为主。1958年成立人民公社后，乡供销社合并为公社供销部。1960年，国家对三类农副产品实行指令性派购，由供销社收购上交。1964年，农副产品停止议购议销，供销社各网点收购额大幅度下降。1965年，供销社自营业务被取消，实行计划经济，有洞井供销社、白田商店、牛头商店、大塘商店等18个大队代销店。

1978年12月，洞井中心商店由大托供销社分离出来，更名为洞井供销社。中共十一届三中全会后，恢复和发展集贸市场，扶持集体和个体商业的发展，允许多种渠道流，洞井供销社由单一经营向发展南食、百货、纺织品、五金、文化用品、煤炭、生资、国药、饮食等多种经营，经营品种5000余种，其中必备商品2000种。1979年，洞井供销社商品销售额147万元，上缴利税3万元。1981年9月，洞井供销社试行商店单独核算。1983年，供销社由全民所有制恢复为农民合作经济组织（集体所有制）。1984年供销社体制改革后，有洞井、白田、牛头、大塘4个店，煤店1个，加工厂1个，其完成销售收入766.3万元，上缴利税9.5万元。1985年，有个体工商户198户，个体商业收入115万元，饮食业收入13万元。20世纪80年代后期，由于市场经济的发展，供销系统沿用计划经济的管理体制经济策略，失去市场活力，效益下降。1992年，供销系统在系统内开创招标抵押承包制，将柜组、门店承包给职工，让职工直接面对市场，自负盈亏。1994年，洞井乡政府策划开发建设洞井商贸城（1996年3月定名）。1995年，供销社销售收入811万元，是1979年的5.52倍，上缴利税21.8万元，是1979年的7.27倍。1996年，供销社承包收入达到近百万元；洞井供销社更名为长沙市供销经贸发总公司洞井经理处。

1998—2000年，招商引资6亿元。2002年，有乡镇企业1209个，从业人数9867人，企业产值8.64亿元，财政收入2293万元。1998年5月，红星花卉大市场开业。2001年，洞井商贸城基本建成，

长沙花卉大世界　（区档案馆 提供）

成为长沙市城南新兴商贸中心。2003年，引入斯柯达、海马、福特、凌志、雷克萨斯等商贸项目。2005年，实现社会消费品零售总额91301亿元。2006年，实现社会消费品零售总额10.56亿元。2008年，以时代阳光大道、万家丽路、湘府路、韶山路的沿线开发为重点，分别以新型产业示范带、现代商贸物业、高端商务集群、现代物流大平台为重点发展现代服务业。2009年，实现社会消费品零售总额54.61亿元；桃阳同超物流项目完成投资4000万元并投产，天华水产市场奠基开工；举办洞井农家乐生态美食节，引导80家农家乐规模化经营。

2011年，辖区内有私企980家，个体经营户3200户，年收入过1000万元私企38家，实现消费品零售总额54亿元；外贸进出口4950万美元。2012年，社会消费品零售总额66亿元；全洲商康网电子商务平台投入运营，高升金典商务楼入驻企业20余家，水岸天际商务楼入驻企业15家。2013年，实现限额以上社会消费品零售总额69.77亿元，实现外贸出口3715万美元；新增限上企业9家，其中批发零售业8家，服务业1家。2014年，实现社会消费品零售65亿元。2015年，实现社会消费品零售总额41亿元，到位外资3987万美元，外资进出口4950万美元。2016年，完成限上社会消费品零售总额30亿元。2017年，外贸进出口总额4300万美元，引进市外境内资金24亿元；引进湖南轻盐集团总部、五星级温德姆国际大酒店、银兴乐天国际电影城、湘雅五医院投资公司、新阳光投资公司、林枫酒店、擎谱商场等企业。2018年，实现限上社会消费品零售总额16.6亿元。2019年，实现限上社会消费品零售总额16亿元，规模以上其他营利性服务业营业收入4亿元。

长沙花卉大世界　由雨花区政府于2001年9月投资200万余元，在洞井镇的联盟、牛头、白田、新兴、洪塘、桃花、桃阳等村境内从农民手中集约土地333.33公顷，按照“政府策划、市场运作”的方式，与湖南长沙神光园林工程有限公司签订协议，统一规划，兴建长沙花卉大世界。市场按现代企业模式运作，分苗木种植基地区，精品花卉交易区，生态观光、休闲旅游度假区和生活服务区5个功能区，分别占地177.33公顷、27公顷、2.7公顷、1.7公顷、120公顷。2009年10月，为给比亚迪项目腾地，长沙花卉大世界搬迁。

红星花卉大市场　由长沙红星实业总公司在红星村投资建设，于1998年5月开业。经营面积6.67公顷，配备基地66.67公顷，经营户和花卉公司120余家。2002年，成交额1亿余元。2010年，为配合红星商圈建设的需要，红星花卉大市场整体搬迁至洞井镇桃花村（雨花区万家丽路与时代阳光大道交会处西北角），于当年6月18日开业。市场新址占地13.33公顷，总投资5000万元，有经营户400余户，开辟有温室交易区、盆花盆景交易区、园林机械及配套产品交易区、花种花肥、鸟虫鱼、根雕工艺品、盆具钵具、娱乐休闲、景观石、鲜切花资材专营区共十个专业交易区，经营品种达千余种。

1998年红星花卉市场开业　（区档案馆 提供）

洞井商贸城　位于雨花区中意一路与时代阳光大道交会处东北角，占地21.33公顷，由洞井乡政府于1994年开始策划运作，1996年3月定名为“洞井商贸城”，2001年基本建成，2002年投资10万余元建设健身场，逐步形成城镇格局。房屋建设全部完成共3000余户，房屋总建筑面积359159平方米，道路面积53120平方米，绿化面积38148平方米。拥有商业店铺2000个，营业面积3.78万平方米，可容纳住户2万余人。洞井商贸城主要经营摩托车、美容美发、娱乐休闲、住宿、日用品、服装、水果、菜市场等经项目。

前进大厦　位于雨花区中意一路713号，于2002年10月动工，2003年10月竣工，2004年7月正式营业，总投资5000万元，总建筑面积1.7万平方米，是洞井率先崛起的集超市、娱乐休闲、茶楼商务、住宿餐饮为一体的综合性大酒店。

雨花五金机电大市场　位于雨花区汇金路1号，由雨花区政府牵头与湖南弘欣置业发展有限公司合作开发，于2003年9月13日奠基开工。市场一期占地面积28公顷，投资约3亿元。经营场地一层为门面1000个，二层为仓储，三层办公，于2004年营业；第二期工程占地6.67公顷，投资8亿元。2005年3月28日，湖南省焊接产业中最大的企业之一——长沙天一焊接机器有限公司落户该市场。2007年，该市场发展至134公顷，实现税收2000万余元。

雨花五金机电大市场　（洞井街道　提供）

基础设施

交通运输

洞井境内最早的第一条老路叫“南大路”，据县志载，长沙“南大路”又称“醴陵大路”。明代时，长沙工商界人士捐献，“南大路”改造成为麻石大路，后称为“长沙南乡麻石大路（驿道）”，从南门口出城经黄土岭→雨花亭→石马铺→井湾子→洞井铺→桃花塅→白田铺→文昌阁→醴陵方向（5千米一铺，2.5千米一亭），另一条白田铺分支经桃阳村茶坡→歇马岭→跳马镇田心桥，进入湘潭地区，解放前，形容“南大路”叫作“烂大路”。1938年至1945年8月抗战时期，“南大路”破坏得非常严重。

1958—1959年，从长沙东塘至湘潭市下摄司（韶山），经高升、洞井、和平村的沥青路面公路。1963年，从洞井铺至株洲的公路，洞井境内9千米，路经洞井、桃花、桃阳、白田、洪塘5个大队，公社组织2000余人，历经30天，修成简易沙石公路。1957年10月，洞井境内修建圭塘至板塘、桃花至联盟、洞井至白田3条简易公路。1964—1979年，人工修筑乡村公路21条，总长度60千米，实现各大队通公路。20世纪80年代，长潭公路从井湾子进入公社境内穿过和平、洞井两个大队，经莫家入大托公社。洞株公路起于洞井铺，从西向东穿过公社腹地，经洞井桃花、桃阳、白田大队进入石门公社直达株洲。长浏支线从树木岭穿过圭塘、大塘、月塘大队入黎托公社。社队公路互相沟通，如同蛛网。1985—1999年开始进行道路改造，砂改水泥路面，砂改柏油路面。

2000年，辖区交通用地118.5公顷。2001年1月，建设部批准洞井小城镇为全国小城镇建设试点镇，洞井镇内公路成网，火星路、圭白路、李洞路、蔡家冲、韶山南路纵横交错，107国道、洞株公路、京珠高速将洞井与株洲、湘潭两市连成一体。2002—2004年，建设湘府路，西起湘江，东至万家丽路，从洞井镇高升村进入雨花区，长4.73千米，路宽86米。2003年，韶山南路拓改，延伸至李洞路口。同年9月，时代阳光大道（原名李洞路）竣工通车，拉开洞井镇的路网建设。2008年，有续建道路项目11个，总投资2.3亿元；新建道路项目14个（含环科园），总投资4.7亿元。时代阳光大道北幅、西线竣工通车；为高升路市场段等6条道路融集拆迁和工程资金5434万元。2009年，有重点工程建设项目15个，续建项目5个，新建项目10个，总投资4.46亿元。高升路市场段、瓦窑路、杉木冲路竣工通车；桃花路、仙姑岭路、牛白路完成拆迁。2010年，有重点工程建设项目14个，其中10个续建、新建项目总里程10.8千米，总投资5.8亿元。桃花塅路、杉木冲路、金井路、杨林路4条续建道路竣工通车。洞井路改造段实现年内开工和竣工，万芙路、桃花塅路三标、桃花路、仙姑岭路、支路18开工建设。2011年，城市主次道路通车里程70余千米；高升路、万芙路、仙姑岭路竣工通车，同时18条支路相继通车。

2016年时代阳光大道提质改造　（区市政维护中心 提供）

2012年，城际铁路湘府路站口建设启动，桃花路竣工通车。2013年4月，洞和路竣工移交。2016年，长株潭城际铁路长沙至株洲南、湘潭段开通运营，湘府路站、洞井站位于街道辖区内。2019年，长沙轨道交通5号线试运行，毛竹塘站、板塘冲站位于街道辖区内或边界；高升路、洞和路完成建设，先锋路、双塘路进行建设，林科路、豹塘路办理前期手续。同年12月31日，位于街域内

2019年高升路通车　（邹蛟 提供）

的长沙汽车南站综合交通枢纽试运营。截至2019年年底，街域内以万家丽路、新韶山路、107国道、时代阳光大道、湘府路、绕城三环线，形成“三纵三横”的路网覆盖全街道，其中时代阳光大道直通107国道。

邮电通信

1910年6月，在长沙通往醴陵邮线路上的白田铺设立邮政代办所。民国时期，辖区内无电话，主要靠邮递传公文。5千米一铺，有一名传递员，当时叫“火把差”。公文、书信传送，晚上传递员打着火把，传送到下一个铺。1950年9月，桃阳乡在辖区内第一个用上手摇电话机。1958年，公社配置乡邮递员。洞井邮政支局，隶属长沙县邮政局，1998年3月对外开业，设立营业窗口3个，营业员4人，主任1人，共5人。2015年，个人储蓄存款2亿元，支局共计10人，开办业务为个人金融（综合）基金保险理财，速递包裹、物流（国内、国际电商小包）通信代理，（代收水、电、话费等业务）集邮，报刊订阅，电子分销、函件（普通平信、挂信、数据库商函）等业务。

1992年下半年，洞井乡筹资50万元，开展电话改制工作，将原手摇磁石式电话总机改制为程控自动交换机，并与市内电话并网，结束“摇把子”电话历史。1998年，天华村投资200万元，成为全村家家户户装上电话机的电话村。截至2019年年底，全街道居民使用移动电话，固定电话除机关单位办公使用，居民很少使用，宽带入户率100%。

供电饮水

20世纪60年代初，洞井境内的农户均使用煤油灯、桐油锅灯照明，饮用露天塘、坝、井水。1965年开始有洞井、桃花、桃阳、圭塘等大队部分农户用电照明，抽水灌溉，打米用电，其他的大队分别在20世纪70年代初全部使用电。1989年，增接学府线和石化线进厂进村，解决用电困难。1990年，乡政府投资50万元，新装电力和整改线路。1993年，10千伏高压电线学府、化工线、森林线、洞井线4条线交叉镇内，变压器容量1500千瓦。1996年洞井乡有配电间48座，变压器49台，7340千伏安。1998—2000年，投资800万元，进行农网改造；成立农网改造领导小组，对洞井镇范

围10千伏高压电网改造，整改好电力线路，改善用电条件。随着城市的发展，2002年洞井镇农电站并为城南供电所，洞井镇电网线路移交城南供电所，并为国网，交费用电。2019年，居民居住安置小区，高层小区用上双电源。

20世纪50年代，动员农户挖掘水井，改饮井水，60年代洞井公社有20%的农户饮用井水。随着普遍使用农药化肥，水源严重污染。20世纪70年代，洞井公社党委、政府号召动员群众凿井涉水，同时对露天小井进行改造。20世纪80年代，动员农户打深井，井口封闭，安上手摇泵，打井经费由区、乡、村、农户各负担25%，加快改水的步伐。1984年，全乡60%农户饮用深井水。随着社会发展，1987年，韶山路沿线的洞井、高升、和平、桃花等4个村部分农户饮用自来水，全乡90%农户解决引水卫生问题。随着城镇化建设的推进，2011年，洞井镇的农户100%都饮用卫生水和自来水。2013年开始部分家庭安装净水器。2015年饮用自来水，有20%的家庭安装净水器。2016—2019年，完成鄱阳村、中天佳园、锅炉厂机电市场、中铁五局等小区公共管网、线网改造，水表入户。

水利建设

全境以圭塘河为主流水系，水田、山丘各半，土质肥沃，塘坝950口，水库10座，每座水库的容量10万~30万立方米（同升水库除外，其容量375万立方米）。中华人民共和国成立前，洞井境内水利设施多为小型塘坝，20世纪50年代，洞井大抓水利建设，整修小堤，山塘建设，全乡的抗旱能力达到50天。1958—1959年，共建水库10个，最大的大塘容量30万立方米，龙塘、烟坡、汉冲、锅家冲、均塘等小型水库均在10万立方米以上，抗旱能力65天。1964年，遭受严重秋旱，在社教工作团的支持下，兴建大型排灌机台工程，黎托乡边山村三个机台，渠道分为南北干渠，南渠从枯塘口至板塘村围子屋全长2840米，北干渠从枯塘口至圭塘村窑坡全长3060米，投入劳动工日12万个，总投资28万元，受益月塘、板塘、大塘、圭塘、天华5个大队。豹子岭桐子坡二级机台灌溉工程，设备55千瓦和45千瓦的抽水机，5条干渠全长160千米，涵洞580米，公路倒洪吸管长25米。天山抽水机台，1964年至1965年9月完成，机台设备155千瓦，扬程39米，全长69千米渠道，土石方21万立方米，劳动工日40万个，投资50万元，受益大队有同升、白田、洪塘、联盟、桃花、洞井、天华等9个大队，收益面积533.33公顷。1974年11月，圭塘治理工程，洞井公社下河流，从三字墙到圭塘铁铺桥，全长1800米，河面宽32米，底宽20米，高度3米，附属建筑物两座堤坝，一座公路桥，一座行人桥，土石方20万立方米，劳动工日30万个，投资36万元。通过几次的治理，圭塘河两岸变成休闲公园，洞井河两岸是公路，中间是河流。同升水库建设工程，水库主体工程于1976年12月底建成，附属工程：主渠道、隧道、渡槽、溢洪道等于1982年全部完善，水库积雨面积2.15平方千米，常年积水量180万立方米，正常库容量375万立方米，水深17.5米，劳动工日39万个，土石方33.9万立方米，投入资金82.4万元。2000年，辖区有水面323公顷，水利设施用地44公顷。2003年，拉直圭塘河上游，修复同升水库干渠。2008年，水域及水利河流用地239.17公顷。2014—2015年，圭塘河的整治从桃花村立新桥至省植物园西门，2千米清淤泥，东岸护坡建绿化带。2018年，街道总河长带队巡河20余次，发现并整改问题42个；加快推进圭塘河黑臭水体治理工作，对48个排污口和洞井段黄土裸露问题进行整治。2019年，加强圭塘河流域综合治理，发现并整改问题20个，确保水质达到4类标准。

城市建设和管理

洞井街道城镇管理，由农村向城市转化。1995年上半年，汽车南站开始运营，长沙汽车南站迁入后，带来人气、物流和商机，加快城市化建设韶山路两厢先后建成洞井商贸城、洞井糖酒城、涟源百货城。1996年12月，洞井镇提出“两区一廊”的发展战略。2000年，辖区城镇面积624.3公顷，村庄面积355.3公顷。2001年1月3日，建设部批准洞井小城镇为全国小城镇建设试点镇之后，洞井城市建设进入快速发展期，推进工业现代化建设，规划占地面积15.6平方千米的湖南环保科技产业园建设。2002年，市委十届五次全会将“湖南环保科技产业园”纳入市整体规划并落户洞井新城。改变洞井传统农业生产方式，高升、和平、洞井3个村土地基本转换为城市建设用地，农民转市民，高升村最先建起公寓式安置小区。2003—2007年，洞井镇以大工业、大市场、大物流、大楼盘、大教育，以湖南省环保科技产业园的建设为主战场，建造以雨花五金机电大市场为核心的千亩生产资料大市场，成立韶山南路沿线的市场商贸产业带，李洞路沿线营销产业带和房地产，湘府路和万家丽路沿线的房地产和现代服务业产业带，新扩城市面积6平方千米。2008年，以新镇治为中心，以时代阳光大道为主轴，向北规划植物园片区，向南开发牛栏山、清泉寺片区，向东提质同升湖片区和牛头、新兴片区，向西发展桃花片区（植物园南边待开发用地）。辖区城市用地1265.71公顷，村庄用地522.66公顷。完成拆迁房屋935栋3327人；制止违章搭建行为307户28513平方米，拆除违章建筑12535平方米。以桃花村先行示范加快推进比亚迪片区城乡一体化试点工作；推动桃阳、金井、白田等村的生产安置项目建设；金井物流园完成拆迁腾地。2009年，为29个项目拆除合法房屋598栋，腾地412.5公顷；拆除违章建筑358栋、45197.69平方米。2010年，完成拆迁面积800余公顷。比亚迪项目Ⅱ期征地275.87公顷、拆迁房屋280栋、1024人，Ⅲ期征地359.73公顷，拆迁房屋590栋、1948人。已建和在建安置房面积69.6万平方米，金井、和平、牛头、洞井、桃阳、白田等村完成交房分配42万平方米，3700余人迁新居。

高升村农民安置小区　（区档案馆 提供）

2012年，攻破裕天项目、人造骨项目、圭白路项目“葫芦岛”等拆迁难点；新增绿地4.82公顷。2013年，完成全街所有拆迁、安置人口信息的录入和审核工作，共计录入在籍农业总人口12020人，60号令已拆迁人口8207人，已安置7207人；103号令已拆迁人口911人，已安置249人，申购保障住房732套，面积54980平方米；莫家坳木材市场拆除。2014年，依法拆除违法违章建筑5万余平方米；完成区重点工程万侯路、城投18号地、豹塘路等项目的拆迁腾地工作；天华村申报为“城中村”改造试点单位；牛头三期安置房主体建设基本完成。2015年，天华“城中村”改造项目内的45栋村民合法房屋、22967.052平方米的违章建筑全部拆除。“十万拆违行动”拆除违章建筑121313.25平方米；集中力量整治圭塘河环境卫生行动。桃花苑一期分房804套，安置103号令拆迁村民297户961人；牛头三期分房22栋286套，安置60号令拆迁村民566人。2016年，拆除违章建筑8.5万平方米。推进汽车南站交通枢纽、环城绿带、沪昆动车所、万芙路等项目拆迁腾地，共拆迁腾地9.13公顷；推进天华、板塘、桃花等“城中村”改造工作；建通物流市场及周边1.5万余平方米违章建筑完成拆除。2017年，拆除违章建筑面积约7万平方米；拆除合法房屋93栋，腾地35.31公顷（不含牛头代拆项目30.67公顷），拆除项目内违章面积45747.6平方米。完成鄱阳小学项目的拆迁扫尾清零；对高升等4个农安小区进行提质改造；新增绿地3.7公顷。2018年，拆除违法建筑共261处3万余平方米。狮子山体育休闲公园、地铁5号线天际岭变电站、高升路、仙岭游园、桂花坪路、汽车南站综合交通枢纽、鄱阳城改等项目拆迁腾地完成；桃花农贸市场完成提质改造后投入使用；星城新宇·桃花苑项

2018年牛头村生产安置项目　（区住建局 提供）

目竣工交房。2019 年，完成 5 个集体土地拆迁项目 37 栋合法房屋的拆除，腾地 3.24 公顷；牛头生产安置项目（二期）启动建设。处置市、区数字化案卷 77661 件；完成和平、鄱阳等社区筹委会农安小区的提质改造。

星城新宇·桃花苑　位于万芙路与金海路交会处西北角，紧邻汽车南站、植物园，于 2018 年 1 月全部竣工交房。项目占地 7.13 公顷，分两期建设，共有保障住房 1616 套，可安置总人口 1963 人。2020 年，步步高集团启动星城新宇桃花苑步步高超市项目，开设面积约为 9000 平方米的超市，计划总投资 1703 万元，其中工程设备投入 1150 万元，流动资金 553 万元。

星城新宇·桃花苑　　（雨花城投集团　提供）

社会事业

教育

明清时期，洞井境内教育以私塾为主，入学者多为富家子弟。民国时期洞井境内小学 13 所，抗战时期长沙沦陷后，大部分学校被迫停课。虽然有公立、私立小学，但办学条件差，加之大部分农户家庭生活困难，洞井境内学龄儿童入学率低，文盲和半文盲人数比较多。中华人民共和国成立后，中小学教育、成人教育迅速发展，1949 年下学期，长沙县人民政府统一接管公立完小和公立初小。

1952 年，长沙县政府成立扫盲委员会，开办扫盲师资学习班，洞井邹福云等 10 余名扫盲老师参加学习培训，在洞井境内开展扫盲教育工作。1958 年，白田文昌阁完小附设初中班，设完小民办一个；以公共食堂为单位，办托幼班。洞井境内有公办小学 20 所，教师、学生，大量时间参加生产劳动，教育质量有所下降。1962—1965 年，恢复正常教学秩序，教学质量逐步回升，稳步发展。1966 年“文化大革命”开始，学校停课。1968 年复课后，教学秩序仍处于混乱状况。1968 年 9 月，文昌阁完小改为白田附中，桃谷完小改名为五七中学。1969 年 1 月，公办小学下放到大队办学，洞井公社公办中小学教师 86 人，28 人下放到原籍大队办学。中小学实行开门办学，各大队派一名贫下中农代表进驻管理学校。1973 年，各大队办红孩子班；1978 年，红孩子班改名为“学前班”，五七中学改名为洞井中学。

中共十一届三中全会以后，增加教育投入，改善办学条件。1980 年，辖区有小学 18 所，中学 2 所。1981 年，洞井中学改名为古潭中学。1984 年投资 42 万元新建洞井、大塘、圭塘 3 所小学，新建面积 2800 平方米，维修校舍 300 平方米。1985 年乡、村投资 50 万元。改造修建两所中学，食堂、厨房、2 个水泥球场，桃阳兴建教室和活动室 746 平方米，维修校舍 2500 平方米。1986 年乡政府投资 28 万元，兴建退休教师宿舍一栋，面积 1403 平方米。1987 年普及九年制义务教育，投资 71.6 万元，办公室、仪器室等。1988 年投资 28 万元，铺设自来水管，解决饮水和教学仪器等。1990 年全乡有 17 所村小学（8 所初小、9 所完小），乡中心小学 1 所，中学 2 所：初中班 20 个，920 人；小学 89 个班，共 2867 人。在校学生共 3787 人，教职工 268 人。1991 年湖南省税务专科学校落户在高升村。1996 年全面推进素质教育。

1997—2000 年，洞井镇拆并合建校，辖镇管小学 5 所学校，改变办学条件，完善教学设施。2000 年 8 月 22 日，同升湖国际实验学校建成开学。2001 年，中小学现代化教育网开通，电脑、多媒体教室校校有，实现信息网络化。1988—2002 年，成立农科教中心，先后开办农业广播学校，乡镇企业管理班，长沙电大初等教育专业班，长沙电视中专工民建、财会、幼师等专业班，共培养各类专业人才 309 人，其中工民建专业 150 人，成为洞井建筑公司施工、设计技术骨干。截至 2002 年年底，辖区内有中学1所，小学5所。2003—2007年，洞井镇抓科技的普及教育工作，加大对中、小学教学设施的改造投入，累计投入资金近千万元，扩建改建和平小学、洞井小学、洞井中学，中、小学视线班班有电脑，教学环境和教学条件得到提升，全面普及九年制义务教育，推进素质教育。严格执行省“一费制”级费政策和“两免一补”对贫困学生资助，每年减免200人以上，人人享受九年制教育。2004年，镇、村两级投入教育经费400.71万元（镇348.4万元，村52.31万元）洞井中学建一栋单身教师公寓，和平小学新建一栋教学楼及学校维修等。2005年，镇、村两级投资236.28万元，（镇179.56万元，村56.72元）洞井小学扩建洞井中学自来水设备改造，金井小学维修。2006年镇直接投资35万元为中学添置教学设备。2003—2006年，投资40万元，开展远程教育。2011年，60个班次的雨花长郡外国语学校开学。

2012年6月15日，明德洞井中学签约揭牌仪式

（洞井街道 提供）

2012年，实施教育强街战略，对于优秀教师采取1万元奖励。2013年解决和平小学进出道路难的问题和洞井中学校园周边环境，商贸城、奥林匹克花园等适龄儿童就学问题。2015年，开展对校园周边环境综合整治，校园文化进社区。2016年，街道关停无证幼儿园1家，无证培训机构1家。2017年，和平小学新校建成开学，总用地面积为1.47公顷，总建筑面积4.7万平方米，包括3栋教学楼与1个风雨操场，可容纳48个班级；开设公益培训班40余期；推进“校社共建”工作，全年组织活动70余场；将20万余元的街级奖励奖给“十佳园丁”以及学校社区共建的先进工作者。2018年，完成小区配套幼儿园移交12所，取缔关停无证办学机构11个。2019年，完成21所小区配套幼儿园移交；专项整治11家不规范校外培训机构。截至2019年年底，辖区有稻田特立中学、明德洞井中学2所中学，砂子塘天华寄宿制学校、砂子塘湘天小学、砂子塘嘉和小学、枫树山中航城小学、长郡雨外一附小、和平小学、洞井小学、桃花小学、圭白路小学9所小学，区教育局第五幼儿园、区教育局第七幼儿园、桃花苑幼儿园、博长幼儿园等幼儿园，以及湖南税务高等专科学校、湖南外国语职业学院、湖南食品药品职业学院洞井校区等大中专院校。

桃花苑大酒店设计效果图　　（区档案馆 提供）

郡阳小学　　（邹蛟 提供）

文化体育

1965年，洞井公社设置文化站，配备1名辅导员，由长沙县政府文化部门每月发放生活补助费

50元，大队俱乐部一般备有唢呐、笛子、二胡、锣鼓等民间乐器，以及图书、象棋、军棋、乒乓球等文娱用品，农民文娱活动渐趋活跃。1965年社教运动时，著名作家柯蓝在洞井公社洪塘大队创作《打铜锣》和《补锅》2部花鼓戏。公社文化站、大队俱乐部在“文化大革命”开始后，被迫关闭。

1978年，恢复文化站，充实文化设施，配备文化辅导员。农村经济体制改革之后，洞井文化生活出现新局面。1980年，公社建立文化中心，有文化室、图书室，配备电视机，办有宣传橱窗、板报。1981年7月，洞井公社文化中心，被评为湖南省文化中心先进单位，获奖黑白电视机1台。1979—1990年，洞井乡建立花鼓戏剧团，除本乡演出外，也到长沙其他地方演出。各村、社区组建腰鼓队及广场舞进小区。1989年11月中下旬，组织各村篮球爱好者集中训练，参加郊区第三届“丰收杯”农民篮球赛，夺得金杯。1991年举办全乡象棋爱好者参加的象棋大赛，组织一台庆祝中国共产党建党70周年大型文艺会演和美术比赛。1994年，举办纪念伟大“五四”运动75周年文艺会演，上演歌舞、合唱、相声、小品等36个节目。

1998年，投资5万元新建镇万册图书室，投资8万元新建镇文化活动室、阅读室、健身室。2003年11月，策划承办“今日白田”文明创建工作汇报演出。洞井镇经常性举办文艺表演活动，锻炼和培养一大批群众文艺骨干，舞龙、腰鼓、广场舞、现代歌舞剧等，洞井艺术团获“长沙市十佳文艺团队”。群众文化体育获“全省群众文体先进单位”。洞井龙舞列入“长沙市首批非物质文化遗产”名录。2006年，举办洞井镇首届“十佳村姑”的评选活动和“携手武广·共筑文明”大型文艺会演活动；洞井镇舞龙队成立。2007年，洞井舞龙队参加粤桂港澳台舞龙邀请赛获铜奖；“洞井龙舞”成功入选长沙市第一批非物质文化遗产名录。2008年，洞井镇舞龙队参加全国舞龙舞狮邀请赛，获得金牌2枚、银牌2枚、铜牌2枚。2009年，洞井镇美丽村姑俱乐部成立。2011年率先开展“非遗进校·文化有传承”活动，创全省之先，以洞井中学为龙舞非物质文化遗产传承基地，洞井镇舞龙走出国门，参加了亚洲舞龙大赛。

2013年，创建国家公共文化服务体系示范城市工作，提质扩容街道综合文化服务中心，支持省非物质文化遗产洞井龙舞的保护和传承；开展“五芯洞井·七采追梦”党建主题活动、圆梦失地青年主题活动、“蒲公英之家”爱心行动等活动。2014年，开展首届“洞井杯”新市民拔河比赛和校园文化进社区活动。2015年，开展“奔跑吧·青春”五四青年节活动、“小巷有奇音”政研沙龙、灯谜展猜、校园文化进社区等活动。龙庭社区创建为示范性社区文化活动中心。2016年，街道综合文化服务中心提质建设完成并投入使用，区文体新局在丰园社区建设图书馆；开展“跑动健康旋律，绽放雨花魅力”主题长跑活动。2017年，完成市文化体育重点民生实事项目丰园社区户外全民健身中心建设；创立“美井悦读者”微信读书平台，开设“美井星讲堂”课堂，开展各类群文活动60余场次。2018年，5个文体民生实事工程项目完成建设并投入使用；组织开展各类文体活动100余次，参与居民群众2.5万余人次；建立明德洞井中学和牛头村2个“洞井龙舞”传承基地，开展“非遗进社区”“非遗进学校”“非遗进企业”等系列活动。街道获“湖

2013年明德洞井中学校园文化节舞龙　（区文旅体局 提供）

南民间文化艺术之乡”称号；省林科院内多功能运动场投入使用。2019 年，增设体育健身器材 20 处，配合完成狮子山体育休闲公园建设。

2015 年“欢乐潇湘·美丽雨花”第四届校园文化进社区活动 （区委宣传部 提供）

洞井街道综合文化站　位于雨花区时代阳光大道 359 号，前临圭塘河景观区，背靠省森林公园。建成的室内场地设有：洞井龙舞非遗展示厅、舞蹈室、书法美术室、培训教室、文化信息资源共享工程服务室、多功能活动厅、书刊阅览区、电子阅览区等，总计超 900 平方米；室外建有：篮球场和公共健身场，总面积 2000 余平方米。所有场地均对外免费开放。

长沙图书馆丰园分馆　位于雨花区汇金路 199 号（丰园社区居委会 2 楼），由区文体新局于 2016 年 6 月建设。图书馆的面积约 220 平方米，分为上下两层，一楼为儿童绘本区、儿童阅读区、电子阅览区，二楼为成人阅读区、读者俱乐部、初心讲习所。分馆是由社区工作人员和志愿者共同进行管理。分馆每周都会举行各种主题活动，比如“绘本故事”、“手工亲子课堂”“亲子国学诵读”“圈圈故事会”等。

长沙图书馆南庭分馆　位于雨花区中意一路 646 号（中铁五局一公司院内），占地面积 260 余平方米，分馆内设青少年阅读专区和休闲阅读专区，外设文化长廊和汀兰园，共有纸质书籍 5000 余册。

丰园 24 小时书屋　位于雨花区洞井街道丰园社区鄱阳小区中心文化广场，于 2018 年 5 月 16 日开放，是雨花区首个 24 小时自助图书馆。馆内配备各类书籍近 2000 册，配备自助借还系统设备、自助办证系统设备、智能安全检测系统设备、智能环境控制及监控系统等设备。

丰园 24 小时书屋 （洞井街道 提供）

医疗卫生

中华人民共和国成立前，洞井境内主要传染病有疟疾、痢疾、霍乱、麻疹、天花、脑炎等，尤以疟疾、霍乱、天花危害最大。1950 年，长沙地区流行天花患者，政府采取紧急措施对儿童及部分成年人接种牛痘，及时救治，天花很快得到控制。1952 年后，天花在洞井地区绝迹。1961 年 7 月，原大托公社卫生院划分，洞井公社在桃阳猪场成立洞井公社卫生院，1962 年改称为洞井公社联合诊所。

洞井医院 （区档案馆 提供）

1965年洞井公社分设：洞井、圭塘、白田、兴隆4个医疗点，主要以洞井点为中心，医务人员10人，其中西医2人，中医7人，药剂员1人。1970年，各大队建立合作医疗，组织选配“赤脚医生”。

1980年，辖区有卫生1个，诊所3个。1989年上半年，乡卫生院迁至和平村二组。1995年，村卫生室实现“六有”即有房屋3间、有医生2~3名、有药120种以上、有病床1~2张、有简单医疗器械、有制度和服务公约，做到100%达标。1996年，实行合作医疗制度。1997年，全乡实现人人享有初级卫生保健13项最低限标准。1998年，洞井卫生院被授予“一级甲等医院”称号，有职工58人，有专业技术人员44人。洞井医院占地面积1.25公顷，开设床位、医疗设备的固定投资240万元，与湖南省精神病医院、长沙离退休医协联合办院。2000—2002年，先后引进银海药业、全州药业、时代阳光医药集团等医药营销企业。2003—2006年，健全医疗卫生服务体系，15个村均建立标准卫生室，天华村卫生室评为全市最佳村级卫生室，农村新型合作医疗全面实施，全镇参合人数2.09万人，参合金额230万元，参合率100%。2003年抗击“非典”和防疫禽流感，全镇无一例疫情感染。2008年，镇村两级奖励计生资金30万元，为育龄妇女免费提供四项手技费21万元。2010年，为计生家庭落实奖励分配900万元。

2013年，精神病药物救助发放317人次；特困医疗大病救助34人次，147562元。2014年，京石医院落户洞井街道。2016年，城乡居民医疗保险完成17751人。2017年，在丰园社区打造“健康一条街”和示范家庭医生工作室；对2774人发放计生奖励扶助资金211.33万元。2018年，对3182人发放计生奖励扶助金265.26万元；为52户重病大病家庭申报1000元/户的健康卡；“两癌”（宫颈癌和乳腺癌）筛查完成2669人。2019年，全面实施免费孕前优生检测、适龄妇女“两癌”筛查、孕产妇免费产前筛查等卫生健康民生项目。

雨花区公共卫生大楼　位于雨花区洞井街道中意一路与康民路交会处西南角，于2013年启动建设，2017年8月17日正式启用，总建筑面积2万余平方米，其中地下2层、地上12层，投资约1.5亿元，集妇幼保健、疾病防控、公共卫生监督、健康教育等功能于一体。该楼启用后，雨花区卫计综合监督执法局、区疾病预防控制中心、区妇幼保健计划生育服务中心均从原址搬至该楼办公。该楼配备疾控实验室，具备11类201项检测硬件能力；应对禽流感、诺如病毒等病毒感染疫情，实现自行快速鉴定。雨花区的儿童入园体检、幼师体检、出生医学证明补办、妇幼保健服务等项目皆在该楼办理。

雨花区公共卫生大楼　　（区卫健局 提供）

洞井街道社区卫生服务中心　位于洞井街道中意一路与康民路交会处，是一所以精神病专科为特色、涵盖基本公共卫生服务及基本医疗为一体的非盈利性基层医疗机构。总占地面积5000平方米，建筑面积11000平方米。设置全科、妇科、儿科、中医及中医康复科、医学影像（B超、心电图、放射）、检验科、预防接种、儿童保健、妇女保健、公共卫生、精神专科11个科室。拥有彩色超声诊断仪、全数字化X线摄影系统（DR）、全自动生化仪、心电监护仪、除颤仪、呼吸机、肺功能检测仪、中药熏蒸治疗仪等医疗设备，开设普通床位50张，精神专科床位200张。中心有职工110余人。服务覆盖洞井、同升街道，下辖6个社区卫生服务站，15个村卫生室。

社会保障

中华人民共和国成立前，洞井境内的孤寡老人无人照顾，一般靠沿门乞讨度日，生活凄苦。中华人民共和国成立后，孤寡老人的生活费用由所在农业合作社负担，国家给予适当补助。人民公社成立后，孤寡老人的吃、住、穿、医、葬等均由公社、大队承担，简称“五保”。1959年冬，人民公社兴办敬老院。1961年，调整公社体制，大托公社划分为大托、洞井、南托3个公社。大托公社敬老院停办，均由生产队负担。

1978年中共十一届三中全会后，农村实行家庭联产承包责任制，各村每月发25~30元伙食费和医药费，生产队每年供给300—350千克粮食（稻谷）。1983年洞井公社有“五保户”96人。洞井公社在古潭兴办公社敬老院。1985年5月，洞井乡在和平村二村民组新建洞井乡敬老院，建筑面积1170平方米，住房47间，设有护理室，文娱室，男女浴室。1985年，辖区内有81户“五保户”，共94人，其中散居55户66人，敬老院供养28人。洞井镇政府和区民政局共同投资50万元，进行改造、添置设备。1995年，全面开展农村养老保险工作，保金137.6万元。

2000年3月，洞井镇成立湖南省首家农村劳动力市场。2002年，发放最低生活保障16.2万元，解决35户非农和74户农业人口。从2004年起，洞井成立农村劳动力职业培训和SYB创业培训机构，确立每年拨40万元就业创业服务基金，用政府买单的形式，免费为农民职业技能培训和创业培训，免费开展就业服务活动，奖励就业和创业的活动。2008年，居民医保参保人数5134人，城市居民医保覆盖率94.5%，农村低保救助款发放65.2万元，城市低保救助1543人次，发放救助款19.3万元，贫困救助51人次，发放救助款25.6万元，白内障救助10人，安置残疾人12人，发放残疾人就业援助资金8.6万元，创建的两个残疾人明星社区验收合格。2009年，医疗保险补贴114.52万元，722人次；发放城乡低保金90万元，9679人次。2010年，医疗保险新增1096人，企业养老保险新增1250人，失业保险新增860人，工伤保险新增848人等。2011年，发放农村低保救助1646户3751人次，金额45.6万元，发放城市低保救助2736户5226人次，金额121.8万元。

2012年，城镇新增就业857人，职业培训完成682人；桃花社区筹委会率先全市突破60号令征拆农民整体转换户籍，在洞井“老有所养、病有所医、就业有扶持、续保有奖励”的新市民社会保障体系构建中取得新的进展。2013年，城镇新增就业人数1537人，企业养老保险新增人数1386人，工伤保险新增参保人数1374人，城镇居民医疗保险缴费人数15524人；发放城市低保3425户6032人次，累计发放低保金2229497元；发放农村低保481户835人次，累计发放低保金169290元。街道设居家养老服务站5个，居家养老服务中心2个。2014年，新增城镇就业1869人，小额担保贷款发放额50万元。2015年，新增城镇就业1869人，工伤保险新增1049人，农业人员再就业685人，农村劳动力转移就业382人，小额贷款50万元。街道创建为湖南省农村劳动力转移就业雨花区唯一重点监测点。商贸城社区评为湖南省充分就业星级社区。2016年，新增城镇就业1354人，带动城乡就业950人，城乡居民医疗保险完成17751人，企业养老保险完成1520人。2017年，城镇新增就业人数1280人，新增企业养老保险918人，新增创业主体691户，创业带动城乡就业人数1262人；举办社区招聘会8场。街道老年人日间照料中心投入使用。2018年，城镇新增创业主体720户、带动城镇就业1436人，城乡居民医疗保险缴费总额389.03万元，企业养老保险新增参保963人，城乡基本养老保险个人缴费99.93万元。歇马亭社区居家养老服务站投入使用。2019年，城镇新增就业人数1241人，企业养老保险新参保1106人，城乡居民养老缴费2628人，城镇居民医疗保险缴费23074人。

雨花区社会福利中心　位于雨花区康民路与金意巷交叉路口往西南约50米（雨花区和平小学东南侧），于2008年建成投入使用，是雨花区政府惠民工程，承担着雨花区的“三无”人员、“五保”人员的供养，及社会老人的养老。该中心由雨花区民政局建成投入使用后即实行公办养老机构改革，由湖南康乐年华养老产业集团有限公司旗下机构中标运营，是湖南首个公建民营的老年福利机构。该中心占地面积8271.29平方米，建筑面积1万平方米，共有套间、单间、标准间172间，养老床位为300张。配备医务室、足浴保健室、按摩理疗室、汗蒸养生室、医用电梯、超市、理发室、洗衣房、餐厅、多功能厅、棋牌室、健身室、阅览室、网吧、手工书画室、佛堂等硬件设施，配备包括一卡通系统、消防自动报警系统、应急呼叫系统、视频监控系统、智能巡更系统、公共广播系统在内的6个智能管理系统。2020年9月24日，该中心入选民政部办公厅、国家发展改革委办公厅发布的《公办养老机构改革优秀案例》名单。

雨花区社会福利中心　　（洞井街道　提供）

红星老年公寓　位于雨花区洞井街道（湖南省植物园西北角），于2011年8月4日成立，是民办公助的养老机构。占地1100平方米，建筑面积1680平方米，有标准间33间，特护房9间，可同时容纳93名老人入住。设有阅读室，棋牌室，医务室，洗衣房，电梯，健身器材等设备设施。

歇马亭社区居家养老服务站　位于雨花区洞井街道歇马亭社区弘欣公寓小区8栋架空层，建筑面积约600平方米，于2018年建成投入使用。该中心设休息室、图书室、桌球室、乒乓球室、书画室、舞蹈室、保健健身房、棋牌室等。由社区乐助志愿者服务中心牵头组织辖区居民义工进行日常维护。

人民生活

1950年，洞井地区农民人均收入58元，人均稻谷216.5千克，民房944栋，建筑面积195817平方米。1956年，人均收入82元，人均稻谷269千克。1958年人民公社化后，粮食大减产，生活水平是中华人民共和国成立后最困难的时期，1962年农业生产开始回升。1966年，人均收入110元，人均稻谷315千克，民房1449栋，建筑面积22.96万平方米。全公社有收音机162台，手表1044块，缝纫机280台，自行车571部。1976年，人均收入142元，人均稻谷716斤，住房2021栋，面积24.68万平方米，全公社有收音机792台，手表2835块，收录机9台，电视机16台，缝纫机513部，自行车1914部，轻骑3台。

1978年中共十一届三中全会后，农村实行家庭联产承包责任制，农民收入出现持续稳定增长。1982年人均收入249元，人均稻谷455千克，住房2729栋，面积309360平方米，万元户3户（白田大队2户、联盟村1户），收音机1465台，手表6204块，收录机63台，电视机455台，缝纫机806台，自行车3646部，摩托车11台，洗衣机6台。1985年，村民人均纯收入547元，人均存款180元，1986年村民人均纯收入645元，人均存款227元，新建房屋494栋，其中两层楼房233栋。1987年，辖区居民有摩托车、电视机等高档商品4000台。1988年，人均纯收入758元，5100户农户，平均有1件高档商品，新建2层楼房350栋，人均储蓄454.5元。1989年，人均纯收入798元，人均存款861.3元，村民建房255栋，4692平方米，高档商品1.1万台件。1990年，人均纯收入901元，衣食住行用乐开始讲究多样化。1991年，人均纯收入1002元，村民储蓄总存款2973万元，人均储蓄1321.2元。村民的食品消费由数的满足转向质的提高，村民穿着由单调型向多样新潮款式发展。居住样式，由砖瓦平房向楼房套间装饰转化，交通工具由自行车转向摩托车。1993年，人均纯收入1350元。

1999年，全镇农民人均纯收入2752元，由摩托车向小轿车发展，进入农户。1997—1998年，人均纯收入分别2206元、2420元。2002年，农民人均纯收入3402元。2006年，洞井镇村民人均纯收入9443.6元，普通小轿车向高档小轿车发展。2011年，高升社区，原属村的集体经济组织的村民，正常年份，固定每人每月发放2000元生活费，年底每人分红1万元；2015年，高升社区年底分红6万元，加上每月发的生活费，共计分红8.4万元。洞井社区筹委会的居民财产皆在100万元以上。天华村社区筹委会统一购买城镇职工养老保险和医疗保险，全村男60岁，女55岁，按照城镇职工领取退休金，同时还享受留地安置产生的经济效益分红。2016年，顺利完成星城星宇·莲景苑103号令拆迁对象分房工作；推进鄱阳、天华、和平等生产安置项目招商引资和开发建设工作。2017年，办理商贸城房屋权证181本。2018年，高升、天华等单位的农村集体产权制度改革工作顺利推进。2019年，完成全街8个村级单位的集体产权改革全面，注册成立集体经济合作社，实现村民向股民的转变，各单位的集体经济年收入均稳定在1000万元以上。

特色地情

历史人文

洞井铺　清光绪《善化县志》载："洞井在县东三十四里驿道旁，泉甘如醴，行人多饮于此。"因袭作为乡镇街道名。此井20世纪90年代尚在。洞井明清为善化县往醴陵驿道的铺递，故名洞井铺。古时有"十里一铺，设卒以递公文"。洞井铺是长沙至醴陵驿道上重要的铺站。这条驿道的线路为：总铺—石马铺—洞井铺—白田铺—石燕铺—关刀铺—南山铺—茭冲铺—龙头铺—抵醴陵。两铺相距正好10华里（5千米）。洞井铺老街原聚居数十户人家，开有客栈、南食、布匹等铺店，每逢集市颇为热闹，但人民生活困苦，惯以打草鞋度日，曾有民谣："养女莫嫁洞井铺，搓烂手掌磨烂裤。"改革开放后，洞井铺逐渐得到迅速发展，原麻石小道改成柏油马路，铺闹区上移至洞井公路口处，距老街300米。新建有百货商场、肉食水产店、银行、药店、饮食店、旅社等。洞井大队部亦移驻此处。20世纪90年代，长沙汽车南站落户洞井铺，为洞井带来前所未有的发展机遇。进入21世纪，随着城市化的发展，洞井成为雨花区经济社会发展的典范。

长沙南红色记忆馆　位于雨花区洞井街道湖南省森林植物园的雨花营地内，展馆面积约97平方米，是洞井街道党工委与湖南省森林植物园党委区域化党建联盟共建项目。该馆集红色主题展览、红色文化传承、红色理论教育、红色志愿服务等功能为一体，分为"激情燃烧的岁月""众志成城的热土""满怀憧憬的未来"三个篇章。馆内以"红色印记"讲述毛主席像章背后的故事，折射时代光芒；以"红色历程"展示党的奋进之路，回顾重大事件；以"红色印像"回顾历史瞬间，记录时代变迁；以"红色地标"追忆红色脉络；以"红色洞井"溯源革命年代；以"红色口述"让居民成为红色故事传播者；以"红色藏品"承载特定记忆；以"红色互动"与"红色心声"使参观者成为参与者。

长沙南红色记忆馆　（唐清明　摄）

周里　又名周礼，酃县（今炎陵县）人。历任中共湖南省委书记，第三届、第五届全国人大常委会委员，湖南省政协主席，中共中央顾问委员会委员。1945年3月，周里到洞井恢复地下党组织。从1945年至1949年，周里在洞井地区地下党开展

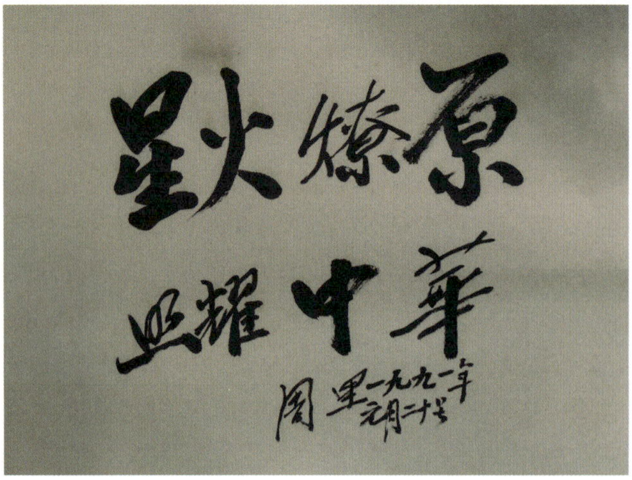

周里题字　（区档案馆　提供）

长沙汽车南站综合交通枢纽　　（区交通运输局 提供）

地下宣传工作。1948 年指示地下党员打入敌政，争取湖南长沙不流血就翻过来（即和平解放），做了大量工作。1964 年，周里化名为许先生，在洞井公社桃花大队古潭生产队开展社会工作。1965 年 3 月，在周里倡导下，积极组织开荒建菜园 24 公顷，橘园 4 公顷。1965 年 9 月 28 日，周里到洞井公社桃花大队指导工作。1978 年 3 月 10 号，全国人大常委周里到洞井公社宣讲全国五届人大修改后的《宪法》报告。1982 年 10 月 15 日，中共中央顾问委员会委员、省顾问委员会主任周里到洞井公社了解农村生产责任制的情况。

沈秉堃　（1861—1912），字幼岚，善化县曹家坝桃花冲（今属长沙市雨花区洞井街道）人。监生出身，以四川江安县知县升授直隶州知府，简放成都府知府，成绵龙茂道，清光绪三十三年（1907），迁甘肃按察使。次年，授云南布政使，护理云贵总督。清宣统二年（1910），擢升广西巡抚。武昌起义爆发，沈秉堃于 11 月 7 日宣布广西独立，就任都督，旋率援鄂北伐军，支援武昌。南北议和达成后，调南京，由黄兴介绍加入国民党同盟会。民国元年（1912）元旦，中华民国临时政府成立，沈秉堃任商务督办，4 月，受任南京留守府高级顾问及国民捐总局督办；9 月，派为浦口商场督办（虚衔）；10 月 28 日，应邀赴宴六席，至次晨四时，腹部剧痛猝死。

交通枢纽

长沙汽车南站综合交通枢纽　又称龙骧·汇金时代，位于雨花区洞井街道韶山路与时代阳光大道交叉口东南角，总用地 14.67 公顷，总建筑面积 50.3 万平方米，总投资 35.9 亿元，于 2015 年 11 月底动工，2019 年 12 月 31 日试运营。1996 年，长沙汽车南站落户洞井，占地 10 万平方米，总建筑面积 3.2 万平方米，为交通部批准的 2010 年湖南交通主枢纽工程的重要组成部分。2008 年，长沙汽车南站日发班次 1080 个，日均发送旅客 1.8 万人次。长沙汽车南站综合交通枢纽是在拆除原长沙汽车南站的基础上，整合周边土地进行规划建设的集客运、公交、地铁（规划长沙地铁 7 号线）、城际铁路（洞井站）、空港直连（机场大巴）、出租车、社会车辆等七位一体并同时具有商业商务功能的新型综合性交通枢纽，是原汽车南站体量的 10 余倍。该交通枢纽设普通候车区、重点旅客候车室、母婴室等；使用人脸识别检票系统，验证身份证和车票；可实现室内无缝换乘各种交通方式。有 110 余条长短途客运班线，日发送 400 余班次。可满足公路客运日均发送旅客量约 4.47 万人次、公交日均发送旅客量约 3 万人次、出租车日均 3000 台次、城际铁路日均发送旅客量约 3000 人次。除交通功能外，该项目配套建设 21.8 万平方米的商业，引进屋顶体育公园、巨幕电影院、儿童游乐场所及各大餐饮品牌等。

商业地标

汇艺文创中心　位于雨花区洞井街道湘府东路二段 99 号，写字楼总面积 24 万余平方米，2014 年 12 月雨花区文化产业示范基地落户该中心。汇艺文创中心配置 LOW-E 玻璃幕墙、7 台三菱高速电梯、1000 余个地下停车位、AAAAA 智能系统，引进律师事务所、会计师事务所、银行等完备的配套生产服务业。该中心云集湖南演艺集团总部、湖南佳悦文化创意集团总部、湖南思齐文化教育集团总部三家企业总部以及加拿大环球传媒、腾讯·大湘网、天闻数媒等文化企业。

裕天国际商汇中心　（洞井街道 提供）

28个IP角色、38个主题化互动场景、48项国家级专利、58个网红拍照点，将商业运营与机器人、人工智能、大数据融合，涵盖零售、品质餐饮、儿童配套、时尚休闲、创意娱乐、美容美体、运动健身等商业业态。

复地星光天地　位于雨花区洞井街道湘府中路80号，德思勤城市广场以西，由复地产业发展集团投资打造，占地总面积约6.5万平方米，总建筑面积近40万平方米，其中纯商业建筑面积约7.5万平方米，项目与德思勤四季汇共融共生，在规划设计上定位为在“补强”的基础上展现差异化，定位为湖南首个全时、全龄、全品类、全开放情景式街区MALL,涵盖零售、餐饮、休闲娱乐、文创市集、亲子培训、配套服务6个主题业态。项目有“欢聚广场”和“星光广场”2个广场围绕，欢聚广场沿湘府路一线，作为形象广场；星光广场连接5个出口，沟通苹果街、迎新路、大塘路以及湘府路。内部打造有五大街区：全球美食街、潮流生活街、儿童成长主题街、文创街区和特色潮吧街。2016年9月2日，复地星光天地全球招商启动。2020年10月1日，复地星光天地开放运营，这是长沙南城首个24小时全开放街区，200余个品牌入驻，包括客串出品、贤合庄、大虾驾到、茶颜悦色、炭围、酒拾烤肉、谭鸭血、TSINGTAO1903、克罗克酒吧、未嫁时小酒馆等。

裕天国际商汇中心　位于雨花区洞井街道时代阳光大道西529号，由湖南裕天房地产开发有限公司，总投资30亿元，总建筑面积35万平方米，于2016年9月28日开盘销售，是一个邻近汽车南站的商业综合体。该中心引进知名跨境电商，打造情景式商业街区。项目研发“天MALL”平台六大智慧系统，从服务、购物、家居、金融、办公、营销等多个方面落地“互联网+”。2016年6月24日，裕天国际商汇中心全球汇业态发布暨品牌签约举行，澳购网、洋集贸、艺文小镇商城等20余家品牌商家与该中心签订协议。2017年11月25日，长沙体育产业智库专家交流会在裕天国际举行，谋划长沙市体育+地产的商业范本。

G58智趣MALL　位于雨花区洞井街道湘府东路与万家丽路交会处西南角，由擎谱集团打造并运营，于2018年12月29日开业。商场里面涵盖6个主题机器人、8个智趣化系统、18类智能黑科技、

2018年12月29日，G58智趣MALL开业（洞井街道 提供）

复地星光天地商业街　（区融媒体中心 提供）

风景园林

湖南省森林植物园　位于雨花区洞井街道辖区

内，紧邻汽车南站，前身为湖南林学院、湖南省林业科学研究所试验林场，占地140公顷。1985年5月，经湖南省人民政府、国家科委批准成立。1992年，建立湖南长沙天际岭国家森林公园。1994年，建立湖南省野生动物救护繁殖中心，实行三块牌子、一套班子的管理体制，隶属湖南省林业厅。1999年9月，建成全国首家“森林和湿地生物多样性保护宣传教育中心”。2012年1月，获评国家AAAA级旅游景区；2019年9月20日，获评全国绿化模范单位称号。自2020年1月1日起，湖南省森林植物园正式免费向公众开放。植物园有珍稀濒危植物区、植物资源收集区、引种驯化区、良种繁殖区、果树示范区、观赏植物区、温室盆景区、园前区、生活区9个区和春园、梅园、樱花园、海棠碧桃园、石榴紫荆园、桂花紫微园、琼花桎木园、木兰园、山茶园、色叶园、观果园、特种植物园、水生水湿植物园、藤蔓植物园、竹园15个分类园。保存森林植物有非常珍稀濒危植物银杉、珙桐、长果安息香、武陵松、沉水樟、乐东拟单性木兰、云南拟单性木兰，金钱松等70余种；花卉、果树品种1800种。全园森林覆盖率95%，修建主要游路和小游路，辟设天际阁、鸳鸯湖、儿童乐园等系列旅游项目。2002年10月，在湖南省森林植物园举办湖南省首届花卉博览会；自2006年起，湖南省森林植物园每年举办樱花节。

湖南省森林植物园　　　　（区融媒体中心　提供）

歇马亭社区公园　系长沙市首个三国主题文化社区公园，位于雨花区洞井街道中意路与汇金路口交会处，于2010年9月开工，同年12月完工，建设面积20542.82平方米，总投资752.02万元。公园布局以歇马岭和歇马广场为中心，歇马岭通过仿古建筑歇马亭以及一组关羽闲坐、赤兔马小憩雕塑，配以仿古景观柱和园林小品，再现“关公歇马”等三国故事。整个公园形成一条以歇马岭为背景的景观主轴。

歇马亭社区公园　　　　（区园林绿化维护中心　提供）

狮子山公园　位于雨花区仙岭路以东、时代阳光大道以南、万家丽路以西、万芙路以北合围区域，由狮子山和桃花坡两个山体连成，总用地面积约13.3公顷，绿化率为90.04%，项目建设总投资约1.02亿元，于2017年12月开工建设，2018年12月开园。该园定位为发挥“城市生态绿肺功能”的体育休闲专类综合性公园。该园在全园范围内构建入口景观区、林荫散步区、活力运动区、滨水休闲区四个功能区，并设有儿童活动场和青少年运动中心两大场馆，可同时容纳600余人享受专业健身服务。狮子山公园在建设过程中，将原有直径10厘米以上的树木全部保留，让自然本身具有恢复力得到充分发挥的基础上，打造东门、山体木栈道、石狮子群雕、临水景观亭、西门护坡墙、山顶景观亭六大特色景点，为市民创造一个生态、健康的游园环境。

狮子山公园　　　　（唐叶　提供）

井湾子街道

区域概况

位置面积

位于雨花区西部，东以圭塘河为界与洞井街道、圭塘街道相接，西与天心区青园街道毗邻，南与洞井街道相连，北以香樟路为主界线与雨花亭街道相接。境内主要机关、企事业单位有红星实业集团有限公司、长沙市莲湖实业有限公司、中国建筑第五工程局有限公司、中铁十八局房地产开发有限公司、五矿二十三冶建设集团有限公司、湖南龙骧交通发展集团有限公司、中航长沙设计研究院有限公司、湖南澧水流域水利水电开发有限责任公司、湖南德思勤投资有限公司、华融湘江银行有限公司长沙分行、湖南省女子监狱、湖南省星城监狱、湖南省长康监狱、湖南省计量检测研究院、湖南省煤炭科学研究院、湖南省环境保护科学研究院、长沙市渣土管理处、长沙市第三福利院、长沙民政职业技术学院、湖南科技职业技术学院、长沙仁和医院、长沙市雨花区康和医院等。2012年1月街道正式成立时，辖区面积9.8平方千米。截至2019年年底，辖区面积无变化。

建置沿革

1996年7月，雨花区成立，井湾子街道属雨花区所辖4个街道之一。同年12月，区域微调，井湾子街道与雨花亭乡合并以乡建制（保留井湾子街道建制），办事处机关位于韶山南路105号。1997年7月，长沙市政府设立雨花亭街道，乡建制撤销。2011年3月，雨花亭街道拆分为雨花亭、井湾子2个街道。2012年1月，井湾子街道挂牌成立，街治设雨花区井湾路与洞井路交汇处东南角（湖南省煤炭科学研究所院内）。截至2019年年底，建置及街治无变化。

行政区划

1996年7月，井湾子街道辖井圭路、卢家冲、中建五局、香樟路、红星、黑塘坡、赤岗岭、铁道、省路桥9个社区居委会。2011年3月，街道辖莲湖、红星（部分）2个社区筹委会，融城苑、井圭路、冯家冲、井湾子、井巷、三湘、德馨园、红星农博、赤岗岭、香樟路10个社区居委会，井塘社区筹委会汤家屋、马家冲、麻塘桥、嘴上、南冲尾5个村民小组。同年8月，撤销红星社区筹委会，并将红星农博社区居委会更名为红星社区居委会。2013年7月，设立井湘社区居委会。2014年12月，设立井旺社区居委会。2015年8月，红星社区居

红星村老村部旧办公楼　　（区档案馆 提供）

委会更名为红星村社区居委会。2016年4月，莲湖社区筹委会与井旺社区居委会合并为井旺社区居委会；12月，设立湘莲、农博2个社区居委会。截至2019年年底，街道辖冯家冲、赤岗岭、三湘、香樟路、德馨园、井湾子、融城苑、红星村、井湘、井圭路、井巷、井旺、湘莲、农博社区14个社区居委会。

井湾子国际家居 MALL （井湾子街道 提供）

人口民族

辖区以汉族人口为主。2011年3月街道经批复成立时，总人口7.3万人（含流动人口）。2013年末，总户数22967户，总人口72307人，其中非农业人口70069人，男性39563人。2014年末，总户数23751户，总人口70626人，其中非农业人口68390人，男性37932人。2015年末，辖区户籍人口全部转为城镇人口，总户数24794户，总人口71989人，其中男性38361人。2016年末，总户数26151户，总人口74429人，其中男性39341人。2017年末，总户数28100户，总人口77937人，其中男性40591人。2018年末，总户数29799户，总人口81869人，其中男性42106人。2019年末，总户数31092户，总人口72276人。

| 经济发展 |

经济综述

街域北连中心城区，南连雨花经开区和长株潭核心，西依韶山路主干道和经济带，东接区治和黎托高铁新城，是长沙交通枢纽的必经之道、城市化推进的要冲之地、高端产业转移的首选地。街道商业氛围浓厚。街道集中红星农副产品大市场（国家级龙头市场）、红星涟源百货城、红星电脑电器城等市场，形成以红星美凯龙家居及建材装饰广场、红星井湾子家居市场、井湾子国际家居 MALL、红星建材交易中心、莲湖建材大市场为主体的家居建材、装饰装修产业集群，市场年交易量超过350亿元；聚集华润万家、家乐福、步步高、新一佳、通程万惠等全国性大型连锁超市及通程百货和电器商场。红星国际会展中心是雨花区唯一的会展场馆，每年举办各类会展50余场；双塔国际、中建大厦、御溪国际、红星国际、香颂国际、红星现代、融城花园酒店、红星盛源酒店等商务楼宇和高端服务业纷纷兴起。街域形成“一圈二带三中心”的发展格局，即以红星商圈、韶山南路经济带、圭塘河生态经济带为主战场，长株潭区域性消费中心、“韶—湘—圭”长株潭区域性商务中心、金融中心。依托红星商圈和湘府路CBD（中央商务区），以德思勤城市广场综合体、华悦城现代商务综合体、红莲商业广场等核心项目的金融业区域性总部初具雏形。

2012年，街道完成财税收入1.77亿元；实现固定资产投资36.3亿元；合同利用外资2900万美元，引进境外资金5.2亿元，市外域内资金9.33亿。2013年，完成财税总收入6.68亿元，增幅277%；实现固定资产投资44.25亿元，引进省外域内资金6.6亿元，市外域内资金10.75亿元。2014年，财税收入增幅7.18%；固定资产投资52.92亿元；引进省外域内资金7.59亿元，市外域内资金13.6亿元。2015年，完成财税收入8.1亿元，固定资产投资58.81亿元，引进省外域内资金10.26亿元，市外域内资金19.1亿元。2016年，完成市外域内资金18亿元。2017年，完成市外境内固定资产投入22. 4亿元，合同利用外资4000万美元，外贸进出口总额4000万美元。2018年，引进外资7068.9万美元；在楼宇招商竞赛中完成去库存面积34930平方米，排名全区第一。2019年，实现营利性服务业收入 6.2 亿元，同比增速 30.54%；实现规模工业总产值 18.8 亿元，同比增长 9%。

项目建设

2012 年，中建大厦 B 座顺利开工建设，德思勤城市广场、五矿万境水岸开盘热销，华悦城二期

华悦城　（洞井街道　提供）

开建。2013 年，德思勤 A-1 区、万境水岸一期、新盛珑景台一期、华悦城一期交付使用，旺景园、德思勤 A-2 区竣工，园康星都荟启动建设并开盘销售，16 个产业项目完成投资 28.32 亿元，商品房屋销售面积 38.45 万平方米，销售额 29.49 亿元。2014 年，实现房地产项目固定资产投资 25.7 亿元，新开工面积 24.26 万平方米，竣工面积 14.43 万平方米，商品房销售面积 26.83 万平方米，销售额 18.66 亿元。2015 年，红星农副产品大市场迁建工

中建信和城　（唐清明　摄）

程和正旺国际铭城开始动工，推进莲景苑、五矿万镜水岸、园康星都荟、中建信和城等项目。2016 年，莲景苑实现顺利分房 786 套，228 个保障房车位全部售罄。2017 年，中建总部国际、紫檀一品、红星联合广场、红星怡景苑等项目完成年度目标；御才・天晟儿童文体城项目进展顺利。2018 年，实现中建总部国际项目封顶，仁和医院开工建设，正荣华悦广场启动复工，红星联合广场项目封顶；实现红莲广场项目挂牌出让，实现紫檀一品、中海公寓、红星怡景苑、红莲广场等产业项目竣工收尾。2019 年，步步高星城天地项目开工，预计投入 60 亿元；推进雨花区圭塘河生态智能停车场、鑫苑木莲世家等项目建设。

商贸服务业

1993 年 11 月 18 日，井湾子集贸市场正式开业。1994 年 8 月 28 日，井湾子家具城开业，市场占地 2.06 公顷，建筑面积 10012 平方米，总投资 300 万元。1996 年 1 月 18 日，红星农副产品大市场开业。1997 年 1 月 18 日 红星农副产品市场开业。1999

20 世纪 90 年代建设中的红星大市场　（区档案馆　提供）

1997 年 1 月 18 日，红星农副产品大市场开业　（区档案馆　提供）

年 11 月，首届名优特新农副产品博览会在红星大市场举行。2001 年，将农博会会展中心建设纳入全省总体经济规划，次年 11 月，红星国际会展中心落成，占地 35.33 公顷，集商品展示、经贸洽谈、文化演出、大型展出于一体。

2012 年，全区示范项目——红星大市场、德思勤城市广场项目成功申报长沙市第二批现代服务业综合试点项目，湖南龙骧集团、湖南三正电子商务、湖南华天能环保科技、湖南宇业投资、第一财经长沙分公司、生迪光电科技等新兴现代服务业和总部企业落户，注册资金 2.4 亿元，德思勤中部电子商务总部基地、红星大市场搬迁建设获批为国家级现代服务业试点扶植项目，引进中海油湖南销售有限公司、腾湘科技、欧林雅家纺等重点企业，签约美国凯悦酒店、法国铂尔曼酒店、加拿大费尔蒙、深圳报业集团。2013 年，韩国 CJ、上海第一财经、十大基金公司、湖南三正电子、昆仑能源（湖南）投资等一批国内外知名企业相继入驻，德思勤城市广场“中部电子商务总部基地”挂牌，引进 9 家新兴现代服务业。2014 年，吸收引进湖南觅你时空酒店集团长沙市雨花区酒店有限公司、德邦（上海）运输有限公司长沙分公司、湖南创高建设有限公司、湖南创高园林建设有限公司、湖南金采进出口有限公司、长沙中建嘉和投资有限公司、湖南澧水清洁能源投资有限公司、湖南东尤节能有限公司等注册资金在 500 万元以上重点企业 16 家。

2015 年，上海恒颐长沙分公司、五矿二十三冶建设集团有限公司总部、华融湘江银行长沙分行、阿里云创客、亚马逊电商等先后落户；4 月，

2013 中国中部（湖南）国际农博会　　（区政府办 提供）

德思勤四季汇购物中心开业。2016 年，中拓国际、中海油、阿里云、亚马逊、分享通讯、华融湘江银行、二十三冶总部等一大批电商、金融企业入驻；红星实业在利润和财税实现双过亿的基础上增长近 10%。2017 年，阿里巴巴、亚马逊、中海油等企业落地，红星片区与华润集团实现签约。2018 年，抓实华融湘江银行长沙支行、浙商中拓等纳税大户的落地。2019 年，御溪国际商务楼宇纳入“三百工程”重点楼宇库。

2012 年，实现社会消费品零售总额 53.1 亿元。2013 年，实现限上社会消费品零售总额 36.42 亿元。2014 年，实现限上社会消费品零售总额 38.06 亿元，同比增长 8.82%。2015 年，实现限上社会消费品零售总额 38.75 亿元，同比增长 7.63%。2016 年，实现限上社会消费品零售总额 3.35 亿元，增速为全区第 2 位。2017 年，实现限上社会消费品零售总额 23 亿元。2018 年，实现限上社会消费品零售总额 24.84 亿元。2019 年，实现限上社会消费品零售总额 22.8 亿元。

节会会展　2013 年，举办缤纷夏日·畅购雨花——2013 雨花区家具建材消费节、中国中部（湖南）国际农博会等活动 18 次，吸引参展客商 80 万人，实现成交（签约）额 190 亿元。2014 年，举办湖南省节能宣传周暨第六届湖南（长沙）节能和循环经济博览会、中国湖南（国际）老年产业博览会、第三届“中国中部金融中心论坛”、中国中部湖南（国际）农博会等大小节会活动 21 余次。2015 年，举办红星商圈樱花消费节暨促进雨花房产健康发展活动、中部（国际）农博会等活动 26 余次，吸引参展客商 110 万人，实现成交（签约）额 250 亿元。其中雨花区红星商圈樱花消费节暨促进雨花房产健康发展活动，实现营业额 2.1 亿元。省委副书记、省长杜家毫考察中部（国际）农博会，并调研红星村，提出要把红星村打造成湖南的华西村。2016 年，举办第 30 届世界批发市场联合会大会暨首届中国国际农产品供应链交易洽谈会、2016 东盟·湖南名优产品交易会、2016 中国机器人大赛·中国中部国际机器人及智能装备产业博览会等活动 55 余次。2017 年，举办 2017 第四届中部（湖南）餐饮食材产业展览会、2017 全国出版物馆配馆建交易会、

2017 中国果业品牌大会暨中国（长沙）优质果品博览会等活动 42 余次。2018 年，举办 2018 大数据空间信息应用博览会、2018 湖南国际老年产业博览会、2018 湖南（长沙）婚嫁文化产业博览会等活动 48 余次。2019 年，举办 2019 年长沙消防安全技术与应急救援装备展览会、湖南宠物产业博览会暨“咿呀”杯萌娃萌宠嗨“Go”嘉年华暨购物狂欢节、首届中国农业节水和农村供水行业博览会、2019 中国休闲旅游博览会等活动 46 余次，吸引参展客商 226.38 万人次，实现成交（签约）额 195.6 亿元。

| 基础设施 |

交通运输

1977 年，井湾路（西起韶山路，东至井圭路）建成。20 世纪 80 年代末，修建井圭路（北起树木岭路，南至井湾子路），1990 年由黑色碎石路面改成水泥砼路面。1985—1987 年，建设完成香樟路（韶山路至女子监狱段）。2007 年，井圭路拓改全面开工。2009 年 5 月，圭塘路工程建设开工。2013 年，加速对木莲冲路项目拆迁，共拆除集体土地住房面积 2965 平方米，国土地房屋面积 10401.87 平方米；红星路竣工验收；圭塘路（湘府路—井圭路）竣工通车。2014 年，实现木莲冲路、莲湖二路项目拆迁扫尾。木莲冲路属区重点工程项目，是贯穿雨花区连通东西城市的主干道，全长 1535.8 米，路幅宽 46 米。2016 年 1 月，木莲冲路（韶山路—洞井路）全线通车，全长 1536 米，宽度 46 米，双向 6 车道，有利于为湘府路和香樟路减压。截至 2019 年年底，街道公路交通南北走向道路有：韶山南路、中意一路、洞井路、圭塘路等，东西走向道路有：香樟路、木莲中路、井湾路、湘府路等，友谊路、新韶东路、正塘坡路、杉木冲东路与街道辖区相连。

2013 年圭塘路（湘府路—井圭路）竣工通车
（区公共工程建设中心 提供）

城市建设与管理

2012 年，井湾子街道投入补损资金 120 万元对德馨园、冯家冲、赤岗岭、香樟路、融城苑 5 个必检社区进行设施补损。2013 年，提质升级红星商圈，拆除莲湖建材市场、莲湖木材市场房屋 1 万余平方米，红星建材市场 16 栋 238 家商户全面清空、4 万余平方米房屋全部拆除，木莲冲路项目拆除面积 1086 平方米，以城市公园绿地建设为重点，新增绿地共 4.97 公顷，成功申报融城苑社区为区为民办实事绿色社区。2014 年，抓好户表改造，完成 10 个单位、4161 户的图纸设计，解决融城苑小区、景湾小区困扰多年的户表改造问题；实现新增绿地 3.5 公顷；开展圭塘河环境整治行动 4 次，整治 5 家、搬离 1 家污染超标企业，新建公用垃圾站 1 个，生活垃圾无害化处理 100%。

红星农民新村　　（井湾子街道 提供）

2015 年，长橡棚改项目 A 地块基本扫尾、B 地块全部拆除，签约率 95%。完成井圭路菜市场提质改造等 8 个社区重点民生实事工程；成功改造德馨园南门，解决万余居民出行难题；社区提质改造 200 余处，改造水表 2000 余户，拆除阻碍井圭路菜市场消防通道亭棚。2016 年，红莲广场拆迁扫尾清零；莲湖小学项目2个月拆下33栋合法建筑；长橡棚改45天完成E地块63户清零。融城苑、井旺、井湘、红星4个社区纳入提质提档，井巷社区提质提档有序推进，在洞井路、圭塘路、湘府路、韶山路等6条主要干道设置拦车杠2000余个；首创众筹模式义务植树活动，打造省内第一条社区樱花大道；湘樟家园、德馨园、香樟园3个小区完成基础设施改造。2017年，长橡棚改项目A、B、C地块全面签约腾地，长橡D、E地块私房部分基本完成签约任务，燕子岭公园、莲湖村9号地项目全面签约腾地。东联名园巷、冯家冲组、绿荫家园北侧、机械化道路、向阳街、德馨园商业街南侧、非遗馆周边等前期改造区域进行提质，提质路面30万平方米，改造下水管网1万米，安装路灯50余盏。2018年，完成莲湖村6号地、莲湖村4号地、城投22号地的签约拆除清零；长橡棚改项目D地块公房征收28天实现签约清零，省机械化东地块30天内实现签约清零，长仪地块45天内实现签约99%。新增御溪国际、莲湖小学、五矿万镜三期绿地1.65公顷；完成冯家冲组提质改造，实现排水改造1000米，路面铺油1万平方米，划分停车位100余个；完成双塘组小巷、老圭塘路提质，提质面积4万平方米；投入2000万元实施对三湘小区、女子监狱宿舍区、万西湾小巷、卉园路提质改造。2019年，长仪棚改项目拆除腾地，实现省机械化西地块棚改项目一期签约清零。完成5.5万余平方米的裸露黄土覆盖，安装家庭油烟净化器5391台，投入2000万元对洞井路天桥改造、洞井路、正塘坡路、卉园路、杉木冲路等路提质，提质面积200万余平方米；投入1000万元对景湾小区进行提质，提质面积30万余平方米；投入400万元在三湘小区新建都市园艺公园；完成对三湘农贸市场和冯家冲农贸市场提质改造。

2017年小学生实地参观莲湖小学项目（区公建中心 提供）

2019年12月9日，长仪地块棚改项目实施拆除工作
（区征收办 提供）

莲湖高层安置模式　莲湖村位于雨花区圭塘河以西、韶山路以东，湘府路以北。该村在拆迁农民生产生活安置中采用高层公寓式安置模式，2000余名长期居住在平房矮楼的农民住进30层的现代化高楼。此举开创湖南省农村拆迁安置之先河，对节约城市有限的土地资源、拓展拆迁农民生产安置空间、提升拆迁农民生活质量有着重要的意义，为新时期城郊拆迁农民生产、生活安置提供崭新思路。2002年6月以来，随着湘府路建设、湖南国际汽车城的开发，莲湖村全部被开发征用，全体村民面临拆迁安置。若按照传统的“从地到天”模式进行农民住房安置，村民安居却不能乐业。为立足长远妥善解决全村农民生计问题，该村在区、街两级的引导下，自觉选择“生活安置向高空发展，留地集约包装生产项目”的高层安置模式，有效解决生产安置用地不足的问题。莲湖安置模式表现出单位土地收益最大化、经济成本核算最优化、村民生产安置长效化、村民居住管理社区化4个特征。

井巷社区提质提档　井巷社区成立于1989年9月，其前身为五矿二十三冶三公司的宿舍区，该公司往前追溯，则是1963年成立的湖南冶金井巷工程公司，井巷社区的居民70%为该公司的退休老职工。该社区是典型企业改制老旧开放式社区，面积 0.24 平方千米，居民 4163 人，居民楼 45 栋，安置房、平房 6 栋，阳光山庄小区 8 栋。由于经费投入不足，历史欠账较多，社区陷入房屋老旧居家难、乱搭乱建平安难、道路破损出行难、管线老化生活难、设施陈旧休闲难、环境污染健康难、人员守旧转化难等“七难”困境。2016 年，雨花区委、区政府启动井巷社区提质提档项目，聘请设计公司——湖南中大设计院、湖南泰源设计公司，施工公司——市政公用工程、湖南跳马园林有限公司，监理公司——湖南湘中工程监理有限公司，投入 3000 万余元，新增 3.47 公顷绿化用地与小社区公园统筹规划建设成燕子岭公园，翻新小社区公园原有球场、人行道重新贴透水砖、修砌四道文化墙，增设燕子湖、井巷塔、路灯、监控、绿化带和各类体育休闲设施。新建 500 平方米的休闲运动广场、1500 平方米的社区便民点。打造社区办公阵地，阵地改造面积 2000 余平方米，集“一站式”公共服务中心、警务室、居民活动室、党群活动室、雷峰超市、谭珍香里长工作室于一体。综合文化服务场所设室内健身室、乒乓球室、剪纸书画室、棋牌活动室等功能馆室，各项设施设备对群众免费开放。致力燕子岭小学软硬件打造，升级为砂子塘万境第二小学。搬迁长沙日臻气体厂、长沙星华特利气体厂等 7 家危化企业；拆除二十三冶 2 栋平房、燕子岭小学板房、牛角湖区域违建约 4 万平方米；撤离并妥善安置 27 户危房居民；拆除居民楼二楼立面违章 14 处，拆除楼道违章 260 余处，全面清零违章建筑。先后投入 7000 万元，用于社区及居民家庭硬件设施的全面提质建设：完成 21 栋居民楼、康和医院、社区阵地立面改造及地下管网、绿化带、围墙全面改造；统一更换 741 户的雨阳棚、防护窗、空调外机罩，道路“白改黑”1500 余米，清除余线 4200 米，完成 5800 米管线入地工作；新建 500 平方米的休闲运动广场、1500 平方米的社区便民点；新增路灯、庭院灯、楼道灯共约 600 个，规范停车位 760 个，配套垃圾分类桶 44 个、可移动垃圾桶 61 个。探索新的服务路子——“邻帮一号通”：开通 24 小时社区服务热线。纵向延伸“3313”工作法，即三个岗亭强堡垒、三支队伍树先锋、一个平台优服务、三零建设促品牌。

井巷社区改造前　　（唐良云　提供）

井巷社区提质后　　（唐良云　提供）

社会事业

教育

街域内高校、中小学林立，教育资源丰富，专业技术力量相对雄厚。2012 年，有井圭路小学、红星小学、红星第二小学、韶山南路学校、香樟小学、莲湖小学、德馨园小学、燕子岭小学 8 所小学，有井湾子中学（创办于 1962 年）、长沙外国语学校（前身为 1963 年创办的长沙市第二十三中学，1996 年更名为长沙外国语学校）2 所中学，有长沙建筑工程学校、长沙民政职业技术学院、湖南科技职业学院、长沙环境保护职业技术学院中高等院校 4 所大中专院校。2013 年 9 月，砂子塘万境水岸小学建成并投入使用。2014 年，井圭路小学改扩建工程启动。2015 年，莲湖小学在原址新建。2016 年，莲湖小学项目两个月完成 33 栋合法建筑平稳拆迁。2018 年，雅境中学及周边儿童友好型城市公共空间建设与改造项目启动。2019 年，燕子岭小学更名为砂子塘万境第二小学。截至 2019 年年底，辖区有雨花实验中学、雅境中学 2 所中学，砂子塘万境水岸小学、砂子塘万境第二小学、德馨园小学、枫树山莲湖小学、红星实验小学、红星小学、韶山南路学校、香樟小学、井圭路小学 9 所小学，思远幼儿园、金色阳光幼稚园、瑞恩堡幼儿园、乐多多幼儿园、融城幼稚园、华婴幼稚园等幼儿园，以及长沙民政职业技术学院、长沙环境保护职业技术学院、湖南科技职业学院、湖南交通职业技术学院、湖南交通高级技工学校、长沙建筑工程学校、长沙外国语学校等大中专院校。

长沙外国语学校　位于雨花区韶山南路 635 号，前身为 1963 年创办的长沙市第二十三中学，1996 年更名为长沙外国语学校，占地面积 8.8 公顷，建筑面积 10.7 万平方米，是湖南省首家、长沙市唯一一家国有公办、以外语为特色、坚持全面素质教育的示范性完全中学。获评“湖南省普通高中特色教育实验学校”称号。2020 年 11 月 5 日，该校加入雅礼教育联盟。

雅境中学　位于雨花区圭塘路 507 号，占地面积 3 万余平方米，设计规模 36 个教学班，可容纳学生 1800 余名，是 2016 年经长沙市人民政府批准，由雨花区人民政府与雅礼中学、南雅中学联合创办的一所高起点、高品位公办初级中学。获评全国教育科学十三五规划课题“涵养生命气象的学校内涵发展研究”实验基地校、全国啦啦操实验学校、长沙市儿童友好型城市实验校等称号。

2013 年五矿·万境水岸配建中学（雅境中学）签约仪式
（区教育局 提供）

韶山南路学校　位于雨花区韶山南路 393 号，原为子弟学校（长沙市 43 中学），始建于 1971 年，占地面积 9247.9 平方米，2005 年 11 月从企业移交雨花区教育局，2009 年秋季雨花区对学校进行布局调整，学校定位小学教育，更名为雨花区韶山南路学校。获评中国跆拳道体育校本课程示范校等称号。

砂子塘万境水岸小学　位于雨花区长塘路与圭塘路交会处东南角，由五矿集团投资 5000 万元建设，于 2013 年秋季竣工投入使用，占地 2.67 公顷，建筑面积约 1.7 万平方米，能容纳 42 个教学班。获评全国足球特色校、湖南省校本教研基地校、长沙市“经典诵读和规范汉字书写”双特色校和雨花区科技创新特色校等称号。

2012 年砂子塘小学入驻五矿万境水岸签约仪式
（区教育局 提供）

德馨园小学　位于雨花区香樟路德馨园小区内，创办于 2006 年 9 月，占地面积 26245 平方米，校舍面积 9151 平方米，体育用地 3212 平方米，是长沙市首批合格学校。2007 年起，学校推进校园足球特色办学，成为全国青少年校园足球布点学校、国家级青少年体育俱乐部。每年一届的“德馨杯”校园足球邀请赛，成为中国（湖南）影响力最大、运营时间最长的校园足球联赛。获评“我爱足球”全国总决赛五人制娃娃组冠军、全国少年足球精英赛湖南赛区冠军等称号。

德馨园小学　（井湾子街道 提供）

井圭路小学　位于雨花区井湾路572号，始建于1969年，前身为长沙橡胶厂子弟学校，1997年移交地方管理，更名为“井圭路小学”，学校占地面积1.8万平方米，建筑面积9000余平方米，是一所信息化特色学校。

井圭路小学　（井湾子街道 提供）

砂子塘万境第二小学　位于雨花区圭塘路496号井巷社区，占地面积是9992平方米，建筑面积2806平方米，前身是二十三冶三公司的九年一贯制子弟学校，1996年后，由市教育局接管，2000年下放到雨花区，更名为燕子岭小学，仍是九年一贯制学校，2007年定位为完全小学，2020年2月更名为砂子塘万境第二小学，并投资8000万元对学校进行整体重建。获评全国写字实验学校、中国青少年奥林匹克系列活动实验基地、长沙市现代教育技术学校、长沙市剪纸艺术示范学校等称号。

红星小学　位于雨花区井圭路164号，占地面积10454平方米，始建于1982年，建校初为红星村村办小学，交由政府办学后，1992年雨花区政府将红星小学与赤岗小学并校，于现校址拓址新建。获评长沙市“两型”示范学校、长沙市经典诵读教育示范校、长沙市现代教育技术实验校、长沙市体育传统项目（健美操、啦啦操）校等称号。

红星实验小学　位于雨花区迎新路（湖南女子学院南侧），原为红星第二小学，占地面积13680平方米，建筑面积8000平方米，2019年1月更名为红星实验小学，是雨花区政府投资3800万元建设的一所设计规模为24个教学班的学校。获评2018年度国家防震减灾科普示范学校。

莲湖小学　位于雨花区莲湖路以北、新圭塘路以西，于2017年9月建成开学。学校总占地面积约2.6公顷，总建筑面积1.5万平方米，总造价为5223万元，由4栋地上建筑物和1个地下室组成，主要包括风雨操场，以及教学楼、科教楼、多功能教室、传达室4栋主体建筑，共计容纳30个班。

科技

2013年，街道组织欧林雅、环康环保等3家企业申报市级科技计划项目，共计获得专项资金30万元。2014年，组织湘豹钻机、绿鲜源农牧、华振泵业共8家企业申报市级科技计划项目，共获得专项资金60万元，开展以“科技创新·美好生活”为主题的科普周活动。2015年，长沙环康有限公司在帮扶下发展成为拥有10余项发明专利的综合型高科技企业，产值2525万元。2016年，德思勤联合阿里巴巴，创新“互联网+”模式，孵化20个创业项目，其中流体动力式超声波增氧装置研发项目获“中国创翼”创新创业大赛一等奖。2017年，全街有6家单位成功申报湖南省高新技术企业，其中营业收入5000万以上的3家；共组织五局土木、三昌泵业等7家企业以及长沙市民众应急服务中心、长沙市雨花区优儿推儿童健康服务中心2家社科组织申报雨花区科技计划项目。2018年，中建总部国际写字楼打造成中建·创客基地，成为湖南首个建筑行业总部基地。2019年，新增11个高新技术企业。

文化体育

2012年9月，长沙图书馆融城苑分馆对外开放。2013年，承办和举办长沙市“首届万人广场舞”大赛、“迎新年 庆元旦”全民健身广场舞比赛、第十二届群众文化节开幕式暨元宵喜乐会、“莲心向党，新风尚，新莲湖”文艺晚会、“盛世新年，幸福井湾”、“彩虹志愿者护航站”挂牌仪式暨争创“市级安全生产示范社区”文艺会演等文艺演出17次。2014年，街道综合文化站完成提质改造；扶持井湘社区、融城苑社区、德馨园社区文化活动中心提质改造，添置社区公园、活动广场活动设施；开展首届“小巷总理”晒幸福暨红色服务月系列活动之‘清风廉韵’文化艺术沙龙、“井巷社区书画”艺术沙龙、“心灵之约”公益文化讲坛、“我们的故事”、“勿忘民族耻，共筑中国梦”演讲比赛、弘扬经典诵读暨“小新星百人晨诵会”、海峡两岸共圆健康梦暨“优儿推”推拿文化交流活动、“非遗文化进社区，快乐剪纸庆佳节”主题文化活动 8 次，成立雨花区优儿推儿童健康服务中心；承办或举办全国“幸福井湾·‘羽’你共享”羽毛球比赛、“凝心聚力·振兴井湾”主题拔河比赛、“庆元旦快乐齐相伴”和“幸福里，幸福家”趣味运动，“华融杯”等体育赛事 10 余次。2015 年，全省首家 24 小时书店——德思勤 24 小时书店开业，省少儿图书馆首家社区分馆——井湘社区分馆开馆；长沙市首个社区青少年宫落户井旺社区；建设首个社区国学馆；培育文体协会、老年协会、物业协会、残疾人协会、计生协会、爱心协会等社会组织 107 家，拥有湘女艺术团、新海艺术团等文艺团队 21 支，人数 847 人。2016 年，“德馨读书吧”开放；开展“大橙小爱”义卖、“相约圭塘河”众筹植树活动、“一起来更靓丽”志愿者活动、“千人手护”大型公益活动、“百岁老人谈家风”、“最美雨花·文润井湾”向毛泽东学读书等活动；打造井旺健康文化，融城苑“融”文化，德馨园 24 小时读书吧和好人好店一条街，井巷剪纸文化等社区特色品牌文化。2017 年，辖区文化产业新增企业 52 家，年度新增限上文化企业 2 家；开展书法名家送春联 新春社区送吉祥、邻里百家宴、“首善井湾 ‘绳’采飞扬”、学雷锋志愿服务活动等活动。2018 年，雨花非遗夜市启幕，雨花非遗书院开馆；开展“我们的节日”、

2019 年 9 月 30 日，德馨园社区文艺会演暨“好人好店一条街”协会成立仪式
（肖志芳 提供）

“社区网络春晚”、井盖“变形记”、“绿色环保行·约绘蓝天下”百米长卷手绘活动等活动。2019 年，组织开展邻里互助、尊老敬老、植绿护绿、垃圾分类、助残日等各类活动。

井湾子街道综合文化站　位于雨花区井湾路 564 号二十三冶小区，于 2014 年完成提质改造。室内占地面积 750 平方米，室外活动场所面积 2000 平方米，设有培训教室、图书阅览室、公共电子阅览室、多功能活动厅、舞蹈排练厅等活动场所。

小蜜蜂社区青少年服务中心　位于雨花区圭塘路与井莲路交叉路口东北角五矿·万境水岸一期，于 2015 年 12 月 23 日揭牌成立，由长沙市青少年宫和雨花区井湾子街道合作设立，系湖南省首个社区青少年宫。该中心在井旺社区的万境水岸小区 5 栋拥有 300 余平方米的室内场馆，提供声乐、舞蹈、手工、阅读、书法、棋类和影音分享等娱乐服务；

2014 年“凝心聚力·振兴井湾”主题拔河比赛
（井湾子街道 提供）

2015 年 12 月 23 日，小蜜蜂社区青少年服务中心在井旺社区揭牌
（井湾子街道 提供）

周边拥有 3000 平方米的乒乓球、足球、灯光篮球场等室外活动场地，所有项目免费向青少年开放。

长沙民政职业技术学院图书馆 位于雨花区香樟路 22 号长沙民政职业技术学院内，于 2008 年开放，总建筑面积 2.5 万平方米，各类藏书 156 万册，图书馆外观呈书院式仿古风格，主体使用区域共为 4 层，有 4 个阅览室、6 个藏书库及 3 个自修室、4 个语音室和 1 个多功能报告厅。

长沙图书馆融城苑分馆 位于雨花区井湾路 528 号融城花苑 12 栋架空层内，于 2012 年 9 月对外开放。分馆引进和乐社工，面向居民、小朋友，定期举办国学公益课堂、书画培训、合唱团、红色游学、志愿服务等主题活动。

长沙图书馆融城苑分馆 （区图书馆 提供）

德馨园书吧 位于雨花区井湾子街道德馨园社区居委会办公楼三楼，于 2016 年 4 月 17 日正式开放，由德馨园社区联合广通教育共同打造，是省内首家社区 24 小时公益图书馆。馆藏各类图书近 6000 册。读书吧白天黑夜阅读不打烊，采用“图书馆 +”模式，在提供阅读服务的同时，利用社区图书馆平台定期开展读书会、心理咨询、健康讲座、亲子教育、国学讲座、课程培训等活动。

2016 年 4 月 17 日，德馨读书吧揭牌 （井湾子街道 提供）

雨花非遗书院 位于雨花区杉木冲东路 198 号雨花非遗馆内，于 2018 年 9 月 20 日开馆，占地 600 余平方米，分为综合阅览室和中厅演绎区，配备开放式阅览座席 100 余个。综合阅览室 406 平方米，藏书 3 万余册，设有湖湘文化区、非遗图书区、非遗体验区、非遗演绎区、少儿阅读区、精品文创区等；中厅演绎区 200 平方米，定期开展非遗讲座。

雨花非遗书院 （区图书馆 提供）

雨花非遗夜市 位于雨花区杉木冲东路与卉园路交叉路口往西北约 50 米，于 2018 年 9 月 20 日首度启幕，分为非遗美食、非遗舞台、非遗驿站、非遗文创、非遗体验基地 5 个板块，是湖南省首个以非遗为载体的夜间经济场所。

医疗卫生

街域内医疗资源丰富，民营医院、特色专科医院林立。2012 年，辖区内有湖南省司法警察总医院、长沙市第三社会福利院（长沙市第九医院）、长沙年轮骨科医院、长沙佑康医院、长龙医院 、仁和医院、康和医院、九龙医院、博雅眼科医院 9 所医院，12 个社区和 1 个社会筹委会均设置社区医院；开展“计划生育基层基础工作月”提质活动，《井湾子街道五项措施推进计生工作》在《中国人口报》上刊登；开展红星大市场“行协主导型”计生服务管理新模式，作为长沙市唯一的街道代表参加全省计生协会经验交流会并作典型发言。2013 年，井湾子街道仁和社区卫生服务中心成立。2014 年，开展“世界人口日”“男性健康日”等主题宣传活动，落实各项流动人口便民措施。2015年，举办以“关怀计划生育群众，创建和谐幸福家庭”为主题的计生协会“会员活动日”宣传服务活动，开展“关爱儿童健康”为主题的世界人口日宣传活动；特别扶助对象76人，独生子女保健费发放1705人，省城镇独生子女父母奖励3626人。截至2015年年底，街道拥有二级医院4所，床位约1557张，医务人员752人，高级职称技术人员80人；有育龄妇女人18171人，流动人口38392人，流出人口2367人。2017年，实施“一卡直通，三就惠民”服务举措，发放就医、就学、就业“一卡通”惠民服务卡3600张，解决流动人口家庭就学事项85件，落实享受就医优惠家庭1000余户；建立融城苑、莲湖、井旺、井湘四家家庭医生工作室，井旺社区“优儿推”获国家级公益慈善项目和第三届中国青年志愿服务大赛银奖；“小蜜蜂”、融城苑社区“融”文化获省、市计生协会“三结合”扶植资金；街道获得全省卫生计生依法办事示范窗口（全区唯一）、称号。2018年，建立融城苑、湘莲、井旺、井湘四家家庭医生工作室，累计服务3000余个流动人口家庭；吸纳社会资金100万元，与仁和医院共同打造“湘莲仁和居家养老日间照料中心”。2019年，建立5家家庭医生工作室，累计服务流动人口家庭3000余家。

长沙市第九医院　又名长沙市第三社会福利院，位于香樟路与曙光路交会处东北角，始建于1952年10月，隶属于长沙市民政局，是长沙市二级甲等精神病专科医院，长沙医学院临床教学医院。医院“一院三址”，为院本部（雨花区井湾子街道）、长岭分院（韶山北路355号原军供宾馆）、梅花分院（农场康复基地，长沙县江背县梅花社区）。

长沙市第九医院　（井湾子街道 提供）

长沙市年轮骨科医院　原名长沙恒生手外科医院，位于雨花区香樟路229号，于2007年11月创立，是一家集医疗、教学、科研、预防保健于一体的专业骨科医院。医院设有康复医学科、脊柱科、手足外科、关节科、创伤科等科室，专项治疗颈腰椎病、关节病、风湿类风湿、手足畸形、骨折骨伤等疾病。2019年，该院关节外科成为中南大学湘雅二医院共建科室。

井湾子街道仁和社区卫生服务中心　位于雨花区井圭路146号，与仁和医院相邻，成立于2013年，2015年试点雨花区首个家庭医生工作室，2020年通过优质服务基层行推荐标准，是一所非营利性基层医疗机构。总占地面积3200平方米，建筑面积3500平方米。设全科医疗、中医、预防接种、儿童保健、妇女保健、公共卫生、康复理疗等科室，借助承办机构二级综合性医院——长沙仁和医院的医疗资源提供妇产科、内科、外科等专科服务。配置CT、DR、B超、心电图机、血细胞计数仪、全自动尿液分析仪、全自动生化仪、红外线乳腺诊断仪等诊疗设备。开放住院床位31张。有员工40余人。服务辖区面积9.8万平方千米，服务人口10万余人。下辖三湘、农博、莲湖等10个社区卫生服务站。

社会保障

2012年，井湾子街道新增城镇就业和农村劳动力转移就业650人，发放优抚资金16.04万元；举办各类现场招聘会10余场次，开发公益性岗位400余个；城乡居民医疗保险缴费人数2.25万人，新型农村社会养老保险参保人数1880人；城市低保户182户，农村低保户1户，新增低保户24户，大病医疗救助57人，精神病救助84人次；成立首家街道青少年社会服务中心，建立“360”雷锋家族和7支志愿服务队。2013年，街道提出“家在幸福里、幸福在家里”，创新建设“幸福里”工程；完成区级课题《“村改居”过程中社会事务平稳承接的思考与探索》；举办5场招聘会；承办“爱心一夏”青年就业创业服务行动启动仪式；在上海城广场开展“大爱长沙，志愿助残阳光行动”活动；冯家冲社区普亲老年养护站工作获民政部肯定推荐；城市低保169户299人，发放低保金957732元，农村低保1户2人，发放低保金3300元。2014年，城镇新增就业人数1656人，困难人员再就业数156人；基本居民医疗保险缴费2.11万人；新增低保户12户，取消33户；发放“优抚”经费36万元，“双定”经费1.2万元；开展“春风行动”“就业援助月”“爱心一夏，幸福井湾”等招聘会。

2015年10月18日，“优儿推”推拿文化交流活动
（井湾子街道 提供）

2015年，城镇新增就业人数1532人，困难人员再就业数178人，基本居民医疗保险缴费20132人，企业保险新增参保661人、工伤保险新增参保454人；集中办理302个民生问题；创新开展“树最美家风，享书式生活”活动；建立井湾子街道社会组织孵化中心，引进和孵化“小蜜蜂”“优儿推”等社会组织。2016年，完成重点民生实事项目9个；投入30万元对困难群众实行精准帮扶。2017年，新增创业主体数648户，带动城乡就业1324人，扶持大学生创业40人；实现城镇新增就业人数1072人，失业再就业和困难人员就业828人；指导社区申报惠民资金项目40个。2018年，组织5场招聘会，实现城镇新增就业人数800余人，就业困难人员就业375人，发放高龄津贴118.9万元，惠及高龄老人1294人；发放优抚双定经费57.09万元，惠及优抚对象75人；赴跳马镇实地走访慰问4次，慰问资金和物资共10万余元。2019年，赴跳马镇喜雨村集中走访慰问7次，投入经费及物资25.66万元，帮助21户探索养蜂产业扶贫措施，为贫困户实施出入道路改造600米；举办8场招聘会，实现失业人员和就业困难人员就业852人，完成创业贷款任务79万元；发放优抚双定经费33.7万元，完成退役军人帮扶上岗9人；累计发放城市低保1046户次66.8万元，发放特困供养94户次6.8万元；成功调处农民工劳务纠纷案件5起。

丨特色地情丨

历史人文

井湾子　因湾内有一冬温夏凉的著名水井而得名。该处是长沙通往湘潭、株洲的交通要道，中华人民共和国成立前这里人烟稀少，仅有五、六家茅屋，中华人民共和国成立后，此处兴修红星水库，先后建成五座村庄。境内开设井湾子综合商店、井湾子供销社、红星饮食店、缝纫店、理发店，办起井湾子中学。湾后是一〇一工程队，湾东南是轻工业设计院、省林业科学研究所、湘运汽车修配厂等单位。20世纪80年代，此处为长沙市第7路公共汽车的终点站，井圭路以此为起点直通主塘。进入21世纪，随着城市化的发展，此处成为雨花区红星商圈的核心区域。

红星村　红星村是在改革开放条件下，大力发展壮大集体经济，取得经济社会全面发展，具有典型代表性的一个村。1950年属长沙县莲湖乡管辖，1951年5月划归长沙市郊区金盆区管辖。1955年9月，组建红星初级农业生产合作社，这是红星村最早的建置雏形。1958年9月，设立红星大队。1961年3月，红星大队划分为红星和莲湖2个大队。1964年，红星大队将所辖23个生产队合并成10个生产队。1983年6月，红星大队更名为红星村，属雨花亭乡。1996年，湖南省确定实施长株潭一体化战略，位于长株潭融城核心的红星村，决定投资2000万余元建设农副产品大市场。2010年

红星实业集团办公楼　　（井湾子街道 提供）

红星盛业办公楼　　（井湾子街道 提供）

5 月，成立红星社区筹建委员会。2012 年，红星村划分为红星、冯家冲、德馨园、香樟路 4 个社区，属井湾子街道。2015 年，红星社区改名为红星村社区。20 世纪 70 年代以前，红星村经济以农业为主导。20 世纪 80 年代，红星村迎来乡镇企业发展的黄金期，1989 全村工业总产值 562 万元。1997 年，红星农副产品大市场开业。1999 年，由红星村承办的湖南首届农博会举行。进入 21 世纪，随着湖南红星冷冻食品有限公司、湖南红星盛业食品股份有限公司、湖南红星盛康油脂股份有限公司等一批现代产业的兴起，红星村工业完成转型升级。红星村利用长、株、潭融城战略带来的区位优势，以红星农副产品大市场、湖南红星井湾子家具广场和红星国际会展中心为基础，以长沙市雨花区韶山路与湘府路交汇处为轴心，孕育出“红星商圈”。红星村的发展被称为“红星模式”，实现从“红星村”到城市社区，从村民到城市居民和股民，从村办企业到“红星实业集团”。

红星村社区“影像红星”展厅　位于雨花区井湾子街道红星村社区公共服务中心办公楼三楼，占地 800 平方米。展厅从“源头活水、学则思变、创业维艰、众志成城、红星向党、创梦工厂、放眼江河”7 个不同主题、不同角度讲述红星 30 余年发展历程，展示红星村“红星向党 · 共享发展”的故事，同时输出“红星模式”经验。

商业地标

井湾子国际家居 MALL　位于井湾路与韶山南路交会处东南角，于 2009 年 12 月 18 日成立，经营面积 8 万余平方米，汇集 200 余个国内外家具品牌，是一家集家居购物、休闲、家居体验于一体五星级家具卖场，是中南地区规模最大的高端家居卖场之一。

德思勤城市广场　位于雨花区井湾子街道湘府中 18 号，是德思勤投资有限公司（成立于 2008 年 4 月，注册资金 5030 万元）开发的首个商业地产项目，占地面积 36.67 公顷，总建筑面积 156 万平方米，其中涵盖 68 万平方米商务、56 万平方米商业和 32 万平方米住宅。商业部分主要包括 20 万平方米四季汇购物中心、937 米苹果时尚步行街、亚洲电视中心、24 小时书店等诸多业态，汇聚潮流服饰、时尚餐饮、大型超市、健身房、4D 及 IMAX 影院、

德思勤城市广场　　（井湾子街道 提供）

大型室内溜冰场、儿童游乐场等设施配套，集购物、餐饮、娱乐、休闲、文化等功能于一体。2012 年 1 月 7 日，德思勤城市广场全球发布仪式举行，韩国 CGV、凯悦酒店签约落户该项目。2013 年，德思勤四季汇购物中心凭借设计及零售概念获 ICSC 亚洲最佳购物中心大奖。2014 年 7 月 18 日，德思勤城市广场全球招商发布会暨四季汇购物中心品牌签约仪式举行，四季汇购物中心首度正式亮相，汇集包括国际奢品、时尚、娱乐、美食等方面的国际国内知名品牌 100 余家。2015 年 4 月 26 日，四季汇购物中心开业，商业面积 20 万平方米，开业当日客流近 30 万人次。该中心引进韩国首尔金融中心电影街区概念，打造中部首家 4D 影城。位于购物中心的真冰溜冰场由奥地利 AST 公司投资 1100 万元建设，总面积约 2000 平方米，冰面面积近 1000 平方米，是中部首个国际标准的休闲娱乐真冰场，是 AST 打造的首个冬奥会标准的商用真冰溜冰场。2017 年 10 月 1 日，德思勤广场二期 TASKIN MALL 开业。

中建广场　位于雨花区正塘坡路与韶山路交会处西南角，由中建信和地产有限公司投产开发，总投资 10.22 亿元，是集酒店、商业、写字楼于一体的综合项目，含 A 栋、B 栋两座塔楼和 4 层商业裙楼。净用地面积 12162.80 平方米，总建筑面积 91641.28 平方米。项目获 2017 年“最具投资价值名盘”、2018 年“十大潜力商用物业”等称号。中建广场定位为湖湘建筑产业基地，是中建总部商务样板工程，进驻万豪集团旗下万怡酒店、湖湘知名餐饮天然台、中建五局总部等企业。

步步高星城天地　位于韶山路与湘府路交会处东北角，于 2019 年 3 月 29 日开工建设，同年 4 月 15 日步步高集团与长房集团签约开始共同打造，是雨花区现代服务业发展的重要项目。项目总投

步步高星城天地　（区融媒体中心　提供）

资 60 亿元，建设 60 万平方米的高端商业综合体，200 米超高层建筑，集商务办公中心、星级酒店、高端公寓、花园美宅、购物中心于一体。其中，购物中心体量约 20 万平方米，商业楼层包含地下两层，地上五层，停车场数量约为 4000 个。由凯达环球 Aedas 全球顶级设计及顾问团队进行细化布局。2020 年 5 月 18 日，项目 200 米超高层奠基；10 月 29 日，步步高集团全球招商发布会举行，众多品牌商家与星城天地意向签约。

中建广场　（井湾子街道　提供）

文化地标

德思勤 24 小时书店　位于雨花区井湾子街道湘府中路 18 号德思勤城市广场内，于 2015 年 6 月 24 日开业，是湖南首家昼夜不打烊书店，年服务读者 170 万余人次。书店由 24 小时书区、名人书房、外文书区、文化长廊、咖啡吧、创意集市、文化讲坛、儿童书区等部分组成，24 小时不间断地提供集阅读、电影、音乐、美食、创意设计、艺术、展览于一体的文化服务，将阅、购、逛、玩相结合，最大化提升城市文化生活体验。书店打造集文化交流、创意展示、互动教育、金融对接等功能于一体的创新创业交流

德思勤 24 小时书店　　（德思勤 24 小时书店 提供）

展示平台，创造出既具本地特色又具国际视野的文化景观，形成以“德思勤晚八点”为核心的自有文化品牌栏目。

湖南雨花非遗馆　位于雨花区井湾子街道杉木冲东路 198 号，占地面积 1.2 万平方米，建筑面积 4.8 万平方米，主体结构 4 层，由湖南雨花非遗文化传播有限公司于 2015 年投资运营，创始人为郭存勇。馆内分设“非遗”产品销售区、“非遗”舞台演绎区、“非遗”手工体验区、“非遗”传承人工作室，聚集“非遗”项目 300 余个（世界级项目 14 个，国家级项目 62 个），聚集“非遗”传承人 200 余名，聚集非遗产品万余种，开设“非遗”传习所 29 家，研发“非遗”研学体验项目 30 个。创新开发“非遗＋市场”“非遗＋教育”“非遗＋旅游”“非遗＋展示展销”“非遗＋演艺经纪”“非遗＋科技”的模式，形成“吃非遗、玩非遗、学非遗、买非遗、赏非遗”的活态传承体系。2017 年，雨花非遗馆接待国外团队近万余人次，中央及省内外各级政府考察团 150 余批次，市民游客 30 万元人次。同年 3 月 21 日，“长沙市非物质文化遗产青少年体验基地”“长沙市非物质文化遗产创意项目孵化基地”在雨花非遗馆挂牌；4 月 6 日，湖南省巾帼手工创业就业孵化基地在花非遗馆挂牌。截至 2019 年年底，创建大学生创业基地 10 个，创造直接经济价值 500 万余元；创建湖南省巾帼巧手创业就业孵化基地入驻企业 16 家，带动 5000 余人就业，其中女性 4000 余人，精准帮扶建档立卡贫困户 400 余人。

风景园林

红星社区公园　位于雨花区韶山路与新韶东路交会处西北角，占地 3.2 万平方米，其前身是 1958 年建成的红星水库，于 2011 年 3 月建成开放。2000 年，由于周边农田被征用改造成楼房，该水库也逐渐失去灌溉的作用，后改为养殖场，之后蓄水量减少，水质降低，基本闲置。从 2004 年至 2006 年，推土机所造成的渣土不断蚕食水面，导致四分之三的水面区域被填埋。2009 年，红星水库绝大部分水域被渣土吞噬，政府决定对其进行改造，施工单位为湖南怡人园林绿化有限公司，建设单位为长沙市城市管理局。2011 年 3 月，红星社区公园建成开放，成为长沙修建面积最大、配套最

湖南雨花非遗馆　　（区文旅体局 提供）

红星社区公园　　（区园林绿化维护中心 提供）

为齐全的社区公园。公园主体为红星湖，以湖为中心，形成水系景观带，包括环湖道路、健身平台等，在水面的西部，利用原有渣土建成的小山坡，山下为儿童溜冰场和篮球场。

燕子岭公园　　（井湾子街道 提供）

燕子岭公园　原名井圭游园，位于雨花区井湾路以西，燕子岭小学以南，占地面积4.5万平方米，公园前身为莲湖村工业用地，主要分布有乙炔厂、氧气厂、电石厂等危险化学品企业及违章建筑，2017年4月雨花区投资3200万余元，建设供市民休闲娱乐的社区公园，于当年12月竣工。由于当地大量燕子常年在此栖息而被居民命名“燕子岭”，故公园命名为燕子岭公园。公园以“飞燕展翅、福泽雨花”为主题，引用海绵城市技术，布局包含入口广场、燕子广场、燕子泉、彩虹步道、儿童游乐场、管理服务用房等板块，通过不同铺装游步道进行连接公园以大桂花、大银杏、多头朴树、大香樟作为基调树种；以杨梅、椤木石楠、乐昌含笑、雪松、杜英、马褂木等作为背景树。栽植乔木1100余棵，栽植小乔木及球类500余株；铺种草毯、扶芳藤、四季月桂等地被小苗3.4万平方米。

东山街道

区域概况

位置面积

东山街道位于雨花区东部，东以浏阳河为界与长沙县黄兴镇毗邻，西以圭塘街道相接，南与洞井街道、跳马镇相连，北以劳动东路为主界线与黎托街道接壤。驻街的机关、企事业单位有：湖南磁浮交通发展股份有限公司、湖南雨帆噜渴乳业股份有限公司、长沙高铁新城管理委员会、长沙市第二社会福利院、长沙市救助站、长沙市流浪儿童保护教育中心、长沙市殡葬事业管理处、火车南站综合管理办公室、雨花区现代电子商务产业园管委会、雨花区合丰垸堤委会、雅礼雨花中学、南雅中学等。2012 年 1 月，街道挂牌成立，面积 14.2 平方千米。截至 2019 年年底，辖区面积无变化。

建置沿革

2011 年 3 月，黎托街道经批复析置为黎托、东山 2 个街道。2012 年 1 月 1 日，东山街道挂牌成立，街治设在雨花区曲塘路与川河路交会处。2016 年年初，街治搬迁至雨花区花侯路西东山大厦。截至 2019 年年底，建置及街治无变化。

行政区划

2011 年 3 月，东山街道辖东山、长托、边山、侯照、黎托、黎明 6 个社区筹委会，东山镇、南雅 2 个社区居委会，粟塘社区筹委会洲上、对塘湾、月亮湾、粟塘铺 4 个村民小组，川河社区筹委会厂禾塘组。2013 年 7 月，撤销黎郡社区筹委会，设立黎郡社区居委会。2016 年 4 月，设立黎雅社区居委会；长托社区筹委会与黎郡社区居委会合并为黎郡社区居委会，黎托社区筹委会与南雅社区居委会合并为南雅社区居委会，东山社区筹委会、渔场社区筹委会与东山镇社区居委会合并为东山镇社区居委会。2018 年 12 月，设立东恒社区居委会。2019 年 4 月，设立高铁新城社区居委会。截至 2019 年年底，街道辖东山镇、南雅、黎郡、黎雅、东恒、高铁新城 6 个社区居委会，侯照、边山 2 个社区筹委会。

黎郡慧生活实践园　　（东山街道 提供）

人口民族

辖区人口以汉族为主。2011 年 3 月街道经批复成立时，总人口 5.1 万人（含流动人口）。2012 年，街道人口数据测评、流入（流出）人口孕检率、免费孕前优生健康检查三项考核指标均列全区第一。2013 年末，总户数 5743 户，总人口 14470 人，其中非农业人口 9287 人，男性 7302 人。2014 年末，总户数 6082 户，总人口 15340 人，其中男性 7302 人。2015 年末，辖区户籍人口全部转为城镇人口，总户数 6283 户，人口 15912 人，其中男性 7578 人；流动人口 3.5 万人。2016 年末，总户数 6550 户，总人口 17102 人，其中男性 8125 人。2017 年末，总户数 7053 户，总人口 18670 人，其中男性 8878 人。2018 年末，总户数 7526 户，人口 20543 人，其中男性 9881 人。2019 年末，总户数 7817 户，总人口 21497 人，其中男性 10396 人，年度出生 309 人，死亡 113 人，迁入 911 人，迁出 106 人。

| 经济发展 |

经济综述

2012 年，东山街道完成财税收入 5080 万元，其中，完成地税 3300 万元、国税 1320 万元、非税 1460 万元；全社会固定资产投资 22 亿元；完成合同利用外资 2950 万美元、实际到位外资 2000 万美元；引进省外境内资金 1 亿元，市外境内固定资产投资 2 亿元。街道以机械加工、食品加工、建筑材料、家具加工为主，拥有限额以上规模企业 3 家，限额以下企业 100 余家，职工总人数 7000 余人，生产总值 12 亿元。2013 年，完成财税收入 5087 万元，全社会固定资产投资 18.14 亿元，引进省外境内资金 1.09 亿元，引进市外境内固定资产投资 2.4 亿元，实际到位外资 1144 万美元。2014 年，财税收入全口径完成 27470 万元，其中，国税 13348 万元，地税 14070 万元，其他税收 56 万元；固定资产投资 23.37 亿元；完成实际到位省外境内资金 1.24 亿元，市外境内实际完成固定资产投入 3.08 亿元，外贸进出口 200 万美元，实际到位外资 2400 万美元。

2015 年，完成财税收入 3.15 亿元，非税收入 1560 万元；全社会固定资产投资 23.36 亿元（其中生产性服务业投资 8.67 亿元）；引进市外境内固定资产投资 18 亿元，引进省外境内资金 6.2 亿元。2016 年，完成全口径税收 39333 万元，全社会固定资产投资 41 亿元，新增“四上”企业 3 家。2017 年，完成全口径税收 34556 万元，全社会固定资产投资 36 亿元，新增“四上”企业 4 家。2018 年，完成全口径税收 29569 万元，全社会固定资产投资 33 亿元，新增“四上”企业 4 家。2019 年，完成全口径税收 42851 万元，全社会固定资产投资 62 亿元，新增“四上”企业 8 家。

项目建设

2012 年，东山街道推进 5 个在建产业项目。其中，恒大绿洲占地 21 公顷、总投资 25 亿元，完成一、二期开发；长房·凤凰苑占地 6 公顷、总投资 2.5 亿元，项目实现基本完工；黎托新城占地

长房·凤凰苑　　（区住建局 提供）

34 公顷、总投资 5 亿元，一、二期完工，第三期 6.93 公顷处于施工阶段；京港澳高速改造项目占地 16.27 公顷、总投资 30 亿元，启动建设；轨道交通控制中心人防工程占地 2.6 公顷、总投资 1 亿元，建设顺利。有待建项目 3 个：占地 3.33 公顷的湾田国际广场征拆进入扫尾阶段，占地 6.67 公顷的

2013 湖南·长沙高铁新城暨雨花重点项目（上海）招商会签约仪式（区商务局 提供）

旺华房产项目和占地 6.67 公顷的广州商会大厦完成启动建设的前期准备。2013 年，台商总部大厦奠基，京港澳高速项目全面交地，旺华置业启动建设，周大生中港珠宝城项目用地与轨道公司协调到位。2014 年，跨国公司总部经济园、绿地之窗和万里时代 3 个纳入区“三定三抓”项目；中港珠宝城、台商总部大厦和雨花物流园纳入市重点项目。万里时代·城市综合体、绿地之窗项目开始销售。2015 年，有项目 10 个，其中产业项目 8 个（开工建设的有 5 个），基础设施项目 2 个。星光铭座、台商总部大厦营销展示中心、湖南智能物流集配枢纽、中港珠宝旅游商业城等重点产业项目推进顺利；新引进永清环保总部大楼项目，完成土地证办理和工商注册。2016 年，有 9 个产业项目列入区“511”工程帮扶项目，其中在建项目 4 个，待建项目 5 个。万里时代一期主体、绿地之窗实现交房；星光名座 9 栋建筑封顶，1 栋在建，开始销售；中港珠宝城完成调规；永清环保完成调规。2017 年，推进万里时代、绿地之窗、恒大国际广场等重点项目建设。2018 年，普洛斯长沙雨花物流园等市属重大项目顺利推进；高铁新城吾悦广场、长沙城际空间站等高铁会展新城大型综合体项目开工建设。2019 年，浏阳河风光带建设三标、黎托生态公园、京珠高速东辅道绿化等 5 个基础设施项目集中开工。

普洛斯长沙雨花物流园项目建设（雨花现代电商物流管委会 提供）

长沙城际空间站项目 位于雨花区花侯路与曲塘路交会处东北角，属于高铁新城板块，是绿地集团于 2018 年 6 月发布的城市综合体项目。项目占地 20 万余公顷，建筑面积近 98.7 万平方米，拥有超 200 米城市地标办公楼宇以及国际化的住宅社区，配套包括五星级酒店、全球进口商品直销中心等。

2019 年雨花区绿地城际空间站项目观摩（东山街道 提供）

佳兆业云顶都汇项目 位于雨花区黎托路和香樟东路的交会处东南角，原为环保总部大楼项目，由佳兆业集团于 2018 年 12 月发布，2019 年 8 月 29 日公布该项目建设规划许可公告牌。项目属于高铁新城板块，占地 5 万平方米，总建筑面积约

佳兆业云顶都汇项目建设（东山街道 提供）

28.4 万平方米，规划有平层及 LOFT 共 8 栋商务公寓，打造的一个集平层公寓、loft 公寓、酒店式公寓、SOHO 灵动办公于一体的长沙封面级高铁核心都会综合体项目。

长沙雨花宝湾电商物流中心项目　位于东山街道辖区，侯照路以西、红旗路以东、牛角冲路以北、战备路以南，由金辉建设集团投资开发，于 2019 年 10 月 21 日开工建设。净用地面积 9.13 公顷，总建筑面积 9.8 万平方米。规划建设 4 个二层物流仓库、1 栋综合楼。该项目有助于促进物流产业的升级与创新，优化投资环境。

2016 年签约宝湾电商物流中心项目（雨花物流管委会 提供）

盒马鲜生长沙运营中心项目　位于东山街道辖区的雨花电商物流园（东至浏阳河，西至京港澳高速、北至湘府东路、南至绕城高速），于 2020 年 6 月 29 日启动，项目总投资估算 20.10 亿元，由阿里巴巴旗下上海盒马网络科技公司投资建设，中国电建市政建设集团施工建设。项目依托阿里巴巴的技术支撑和平台优势，实现新零售产业链的突破。占地总面积 127612.45 平方米，主体建筑包含 1# 菜鸟干仓、2# 菜鸟干仓、3# 菜鸟干仓、4# 冷库、5# 加工中心等，总建筑面积 124901.1 平方米。

工业

东山街道自 2012 年析置成立以来，以土地开发建设为主旋律。随着违章建筑的拆除，辖区内的企业迁出的多，进驻的少，其中以工业企业尤为突出。2012 年，完成规模工业总产值 4.08 亿元；辖区内有规模工业企业 3 家，分别为食品加工业 1 家、混凝土加工业 1 家、厨房设备制造业 1 家，职工人数 171 人。随着经济形势的逐渐下行，2013 年完成规模工业总产值 21685 万元。2014 年，完成规模工业总产值 2.1 亿元。2015 年，部分规模工业企业受腾地拆迁的影响搬迁，全年完成规模工业产值 19656 万元。2016—2019 年，规模以上工业企业为湖南顺强混凝土公司 1 家。2016 年，完成规模工业总产值 9340 万元。2017 年，完成规模工业总产值 14068 万元。2018 年，完成规模工业总产值 9713 万元。2019 年，完成规模工业总产值 25030 万元。

湖南顺强混凝土有限公司　位于雨花区京港澳高速与湘府东路交会处东南角，成立于2010年1月，注册资金 1000 万元，有职工 100 余人。公司下设生产部、经营部、材料部、技术部、车队、财务部等机构。主要经营范围有混凝土制造；生产砂浆；生产混凝土预制件；物流代理服务；道路普通货物运输；货物专用运输（罐式容器）；渣土运输；湿拌砂浆、混凝土、混凝土添加剂、钢材、水泥、砂石、五金产品、机电设备的销售等。

商贸服务业

2012 年，东山街道实现社会消费品限上规模零售总额 1 亿元；拥有全国驰名商标 1 个，省优产品 2 个；商业网点 200 余家；辖区内有一家限上商贸企业：湖南飞宏汽车销售有限公司；一家限下商贸企业：长沙市雨花区河鱼鲜酒楼。2013 年，实现全社会消费品零售总额约 554.5 万元。2014 年，实现全社会消费品零售总额 690 万元。2015 年，实现社会消费品限上规模零售总额 828 万元。2016 年，限额以上批零住餐单位 3 家，实现限上全社会消费品零售总额 1803 万元。2017 年，限额以上批零住餐单位 2 家，实现限上全社会消费品零售总额 1508 万元；规模以上服务业企业 8 家，实现规模以上服务业营业收入 97538 万元；实现限额以上其他盈利性服务业营业收入 21870 万元。2018 年，限额以上批零住餐单位 2 家，实现限上全社会消费品零售总额 628 万元；规模以上服务业企业 9 家，实现规模以上服务业营业收入 93793 万元；实现限额以上其他营利性服务业营业收入 14124 万元。黎托农贸市场提质改造完成并营业。2019 年，限额以上批零住餐单位 7 家，实现限上全社会消费品零售总额 23949 万元；规模以上服务业企业 7 家，实现规模以上服务业营业收入 11.52 亿元；实现限额以上其他营利性服务业营业收入 14019 万元。盒马鲜生长沙运营中心项目入驻；星光名座商业综合楼正式运营；高铁吾悦广场商业中心开业。

| 基础设施 |

交通运输

1997年，修建长江路，为水泥道路，全长2千米，从老花候路通至京港澳高速。2002年，修建围山圳路，为水泥道路，全长2千米，从长托15组通至长托13组，与黎托村交界。2003年6月，花侯路亮化通车典礼举行，该路成为全省第一条全线设置路灯的乡村公路。2004年，修建大圳路，为水泥道路，0.4千米，从长江路通至尾托村部。2005年，修建6组、7组组级便道，全线1千米。2007年，由组民集资，村集体赞助，修建2组、16组、1组便道，全线1千米。村部绿色通道，全线1.5千米长，为黎托路，主道路，实现全部亮化。黎托中心小学至村民小组六组，全线0.8千米；六组至长托村，全线0.9千米；长托村至村民小组七组围山渠，全线0.9千米；黎托村部至荷叶塘，全线1千米；村民小组九组至粟塘村部，全线0.8千米；黎托村部至老花侯路，全线1.2千米。全长总计约7.1千米。2007年，长沙南站启动建设；2009年12月，车站正式开始运营。2013年，湘府东路项目与新花侯路对接通车。2014年，长沙轨道交通2号线一期工程开通试运营，杜花路站、长沙火车南站站位于辖区内。2016年，长沙磁浮快线开通，磁浮高铁站位于辖区内。2019年，长沙轨道交通4号线试运营，平阳站、长沙火车南站站、粟塘站位于辖区内或边界。2016—2019年，辖区竣工的道路有竣工道路：平阳南路、潭白北路、东山路（湘府东路—柳树塘路）、红旗路（湘府东路—劳动东路）、江榕路（劳动路—湘府东路）、京港澳高速公路长沙黎托段改造、杜花路（东段）、长托路、牛角冲路、战备路（红旗路至阳明山殡仪馆）、支路12-9、京港澳高速辅道（劳动路—香樟路）。截至2019年年底，域内交通站点有长沙交通枢纽高铁长沙南站、黎托高速汽车站，主要道路包括：劳动东路、新花侯路、杜花路、川河南路、香樟东路、曲塘路、潭白南路、北支路、南支路等，以及下穿京港澳高速路。

2018年7月17日，杜花路（沙湾路—京珠高速）竣工通车（东山街道 提供）

水利设施

1953年，东山镇安装2台4110型煤气机，建立郊区第一个内燃机抽水机站。2012年东山街道正式成立后，全境以浏阳河为主流水系，水库1座。街道以防汛大堤为主要防汛地点，对其进行维护管理，2013年，东山街道开展建设水利渠道行动，于长托、边山、东山、黎托、侯照、渔场、南雅社区（筹委会）新建21条水渠、护砌4203米、投工1727个、6306立方米的工程量，共投入208.24万元，其中包括灌渠、明圳、暗管、排污管道等。2017年长沙洪灾期间，东山街道组织开展防汛抗灾及灾后重建工作。

城市建设与管理

2012年，东山街道有扫尾项目13个，需拆除合法建筑74栋（含国有土地66栋违章需要扫尾），拆除合法建筑63栋；新启动拆迁项目7个，签订合法建筑帮拆协议233栋、拆除228栋、拆除违章208栋。2013年，针对13个扫尾项目，签订合法房屋拆除协议14栋，拆除12栋，拆除违章48234.54平方米；新启动拆迁项目8个，叫停新建违章50处、约1万平方米，已签订拆迁协议98栋，累计拆除违章246090.2平方米。黎托3栋扫尾安置房开工建设，黎雅苑完成主体工程，太和园实现全面封顶。2014年，街道扫尾项目10个，征地面积98.99公顷，应拆合法117栋，签订合法房屋拆除协议112栋，拆除109栋；新启动红旗路、高铁东广场、磁浮线、京港澳高速临时用地项目、沪昆高铁配套工程等8个项目，征地面积72.43公顷，应拆合法212栋，违章229089.36平方米，签订拆迁协议174栋，拆除161栋，拆除违章175098.41平方米。

2015年，街道涉拆项目40个，其中扫尾项目3个，续拆项目3个，新启动项目34个，用地面积425.23公顷，合法房屋千余栋，合法房屋共签协议392栋，拆除388栋，拆除违章1916774.64平方米。2016年，铺排征拆项目47个，征地面积共442.25公顷，涉及合法房屋约1300栋，违章建筑66万平方米。年内实质性启动签约拆除工作的项目有22个，其中扫尾项目11个，续拆项目3个，新启项目8个。实现12个项目共64.72公顷清零腾地。全年复绿111.1万平方米，新增园林绿地面积7.8公顷。对康景园、熙春园先期进行提质改造。2017年，完成25个项目结算交地，腾地面积145.08公顷，签约合法房屋157栋，拆除169栋。投资40万余元建成城管智慧指挥中心；处理数字化案件5800件，结案5779件；拆违25处，6800余平方米；完成杜花路项目等地块的覆绿工作，覆绿面积18万平方米；筹措资金1200万余元，提质改造南雅社区。2018年，完成11个项目清零，累计签约56栋、拆除75栋，腾地面积42.91公顷。上报城管、环保网格案卷1.06万余条；配合卫星图斑等管控违章，拆违70处、16442.4平方米；新增园林绿化面积6.4公顷。建成3处停车场，投入1700万余元提质提档黎雅社区。2019年，累计签约185栋，拆除184栋，完成9个项目清零交地，累计腾地93.58公顷。物流园5个在谈项目的意向项目用地完成拆迁；物流园路网用地、官寺冲路用地清零腾地；浏阳河国际文化艺术街区意向用地清零；恒大都汇商业广场、佳兆业云顶都汇地块遗留问题解决。6个社区实现垃圾分类“全覆盖”；新增园林绿化面积4.5公顷。完成小餐饮透明厨房提质改造10家，取缔黑作坊3家。

2012年，完成黎郡新宇·熙春园分房，累计分房1842套，2490名征拆群众迁进新居。2014年，东山、边山、侯照、黎托、长托、渔场6个社区（筹委会）的1077户3876名村民分到新房，完成交房1401套。2015年，分两批完成分房397户、590套，安置776人，其中黎雅苑324套、太和园266套。2016年，完成三期黎雅苑、太和园224套保障安置房的分房工作，265人迁新居。

星城新宇·黎雅苑　位于雨花区花侯路，紧邻高铁南站，占地7.6公顷，共有保障住房2035套，安置总人口2470人，于2014年10月竣工交房。

星城新宇·黎雅苑　（雨花城投集团 提供）

星城新宇·东升家园　位于花侯路以西、黎雅苑小区以南，占地5.33公顷，于2019年开工，是雨花城投集团首个EPC（工程总承包）项目。项目共有保障住房1523套，可安置总人口1846人，

社会事业

教育

20世纪60年代中期，辖区分散的3个农业班合并为黎托公社农业中学。1978年，黎托中学划归郊区，对校舍进行扩建，成为一所完全中学，新校舍占地1960平方米。1980年，黎托中学有11个班，其中2个高中班，9个初中班，学生529人，教职员工40人。2002年，创办雅礼寄宿制完全中学（前身为北大附中湖南分校），2012年7月，学校转制为长沙市属公办完全中学，校名为长沙市南雅中学。2011年4月，雨花区政府与雅礼中学联合创办公立初级中学——雅礼雨花中学（前身为1966年创建的黎托中学）。2012年，投入专项经费20万元，开展教师节专项慰问；投入20万元专项经费，在雅礼雨花中学开展“东山教书育人贡献奖”“东山教书育人模范奖”，分别给予1万元、5000元奖励；投入20万元专项经费，用于改善边山小学、黎托小学等辖区中、小学的校舍及设施。为雅礼雨花中学争取30万元校车1台。2013年，设立10万元教师奖励专项资金，安排30万元慰问

辖区中小学教师、帮扶贫困学子等。截至2015年年底，街域内南雅、雅礼雨花2所中学在校学生8107人、教师633人；黎郡小学在校学生2800人，教师160人。截至2019年年底，辖区有长沙市南雅中学、雅礼雨花实验中学2所中学，砂子塘启新小学、黎郡小学2所小学，立思黎雅幼儿园、童蕾蓝天幼儿园、绿地之窗幼儿园、小博雅幼儿园、黎托中心幼儿园、湖南省直机关第二幼儿园等幼儿园。

南雅中学　位于雨花区香樟东路178号，占地面积19公顷，前身为北京大学附属中学湖南分校，2002年由长沙市政府批准创办为民办中学，2012年7月学校成功转制成为长沙市属公办完全中学。学校实施“开放教育、个性教育、自主教育”三大策略，致力打造“全省顶尖初中、一流精品高中”。拥有高标准教学楼、实验楼、艺术楼、图书馆、体育场、篮球场等。2017年，参考人数1570人，6A人数299人，6A率（不含直升生）19.04%，直升人数（雅礼49人+本校82人）。

南雅中学　（东山街道 提供）

雅礼雨花中学　位于雨花区长托路与花侯路交会处西南角，前身为黎托中学，始建于1966年，2010年雨花区政府整合原黎托中学的师资，与雅礼中学合作创办雅礼雨花中学，于当年12月27日竣工。学校占地4.8公顷，总建筑面积约为4万平方米，投资概算为1.15亿元，设计规模60个班，可容纳学生3000人。该校由雅礼中学直接派出校长、副校长、中层干部和骨干教师进行管理、担纲教学，采用全套的雅礼管理模式与教学资源，与南雅中学共享所有初中教学资源，实现教学进度、教师备课、教学资源、考试内容“四统一”。2015年，雅礼雨花中学入围首批“全国青少年校园足球特色学校”。

雅礼雨花中学　（东山街道 提供）

黎郡小学　位于雨花区长托路34号，占地面积33213平方米，于2014年9月开学。学校以“文化立校”为办学思想，推动学生素质活动的开展。

黎郡小学　（刘桃红 提供）

立思黎雅幼儿园　位于雨花区新花侯路以西星城新宇·黎雅苑，有班级8个，是普惠性民办幼儿园。

童蕾蓝天幼儿园　位于雨花区黎雅社区太和园，班级14个，教职工人数50人，建筑面积3600平方米，能容纳幼儿400人，是普惠性民办幼儿园。

绿地之窗配套幼儿园　位于雨花区香樟东路与黎托路交汇处西南角，创办于2019年9月，班级12个，教职工人数40余人，是普惠性民办幼儿园。

小博雅幼儿园　位于雨花区香樟东路196号雅致名园，有班级3个，教职工人数9，是民办幼儿园。

黎托中心幼儿园　位于雨花区湘天路508号黎郡新宇2期，有班级6个，教职工人数30余人，是公办幼儿园。

湖南省直机关第二幼儿园　位于雨花区劳动东路820号恒大绿洲小区，班级12个，教职工人数60余人，是公办幼儿园。

文化体育

1963年，东山镇一农家水沟内发现商代铜鸟提梁卣（盛酒器），是为商周时期长沙青铜器代表之一。2012年街道成立后，单独成立文化站，主抓全街文化体育宣传工作。街道投入20万元，创新搭建“健康生活大讲坛”，搭建“群众文化大舞台”，组建广场舞、腰鼓等文艺队伍40余支，组织开展首届“东山杯”篮球赛，开展“感动东山，雷锋传人”道德模范评选。2013年，开展“新春喜乐会”、“寻找东山好声音”、“舞动东山·爱我健康”群众文艺会演、“东山健康生活大课堂”、“快乐阅读大看台”、第二届东山杯篮球比赛等文体活动，累计参与居民群众3万余人次。同年，长沙首个失地农民公共图书馆——长沙市图书馆黎郡分馆试开放。2014年，开展“红红火火过大年”、“庆七一”党员群众千人大联欢文艺会演、“东山杯”拔河比赛、龙舟大赛、“东山健康生活大课堂”、“东山杯”篮球比赛等活动。

1979年东山龙舟赛　　（区档案馆　提供）

2013年第二届“东山杯”男子篮球赛　　（东山街道　提供）

2015年，开展“东山杯”男子篮球赛、长沙市歌舞剧院“送戏进社区”活动、长沙市花鼓剧团“送戏下乡”活动等活动，组织黎郡、边山等社区居民30人次免费观看话剧《鸡零狗碎的青春》、湘剧《古画雄魂》，挑选5名职工参加长沙市“政协杯”男子篮球赛，街道为长沙市图书馆黎郡分馆赠送图书60余册。2016年，开展“讲文明、树新风”、“中国梦”、“遵德守礼”、“展青春活力、显岗位风采”、“提升市民素质、倡导文明风尚”、“东山大讲堂”、“身边的好人”评选表彰等主题活动，开展“元宵喜乐会文艺晚会”、广场舞比赛等文艺活动；开展学习宣传道德模范活动，涌现出以安志、姚志军、王小军为代表的“身边的好人”，其中安志获10月份“中国好人”称号；打造黎郡社区“乐活坊”群众活动基地；建成黎雅小区风雨篮球场。2017年，开展各类社会组织活动30余场。2018年，开展“弘扬法治精神、增强法制观念”法治宣传活动、“筑牢人民防线，维护国家安全”主题宣传教育和现场签名活动等活动；“扬帆青少年志愿服务中心”揭牌。2019年，开展防灾减灾红十字博爱宣传周活动、“关爱自然、爱护地球”群众性主题宣传活动、“庆祝新中国成立70周年”活动、“青少年增能吧”活动、第六届“东山杯”男子篮球赛、第三届“致敬重阳青春行”活动等活动。

长沙图书馆黎郡分馆　位于雨花区东山街道黎郡社区居委会三楼，占地200余平方米，于2013年1月27日开馆。该馆采取资源共建共享原则，具有公益性、教育性、休闲性的阅读模式。藏书上万册，报纸20种以上，各类期刊30种以上，集电子阅览、成人阅览区、儿童阅览区、图书借阅于一体。

长沙图书馆黎郡分馆　　（东山街道　提供）

东恒自助图书馆　位于雨花区黎托路恒大国际广场东北角馆，于2019年7月29日开馆，藏书3000余册，设有数字报刊机、自助办证机、自助借还书机等。

东恒自助图书馆　　（区图书馆　提供）

医疗卫生

20世纪60年代前，辖区黎托卫生院创办，看病就医以“赤脚医生”为主。2012年，东山辖区集中拆迁，各社区（筹委会）、村的卫生室均撤掉，统一合并到位于黎郡社区黎郡新宇熙春园9栋的社区公共卫生服务中心。同年，为4806户计生家庭购买54210元家庭意外伤害险，为1643名妇女购买41060元的妇科防癌保险；发放大病救助27人次、65672元。2013年，给1618户计生家庭发放19.87万元计生奖扶资金；组织常住及流动育龄妇女两癌筛查，普查率93.02%；为5270户计生家庭购买家意险54870元；发放大病救助13人次、44909元。2014年，向1254户计生家庭发放奖扶资金30.97万元，组织开展常住人口育龄妇女B超孕检7600人次，在全市率先采用“流动孕检服务车”上门为流动人口提供免费的B超孕检服务，为4800余户计生家庭购买家意险6万元；发放大病救助128044元。

2015年，在流动人口集中的区域为已婚育龄妇女上门开展免费B超孕检服务，率先在全区启动计生移动信息化建设试点工作。2016年，常住人口育龄妇女孕检3703人次，孕检率98%以上，流动人口育龄妇女孕检720人次；黎雅、长托、黎托3个社区服务阵地，边山、黎托、东山3个社区标准化村卫生室建设工作基本完成。2018年，计生特别扶助对象14人完成家庭医生签约服务，打造居民健康场所7家。2019年，免费开展妇幼健康检查720余人，完善“健康社区”“健康步道”建设，完成全国慢性病综合防控示范区创建评审验收。

东山街道社区卫生服务中心　位于雨花区东山街道黎郡社区熙春园9栋，占地面积600余平方米，建筑面积3000余平方米，是一所政府举办的社区卫生服务机构，承担东山、黎托2个街道常住居民的医疗、预防、康复、保健服务。中心服务面积30平方千米，服务人口6万余人。2016年创建为湖南省群众满意的社区卫生服务中心，2019年达到“优质服务基层行”推荐标准国家审核。中心有职工70余人。设有全科、妇科、公共卫生、妇女保健、儿童保健、药剂、影像、检验、中医药综合能力服务区、住院康复病房（48张床位）等科室。配备全自动生化仪、彩色超声诊断系统、新东方DR摄影装置等诊疗设备。中心与长沙市中心医院建立心电平台合作协议。中心以中医药为特色，在五楼设置近300平方米的中医馆，有多名省、市名老中医坐堂。中心的辜大为名中医工作室，是长沙市唯一一个设在基层机构的名中医传承工作室。

东山街道社区卫生服务中心　　（东山街道　提供）

社会保障

2012年，东山街道新增城镇就业775人，失业人员再就业338人；帮助758名失地农民纳入养老医疗系统；城镇居民医疗参保9085人，缴费7193人；发放62.4万元征拆慈善救助，40户特困征拆家庭受益；率先在市、区完成62户养殖户的畜禽退养任务。2013年，新增城镇就业1277人，举办两期SYB创业培训班；企业养老保险新增人数366人，工伤保险净增495人，城镇居民医疗参保7410人，城市和农村低保全年累计发放37万元。2014年，新增城镇就业1443人，城乡医保6934人；发放城市和农村低保50万元，征缴社保基金1.57

万元；举行招聘会 4 场。

2015 年，城镇新增就业 1420 人，失业再就业 342 人，职工培训 243 人，城乡居民医疗保征缴 57.02 万元；开展 4 场招聘会。开展社会组织培育工作，街道社会组织 27 个；成立红白理事会 7 个。2016 年，新增城镇就业 1195 人，失业人员再就业 285 人，新增医社保 545 人，发放基本社会保障 107 万元。开展“东风乐业”专场招聘会 7 场，达成就业意向 120 余人；建成街道老年人日间照料中心、南雅社区居家养老中心。2017 年，新增城镇就业 1362 人；发放城市低保金 161 户 277 人，共计 116 万余元；为 75 名困难群众申请发放临时救助和医疗救助 24 万余元。2018 年，城镇新增就业 1261 人，失业再就业 422 人，就业困难对象再就业 186 人；发放低保金 124 万余元、困难救助金 34 万余元、高龄补贴 28 万余元，药物救助 153 人次；举办招聘会 6 场；街道日间照料中心及南雅社区居家养老服务中心为老人提供服务 3560 次。2019 年，城镇新增就业 449 人；发放低保金 112 万余元、困难救助 17 万余元、高龄补贴 30 万余元、药物救助 123 人次；举办招聘会 6 场；街道日间照料中心为老人服务 2500 余人次；投入 91 万余元，实施惠民项目 8 个。

长沙市第二社会福利院　始建于 1987 年，2011 年底搬迁至新址雨花区东山街道边山社区筹委会，集中供养失智失能残障“三无”民政对象，主要承担孤残儿童、失智失能老人和残障人士的收养、安置、医疗、康复等工作。该院占地面积 10 公顷，总建筑面积 3.7 万平方米，投资 1.5 亿元，床位 1000 余张。2019 年，有职工 300 余人，服务对象 950 余人。获评民政部行风建设示范单位、全国养老标准化建设试点单位、湖南省文明单位、湖南首届十佳养老机构等称号。2017 年，该院开放“特护养老病房”，发展一对一、一对二养老服务。

南雅社区居家养老服务中心　位于雨花区东山街道南雅社区，于 2016 年 9 月 2 日开业，2019 年 3 月 21 日签订委托运营协议。该中心总面积 400 平方米，设有多功能活动室、健康检测站等功能室，是一家集健康管理、居家上门、社区生活信息化服务为一体的社区养老服务机构，可为辖区的老年人提供日间照料、康复保健、应急救助、文化娱乐、法律援助、精神慰藉等服务。该中心与东山街道社区卫生服务中心签订医养合作协议，引进家庭医生工作室，建立定期医疗巡诊制度居家医疗护理服务。

南雅社区居家养老服务中心　（东山街道 提供）

特色地情

历史人文

东山古镇　东山古镇因水运交通而兴，位于邻浏阳河黄兴镇段的西岸，为古长沙东郊的商埠要地，

长沙市第二社会福利院　（东山街道 提供）

设有义渡连接长沙通往浏阳、平江、醴陵等县要道。相传东山之名源于“东仓”，元末明初此地曾建有一粮仓，粮仓毁后，此地演变为东山。该地紧邻浏阳河成为南来北往的交通要道，也逐渐发展成为商贩集中、商铺林立及以手工业制造为特色的历史古镇，清咸丰年间有商铺20余家。原平江一富商修建的停泊码头，成为此地是的水运商埠的重要见证。古镇为麻石老街，绵延1.5千米，由一条主街和中间三条横巷连续组成。中华人民共和国成立前，古镇有居民300余户1600余人，商店作坊手工业店铺共有62家，较有名气的有义泰和、韩泰生、大德兴、黄茂康杂货店；裕生福南货店，黄家香铺、石海生皮贸，郑昌龙百货，李福元家具，周友东油鞋木屐等。古镇以商贸经营和制作油鞋木屐、农用风车等手工业为主而兴起，其中木质产品加工为历史悠久的传统工艺。江西的木材和瓷器等也随着水路运抵古镇加工交易，吸引远近客商来此经营。江西客商在古镇建江西会馆，名曰万寿宫，与古镇发生频繁贸易往来。古镇具有代表性的人文景观为关圣殿和福音堂，能容纳数百人的关圣殿内搭台唱戏可持续月余；福音堂位于繁华街市，是当时长沙最大的基督教堂之一。1930年，彭德怀、黄公略率领红军，在东山人民的支援下进攻长沙城。1941年11月，东山四乡的群众支援抗日部队，在浏阳河磨盘洲一带伏击日军，取得东山大捷。1949年7月，人民解放军到达浏阳后，东山人民为解放军供应粮草、侦察敌情，为长沙和平解放做出贡献。每逢端午佳节的龙舟竞渡，是古镇民俗文化的一大特色。唱遍大江南北的《浏阳河》歌曲亦于1951年发源于此地。二十世纪五六十年代，古镇成为长沙市郊的重要商镇。1980年，全镇占地5万平方米，有198户853人。设有银行、邮电、肉食、油粮等单位，有南食、饮食、布匹、五金、交电、生资、文具、百货、日杂等商店，全年完成销售额340万元。集体办有塑料厂，生产旅行牙具盒、热水瓶嘴套、火柴盒、猫头洒流壶、玩具，全年产值约10万元，远销上海、天津及省内各地。东山镇电机厂，生产低压灯变压器，另有冷制产品、纸制产品、加工编织等，每年产值约6万元。翻砂厂出产理发椅和缝纫机架，每年产值约15万元，产品销往福建、广西，以及全省各地。东山辣椒曾闻名于省内外。农贸市场每日早上开放，一天的交易额千元以上，个体工商户有钟表、单车修理、饮食、补鞋、车具、缝纫、摊贩等店铺。郊区在此设有排灌站，共有抽水机3台，功率为250瓦。此后，由于市场经济蓬勃发展，东山古镇逐渐走向衰落。

东山古镇 （东山街道 提供）

东山镇古码头遗址 位于雨花区东山街道东山社区浏阳河西岸，是一处具有长沙地方特色的传统城镇排水设施。古码头涵道建于清末，占地面积600平方米，由临河边的排水口和近街道的门楼组成，两者相距约30米。该码头原为东山镇商业运输和居民出行的交通枢纽，后随城市发展扩建，水运渐衰，逐渐废弃。1971年将河边的亭子和关帝庙拆除，此后又将花岗岩路面改为水泥路。现存排水口保持原貌，为花岗岩结构，露出地表部分长13.5米，高1.8米，共有6行长条形花岗岩。排水口在南侧，仍为东山镇居民排放生活污水用。门楼为1974年修河堤时建，高4米，进深7米，上有“东

东山古镇古码头遗址 （区文物管理所 提供）

山镇”三字，双开木门，厚0.12米。原路边石狮被埋入堤中，仅露出头部0.3米。

名优特产　东山村的辣椒经当地农户的长期栽培，成了特有的农家品种，该品种因肉厚、皮滑、微辣带甜和耐储存等特点成为远近闻名的辣椒品种。边山村的莲藕壮如娃娃胳膊，肉肥厚而白，味甜而脆，深受市民喜爱。侯照村的丝瓜肉质肥嫩，而且口感清甜，没有任何苦涩杂味。采摘时一般带着花采下，品相好看。经李家湾组长李麒良带头改良品种，肥培育优质丝瓜获成功后全组大面积推广种植，每亩产值近2万元，被长沙市评为侯照优质丝瓜品牌的称号，并由湖南电视台《乡村发现》栏目组田间现场举行膳食品尝表演比赛活动，获丝瓜物美味甜一流的称号，侯照的丝瓜上市畅销全国各地。

商业地标

长沙高铁吾悦广场　位于雨花区东山街道劳动东路与花侯路交会处西南角，距长沙南站约800米，总建筑面积约35万平方米，购物中心面积10万平方米，于2019年12月27日开业，是集大型购物中心、主题商业步行街、住宅、公寓等于一体的商业综合体。长沙高铁吾悦广场融合潮流服饰、时尚餐饮、珠宝鞋品、儿童游乐、休闲娱乐、文创体验、主题篮球公园等多种功能组合，包括银吉姆、星轶影城、永辉超市、星世纪电玩、魅KTV、多奇妙、纪念日百货、FUNLINK、七田真、孩子王、德庄火锅、费大厨、茶颜悦色等品牌。

健身中心

东山全民健身中心　系雨花区首家区域性全民健身中心，位于雨花区东山街道香樟东路188号，由湖南闪耀体育文化有限公司投资4500万元打造，于2016年7月动工建设，2017年8月投入运营，是市、区、街三级政府给予支持的为民办实事的民生工程。项目总投资4000万余元，建筑面积15160平方米，包括两座新建综合性场馆，内设综合恒温游泳馆、拳击馆、健身房、室内羽毛球馆、室内篮球场、台球、乒乓球、排球等10余个运动项目，场馆提供沐浴室、更衣室、休息区、运动员餐厅、运动员宾馆、购物商店、无线Wi-Fi、独立停车场等配套设施，能承接雨花区及周边大型赛事。2017年，该中心承接和承办全国或全省公益性赛事15场，为辖区居民提供近1万人次免费服务。2018年，该中心服务人数20万余人次。

东山全民健身中心　（东山街道 提供）

长沙高铁吾悦广场　（东山街道 提供）

同升街道

区域概况

位置面积

同升街道地处长沙市东南角，东部、南部与跳马镇接壤，西南与天心区暮云街道为邻，北邻洞井街道，绕城高速、京珠高速、武广高铁、沪昆高铁从中穿过，拥有李家塘、绕城互通和万家丽路3个入城口，是长株潭融城的前沿，是长株潭一体化的“桥头堡”和两型社会建设的核心区域。驻街机关、企事业单位有：湖南省国税局、省公共资源交易中心、湖南中烟投资管理有限公司、雨花污水处理厂、长沙职业教育基地综合协调办公室、湖南省中小学教师发展中心、长郡雨花外国语学校、同升湖实验学校、金海中学、长沙商贸旅游职业技术学院、长沙汽车工业学校等。2012年1月街道成立，面积23.3平方千米，是雨花区面积最大的街道。截至2019年年底，面积无变化。

建置沿革

2011年3月，洞井街道析置为洞井、同升两个街道办事处。2012年1月1日，同升街道办事处挂牌成立，街治设雨花区环保东路。街道辖区与湖南省环保科技产业园（雨花经开区）控规基本重合。2019年8月，街治搬迁至雨花区振华路199号环保科技产业园创业中心1~3楼。截至2019年年底，建置无变化。

行政区划

2011年3月，同升街道辖白田、洪塘、新兴、同升、金井、桃阳、联盟7个社区筹委会，景环1个社区居委会。2012年7月，设立同升湖社区居委会。2013年7月，设立古樟树社区居委会。2015年8月，设立联盟社区居委会。2016年4月，设立新聚园社区居委会；桃阳社区筹委会与景环社区居委会合并为景环社区居委会，新兴社区筹委会与新聚园社区居委会合并为新聚园社区居委会，同升社区筹委会与同升湖社区居委会合并为同升湖社区居委会。2018年12月，设立仙姑岭社区居委会。截至2019年年底，街道辖白田、洪塘、新兴、同升、金井、桃阳6个社区筹委会，景环、同升湖、古樟树、联盟、新聚园、仙姑岭6个社区居委会。

金井社区筹委会红色阵地　　（唐清明　摄）

人口民族

辖区人口以汉族为主。2011年3月街道经批复成立时，人口5.6万人（含流动人口）。2013年末，总户数3623户，总人口12676人，其中非农业人口5681人，男性6033人。2014年末，总户数3636户，总人口13489人，其中非农业人口6693人，男性

6454人。2015年末，辖区户籍人口全部转为城镇人口，总户数4191户，总人口13974人，其中男性6703人。2016年末，总户数4645户，总人口15183人，其中男性7311人。2017年末，总户数5496户，总人口17100人，其中男性8228人。2018年末，总户数6363户，总人口19342人，其中男性9317人。2019年末，总户口数7143户，总人口21282人，其中男性10268人，年度出生451人，死亡91人，迁入1438人，迁出101人。

南庭城果项目建设　　（同升街道 提供）

经济发展

经济综述

2012年街道析置成立以来，同升街道各项经济指标一直保持两位数增长，2012年，财税总收入8500万元，固定资产投资20.17亿元，实际到位外资完成2050万美元。2013年，财税总收入34878万元。2014年，财税总收入47023万元；固定资产投资30.14亿元；合同利用外资2400万美元，实际到位外资2200万美元；省外境内资金固定资产1.55亿元；市外境内资金形成固定资产3.1亿元；外贸进出口6100万美元。2015年，财税总收入73758万元；固定资产投资完成35.94亿元，其中生产性服务业完成16.58亿元；实际到位外资1000万美元，市外境内实际完成固投9.6亿元。新增注资百万元以上企业177家，注资千万元以上企业42家。2016年，财税总收入8.96亿元；固定资产投资41.74亿元，其中现代服务业投资完成40.77亿元；市外境内资金固定资产投资14.2亿元；文化产业产值5.8亿元。2017年，财税总收入8.9亿万元；完成固定资产投资32.64亿元，实现市外境内实际固定资产投资16.6亿元，完成服务固定资产投资3.26亿元，营利性服务业营业收入1.04亿元。2018年，财税总收入9.9亿元，固定资产投资完28.40亿元。2019年开始，财税收入移交雨花经开区管理。

项目建设

2012年，有产业项目19个，东宸·林海、比亚迪汽车工业基地、国际企业中心、国家级研发检测中心及高档面条生产线和长沙总部基地等5个项目以及绿化带4S店等7个在建项目均按期推进。2013年，有产业项目16个，其中在建项目12个，待建项目4个；东宸·林海、南庭城果开盘销售。2014年，有产业项目17个，其中在建项目15个，待建项目2个。2015年，纳入区重点项目和三定三抓项目24个，项目总量居全区之首，上报牛栏山公园项目和新日域标准厂房项目，作为2016年重大项目储备和2015年社会投资重大项目(新增)。2017年，云冷1号主体工程成功封顶，云冷冷链产业园项目是湖南省最大的单体冷链项目、湖南省重点建设工程，项目总建筑面积22.5万平方米。2018年，推进中建凤凰台、中建璟和城、誉景华府、中南国际眼镜、碧桂园南城首府（东宸·林海）、汇金城项目、博长山水香颐二期等项目建设。2019年，中建璟和城项目投资13.35亿元。

中南国际眼镜城项目　位于雨花区振华路与万家丽路交会处东南角，占地5万平方米，总建设面积近25万平方米，由中伟集团投资开发，于2016年9月启动招商，2017年7月开盘销售。定位于中南地区“业内最专业、链条最完善、配套最齐全”的眼镜产业综合体项目，集研发、制造、体验及眼保、销售等眼镜产业于一体，同时配套星级酒店、资本住宅、loft公寓等业态，可提供“眼镜零售＋批发＋品牌文化＋仓储物流＋体验商务”全套服务。

中南国际眼镜城 （同升街道 提供）

云冷1号冷链产业园项目　位于雨花区新兴路与万家丽南路交会处东南角，总投资12亿元，于2017年主体工程封顶，是湖南省最大的单体冷链项目、湖南省重点建设工程。项目由8万平方米跨境冷链电商交易中心、10万吨物流上盖智慧仓储、成长型企业总部基地三大中心设施组成。总建筑面积为25万平方米，地上建设规模约18万平方米，地下停车场3.6万平方米，其中冷冻加工多层厂房7.3万平方米，企业孵化中心4万平方米，企业总部大楼5.7万平方米，后勤配套1万平方米。项目建成后，将引进企业400家以上，可向社会提供3000个就业岗位，带动3000人就业。

云冷1号 （同升街道 提供）

工业

同升街道是长沙市唯一一家街道与工业园区完全重合的街区，自2012年开始街道始终坚持“工业新城、两型同升”目标定位。2012年，完成规模工业总产值11272万元。2013年，完成规模工业总产值12600万元。2015年，完成规模工业总产值321亿元；雨花经开区经省人民政府授牌为湖南省唯一机器人产业集聚区；引进长沙比亚迪、晓光模具等300余家大中型工业企业，主要集中于汽车、工程机械及零部件和环保三大主导产业，基本形成以比亚迪汽车为龙头，晓光模具等一批中小企业为配套的汽车产业链，以长泰机械、正大轻科等企业为代表的工程机械产业集群，以贝尔环保、先步信息等企业为代表的环保产业集群。2016年，完成工业生产总值5307万元。

比亚迪轿车生产基地 （雨花经开区 提供）

商贸服务业

同升街道依托雨花经开区的发展，在以金融保险、中介服务、现代物流为主的生产性服务业和以餐饮娱乐、星级酒店、现代商贸为主的生活性服务业等方面赢得支持。2012年，街道成立之初有商贸服务业企业7家，实现社会消费品零售总额限上71464万元。汽车4S店共有26家，其中有4家开始营业，11家完成建设；桃阳商业广场实现规范化管理，经营步入正轨。2013年，商贸服务业企业新增至9家，实现限上社会消费品零售总额22.09亿元；力天宝崐等14家汽车4S店开业。2014年，商贸服务业企业增至15家，实现限上社会消费品零售总额完成37.85亿元；举办惠民乐购雨花房产节同升片区比亚迪专场团购活动。

2015年，商贸服务业企业增至18家，实现限上社会消费品零售总额45.16亿元；为长沙总部基地招商搭建平台，引进16家重点企业入驻。2016年，商贸服务业企业新增至25家，实现限上社会消费品零售总额52.40亿元。2017年，商贸服务业企业新增至26家，实现限上社会消费品零售总额59.69亿元。2018年，商贸服务业企业新增至26家，实现限上社会消费品零售总额62.06亿元。2019年，商贸服务业企业新增至28家，实现限上社会消费品零售总额55.31亿元。

工业旅游　2012年，街道依托比亚迪、红星盛业、克明面业等企业，开发工业旅游，成立园街工业旅游办公室，从近期目标和远景规划及推进方式方面进行探索。2013年，发挥旅游规模“共振”效应，以文化旅游、休闲旅游、红色旅游共助工业旅游发展；长沙市工业旅游暨比亚迪新能源汽车工业旅游启动，同升街道获“长沙市工业旅游示范街道”称号，比亚迪公司被授予“湖南省工业旅游示范点”“长沙市十佳旅游示范单位”；推出“访汽车生产，倡节能减排”“品克明面条，推食品安全”“尝红星肉品，观物流冷链”“赏园企中心，塑企业文化”4条工业旅游线路。2014年，街道与长沙商贸旅游职业学院、长沙米琪食品有限公司合作建设“生态休闲旅游DIY学习体验实践基地”；克明面业股份有限公司评为市级工业旅游示范点；加强与旅行社合作；有工业旅游线路5条。2017年5月24日，雨花区全域“旅游+”工业智造游创新创业活动启动，将工业旅游与传统乡村旅游进行融合。2019年，中国（长沙）创新设计产业园获评省级工业旅游示范点。

2013年9月17日，工业旅游暨比亚迪新能源汽车工业启动仪式　（雨花经开区　提供）

汽车消费节　2014年7月5日，“聚惠同升·乐购雨花”首届汽车消费节开启，吸引黄谷路雨花国际名车4S街区的10余个主流汽车品牌参与，开展“盛惠四重礼、五大私人定制”等优惠购车活动，消费节持续2个月，吸引2万余消费者，共赠送出价值20万余元的加油卡、纪念奖品，销售整车2607台，销售总额5.77亿元。2015年6月5日，第二届同升汽车·房产旅游消费季开启，持续3个月时间，该次活动新加入房产消费和工业旅游推广2个主题活动，覆盖同升街道辖区16家汽车4S店、14家房企和2家工业旅游企业，推出5个主题活动。2016年6月24日，第三届同升商圈汽车房产文化旅游消费节开启，持续2个月时间，辖区15家汽车销售企业、7家房地产项目和3家工业旅游企业共同协办。该届消费节售房1248套，实现销售额8.6亿元；销售汽车4825辆，实现销售额11.9亿元。2017年6月16日，第四届同升商圈消费文化节开启，汽车、房地产等多行业企业共投入2000万优惠让利，同升商圈logo设计大赛和首届“同升特产”评选结果一一揭晓，共销售整车4628台，销售总额5.77亿元。2018年9月19日，第五届雨花区同升商圈汽车消费节开启，持续1个月时间，推出众筹购车、团购促销、十万油卡派送等活动。2019年9月2日，第六届雨花区汽车现场消费节开启，持续2个月时间，汇集22个汽车品牌，100余款车型，推出八大主题购车优惠，实现订销总台数8021台，总销售额18.48亿元。

2019年10月10日，“约惠金秋·乐购雨花”第六届雨花区黄谷路汽车消费节　（同升街道　提供）

基础设施

交通运输

2013年，同升街道启动东部骨干路网、内部基础设施和周边优美环境三大建设，通过多方争取资金300万余元，启动环保大道和新兴路的提质改造；洞株路、比亚迪路开工。同年12月，长沙绕城高速公路全线贯通，辖区内设李家塘出入口。2014年4月，京港澳高速李家塘互通绿化提质改造主体工程完工。2015年12月，洞株公路开通。2016年，完成环保大道和新兴路的提质改造。2017年4月，位于辖区的长沙绕城高速公路万家丽南收费站出入口全部开通。截至2019年年底，街道公路交通南北走向道路有：汇金路、花仙路、金海路、兴业路、美的路、万家丽南路、正大路、兴安路、圭白路、振兴路、比亚迪路等，东西走向道路有：黄谷路、白田路、新兴路、环保大道、振华路、杨洪路等，京广高铁、沪昆高铁、京港澳高速、长沙绕城高速均途径辖区。

城市建设与管理

2012年，新增绿地面积约4.6公顷。雨花区2012年廉租房项目开工典礼在粟塘小区举行，项目总建筑面积5.65万平方米，可为1134户住房困难家庭提供安居保障；桃阳安置小区实现分房，白田、联盟佳苑顺利完工并分房到户，芙佳花园竣工。2013年，洪塘佳苑拆迁项目清表腾地45.6公顷并开工；金井社区4.13公顷土地的开发完成摘牌。完成联盟、白田佳苑分房分车位；新推联盟佳苑"公租房"项目，建筑面积183744.26平方米，可安置人口1493余人。2014年，2741套廉租住房房源验收交付，300套公租房投入使用；桃阳生产安置合作项目成功落地。

2015年，拆违30638.49平方米；日常拆违拆除22处，违章总面积5224.5平方米；完成时代阳光大道东延线项目、狮子山公园建设拆迁工作，绕城线绿化带项目、沪昆动车所项目完成交地。2016年，完成时代阳光大道东延线项目、狮子山公园建设拆迁工作，拆除项目外湖南红星冷冻食品有限公司违章建筑约12779.88余平方米；洪塘佳苑拆迁项目清表腾地45.6公顷；绕城线绿化带、沪昆动车

同升街道粟塘小区廉租房二期　　（同升街道 提供）

所项目完成交地；发现违法建筑11处，违章建筑面积2464.62平方米全部拆除。2017年，完成拆违10处；腾地14.54公顷；复绿面积35233平方米。完成狮子山公园、新兴生产安置地等7个项目的街域提质提档工程，完成白田小区、洪塘佳苑、金井小区、粟塘小区提质提档整治，新聚园文化改造项目、古樟树新办公阵地完工。2018年，推进白田变电站、环保大道东延线和农民安置保障住房3个项目征拆，拆除房屋99户、腾地25.73公顷，实现项目拆迁清零；清退飞雪制冷有限公司、加成料场（游国忠三合料场）、张国强三合料厂、晶炬钣金等10家工业企业；绍成物流园（违规项目）拆除违规厂房1.2万平方米并完成复绿，拆除违章房屋面积1800平方米。投入资金4200万元，撬动社会资金近2000万元对景环社区、同升湖社区和金井社区筹委会进行提质改造。2019年，在碧桂园、同升湖等小区开展违建整治专项行动，拆除新增违法建筑44处共2647平方米；推动同升村"环保路东延线"代征项目，腾地17.33公顷。

社会事业

教育

2011年10月，长郡雨花外国语学校揭牌。2013年，街道围绕建设学习型社区、提高社区居民整体素质和生活品质总体目标，打造农民、社区学校、职教城及企业"四位一体"社区教育平台。截至2015年年底，在校中小学生共计3790人；在校大中专学生2.1万余人。2016年，街道与职教基地开启"文明共建、志愿共帮、文化共享"三共合作，将6所大中专院校（长沙商贸旅游职业技术学院、

长沙市信息职业技术学校、长沙市电子工业学校、长沙财经学校、长沙艺术实验学校、长沙汽车工业学院）与辖区6个社区两两结对，提高教育资源的社会效益。2017年，长郡雨花外国语洪塘学校揭牌。2018年，新增“新湘小学”1所小学，“新世纪小学”重建并提质为砂子塘中建小学，完成19家无证办学机构整改工作、向区教育局移交8所配套幼儿园。2019年，完成取缔无证办学行为的机构3家，已办证机构2家；完成2所幼儿园实物移交；在长郡雨花外国语学校北门和南门安装隔离带，确保3000余名学子出入安全；建设新湘小学校“阳光等候区”。截至2019年年底，辖区内有同升湖实验学校1所十五年一贯制民办学校，长郡雨花外国语学校、长郡雨花外国语洪塘学校2所九年一贯制公办特色学校，金海中学1所民办中学，新湘小学、长郡雨花外国语第二附属小学（2019年11月动工建设）等小学，碧水龙庭幼儿园、育英幼儿园、白田中心幼儿园、金井中心幼儿园等幼儿园，以及长沙商贸旅游职业技术学院、长沙市电子工业学校、长沙财经学校、长沙汽车工业学校、长沙幼儿师范学校等大中专院校。

职教城　位于雨花区同升街道，投资14亿元，用地75.53公顷（不含学生后勤生活配套用地），于2010年建成交付使用。职教城选址湖南环保科技产业园（雨花经开区）有利于学校与园区合作的深度开展，一方面园区企业为学校提供实习实训基地、操作实践的指导教师、用工趋势与信息；另一方面学校为企业提供技术服务、培训及人力资源和智力支持。职教城以高职为龙头，中职为主体，高职板块为长沙商贸旅游职业学院，按高职建设标准独立规划建设；中职板块分为5个学区，其中3个为文科类学区，2个为工科类学区。各院校间相关专业都进行整合，划分为相对独立的6个专业学区。职教城容纳有长沙商贸旅游职业技术学院、长沙市美术学校、长沙市电子工业学校、长沙信息职业技术学校、长沙汽车工业学校（原长沙市机电职业中专）、长沙市财经职业中专（长沙市财经职业中专、长沙铁路职业中专、长沙商业职业技术学校三校实行合并，仍沿用长沙市财经职业中专校名）等院校。

职教城　（曾祥平　摄）

同升湖国际实验学校　位于雨花区同升街道同升湖东北侧，于2000年创建，首任校长孙培文，2009年加盟北京安博教育集团，占地20余公顷，建筑面积11万平方米，是一所完全由民营企业兴办的十五年一贯高级全日制寄宿学校。学校设幼儿

同升湖国际实验学校　（同升街道　提供）

园、小学部、初中部、高中部、复读部和国际部，借助中外合资关系，与澳大利亚、美国、英国、新加坡、奥地利等国家的近十所院校签订合作办学协议。2003年，学校创办全省中学里最早的国际部。2016年，学校与丹勋教育基金会签署战略合作协议，开设丹勋英才实验班，基金会每年资助数十名来自老区的孩子到同升湖求学。2020年高考，该校600分以上超200人，文理精英班平均分均在580分以上。

长郡雨花外国语学校　位于雨花区新兴路288号，于2011年10月21日揭牌，是雨花区重点打造的九年一贯制公办学校。学校由湖南环保科技产业园投资1.2亿元新建，占地面积5.73公顷。学校拥有左家塘、环科园、洪塘、第一附属小学和第二附属小学5个校区，五校区实行联动管理。学校采用英语小班制(25人左右一个班)的个性化英语教学。2015年10月15日，湖南湘涛授牌长郡雨花外国语学校共建青训。

长郡雨花外国语学校效果图　　（同升街道 提供）

长郡雨花外国语洪塘学校　位于雨花区杨洪路，于2017年9月正式开学，10月19日揭牌，是长郡雨花外国语学校发展史上一校三址的第三所学校，为九年一贯制公办学校。2017年10月，学校有27个班级，1234名学生。

长郡雨花外国语第二附属小学　位于雨花区金海路与仙岭南路交会处东南角，由中建信和地产投资建设，于2019年11月2日动工建设，2020年8月30日正式交付，是长郡教育集团与雨花区合作办学的双语特色公办学校。学校规模1.8万平方米，设有36个教学班，设置有舞蹈室、多媒体教室、科技教室、书法教室等多个特长专业配套教室，提供上千个学位。

金海中学　位于雨花区新兴路288号，由湖南金海教育集团投资兴建，于2007年建成开学，2014年加入长郡集团教学共同体，是一所现代化寄宿制示范性民办初级中学。学校设有45个教学班，2000余名师生。获评长沙市示范性民办初中、湖南省首届十佳民办中学、国家首批教育质量管理示范学校、中国民办教育百强学校等称号。

文化体育

2012年，同升街道成立街道篮球队和羽毛球队，开展“同心圆”拔河比赛、“同心圆党建共同体启动仪式暨庆祝中国共产党成立91周年”文艺

金海中学　　（同升街道 提供）

会演，各社区筹委会组建广场舞队伍9支，获全区广场舞比赛一等奖；开展“送电影进社区”“送课进社区”20余场次；制作《工业新城，两型同升》宣传片。2013年，以“同升心语”“学国学，悟人生”等活动打造社会化大课堂；开展羽毛球、篮球、读书节、“同心圆杯”广场舞大赛、“同心圆杯”能干堂客厨艺比赛、雨花区“菁”彩大篷车暨校园文化进社区、白田社区“同心工作站”统战人士创业大讲堂等群众文化活动。2014年，街道承办长沙首届微电影文化节；举办“欢乐同升”群众文化节。

2015年，承办长沙市首届网友节暨首届微电影文化节颁奖典礼。2016年，将“乡情文化节”作为文化建设年的主体活动部分，文化节涵盖乡情文化、校园文化、企业文化和机关文化“四大文化”内容，组织开展3次“同升乡情文化节”“同心圆”杯第四届广场舞大赛等系列活动；与长沙职教基地实现“文明共建、志愿共帮、文化共享”“三共”

雨花区2012第四届“书香雨花”读书节开幕式
（同升街道 提供）

合作并挂牌；王兴太手工刀具成功申报市级非遗项目。2017 年，开展“乡情文化节”“两型同升·低碳出行”“绿心保护在我心·两型文明我先行”等文化活动 100 余场。2018 年，开展各类文化活动 100 场，获第六届湖南省艺术节长沙专场（舞蹈类）冠军并作为雨花区唯一代表参加省级决赛，获雨花区歌唱社会主义核心价值观广场舞比赛一等奖，获长沙市“走进新时代·共筑中国梦”离退休干部广场舞比赛市级一等奖、省级二等奖。2019 年，举办第四届“乡情文化节”和“户帮户亲帮亲”雨花志愿服务实训基地成立大会；为同升湖山庄小区群众购买书籍 1400 册，在湘水郡小区设立流动图书站；修建“智慧健身房”，改建街道文化站，建设红军攻打长沙纪念园。

2019 年同升街道第四届乡情文化节　（同升街道　提供）

同升街道文化站　位于雨花区同升街道绿地新都会小区 2 栋一楼东单元，总面积约 1000 平方米，集学习、休闲、娱乐健身为一体。展馆内部设有文化馆展示大厅、同升民俗介绍展厅、书法国粹室、舞蹈室、美术培训室、道德讲堂、排练室、休息室、健身活动中心等。

卫生医疗

2012 年、2015 年同升街道计划生育工作被评为市级人口和计划生育工作优秀单位，2012 年被评为“全国人口和计划生育依法行政示范街道”。2013 年，长沙永济医院在桃阳农贸市场综合楼建立。2015 年，街道启动“蓝丝带行动”项目，开展“免费妇检进园区”“生殖健康知识宣讲会”等系列惠民利民活动。2016 年，加大生育关怀力度，采取经济支持、生活照料和精神慰藉“三管齐下”的办法，重点帮扶失独、伤残家庭。2017 年 4 月，位于辖区的湖南省退役士兵定点医院——长沙鹤诚医院授牌，该医院是一家二级综合医院，建筑面积 1 万余平方米，拥有 10 余名省内外著名专家。

长沙永济医院　位于雨花区万家丽路桃阳段，于 2013 年建立，以医养结合为主，以老年病的医疗、护理、康复、养护为特色的综合医院，核准床位 99 张，从业面积 7000 平方米，卫生技术人员 130 人。医院设有内一科、内二科、外科、妇科、中医科、口腔科、急诊科、康复科一病区、康复科二病区、麻醉科、医学检验科、医学影像科、药剂科等 13 个医疗科室，拥有消毒室、供应室、中心供氧、氧气房、污水房等一系列设施，配置 32 排螺旋 CT、DR 放射机、彩超仪、呼吸机、心电监护仪、动态心电等一批检验、治疗设备，病房统一配备中心供氧、传呼系统、输液天轨、空调、电视等，开设家居式病房、病人专用厨房，建成麻将娱乐室、书法室等生活娱乐设施。

长沙永济医院　（同升街道　提供）

社会保障

2012 年，全街涉及的 4699 名被征地农民，全部实现转户并纳入社保；城乡居民养老保险参保人员 3932 人，实现享受待遇 1216 人；城乡居民医疗保险参保总人数 8919 人；发放低保总额 101810 元；办理大病救助 6 人次，发放救助款 25765 元。打造桃阳商业广场、桃阳贸易创业广场和环科园创业中心 3 个创业富民基地。成立“同心圆”慈善救助，资助困难群众近 200 人，资助金额近 76 万元。2013 年，筹集“同心圆”慈善基金 91.31 万元，救助32户困难家庭；培训各类人员1559人。2014年，救助低保542户次，1143人次，发放救助资金近23.64万余元；发放精神病患者药物救助68人次，救助金额4710元；大病救助18例，发放救助资金107878元；“同心圆”慈善救助30人，发放救助资金22.26万元；举办5次大型招聘会，提供就业岗位3000余个。

2015年，城镇新增就业1204人；城乡居民基本医疗保险完成缴费7805人，20.57万元；做好大病救助、临时救助、同心圆救助三项工作，救助157人次，发放救助资金259791元；组织招聘会4场，提供就业岗位2000余个，实现就业200余人；特困人员供养10户11人，居民低保40户77人，城市低保6户6人。2016年，城镇新增就业人数1170人；参加城乡居民基本医疗保险7738人，城镇居民养老保险1589人；救助72人次，发放救助资金244088元；举办招聘会4次，参加招聘会企业112家，提供就业岗位2200余个；新成立古樟树社区养老服务活动中心、联盟社区养老服务活动中心。2017年，吸纳4050人员就业，新增创业主体410家；给跳马镇团然村拨付17万元灾后重建资金；审批各类救助金额30万余元，救助困难群众200余人；引进联盟社区“快乐老年生活馆”。2018年，发放救助资金80万余元，慰问各类困难对象1196户。2019年，春节期间重点慰问困难家庭19户，发放慰问资金1.9万元；精准扶贫走访跳马团然村23户家庭300余人次，脱贫率100%。

永济老年养护院　位于雨花区万家丽南路158号（长沙永济医院内），于2013年10月24日成立，占地面积500平方米。该院有床位100张，有专门的老年活动中心，棋牌室，休息室，可为老人提供生活照料、康复理疗、医疗保健、文化娱乐、精神慰藉、临终关怀等养老服务。

特色地情

历史人文

同升非遗　辖区有清泉古寺、王兴太手工刀具、女子舞龙3个本土“非遗”项目，其中王兴太手工刀为市级“非遗”项目，清泉古寺、女子舞龙为区级“非遗”项目。同时，针对清泉古寺进行文物文化的系统性梳理，编写清泉寺文化书籍。

白田铺　该地位于群山环抱之中，有水田200余公顷，一溪斗折蛇行，每逢雨季渍水满垅，田成泽国，故名白田。明朝末年在此设铺，白田铺由此得名。中华人民共和国成立前，该处有一条单麻石古道，北往长沙，南经株洲至江西萍乡、安源等地。道旁设有饭铺、日杂、药店等四五家，还建有茶亭供商旅歇息。该处山势险峻，历为军事要地。1930年红军攻打长沙，红一方面军将总前委指挥部设于白田铺肖家祠堂。周里和夫人常杏云曾在这带从事革命活动，常杏云以任教肖公邹氏族学作掩护。20世纪80年代，该处建有白田织布厂、白田中学、白田商店，白田大队部驻于此。进入21世纪，随着城市化的发展，该处成为雨花经开区与长沙职教城的重要发展区域。

红一方面军总前委指挥部遗址　位于雨花区同升街道白田社区筹委会内。1930年，红一方面军攻打长沙时，曾将总前委指挥部设于白田铺肖家祠堂内（今同升街道白田社区筹委会）。肖家祠堂作为红一方面军总前委指挥部，在红军攻打长沙期间发挥了重要作用。随着城市化进程的不断推进，原肖家祠堂不复存在，相关的历史文物难以寻觅。为纪念红军攻打长沙，2006年7月，长沙市人民政府在肖家祠堂旧址附近，设立红一方面军总前委指挥部遗址碑。

红一方面军总前委指挥部遗址　　（同升街道 提供）

红军攻打长沙纪念园　2017年10月，为纪念红军攻打长沙历史事件，雨花区委、区政府在红一方面军总前委指挥部遗址周边的白田社区筹委会建红色文化公园。该项目基地临靠环保东路和圭塘河，设计范围宽 20 米、长 40 米，项目设计对场地进行整体规划，突出红色主题，优化功能分区，建造仿古长廊。2018 年，完成立项等前期手续。由于办理场地内原有变电箱迁移手续，2019 年 3 月进场施工，5 月完成游廊、园路、广场、绿化等基本建设。为充分挖掘利用重要红色资源，在省、市、区党史专家的评审指导下，2019 年 9 月，雨花区将该红色文化公园定名为“红军攻打长沙纪念园”，并完成红色文化设计方案。2020 年 6 月正式进行红色文化元素的布置及安装施工，9 月底项目验收合格并开园。该纪念园通过军旗雕塑（精神堡垒）、情景沙盘、场景浮雕、刻字景石、历史陈列展示长廊等多种形式，全面、客观、真实展现红军攻打长沙的指挥场景、战役场景、战役精神、历史史实及思想意义等，作为雨花区红色爱国主义教育基地来打造，成为长沙市唯一的专题展示红军攻打长沙重大历史事件的纪念园区。

红军攻打长沙纪念园　　（唐清明 摄）

长沙南乡苏维埃临时政府成立遗址　位于雨花区同升街道桃阳社区筹委会境内，是研究雨花区境内大革命时期中国共产党地方革命斗争史的载体和见证。1930 年，红一方面军攻打长沙，为调动群众参与革命的积极性，在洞井桃阳村老坝大屋成立长沙南乡苏维埃临时政府。会议任命 1926 年入党的洞井桃阳农民、原桃谷团农协委员长陈思运为临时政府主席；宣布临时政府所辖区域：东抵浏阳河，西临湘江，南达浏阳、株洲、湘潭三县县界，北到长沙城外，包括今洞井、黎托、大托、雨花亭、东屯渡、南托、跳马以及株洲市郊的龙头铺、马安、蝶坪等地，全乡人口约 10 万人。临时政府成立后，在中国共产党的领导下，大力宣传党的路线方针政策，组织群众支援红军攻打长沙。1930 年 9 月 12 日，红一方面军撤离长沙近郊，临时政府开始转入地下活动。此后，白色恐怖加剧，革命进入低潮。1932 年 1 月，长沙市委到近郊联系、发展党员，恢复建立党的支部。长沙南乡苏维埃临时政府成立遗址由于自然风雨的侵蚀及桃阳当地的整体开发，原址整体风貌遭到破坏，老坝大屋不复存在，遗址附近未设立相关的纪念碑。

长沙南乡苏维埃临时政府成立遗址　　（区档案馆 提供）

清泉古寺　位于雨花区同升街道桃阳社区筹委会（京港澳高速西侧），始建于明初，于 20 世纪 90 年代复建，占地面积 2.92 万平方米。此寺原名“龙潭庵”，传说三国时代关云长追斩孽龙，在此下马歇息；明代中期更名为清泉寺，后一度改名为“简公庙”，因清代简公仁惠在此诚心修道坐化后留下肉身不腐，朝拜简公“肉神”，改称“简公庙”。

清泉古寺　　（雨花经开区 提供）

1930年，毛泽东、朱德、彭德怀等率领红一方面军攻打长沙，曾在此召开军事会议。20世纪50年代“破四旧”时期，寺庙被毁，只留下道光二十八年(1848)和咸丰四年(1854)香客捐铸的两个大古磬，分别为25千克和40千克，磬上的钟鼎铭文清晰可辨，敲之声音洪亮。1996年，群众捐款复建“观音殿”及僧寮房、斋堂等2000余平方米的殿舍。1999年，重建“大雄宝殿”，面阔5间，进深4间，长约23米，宽约20米。清泉井在大雄宝殿和观音殿之间，钢筋水泥圆形井口，用水泥盖封住，已遭废弃。

园区企业

长沙市比亚迪汽车有限公司　位于雨花区同升街道辖区，成立于2009年8月，占地面积283万平方米，是由比亚迪汽车工业有限公司和比亚迪汽车销售有限公司共同投资的内资企业。公司注册资本10亿元，员工1.6万人，累计投资超过119亿元，是比亚迪横跨乘用车、商用车两大领域、产品线最齐全的新能源汽车战略基地。长沙比亚迪由电动客车、轿车（含电动轿车）和电动卡车及专用车三部分组成。电动客车基地：是比亚迪电动客车的全球制造中心，含整车及相应配套零部件，规划年产能1万辆及配套零部件，于2010年投产，主要产品有K9、K8、C9等多款纯电动大巴。其中K9是比亚迪第一款也是全球第一款纯电动大巴。轿车基地：坐落于长沙比亚迪汽车基地一期，于2012年底投产，为公司轿车产品唯一全系列齐全的基地，含节能与新能源汽车整车及相应配套零部件，形成A00级、A级、B级轿车，及MPV、SUV等车型，动力类型涵盖燃油、纯电动、插电式混合动力等全动力模式，规划年产能60万辆整车及配套零部件。电动卡车及专用车基地：位于长沙比亚迪汽车基地二期，于2016年底建成投产，是比亚迪电动卡车及专用车全球研发、生产、配套和销售中心。主要产品有T5、T7、T8、J9等多款纯电动大中轻型卡车、环卫车、渣土车等专用车型，规划年产1万辆整车及2万套关键零部件。2013年9月，长沙比亚迪汽车工业旅游项目启动。项目主题为：比亚迪纯电动汽车梦想体验之旅。项目参观线路为：参观汽车展厅，观看企业宣传片，参观冲压、焊接、涂装、总装、发动机（暂缓开通）生产工艺，新能源汽车试乘试驾等环节。2019年，长沙市比亚迪汽车有限公司完成工业产值325.76亿元，同比增长8%，新能源乘用车占比攀升至68.61%，占湖南省约40%。

长沙市比亚迪汽车有限公司　（雨花经开区 提供）

晓光工匠学院　位于雨花区同升街道振华路218号，于2016年11月成立，是湖南晓光汽车模具有限公司下属全资子公司，主要生产汽车覆盖件的大中型模具、检具及冲压件焊接件。该学院创新“实体企业”+“模拟学习工厂”的双元培养机制，注重“实操、实训、实战、实效”，积极探索产、教深度融合，致力于打造中国式“职业院校＆企业”双主体职业教育品牌。学院设置3个研学主题课程：“工业强国”主题课程（通过“汽车四大工艺”、“现场体验”活动让学员意识到工业强大的重要性）；“工匠精神”主题课程（通过“体验式教学”+“手工体验”培养学员追求完美和极致的工匠心态）；“素质提升”主题课程（通过“沙盘模拟教学”锻炼学员沟通表达能力、培养全局观念和团队精神）。

晓光工匠学院　（雨花经开区　提供）

长沙克明面业有限公司　位于雨花区振华路28号，于2013年1月成立（克明面业股份有限公司成立于1997年06月16日，注册地位于湖南省南县兴盛大道工业园1号）。法定代表人陈克明，公司经营范围包括挂面（普通挂面、花色挂面）。克明面业以创造的精神，将传统单一的挂面引入健康、营养、科学、时尚的元素，开辟消费市场。克明面业的小麦粉定厂、定品种、定标准生产后，统一配送至各个挂面生产基地；专门成立食品研究院，拥有检测研究设备共300余台（套），能够检测维生素、矿物质、农药残留、真菌毒素、氨基酸等200余项指标；生产的每一个环节严格按照生产指导规范，严格作业。

可孚医疗科技股份有限公司　位于雨花区同升街道振华路智庭园1栋，成立于2005年，是一家专注于家用医疗器械研发、生产、销售和服务于一体的集团化公司。截至2019年年底，公司有员工

可孚医疗　（雨花经开区　提供）

3000余人，下设27家子公司，70余家分公司，分布在湖南、山东、湖北、浙江、广东、贵州、北京、安徽、山西、江苏、河南等10余个省份。公司获得湖南省高新技术企业、湖南省小巨人企业、湖南省电子商务示范企业、湖南省上云上平台标杆企业、湖南省互联网企业50强等系列称号。2019年实现销售收入20亿元，纳税约1亿元。可孚医疗拥有100余项专利，自主研发的助听器、听力计、血压计、雾化器、红外线体温计、医用制氧机等产品处于国内领先水平；持有一类、二类医疗器械注册证110个，包含3439个产品型号，是湖南省持有医疗器械注册证最多的企业。公司在长沙、湘阴两地设有工厂，总面积将近4万平方米，电子血压计、红外线体温计、雾化器、洗鼻盐、助听器、护理床等产品实现完全自主生产，共生产600个以上型号的产品。

湖南中南智能装备有限公司　位于雨花区同升街道振华路智庭园2栋，于2017年12月26日成立。中南智能以机器人和工业互联网技术为核心，致力于全产业链智能制造产品及服务，产品和技术覆盖110余个工业场景。公司拥有长沙长泰机器人有限公司、湖南中南智能工业技术有限公司、湖南中南智能激光科技有限公司等3家子公司及湖南工业4.0创新中心；拥有专利近300项，在机器人控制与感知、视觉传感、数字化孪生等方面拥有核心竞争力。承担国家重点研发计划“智能机器人”专项、“科技支撑计划”、“工业互联网创新发展工程”等数十项国家重大装备开发、科技攻关课题。

湖南大族激光科技产业集团　位于雨花区同升街道的振华路智庭园9号栋，于2018年6月13

大族激光　　（雨花经开区　提供）

日成立，是一家以提供激光加工及自动化系统集成设备为主的高端装备制造企业，是亚洲最大、世界第二的激光加工设备制造商，是LIA（美国激光学会）成立50周年以来首个当选理事单位的中国企业，是中国上市公司市值500强企业。公司主要产品有Lion 3015、Lion Pro 3015、Lion 4020、Lion Pro 4020、Lion 6020、Lion Pro 6020光纤激光切割机。

中国（长沙）创新设计产业园　位于雨花区同升街道振华路579号，规划用地8.47公顷，总建筑面积18万平方米，总投资逾10亿元。首期启动区域约5万平方米，于2016年10月29日开园。该产业园是长沙雨花经济开发区推进创新驱动发展战略、助力长沙创建国家创新创意中心推出的湖南首个创新设计集聚项目，由长沙雨花经济开发区管理委员会、湖南南庭投资有限公司和湖南同天投资管理有限公司三方共同打造。园区“立足长沙、面向湖南、辐射全国”，采取“政府引导、专业管理、市场运作”的方式，重点建设集工业设计、智能设计、建筑·旅游设计、服务设计、包装及平面设计于一体的现代设计产业集聚区。

风景园林

同升湖　位于雨花区同升街道同升湖社区，又名同升水库。1976年春，洞井公社党委决定修建一个中型水库——同升水库。同升地区积雨面宽，库容量大，坝基轴短，地势高，是理想的建库位置。同升水库的设计各项指数是：积雨面为2.5平方千米，正常库容量380万立方米，最大库容量456万立方米，坝基长度110米，高21米，并规划在水库的周围造林绿化，规块成行地培植茶、竹、杉、果，在水中养鱼，使水库收到灌、种、养等综合效益。1976年8月，同升水库开始动工兴建，用近90天的时间完成210万立方米土方任务，筑成水库大坝；同年10月开挖渠道，于次年3月完工；1977年9月至年底，建起白田渡槽，开通戴家冲等4条隧道。水库建成后，兼有蓄水、防洪、灌溉、抗旱、养殖等综合性功能。1998—2000年，招商引资6亿元，开发建成集旅游观光、教育、居住为一体的同升湖旅游开发区，占地153.33公顷，同升湖山庄获得国际花园社区金奖和2000年全国50强楼盘。同升湖水质优良，为国家《地表水环境质量标准》二类、长株潭城市群生态绿心保护地区，每年春夏白鹭翩翩、野鸭成群在此“歇脚”，戏水、补充食物。同升湖为长沙婚纱外景拍景胜地，内有康桥、象鼻山、

中国（长沙）创新设计产业园　　（同升街道　提供）

同升湖　　（雨花经开区　提供）

沙滩、观景台等标志性景点。

仙姑岭公园　位于雨花区同升街道果子园路以东、黄谷路以南、汇金路以西、环保路以北的合围区域，仙姑岭公园一期于2018年3月开放。公园总面积50.25公顷，是一座集休闲、运动、游乐为一体的综合性城市公园，配备有森林步道、儿童游乐设施以及篮球场、网球场等运动场地。

仙姑岭公园　（同升街道　提供）

白田社区公园　位于雨花区同升街道白田社区筹委会生活安置小区内，小区位于圭柏路与环保大道交会处东南角，有住宅40栋，常住人口1500人。整个社区公园用地呈三角形构图，总面积为2702平方米。公园构成兼顾景观与生态功能的绿色长廊，注重交通线安排遵循以人为本的合理化设计，同时考虑兼顾整体景观效果，安置相应的基础设施，满足公园内市民的基本使用要求。

白田社区公园　（区园林绿化维护中心　提供）

跳马镇

区域概况

位置面积

地处长株潭两型示范区的“绿心绿肺”，位于雨花区的南部。东与浏阳市柏加镇、株洲市云龙新城、龙头铺街道、井龙街道、白马镇相邻，西与雨花区同升街道、天心区暮云街道相接，南与湘潭市昭山镇接壤，北部紧邻雨花经开区、长沙县黄兴镇，距株洲市区 5 千米，距湘潭市区 18 千米。镇域东西最大距离 17 千米，南北最大距离 23 千米，总面积 183 平方千米。镇政府所在地在斑竹塘社区。截至 2019 年底，辖区面积无变化。

建置沿革

跳马因三国时关羽战长沙与黄忠大战时跃马跳涧而得名。古属楚地。秦属长沙郡。汉属临湘县，新莽为抚睦，东汉为临湘。隋开皇九年（589）为长沙县。五代十国时为马殷楚国。明洪武五年（1372），隶属长沙府。民国元年（1912）善化县并入长沙县，改称嵩北及嵩南两乡，隶属长沙县。1949年湖南和平解放，镇境属嵩山、新德、九峰三乡。1950 年 11 月，属长沙县十五区。1951 年，属长沙县六区。1952 年，属长沙县六区。1956 年，长沙县撤区并乡，将六区 30 个乡合并为金屏、团然、跳马 3 个乡。1958 年，3 个乡转为人民公社，全称为跳马涧人民公社，下设跳马、团然、金屏三个乡。1961 年底，体制调整，恢复区的建制，即跳马涧人民公社改为跳马区，跳马乡改为跳马人民公社，团然乡改为团然人民公社，金屏乡改为石门人民公社。1977 年 12 月 21 日，长沙县将南托人民公社划为跳马区管辖。1984 年初，跳马公社、团然公社、石门公社、南托公社改为跳马乡、团然乡、石门乡、南托乡。1995 年 5 月撤区并乡，南托乡（暮云镇）独立，跳马、团然、石门三乡合并为跳马乡，2011 年 5 月升格为跳马镇。2015 年 1 月，跳马镇由长沙县调入雨花区。截至 2019 年年底，建置无变化。

行政区划

1995 年 5 月撤区并乡后，跳马乡辖跳马、百世、复兴、茶园、丰田、杨林、山塘、嵩山、金马、德源、大美、共和、石桥、团头、梅怡、山西、曙光、团然、冬斯、福寿、喜雨、扶冲、团田、白竹、白果、新竹、斑竹塘、黄旗岭、石门、石燕、田心桥、水口、芦荻塘、新石、关刀、万古、沙仙、双溪 38 个行政村。2004 年 8 月，村级区划调整，由 38 个村调整为斑竹塘 1 个社区居委会，跳马、复兴、杨林、沙仙、嵩山、双溪、三仙岭、石桥、梅怡岭、曙光垸、冬斯港、喜雨、白竹、金屏、新田、田心桥、石燕湖、关刀 18 个村，下设 423 个村民小组。2009 年 9 月，设立金屏社区居委会。2015 年 1 月跳马镇划入雨花区，辖跳马、复兴、杨林、沙仙、嵩山、双溪、三仙岭、石桥、梅怡岭、曙光垸、冬斯港、喜雨、白竹、金屏、新田、田心桥、石燕湖、关刀 17 个村，斑竹塘、金屏 2 个社区居委会。2016 年 4 月，梅怡岭村、曙光垸村为合并为团然村，杨林村、沙仙村合并为杨林新村，关刀村、嵩山村、双溪村合并为关刀新村。合并调整后，辖 13 个村，2 个社区居委会。2017 年 11 月，调整金屏、斑竹塘 2 个社区区域范围。截至2019年年底，跳马镇辖跳马、复兴、三仙岭、石桥、团然、冬斯港、喜雨、白竹、新田、田心桥、石燕湖、关刀新村、杨林新村13个村，斑竹塘、金屏2个社区居委会。

喜雨村　（跳马镇 提供）

自然环境

域内属较典型的丘陵地区，地形狭长，东南部地势高亢，东北部沿浏阳河一带地势平坦。镇南边诸山与株洲隆起带相接。陶家排、炭棚坡两山于金坑岭入跳马镇，分东南和正西路两支分别延伸：西支经龙王岭止于牛轭湾；东南支由金坑岭向北经天鹅池、擂钵地，折向正南经凤凰岭、沙仙岭，复由南向东北经三仙岭、仙峰岭、李家大山、梅怡岭，再向西行止于福寿岭。域内跳马涧（天鹅池），又名关山，两侧山峰壁立，怪石嶙峋，叠嶂层峦，地势险要。最高点金坑岭海拔274.6米，最低点浏阳河曙光垸海拔35米。域内的矿产以石灰石、矽砂为主，尚待开发的有铁矿、铅锌矿及烟煤矿等。

浏阳河曙光垸段　（区融媒体中心 提供）

人口民族

1994年，当时的跳马区（未撤区并乡前）共有跳马、团然、石门、南托4个乡镇，58个行政村，503个村民小组，25953户，总人口86666人。其中农业人口80810人，非农业人口5856人。2002年，全镇共有15727户，55538人，其中农业户14211户，53293人，非农业户1516户，2245人。2011年，全镇有人口60640人，其中农业人口57621人，非农业人口3019人。2012年，全镇总人口60826万人，其中农业人口57619人，城镇常住人口3147人，城镇化率5.17%，另有流动人口1145人。2015年末，总户数18642户，总人口64097人，其中城镇人口25003人，男性32030人。2016年末，总户数19480户，总人口66774人，其中城镇人口26769人，男性33255人。2017年末，总户数19726户，总人口67491人，其中城镇人口27368人，男性33491人。2018年末，总户数20058户，总人口68811人，其中城镇人口28102人，男性34002人。2019年末，总户数20186户，总人口69205人，其中城镇人口28485人，男性34150人。

经济发展

经济综述

民国时期，地方经济为农业、零散手工业粗加工及个人商铺所形成的自由职业经济。中华人民共和国成立后，农业经过减租退押、土地改革、互助组、高级社过渡到人民公社，综合进行了手工业、资本主义工商业的社会主义改造，生产资料私有制转变为社会主义公有制，地方经济由第一产业为基础推进至20世纪50年代至60年代初，进入第二产业的发展，先后兴办跳马区矽砂矿、跳马乡矽砂矿等。1973年4月建石门精石厂。1973年5月分别建起跳马、团然、石门三乡及跳马区4个基建队。1978年，建起石门水泥厂，同时建起区乡基建队等社队企业。

中共十一届三中全会以后，先后建起石门乡联营公司、石门货站、石门服装厂、团然服装厂及跳马区农工商矿产品联合公司等，使地方经济得到较快的发展。1995年撤区并乡后，乡政府对全乡的乡镇企业进行整合整治，1998年后重点对天山水泥厂、跳马板簧厂、华湘铸造材料厂、石门厂灰厂、石门水泥厂等18个乡镇企业进行改革改制，促进全镇工业企业及工商业的快速发展。2002年，全乡工农业总产值14亿元，其中工业总产值11.61亿元，农业总产值2.82亿元，全乡实现财政总收入694万元，招商引资18个，到位资金4168万元，农民人均可支配收入3380元。

2015年，完成财政总收入1.02亿元，全社会固定资产投资12.8亿元；实现农林牧渔总产值12亿元；居民人均可支配收入22410元。2016年，完成财政总收入8822万元，固定资产投资总额159971万元，完成规模以上服务业营业1910.62万元。2017年，完成财政总收入7605万元，实现企业总产值7.92亿元，全社会固定资产投资16.07亿元，城镇固定资产投资16.07亿元，房地产总产值886万元，社会消费品零售额563万元，建筑业产值9701.7万元，完成服务业1.42亿元；实现农林牧渔总产值12亿元；居民人均可支配收入17839.2元。2018年，完成财政总收入9463万元，全社会固定资产投资和城镇固投共15.24亿元，规模以上建筑业产值20513.4万元，完成规模以上的服务业2.96亿元，实现农林牧渔总产值8.2421亿元。2019年，完成财政总收入9577万元，全社会固定资产投资和城镇固投26.4亿元，完成规模以上的服务业3.47亿元。湖南星沙农村商业银行股份有限公司跳马支行2019年末存款余额20亿元，较年初净增1.5亿元。长沙农商银行跳马支行各项存款余额46708.85万元，其中个人储蓄存款24399.43万元；对公及其他存款22304.68万元。中国邮政储蓄银行跳马支行网点总资产1.4亿元，其中保险1000万元，理财2000万元，其余为居民存款。

项目建设

2015年12月，红星农副产品全球采购中心一期动工建设，用地42.07公顷，控规113.33公顷。2016年，投入3000万元的金屏安置区建成竣工；雨花区农村饮用水源及古井保护工程一期完工，位于跳马镇的首批10口古井得到清理、保护和景观改造；时代阳光大道、红旗南路、圭塘河生态引水工程等拆迁项目顺利进行，绿心公司速生草科研基地、黄花机场导航台、中南地区工程咨询产业基地、省标准创新与推广中心等省市重点项目有序推进。2017年，圭塘河引水工程投资1.58亿元，实现按期通水、打造靓丽风景线的规划目标；长沙红星全球农副产品全球采购中心项目一期配套路网时代阳光大道、新平路、柳树塘路、红旗路的拆迁任务均完成。2018年，完成红星农副产品全球采购中心项目一期主体工程，白竹安置区（一期）相关手续及土方施工基本完成；鑫旺采石场、龟坡片石场等9个项目（涉及11个矿）获批绿心准入，4个项目进行修复，1个项目（龟坡片石场）完成主体施工。2019年，推进白竹安置地一期、白竹安置地二期、跳马安置地、喜雨安置地等4处安置地建设，推进跳马镇乡村振兴试点政府性投资项目；曹家冲污水支管网工程及污水处理设施工程完工；石燕湖村美丽乡村水塘提质改造项目工程，财评出预算报告；白果桥维修加固工程，办理两型准入手续。

2017年圭塘河引水工程调研　（区住建局 提供）

农业

域内种植业历来以水稻为主，蔬菜、柑橘及部分花木等作物为辅。计划经济时期，水稻亩产150~200千克。1975年长沙县农业局组织人员到海南岛进行杂交配种试验获得成功，1976年回乡试验获得高产，1977年将杂优水稻在全镇推广。20世纪80年代实行家庭联产承包责任制后，调动了农民的积极性，粮食产量逐年上升。1990年冬，在辖区的万古村和双溪村进行低产田的改造，获得成功。1991年3月，跳马农技站在跳马村跳马涧组进行塑料薄膜育秧试验获得成功，并在辖区推广。1995年5月，全镇逐步推广旱土育秧、软盘抛秧等耕作技术。1998年2月，跳马镇大力发展花卉苗木产业。截至2002年年底，全镇有花卉苗木公司14个，花木种植面积遍布全镇423个村民小组，面积3100公顷，品种123个，产品销往20余个省份，以及港、澳、台地区和日本、韩国等，年销售收入过亿元，成为省会长沙百里花木走廊万顷基地的主要生产区，花木总产值占全镇农业总产值的59%。同时全镇饲养生猪8.2万头，黑山羊3000余头，水产品1378吨，发展奶牛100头，巩固和开发了蔬菜基地5333.33公顷，杉木林2066.66公顷，食用油茶林1933.33公顷。2003年起，先后启动同升湖白竹水乡、佳兆业房地产项目及石燕湖、双溪等村的社会主义新农村建设战略，先后有10余家现代农业和休闲项目入驻。

2015年，跳马镇有山林面积9293.33公顷，耕地面积4084.66公顷，其中水田面积3501.33公顷，旱土面积406.46公顷。花木种植面积5333.33公顷，蔬菜种植面积400公顷，粮食种植面积200公顷，其他经济作物100公顷。是年，农业总产值12亿元。2019年，跳马镇有山林面积9293.33公顷，耕地面积4236.4公顷，其中水田面积3501.33公顷，旱土面积406.46公顷。花木种植面积8666.67公顷，蔬菜种植面积246.67公顷，粮食种植面积181.21公顷，其他经济作物100公顷。是年，农业总产值13亿元。省、市抽检4批次36个样，合格率为100%，镇农残检测室完成抽检300个样，合格率为100%。

跳马乡村风光　　（区融媒体中心 提供）

域内养殖业以生猪、牛、家禽、鲜鱼为主。20世纪50年代至70年代，一般农户散养家畜家禽，多为换取必需的生活资料。1971年，长沙县委作出《关于大力发展养猪事业的决定》，是年起，养殖业迅猛发展，人民生活日益改善。20世纪80年代实行农村家庭联产承包责任制后，农村养殖业得到迅速发展。1987年，域内引进奶牛养殖，20世纪90年代形成养殖的高峰。1994年，由于原材料涨幅较大，出现大范围宰杀奶牛的现象。1995年撤区并乡时，全镇423个村民小组，共存栏生猪30万余头，存栏牛1200余头，存栏黑山羊2000余头，家禽13万羽，狗8000余只，水产品1200余吨。2002年，全镇饲养生猪8.2万头，黑山羊3000余头，家禽12万羽，狗7000余只，水产品1378吨。2011年，由于整治环境的需要，生猪数量有所减少，出栏生猪7.5万头，年末存栏7.2万头，家禽饲养量11万羽。2014年，域内规模养殖业被控制发展，家禽饲养户逐步减少。2015年，年末存栏2.8万头，黑山羊1000余头，家禽8万羽，家狗4000余只，水产品1100余吨。2018年，跳马镇做好非洲猪瘟防控工作，对全镇868户饲养户下发严禁生猪流动，严禁私屠乱宰，严禁泔水喂猪，严禁动物饲料喂养明白书。2019年，年末存栏猪5600头，黑山羊230余头，家禽7万羽，家狗1.6万余只，水产品1200余吨。

林业

中华人民共和国成立前，域内山林全部为自然生长树木。中华人民共和国成立后，党和政府对植树造林非常重视，1962年成立跳马区林业站，对全区进行《农村人民公社六十条》“四固定”，即土地(包括山林)、耕畜、农具、劳动力的固定，并将山林全部划放到村民小组落实到位。1964年春，石门、团然、跳马3个公社先后组织人员开展植树造林。从1971年开始，政府加大对林业发展的投入力度，组织群众营造万亩成片杉林，建立杉木林基地。其中1976年团然公社因植树造林成绩优异，被评为全国植树造林的先进单位。1983年，分期分批开展稳林权、山权，划定社员自留山，确定林业生产责任制的林业“三定”（即一是稳定山权、林权；二是划定自留山；三是确立林业生产责任制）工作，土地权仍归集体所有。20 世纪 90 年代初，在域内全面“消灭”零星荒山，到处都是绿荫成行。

跳马花木人家 （跳马镇 提供）

1995 年撤区并乡后，辖区林地 9293.33 公顷。花卉苗木为境域主导产业，2000 年 6 月 2 日，跳马乡被中国林业总局、中国花卉协会评为首批 59 个“中国花木之乡”之一。种植花卉苗木近 5333.33 公顷，先后获得“国家级生态乡镇”“中国红檵木之乡”、创建“全国绿化模范县”先进单位、长沙市首届“魅力乡镇”等多个称号。1998 年 2 月，跳马乡发挥本地种植花木的历史传统和区位优势，制定种植花木优惠政策、措施及奖励办法，召开全镇 1000 余人参加的镇、村、组三级干部会，拿出 7 万元奖励花木大户。截至 2002 年年底，辖区有花卉苗木公司 14 个，花木种植面积遍布全镇 423 个村民小组，面积 3100 公顷，品种 123 个，产品年销售收入过亿元，成为省会长沙百里花木走廊万顷基地的主要生产区，花木总产值占全镇农业总产值的 69%。2009 年，跳马乡启动花木大世界（湖南花木科技示范园）建设 。该项目集生产、销售、信息平台、展示、观赏、休闲、旅游于一体，占地面积 266.67 公顷，总投资 3 亿元，分三期建设。跳马镇以“湖南花卉苗木科技示范园”（花木大世界）建设为龙头，建立跳马花卉苗木营销综合平台，引导农民专业合作组织发展，壮大本镇特色优势产业，带动农民创业致富。

双溪花木走廊 （跳马镇 提供）

2015 年，全镇绿化率 70%，森林覆盖率 65.1%，拥有国家级、市县级生态公益林近 1333.33 公顷，林地 9200 公顷。域内的名贵树种及千年古树共有 19 棵，其中嵩山古寺有 6 棵，团头河有 6 棵，田心桥有 2 棵，石燕湖有 5 棵。其中 100 年以上的有 15 棵，1000 年以上的有 6 棵。全镇绿化率 70%，森林覆盖率 65.1%。截至 2015 年年底，全镇形成一套完整的营销网络和服务体系，拥有 30 余家园林绿化施工（设计）公司，专业合作社 55 家，花木协会会员近千人，种植面积 5333.33 余公顷，年销售收入 12 亿元。2016—2019 年，跳马镇先后为杨林、复兴、跳马、石燕湖、新田 5 个村进行防火林隔离带的建设工作，主要种植木荷苗，全长 45.18 千米，主带宽（主路）30 米，支带宽（支路）20 米。从 2018 年初开始，跳马镇对鑫旺采石场、四马冲片石场、芦荻塘片石场等 18 个矿山矿坑开展生态复绿，有 11 个取得绿心准入手续；鑫旺采石场、楠木坡片石场、曹家坪福寿矽沙矿、四马冲片石场进行客土回填。2019 年，花卉苗木种植面积 8666.67 公顷，年销售总额突破 13 亿元；重点培育洞株路两厢精品苗木基地、石鸭公路精品示范园、曹家冲休闲农业花木观赏园。龟坡片石场完成复绿工程施工，并顺利通过验收；鑫旺采石场、楠木坡片石场、曹家坪福寿矽沙矿、四马冲片石场正进行客土回填。在跳马镇植树基地开展植物节活动，种植柚子树、板栗树等果树400余棵，为1.33余公顷废弃矿山植上新绿。

工业

1954年，有手工业者56户。1958年"大跃进"时，建立跳马涧人民公社机械厂。1961年农村人民公社散食堂时分社后，将跳马涧人民公社机械厂改为跳马区机械厂，同时将分出的跳马、团然、石门3个公社先后建起跳马公社机械厂、团然公社机械厂和石门公社机械厂。1962年2月，兴办福寿、枫树河沙场，5月在石燕铺建长沙县矽砂矿，1966年8月分出为石门矽砂矿、跳马矽砂矿和长沙县矽砂矿。1963年，兴建团然公社第一个企业——打米厂。1969年，建起冬斯矽砂矿、福寿矽砂矿。1973年4月，建石门精石厂；5月，跳马区分别建起跳马、团然、石门三乡及跳马区4个农村基建队。

1979年2月，建起年产1万吨的石门水泥厂。1980年4月，建石门精石灰厂。1981年2月，建石门纸箱厂。1982年，建石门商场、跳马商场和团然商场。1983年2月，建石门肉食加工厂。1984年9月，建跳马鞋厂和跳马铸造厂。1987年8月，建起4.4万吨的天山水泥厂，1993年上半年在此基础上进行8.8万吨的扩建。1988年，有建材、建筑、化工等15个类别的中、小、微型企业45家，产值6000万元。1992年7月，跳马乡对跳马机械厂、起重设备厂、跳马活塞厂进行技改，其中跳马机械厂通过技改获得成功，先后办起跳马板簧厂和跳马电动门厂。1992年，团然乡办起宏达陶瓷厂。1993年，石门乡办起石门砖厂。1994年，办起百世砖厂、万古砖厂、双溪砖厂和白竹砖厂。从1998年起开始对石门水泥厂、天山水泥厂等企业进行股份制的改制。2002年6月，在白竹村引进了管氏瓜子厂等企业。2004年，建起跳马涧建材厂。

2015年，域内有中、小、微型工业企业76家，完成企业总产值9.07亿元，工业企业总产值5.4亿元；规模工业企业11家，完成规模工业总产值3.87亿元。2017年，完成工业企业总产值4.545亿元；规模工业企业共9家，完成规模工业总产值3.25亿元。2018年，完成规模以上工业总产值46205万元；跳马镇绿心地区136家工业企业完成整改任务，并通过市整改办验收。2019年，完成规模以上工业总产值1.94亿元。

商贸服务业

1953年，成立跳马地区供销社，并在跳马涧、团头河、冬斯港、嵩山寺、周家祠堂、斑竹塘、田心桥、白竹集镇设立供销社商店。1980年，在跳马、团然、石门3公社分别设立综合门市、饮食服务、农副产品服务等集体商店。中共十一届三中全会后，个体商贸服务业蓬勃发展。1979年，成立跳马工商所，先后在跳马涧、五七、斑竹塘、双溪、团然、冬斯港、白竹、田心桥、杨林、沙仙茶园等14个集镇建立农贸市场。1988年，个体商业发展到156家。1991年5月，跳马供销社在跳马涧建跳马大厦和石燕铺商场。1994年，新建有石燕铺、田心桥2个有96个摊位的农贸市场。1998年，引进石燕湖景区。2000年8月，跳马区供销社进行全面改制。2001年，引进金茂大酒店；引进第一家农业科技企业——辰午山庄。2002年，辖区有商事主体704家，其中企业191家，个体工商户513家。2003年，引进天赐园。2006年，引进仁籽下饭菜、佳兆业、万佳丽连锁超市、鑫广大酒店、长沙高科气体有限公司、湖南省方正建材有限公司等企业。2011年，有商事主体1964家，其中企业356家，个体工商户1608家。

2015年，跳马镇有商事主体3930家。其中企业585家，含76家农民花木专业合作社，个体工商户3345家，苗木个体1337户，苗木企业174户（含115户农专）。重点引进红星（白竹）农副产品全球采购中心、白竹水乡和佳兆业3个占地千亩的房地产及农副产品大市场项目。2016年，实现社会消费品零售总额441万元。2017年，实现消

辰午山庄　（跳马镇 提供）

佳兆业·水岸新都　（跳马镇 提供）

费品零售额563万元。2018年，佳兆业生鲜农产品建成开业。2019年，实现消费品零售额1337万元。

旅游业

20世纪80代末90年代初，跳马镇党委、政府作出开发石燕湖、建设石燕湖生态旅游公园的决策，经过多年的经营和努力打造，将石燕湖成打造成国家旅游局首批评定的AAAA级旅游景区、湖南省首家野生动物园、湖南百景、湖南省十大水体旅游景区、国内专业的拓展训练基地、国际龙舟赛基地，成为长沙市民最受欢迎的十佳旅游景区之一。依托跳马中国首批花木之乡、大安寺、丰田古寺及石燕湖景区和同升湖景区，跳马镇加大对关公文化、抗战文化、传统文化、农耕文化、左宗棠墓园、明王陵墓园、黎锷将军墓、东汉古墓群和嵩山旅游文化公园的开发。

浏阳河两岸村民赛龙舟　（跳马镇 提供）

2015年，跳马镇有天赐园、辰午山庄、雅园、天石山庄等11家有规模的农家乐，同时有一条长13千米的浏阳河旅游花木带。2016—2019年，跳马镇以全域旅游为统领，以花卉园艺特色产业为基础，围绕关公特色文化名片打造关公特色花园式文化乡镇；对石燕湖景区进行改造升级，利用跳马镇“绿心”名片，通过改善服务设施，争创AAAAA；打造生态舒适型民宿，发展面向全国的民宿经济文化圈；发展跳马乡土文化，举办农民文化艺术节、农民趣味运动会等系列活动，获“湖南省首批十大农业特色小镇”称号；推进民宿与康养、民宿与观光、民宿与文化旅游深度融合，推进民宿改造工作。石燕湖、新田村、金屏社区3个试点片区55栋民居申请参加民宿改造。2016年，明确跳马全域旅游的发展定位，突出发展现代农业、休闲旅游、花卉苗木等特色产业。结合浏阳河文化旅游产业带的建设，将左宗棠墓、明藩王陵、跳马涧三国遗址等文化旅游景点的开发保护提上日程，纳入雨花区“十三五”发展规划。整合石燕湖公园、天赐园等现代农庄及湖南航空馆等旅游资源，打造“五里一景、十里一园”的城镇生态景观走廊。召开跳马镇全域旅游专家研讨会，提出建设长株潭郊野休闲公园、沿浏阳河花海骑行徒步走廊、低空飞行体验小镇和足球运动小镇等一系列建议意见。2017年，雨花区全域旅游开发建设指挥部成立，雨花全域生态旅游开发有限责任公司完成工商登记，公司注册资本金6亿元整；跳马全域旅游与中国建筑签订框架协议，投资500亿元保护生态绿

跳马民宿：大家小院　（区融媒体中心 提供）

长沙航空职业学院跳马校区　（跳马镇 提供）

心。2018 年，完成镇区规划优化调整工作，释放城镇建设用地 1333.33 公顷。制定《跳马镇美丽乡村建设乡村民居改造“以奖代补”试点方案》，43

石燕湖水上飞机　（跳马镇 提供）

个农户提交改造申请，曹家冲民宿项目建设稳步推进，天石山庄民宿示范户建设完成，天石特色民宿体验活动启动。2019 年，明确要以石燕湖景区为龙头发展跳马全域旅游，整体规划景区及其周边区域；将景区发展工作与跳马全域旅游工作，以及全区旅游事业整体发展紧密结合，协同推进。

基础设施

交通运输

京广高铁、沪昆高铁由北至南穿越域内 4.12 千米和 4.35 千米，4 千米多的长株高速和 10.05 千米长的洞株公路穿镇而过，浏阳河流经该镇 13 千米。长株高速公路在石桥村设有跳马站，潭醴高速在杨林新村设有杨林服务区和加油站。1957 年，修建石燕铺至暮云市的暮石公路，是跳马镇内最早的公路，主要用途是将跳马的矽砂拖往长株潭三市等地；同年修建石冬线（磨石塘至冬斯港），全长 7.5 千米，主要用于开铁矿。1962 年，修建从金屏村至关刀新村总长 11.8 千米的洞株公路。1971 年，修建跳马涧至株洲茅塘坳 15 千米的跳茅线公路。1973 年，修建全长 10 千米的双从溪桥至浏阳渡头市的公路。1975 年，修建全长 7 千米的金白公路（斑竹塘至白果）。1975 年，修通曙光垸 4 千米的浏阳河河大堤公路。1977 年，修建全长 4.46 千米从五七至宋家咀的跳宋线公路。1978 年，修建全长 12.4 千米的从白竹村吊楼子至石桥村新春组的战备路。

从 1979 年起，长沙市 20 路公共汽车直通跳马、团然、石门 3 个公社（乡）。从 20 世纪 80 年代初开始，新修乡村公路多条，实现镇内村村通公路。1996 年 5 月，跳马镇对 22.3 千米的仰双公路进行全面砂改油。1998 年，加大公路建设投入，对全镇乡村公路进行拓宽改造。2000 年，将全长 2418 米的石燕铺至石燕湖生态旅游公园公路进行“砂改油”，2004 年 4 月，拓宽 7 米进行水泥硬化。2011 年开始进行石燕湖大道的修建，总投资 1.3 亿

路经跳马的京广高铁　（跳马镇 提供）

元，全长 2.7 千米，西起雨花区比亚迪路，经跳马镇金屏村，东至跳马石燕铺，长沙石燕湖大道设计为城市 I 级次干道，于 2014 年底建成通车。作为镇内一项重大的民生工程——洞株公路被省政府列入全省的重点项目建设。2012 年 10 月，洞株公路破土动工，全长 10.05 千米。

跳马镇乡村公路　　（区交通运输局 提供）

2015 年 12 月 30 日，洞株公路建成通车。2016 年，硬化改造村级公路 50 千米，229 路公交车延伸至镇区。2017 年，完成村组级公路硬化 50 千米，改扩建危桥 5 座，启动跳茅线路面换板工程；投资 1130 万元对曙光垸外各村（社区）30 处交通设施进行修复；投资 60 万元完成冬斯港村枫树河渡口提质改造工程；完成洞株公路、斑竹塘集镇、石燕湖大道等的亮化工程。2018 年，跳马镇成功申报农村公路修建指标约 37 千米，启动 S210 省道、X050 县道、Y320 乡道提质改造工程建设；完成复兴村道路、金屏安置区 3.7 千米的路灯亮化工程；推进老洞株公路、李白路、白斯路等 3 条道路提质改造工程建设。

2019 年，镇内村级公路全部实现硬化，总长 357.98 千米；实现农村公交全覆盖；洞株公路（长沙段）改扩建工程项目完成老红线范围内的青苗设施调查工作并交付大部分范围给施工单位进场施工；曹家冲道路提质改造工程完成竣工验收，道路侧方停车位工程完工；C451、S210、Y320、C531、X050 道路提质改造项目均进场施工；投入 1.5 亿元建设农村公路， Y320、跳宋线提质改造工程基本完成建设，暮石路进行修建；杨家桥、团头机台桥、纵木塘桥、昌卜塘桥、土塘寺桥、夏石港桥、贺家桥、何家湾桥、古川桥 9 座危桥改造桥场施工。同年 7 月底，洞株路快速化改造项目长沙段启动建设，次年 8 月实现通车，洞株公路成为一条全程无红绿灯城际快速路，加强跳马镇沿线跳马、喜雨、关刀等村成城区的联系。

邮政电信

1951 年，辖区邮政由长沙市邮电局统管，设立长沙市邮电局马鞍山邮电支局跳马邮电总点，下设团头河、冬斯港、杨梅河、田心桥、周家祠堂、黄旗岭、嵩山寺等邮电分点，同时设立电话交换所。1958 年，马鞍山邮电支局随龙头铺区整体从长沙县划出到株洲市后，1959 年 1 月单独设立跳马邮电所，由当时跳马涧人民公社管辖，1961 年收回长沙县邮电局，成立跳马邮电支局，全镇 38 个大队（村）都开通手摇电话。1978 年，（长望）长沙县将望城县分家，正式成立跳马邮电支局。1991 年 11 月 8 日，辖区开通程控电话，并建好跳马邮电大楼。1998 年 1 月，邮政和电信分家，1999 年 1 月，移动和通讯分家。2012 年，全镇邮政局所 3 个，报纸杂志累计发行 1200 余份，邮政业务收入 14.28 万元。2014 年，辖区

洞株公路跳马段　　（区交通运输局 提供）

内有邮政局所 3 个，报纸杂志累计发行 1500 余份，邮政业务收入 21.79 万元。2014 年，跳马镇电信收入 505 万元，宽带 1600 余户，电信移动用户 2700 余户，电话 4800 余门，6 个电信代办网点。

2015 年，区域内有邮政局所 3 个，报纸杂志累计发行 1700 余份，邮政业务收入 28.1 万元。2018 年，跳马镇电信局完成营业收入 1407 万元；建设电信社会渠道 10 个。2019 年，雨花区跳马邮政支局邮政网点员工 9 人；业务收入总量 210 万元。送达函件 4 万件，收寄包裹 1 万件，特快 1000 件，小包揽收 3 万件；全年报刊业务征订 15 万元总流转额；年投递党报党刊 27 万份，年投递快递包裹 13 万件，年投递平常信函 4 万封，汇票 700 张，年收寄各类邮件 2 万封。跳马镇电信局建设电信社会渠道 12 个，特设专业维护班组，10 人进行全镇网络安全保障。

供电

20 世纪 60 年代以前，域内居民均使用煤油灯照明。1963—1964 年，从变电站架 10 千伏高压线至冬斯满港机台和团头河机台抽水灌溉农田。1964 年，将线路延伸至原团然、跳马、株洲市云田、龙头铺、明照、蝶坪等 4 个乡镇。1977 年 5 月，沙仙村从株洲牵电贯穿全村，率先在跳马地区实现户户通电。1982 年跳马镇 38 个村实现户户通电。1984 年，成立 3 个农电站，共有工作人员 11 人，变压器 68 台，10 千伏（高压）线路 3 条。服务范围内有 35 千伏变电站一座，位于跳马黄金冲水库旁。1995 年 7 月，由原跳马农电站、石门农电站、团然农电站合并成跳马农电站，办公地点搬至斑竹塘集镇，有工作人员 12 人，变压器 64 台（其中公变 42 台，专变 22 台），10 千伏（高压）线路 4 条。2000 年 3 月，跳马农电站更名为跳马供电所。跳马供电所 29 人负责服务范围内 64 台变压器、4 条 10 千伏线路和 12086 户用电客户的供电服务工作。2003 年 5 月，暮云供电所合并跳马供电所，成立湖南省第一个中心供电所，合并后更名为暮云供电所。2012 年 11 月，110 千伏跳马变电站建成并投入使用，原 35 千伏变电站退出运行。

2015 年，暮云供电所跳马分部工作人员 30 人负责 26450 万客户的供电服务任务，供电范围内有 110 千伏变电站 1 座，10 千伏线路 12 条 231.79 千米，配电变压器 414 台 110355 千伏安（其中公用变压器 297 台 62405 千伏安，专用变压器 117 台 47950 千伏安）。2016 年，新建和改造 10 千伏线路 10.47 千米，新建和改造配变台区 49 个 8675 千伏安，改造 400 伏线路 127.22 千米，投资 1245.69 万元。2017 年，新建和改造 10 千伏线路 27.66 千米，新建和改造配变台区 48 个 6825 千伏安，改造 400 伏线路 90.234 千米，投资 1196.5 万元。2018 年，新建和改造 10 千伏线路 8.43 千米，新建和改造配变台区 28 个 3630 千伏安，改造 400 伏线路 53.72 千米，投资 813.72 万元。2019 年，新建和改造 10 千伏线路 6.58 千米，新建和改造配变台区 34 个 4160 千伏安，改造 400 伏线路 78.67 千米，投资 887.18 万元。2020 年，新建和改造 10 千伏线路 52.68 千米，新建和改造配变台区 53 个 9235 千伏安，改造 400 伏线路 109.643 千米，投资 2093.3 万元。

饮水

20 世纪 70 年代初以前，域内居民均饮用塘坝井水，主要著名的古井有跳马涧古井和嵩山寺古井等。从 20 世纪 70 年代中后期起，农村出现“打井热”，饮用水改为地下水 。20 世纪 90 年代末，农村开始由打沉井变为打机井。2013—2014 年，跳马镇启动农村安全饮水工程，主要供水范围：佳兆业一期、二期、三期、四期，长沙航空技术学院、斑竹塘集

跳马镇古井　（跳马镇 提供）

镇、石燕铺集镇、磨石塘粮站，主要以暮石线、老洞株公路为主，涉及金屏社区、斑竹塘社区、石燕湖村和新田村等4个村和社区，截至2014年年底，实现3000余人用上自来水。

2015年，全年用水人数增加4000余人；对全镇5口古井进行重点保护，分别为田心桥村的柳树冲古井、刘心冲古井、仁家冲古井、砂子岭古井、老屋塘古井。2016—2019年，对全镇10口古井进行改造和重点保护，分别是冬斯港村牛尾冲古井、金屏社区天鹅古井、白竹村象山古井、关刀新村荷叶塘古井、喜雨村翁桥子古井、喜雨村仙姑井、跳马村安太组井坡古井，总投资145万元；同时复兴村新建立3座古井，分别为白沙古井、新屋坡古井、颜家塘古井。跳马村安太组井坡古井于2019年4月动工，6月完工，受益人口约3000人。

水利建设

1957年，修建小（1）型鸭巢冲水库。1957—1958年，分别修建小（2）型的黄金冲、洞塘、石塘、蛇腰塘、斑竹塘、朴塘、白竹等15个水库。1965年冬，跳马区委、区公所组织干部群众修建团头一级机台和嵩山二级机台，主渠道共27千米，支渠共12.08千米，涉及原团然、跳马、株洲市云田、龙头铺4个乡镇，灌溉水稻面积1506.47公顷，旱土424.93公顷；团头机台扬程 为38.5米，装机容量155千瓦 ×6台；嵩山机台扬程18米，装机容量180千瓦 ×1台。修建冬斯一级机台、官塘二级机台。涉及原石门、团然和洞井镇一部分，灌溉水稻面积1506.47公顷，旱土420.93公顷；冬斯机台扬程48.45米，装机容量（180千瓦 ×2台，225千瓦 ×1台）共585千瓦。1975年10月，修建一条4千米沿河一线的曙光垸大堤。1977年8月，修建杨林新村的东湖冲水库。1978年，修小1型百倍冲水库。1980年5月，修万古渡槽，共有二系，全长1100余米，主干道采用A型排架，渡槽为U形，渡槽最高为25米。2001年，全面加固石燕湖和百倍冲水库大堤；镇财政用于环境保护的资金248.3万元，建跳马镇污水处理厂；启动自来水工程，纳入市城乡一体化安全引水工程。

截至2015年年底，全镇有水塘3827口。2017年，小型农田水利共完成山塘整治120口，山塘清淤13口，沟渠疏浚37处；浏阳河与峡山河大堤、禾公山撇洪渠堤、新竹支渠堤等加高培厚工程基本完成。2018年，实施小型农田水利建设项目355处，累计投资1000万余元。其中，山塘清淤整治197处，山塘清淤25处，沟渠疏浚69处，高效节水灌溉工程61处，机埠改造3处。曙光垸3处受损堤防、25处水利设施基本完成重建任务，浏阳河曙光垸大堤建设工程高压旋喷灌浆全线完工，大堤缺口处土方回填碾压建设完成。2019年，跳马镇金屏片区小微水体管护示范片区列入长沙市小微水体管护示范区创建，主要创建内容有：改厕一体式三格化粪池新增83个，打造58座隔油池，小型人工湿地84个，新增排水管网1800米，生态渠修缮1.2千米，沟渠疏浚2.3千米等。

2019年曙光垸大堤督查　　（区委宣传部 提供）

2016—2019年，跳马镇水利工程建设项目共计有19项，涉及资金6066.81万元。其中跳马镇曙光垸浏阳河大堤及相关配套水利设施应急抢险工程（2017年）共计资金5000万元，跳马镇金屏片区小微水体管护示范创建工程（2019年）共计金额341.86万元。

村镇建设与管理

中华人民共和国成立后，陆路仅有跳马涧、黄旗岭、田心桥等集镇，水路有团头河、仙人市、廖家河、冬斯、杨梅河等集镇。随着二十世纪六七十年代公路建设的迅速兴起，水路集镇慢慢败落，取而代之的是陆路集镇的兴起，出现五七、团然、斑竹塘等集镇。随着改革开放的不断深入，接着又先后建起双溪、田心桥、冬斯港、航校、石燕铺、白竹、白果、杨林等集镇。2005年，石燕湖村和双溪村被定为湖南省小康示范村。石燕湖村开展“十户五联”构建和谐村组为主题的实践活动。石燕湖村被农业部授予“全国生态先进村”称号。双溪村建立双溪花卉走廊、花木驿站、东渠、西渠、村部和敬老院等，同时硬化村级公路13千米，组建村级花木协会，创建“公司+基地+农户”的花木产业化的生产格局。从2004年8月起，先后为关刀、嵩山、杨林、沙仙、白竹、冬斯、石桥、三仙岭、跳马、石燕湖、新田、复兴等村进行村部建设，同时兴建村级卫生室，并兴建杨林、关刀、新田、白竹、冬斯港、茶园山等完全小学校舍和石燕湖中学办公楼、操坪及学生寄宿楼等。2009年，跳马乡委托湖南省规协城乡规划设计咨询有限公司编制《跳马镇总体规划（2008—2025）》《跳马新城控制性详细规划》，通过长沙县人民政府批复，同意跳马中心镇区控制总用地面积8.67平方千米，至2025年，城镇建设用地面积8.16平方千米，重点发展生态旅游、商贸、房地产。2014年，编制《跳马镇新型城镇一体化规划》和《跳马镇产业布局规划》，构建绿心生态保护与跳马经济发展的和谐体系。

2015年区划调整后，启动新一轮总体规划修编工作。2016年，推进跳马总体规划、土地利用规划、产业规划和城乡一体化规划“四规合一”，对城乡建设中涉及的土地利用、村镇建设、农民住宅建设、城乡道路建设、绿心功能区划分等进行统一规划和空间优化，构建以新洞株公路为纽带，以东部花卉苗木精品示范区和西部生态人文旅游示范区为中心，以白竹组团、金屏组团、田心桥（新田）组团、跳马组团、杨林新村组团为支撑的“一轴、两区、五组团”产业空间布局形态。跳马镇与棕榈股份签约，打造以生态运动为主题的特色“足球小镇”。拆除新增违章建筑54处，拆除面积1.1万平方米；实现长株潭生态“绿心”历史违法建筑全部清零；团然村建成全市最大的村级再生资源回收中心。2017年，实现时代阳光大道、洞株公路（匝道）、圭塘河生态引水工程和白竹安置地清零；投入2000万余元对斑竹塘集镇进行提质改造；跳马镇全面推进河长制启动。2018年，制定《跳马镇乡村振兴战略三年行动计划》，把曹家冲、天石山庄周边作为全镇乡村振兴示范片来打造，铺排石燕湖村13个乡村振兴试点项目建设，完成石燕湖村道路花海项目和天石山庄、曹家冲和辰午山庄道路提质改造，曹家冲污水处理工程等项目建设。时代阳光大道边坡扩征完成欧逸莎、白竹砖厂拆迁腾地。

跳马镇小型环卫车　　（跳马镇 提供）

2019年，跳马镇集体土地拆迁项目12个，其中续拆项目5个，新启动项目7个。时代阳光大道边坡扩征花卉路—电商路、时代阳光大道边坡扩征电商路—川河路、川河路边坡扩征、环保大道东延线项目和圭塘河生态引水工程7.4米5个项目扫尾清零。洞株公路（长沙段）改扩建工程项目、红旗路南延线、昭云大道、浏阳河曙光垸大堤堤防整治工程和电力630攻坚项目完成房屋签约37户，拆除倒地39户，电力塔基113基。洞株公路（长沙段）改扩建工程项目完成老红线范围内的青苗设施调查工作并交付大部分范围给施工单位进场施工。宏禹水利公司全部拆除，长沙管氏食品厂将位于时代阳光大道施工边线范围内的部分全部拆除，雅宜科教公司拆除施工。曹家冲道路提质改造工程完成竣工验收，曹家冲污水支管网工程及污水处理设施工程、道路侧方停车位工程完工。

金屏安置区　位于雨花区跳马镇金屏社区荷花塘组，石燕湖大道以东，规划西湖大道以北，投资3000万元，于2016年8月竣工。一期用地3.47公顷，规划房屋19栋，安置73户222人，系金屏社区执行103号令拆迁政策的洞株公路、石燕湖大道、省发改委、金屏安置区、建盛加油站5个项目相对集中安置点。项目估算投资约 3400 万元，主要用于征地拆迁、场地土方平整、房屋桩基础、配套道路及雨污、强弱电、自来水、天然气管道、绿化等基础设施建设。2018 年，完成金屏安置区 3.7 千米的路灯亮化工程。

金屏社区公园　（跳马镇 提供）

石桥小学　（跳马镇 提供）

社会事业

教育科技

中华民国时期，区域内有嵩山寺、廖家河、石门冲、康家祠堂、田心桥、杨林冲、复兴奄、回龙殿、片云山、斗山等多家族学。1937 年 7 月，因抗战爆发，长沙育英学校从长沙市保节堂（蔡锷路和营盘路交叉口西南角）搬至跳马镇石桥村孙家大屋，后为跳马镇石桥小学。1951 年，有嵩山中学和关帝庙、复兴奄、杨林冲、周家祠堂、回龙殿、鸭婆塘、育英、片云山、英公桥、骆家坪、石门冲、彭家祠堂等 22 所小学。1956 年，长沙县在嵩山小学设附中，下有 2 个班。1958 年 3 月将嵩山附中改为嵩山中学。1959 年 3 月，将嵩山中学改为公办长沙县第十中学，下设 6 个班。1963 年，将长沙县第十中学更名为春林中学，1969 年 9 月，长沙县在跳马地区建第一个高中班，将春林中学恢复为嵩山中学。1969 年，跳马有 10 所小学附设初中班。1976 年，跳马、团然、石门 3 个公社都开始相继办起农业中学。跳马区的 38 个大队都相继办起村级小学，同时有条件的村相继办起高小或村级初中班。

1980 年，辖区在嵩山、团然、田心、新竹、石门冲等集中办起 5 所初级中学。1980 年 9 月，将嵩山中学恢复为长沙县十中。1986 年 9 月，将长沙县十中从嵩山寺搬迁到石燕湖村的磨石塘岭上。1990 年 8 月，建起跳马农业中学教学楼。1994 年 9 月，原石门乡将田心、新竹及石门冲三所中学合并为石门中学。1995 年撤区并乡时，辖区有 38 所小学，4 所中学（包括长沙县十中高中部）。1996—2002 年，投资 650 万余元，新建中学 1 所，改建中学 2 所，建小学教学楼 5 栋，建幼儿游乐场 1 个，建中心幼儿园 1 个，建微机室 16 个，建食堂 5 栋，小学入学率 100%，中学入学率 100%，合格率 98%。2009 年 9 月，将跳马、团然、石门

跳马中心幼儿园　（跳马镇 提供）

3所中学合并为石门中学，2015年3月更名为石燕湖中学。2012年5月，在石燕湖村建起全镇最大规模的公办幼儿园。

2015年，全镇有9所幼儿园，14所中小学校，在岗教师190人，中小学生2506人。2019年，总投资600万余元，对全镇15所中、小学进行标准化建设；全镇适龄儿童入学率保持100%，辍学率为零；中学巩固率100%，初中生毕业率100%。石燕湖中学成功申报“全国足球示范学校”，湖南省青少年航空航天模型教育竞赛在该校举行，28人次获省市级奖励。金屏小学教师余小妹获评湖南省优秀乡村教师，校长李宏辉获长沙市获洋光乡村教师坚守奖，教师杜赛军获长沙市国寿班主任奖。截至2019年年底，辖区有中学1所，小学14所，15所幼儿园；中小学在岗教职员工395人，幼师职工238人；中、小学生人数3990人，幼儿2049人。

1966年，建立跳马区农业技术推广站。1974年3月，先后成立跳马、团然、石门3个公社农科站。1975年，各公社农科站先后组织人员到海南学习杂交制种，1976年在全区试点，1977年全面普及晚稻杂优生产。1990年，实行塑料薄膜浸种育秧新技术在跳马涧组进行试点取得成功并在全区普及。1994年5月，在田心桥村车塘组进行软盘抛秧技术试点，并在全镇得到普遍推广。2007年3月，按土壤和植物所需，对全镇1333.33余公顷的水稻面积进行配方施肥。2008年跳马镇第一届科学技术协会成立，开展科研科普活动，对花农科进行科技培训。经过多年的整体培训，先后有120人获得花木高级工程师证书，有600余人获得中级花木工程师证书，有400余人获得初级工程证书。同时有16人通过长沙县工商局培训考试，获得湖南省工商行政管理局颁发的经纪人证书。2019年，雨花区文化科技卫生“三下乡”集中示范活动在跳马镇启动；在斑竹塘社区、金屏社区开展科技活动周活动。

文化体育

1965—1975年，跳马、团然和石门3个公社相继成立文化站和电影队，并在各公社先后建立电影院。1980年，团然公社石桥大队率先在跳马镇建立第一个以大队为单位的电影院。1990年跳马、团然、石门集镇成立3家书店，10余家电游室。1996年11月建立跳马有线广播和电视台，辖区40%的家庭能收到25个电视台的节目。1995年5月30日，在浏阳河枫树河段举办跳马镇首届龙舟赛，沿河一线的团头、山西、团然、曙光、福寿、螽斯、白果、白竹8个村参加比赛，曙光队以11分20秒夺冠。1997年，建跳马影剧院，可容纳观众1008人。2002年，辖区有电游、桌球、歌舞等文娱场所100余家。2011年11月，投资1000万余元，在石燕铺兴建跳马镇综合文化站。截至2011年年底，有镇文化中心1个，村级文化活动中心19个，各类文化专业户19户，各类图书室20个，藏书6.4万册；省级文物保护单位1处，市级文物保护单位20处，有线电视入户率80%。

截至2015年年底，各村（社区）均有文化活动场所，有群众性文艺团体19个，有标准体育场19个、运动场19处、体育指导员22人。2016年，开展雨花区浏阳河流域群众文化展演活动，所有节目均根据雨花区浏阳河经济文化和人文历史实际而自编自演。2018年，举办迎新春（春节、元宵节）学雷锋志愿服务活动、“欢乐潇湘”系列活动、三湘群星奖跳马专场等一系列活动，斑竹塘社区广场舞《再唱山歌给党听》获得区级社会主义核心价值观广场舞大赛优秀奖。重点维修左宗棠墓的大门，大门前的石柱，对在左宗棠墓附近挖掘出的石羊进行修护；将石羊放置在左宗棠墓二级台阶右侧，采取麻石底座加以固定，使遗失的石羊雕塑得以重现，对全镇监控设备进行维修维护，加装左宗棠、杨家山两处王陵墓监控，全年文物重点维修10余次。2019年，围绕关公特色文化名片打造关公特色花

跳马镇多点民宿　（区融媒体中心　提供）

园式文化乡镇；对石燕湖景区进行改造升级；以曹家冲民宿为切入点，以石燕湖景区为依托，以康养+民宿文化，打造生态舒适型民宿；发展跳马乡土文化，举办农民文化艺术节、农民趣味运动会等系列活动。成立涵盖军鼓、舞龙、太极球、八段锦、乐器表演等16支文艺团队，群众自编自导自演的小品《新政策 新风尚》参加长沙市移风易俗主体文艺节目评比。

跳马镇综合文化中心　位于雨花区跳马镇石鸭公路，于2011年投资兴建，集舞蹈室、乐器房、书法(画)室、藏书5000余册的图书阅览室、信息资源共享工程室、健身中心、培训室、多功能厅和电视机房等10余个服务项目于一体。文化中心广场8000余平方米，能容纳观众1万余人，免费向全镇人民开放。每年举办电影下乡100余场，举办综合性大型文化活动、单项性文体活动、展览、讲座培训，非遗表演、传承培训等活动40余项。

刘英姿　女，1971年1月27日出生，湖南省长沙市跳马人（家住跳马镇新田村一字墙组），中国女子射击队运动员。从1997年起，刘英姿连续参加四届全运会，2009年，在第十一届全运会上，获得多向飞碟金牌；2009年、2010年，刘英姿连获世界杯总决赛多向飞碟冠军;2010年，夺得世锦赛银牌;2009年9月，获得飞碟世锦赛该项冠军。2008年、2012年，刘英姿分别参加北京奥运会、伦敦奥运会的多向飞碟项目的射击比赛。

医疗卫生

中华民国期间，跳马与大托同属一个卫生所，以中医的医术医药为主。1952年，跳马开展防疫治病。1958年，跳马与大托分开，成立跳马涧人民公社卫生院，下设大队卫生所。1962年，建立跳马公社、团然公社、石门公社卫生院。跳马涧人民公社卫生院改称为跳马区卫生所，1967年6月建跳马地区医院。1967年9月，在跳马涧建解放军麻方医院。1969年1月，长沙县开展农村合作医疗试点，1970年6月开始，建公社、大队、生产队卫生防治所、站、室，推行西医西药、土方草药和新医疗法，防治妇女疾病；各大队兴办农村合作医疗，由社员筹集资金，有“赤脚医生”出诊，1980年停办。1987年建五七医院，1992年建团然医院，1995年5月建跳马医院门诊综合楼，有内科、外科、妇科、儿科、中医科等较为全面的医疗服务，并添置大型X光机、全自动电脑分化仪等先进设备，能进行剖宫产、肿瘤切除等复杂手术。2002年，全乡有3个镇级医院、38个医疗网点，医务人员68人，开设外科、骨科、内儿科、中医科、牙科、妇产科、放射科等医疗业务，有化验、心电图、B超、X光机等医疗设备、能进行剖腹产、阑尾切除、骨折复位、子宫全切等手术。2003年8月1日，跳马乡农村合作医疗挂牌。2007年，进行跳马、团然、五七卫生院的升级改造，做到村村有卫生室。2010年，新建1栋公卫楼。2010—2015年，先后对16个村卫生室进行改造。2015年，跳马中心卫生院成为一所集医疗、预防保健为一体的综合性一级甲等医院。2019年，完成老年人免费体检4887人，参检率89%，对糖尿病、冠心病、高血压等病例实行建档立卡管理，建立健全老年人慢病管理体系。“两癌”普查完成2073人，预防接种完成5546人，0～6周年儿童在册管理工作全面铺开。

从20世纪60年代末开始，跳马镇开展计划生育的宣传，贯彻落实基本国策。20世纪70年代期间实行二胎政策，自1983年起，国家提倡生育一个孩子，并在行政机关和企事业单位中实行一孩政策。1990年4月全面实行《湖南省计划生育政策》，1995年撤区并乡，跳马计划生育走在市县的乡镇前列。2002年，跳马镇计划生育率为99.14%，孕检及时率100%，多年以来被市县评为计划生育红旗乡镇。2013年，出生人口862人，符合政策生育率93.16%；完成优生检测1055人。2015年，全镇总人口61843人，已婚育龄妇女13114人，出生862人，符合政策生育率93.0%。其中流出4956人，(育妇流出1824人)，办证11人，流入人口1877人；免费孕前优生检测共送检700人；人口与计划生育信息网格化覆盖率100%。

跳马镇中心卫生院　位于雨花区跳马镇石燕湖路51号，于2011年由原跳马卫生院、团然卫生院、五七卫生院合并组成，2015年划归为雨花区管理，是雨花区唯一一所乡镇卫生院，拥有两所分院，即团然分院、五七分院，下设17个村卫生室，服务辐射人口约10万余人。医院有职工120余人。医

跳马镇中心卫生院　　（跳马镇　提供）

院编制床位数 126 张，业务用房分别有门诊楼、住院楼、医技公卫楼。开设全科门诊、综合住院部、妇幼科、中医康复科、口腔科、医技科、公共卫生科、药房等科室。配有螺旋 CT 诊断仪、数字化放射线诊断仪（DR）、多普勒彩色超声诊断仪、胃肠镜、除颤仪、肺功能检测仪、全自动生化仪等检测诊断设备。每年组织医疗技术人员辖区内 13 个行政村、2 个社区免费为 65 岁以上老年人体检。优化组合 5 个家庭医师团队，辐射 17 个村卫生室，为辖区居民提供家庭医生签约服务。2015 年，投入 100 万余元提质改造团然分院门诊、住院楼。2016 年，投入 350 万元提质改造五七分院，并配备相应的医疗设备，次年五七分院正式对外开放。2017 年，在中心院部投入 120 万余元，将 200 毫安的 X 光机替换为数字化 DR 诊断仪，将黑白 B 超更换为多普勒彩超机。2018 年，门诊人次 10 万人次，出院人次 3832 余人次，业务总收入 2054 万余元；通过医联体帮扶，由湖南省地矿医院投放的一台 4 排螺旋 CT 检测仪正式运行。2019 年，耗投资 150 万元对中心院综合住院部进行提质改造，年底开始投入使用；院儿童健康管理中心于 5 月投入使用。同年，实现医疗收入 2500 万元，门诊人次从 12 万余人次，住院人次 4500 余人次。

社会保障

1990 年 8 月，石门乡建立全省一流的敬老院，能容纳“五保”老人 100 人左右。1995 年并乡后，跳马乡有 30 余名“五保”老人在跳马敬老院集中供养。2003 年，推行新型农村合作医疗制度。2005 年，跳马乡实施低保政策，随着政府低保投入力度的加大，低保扶持面越来越广。2009 年，跳马乡开始实施新农合政策，个人缴费每人 20 元；开始新农保的工作。2013 年，核定享受低保 2740 人，累计发放金额 390 余万元；完成新农保基金收缴 30436 人；成功申报农村社区试点项目 5 个，居家养老服务中心建设项目 2 个，农村幸福院项目 2 个。

2015 年，全镇新农合全覆盖，参与新农保的居民人数 27596 人。2017 年，启动就业扶贫等 14 个专项扶贫项目；聘请专家开展花卉苗木种植技能培训；在新屋坡组和彭家塘组打造 10 公顷的芦笋种植基地；启动一项产业扶贫新项目——养殖蜜蜂。2018 年，有低保户 387 户 728 人；建档立卡贫困户为 377 户 1076 人，其中：已脱贫（享受政策）有 333 户 1017 人，未脱贫有 44 户 59 人；医疗救助 244 人次，救助金额 194 万余元；开展跳马就业扶贫技能培训 4 期、全域旅游创业意识培训 2 期，培训学员 900 余人次；开展现场招聘会 2 场；跳马镇退役军人服务管理工作站成立。2019 年，跳马镇有居家养老服务中心 8 所，其中当年新建 1 所，团然村和石桥村成功试点申报长沙市农村社区建设村，关刀新村成功申报长沙市农村幸福社区建设示范村；购买城乡居民医疗保险人数 50506 人；城乡居民养老保险缴费人数 22783 人，缴费 445.27 万元。向各村（社区）共计拨付扶贫资金 395 万元；推进果园基地建设、迷迭香种植等产业项目 30 个，惠及贫困户 961 人；有建档立卡贫困户 366 户 1022 人，其中已脱贫 326 户 970 人，未脱贫 40 户 52 人。

跳马镇敬老院　位于跳马镇复兴村，于 2013 年竣工建成，2014 年 12 月投入使用，占地面积 3.33 公顷，其中房屋建筑面积 4000 平方米，设有床位 150 张，总投资 1800 万余元。敬老院 2015 年入住老人 108 名，其中，特困供养老人 68 人，社会寄养 40 人，院内聘请工作人员共 16 人。

特色地情

历史人文

跳马镇有关羽忠义文化，左宗棠的清廉文化；有东汉古墓群和明王陵的王陵文化；有地方特色戏如影子戏和皮影戏等；有李文炤、李南轩、刘光明的明清文化，有辛亥革命时期黄兴夫人廖淡如、黄兴岳父廖星舫及蔡锷胞弟蔡松墀隐居跳马三十年等故事的辛亥文化；有抗战文化，包括育英小学抗战儿童团及跳马的抗战将军杨膺谓、彭鸿文、杨明初、廖肯、李佑白、刘先儒和邱文钦等；同时还有跳马山水文化、浏阳河文化、农耕文化和传统文化及民间传说等。

历史人物　杨膺谓（1889—1934），别号盂言，别字应谓（据林虎调研，别名会写杨膺渭），原籍长沙市雨花区跳马镇关刀村鸭婆塘组人，武昌陆军预备学校、保定军校第3期步兵科卒业，卒业后返湘，于湘军中任排、连长，上尉参谋，1923年赴粤，于云南陆军讲武堂韶关分校任少校教官，嗣任堂长。1924年由于云南陆军讲武堂并入黄埔军校，后任黄

杨膺谓　（跳马镇　提供）

埔军校本部第三期管理处中校处长及东征军总指挥部管理处处长。1926年率四期学生入赣，旋考国民革命军总司令部军械处处长，1927年随校迁南京，任中央军校上校筑城交通教官。后任陆军大学少将研究委员等。1937年12月，与日军恶战，不幸中弹，壮烈殉国于南京明故宫机场。

彭鸿文　（跳马镇　提供）

彭鸿文，湖南长沙人，1908年1月21日出生在跳马镇新田村铁石坝组。早年他就读于上海大厦大学，为参加北伐，辛亥投笔从戎，入黄埔军校第六期，毕业后在北伐、抗日战争中，均英勇善战，足智多谋，战功累累，历任国民党军旅长、少将副师长、第十战区徐西军区中将司令。1983年，彭鸿文由加拿大回国定居，并恢复中华人民共和国国籍，被特邀为中华人民共和国第六届政协委员。

杨明初，1909年12月2日出生于长沙市都正街，祖籍是跳马镇曙光垸（今属跳马镇团然村），父母都是地地道道的农民，家中有薄田1.33公顷，早年读过几年私塾。1926年春，瞒着父母参军北伐，1927年考入长沙黄埔军校第3分校，是第六期学员，学步兵专业。1930年毕业后，被分配到国民党陆军19师工作，抗日战争爆发后，于1937年参加淞沪抗战，1938年随部参加武汉会战，1939年任陆军19师副师长，后参加滇西攻防战。1949年11月，在重庆起义，1954年入狱，1975年特赦，挂靠在望城县交通局，1976年退休，1985年落实政策后，一直住长沙县跳马镇曙光垸村，并先后两次当选为长沙县政协委员和长沙县黄埔军校同学会会长，2006年6月去世，终年97岁。

关山　又名跳马涧，位于雨花区跳马镇境西北浏阳河之南，据明《一统志》载，关山在善化县东南四十五里，层峰峭拔，有如城壁中门，道路仅通一车。唐末置龙回关于此，故名关山。东汉建安十二年（208），关羽战长沙，相传在此跃马跳涧，故又名跳马涧。据《长沙府志》记载：“关羽建安中，征长沙，屯营北门外，黄忠降，今有祠。相传关羽曾在此跃马跳涧，故名跳马涧。”唐朝末年，邵州指挥使蒋勋率军驻守关山，与原江淮部将刘建锋、马殷所率军队对峙。主峰天鹅池如天鹅昂首，海拔255米，有池宽约3米。跳马涧有一处规模较小的

关山　（跳马镇　提供）

明代古城墙遗址，城墙正前方台地为明吉王府驻军处，同时守卫跳马涧一带的明王陵，周围城墙环绕。墙体位于山麓东侧坡边缘，先呈南北向 15 米后，南端折向西南方向，依山坡西南侧边缘延伸，长约 300 米，占地面积 500 平方米。2014 年，该城墙遗址被公布为市级文物保护单位。

明吉王陵　分布广泛，核心区域位于雨花区跳马镇跳马村、杨林村、三仙岭村、复兴村，遗址分布在跳马盆地四周山脉的半山腰一带，分布范围南北长 9 千米，东西宽 5 千米，于 20 世纪 50 年代被湖南省文物管理委员会发现，是一处明代中晚期按明代藩王葬制建造的大规模王室陵墓及附属设施遗址群。系明英宗朱祁镇第七子吉简王朱见浚、吉悼王、吉定王、吉端王、吉庄王、吉宣王、吉宪王等七代亲王，以及世子、妃嫔、属官的墓葬并建有城墙及其他陵园附属设施遗址。吉王陵共勘探出大型砖室墓葬 18 座，编号 M1~M18，包括明吉简王墓、明吉悼王次妃张氏墓、明吉王太子墓、明吉世妃饶氏墓、明吉定王次妃马氏墓等。2019 年被公布为省级文物保护单位。

明吉王陵　　（区文物管理所 提供）

左宗棠墓　位于雨花区跳马镇白竹村，光绪十一年（1885）左宗棠病逝于福州，次年归葬于此。1974 年墓被毁，石人、石马、碑亭亦被毁，墓庐拆改为民房。1978 年墓内出土瓷制墓志 1 方。1985 年长沙市政府拨款重修左宗棠墓。1996 年，左宗棠墓公布为湖南省文物保护单位。2008 年 11 月，对左宗棠墓进行修葺。墓方向为北偏东 40 度，由墓拱、墓围、墓碑、华表等组成，总占地面积 97.52 平方米。墓庐为水泥圆拱，圆拱直径 4.2 米，墓围为花岗岩砌筑而成，平面呈圆形，直径 5 米。墓碑花岗岩质，三块，主碑高 2.09 米，宽 5.5 米，楷书阴刻“清太傅大学士恪靖侯左文襄公之墓”，左右耳碑分别刻有重修年月和左宗棠生卒年。前坪左右各立有一根华表柱，雕刻一副对联“汉业唐规西陲永固，秦川陇道塞柳长青”。2018 年 9 月中旬，跳马镇翻修战备路（X047），施工队在重修道路排水设施时，挖到一片麻石材质的石块露出泥土，上报镇综合文化中心。9 月 18 日，一尊石羊雕塑（缺失右后腿）及一块麻石板被挖出，跳马镇采取“物归原主”的就地安置措施，将石羊放置在左宗棠墓二级台阶右侧，并采取麻石底座加以固定，遗失的石羊雕塑得以重现，展示左宗棠墓的风采。左宗棠（1812—1885），字季高，湖南湘阴人，晚清重臣，军事家、政治家、湘军著名将领，洋务派代表人物之一，与曾国藩、李鸿章、张之洞并称“晚清中兴四大名臣”，其最大的贡献是收复新疆，巩固边防。1812 年，左宗棠出生于于湘阴左家塅；1832 年，中举人，后屡试不第，科场失意后更潜心于经世之学；1852 年，应湖南巡抚张亮基之请，开始与太平军周旋；1866 年，在福州设马尾造船厂，旋改任陕甘总督，次年为钦差大臣，督办陕甘军务；1875 年，督办新疆军务，用一年多时间收复除伊犁以外的新疆领土，后又力促《中俄伊犁条约》的签订；1881 年，调任两江总督兼通商大臣；1885 年，病逝于福州。

黎萼墓　位于雨花区跳马镇白竹村下林家冲组的一座山坡上，前临浏阳河，后靠石燕湖和同升湖，与左宗棠墓园遥相呼应。原墓地在“文化大革命”中被毁。2010 年 10 月，黎萼后人在原址上重修此墓。黎萼（1884—1947），字建侯，1884 年 4 月 19 日生于今雨花区黎托街道川河村（旧称黎家托）。父亲黎志洛，前清诰授武翼都尉，晋封武功将军等。母亲姚氏夫人。黎萼有四兄弟，在家排名第三。黎萼是辛亥革命的代表性人物，他长年跟随孙中山先生，参与过辛亥革命，一生为推翻封建帝制、缔结共和而奋斗。

杨春林烈士墓　位于雨花区跳马镇关刀新村小荷叶塘组禁山坡的山腰上，坐西南，朝东北，占地面积 10 平方米。杨春林于 1900 年 8 月出生，1923

年3月在由郭亮介绍加入中国共产党，1924年10月进入广州国民党黄埔军校第二期，1925年毕业后进入广州农民运动讲席所习，1926年9月由毛泽东将其派往长沙任第一批农民特派员，在长沙跳马嵩南、嵩北等多乡开展农民运动，建立嵩北、嵩南等51个乡的农民协会，任区农协主任。1927年6月被国民党兵抓捕。同年8月27日，在跳马镇嵩山古寺北边牺牲。

嵩山寺　位于雨花区跳马镇关刀新村凤凰山东麓山下，占地面积为3185平方米，始建于唐代，历史上多次重修，是一处供奉观世音菩萨的佛教活动场所。清光绪《善化县志》载："凤凰岭，上有凤凰阁，峰峦秀削，前有五节龙，首尾俨然，山右建有嵩山寺。"该寺庙曾改建为跳马中学的教师宿舍，毁于20世纪70年代集体生产时期，大门左前方保留有20世纪60年代兴建的教学楼。寺庙地表古建筑已全毁，仅残留有清代寺庙青砖墙基础，保留有道光、咸丰、光绪三个时期的功德碑10余块，以及在古寺遗址的基础上重新建设门楼、正殿和左、右厢房。寺内正殿左侧有一口椭圆形的古井——甘露井，建于清同治年间（1862—1874），是当时嵩山古寺的自用井。该井占地面积5.15平方米，井深8.9米。据清光绪《善化县志》载："县东南嵩山观音寺内，寺旧无井。同治三年（1865），枯旱兼疫，寺住持梦神指示处掘之，深及丈余，云气腾涌，顷如雾晦，甘泉随出，疫者得泉即愈。井坐东墀，石栏环之，题曰甘露泉。"

大安寺　（跳马镇 提供）

嵩山寺　（区文物管理所 提供）

大安寺　位于雨花区跳马镇320乡道西北150米，始建于清初（位于翠峰山之南），1952年土改时被毁，1997年于现址重建新寺，于2004年合法登记开放，成为对外开放宗教场所之一。1997年10月，释悟心等人募集资金40万元重建大安寺，开始修建佛殿及斋堂、二层宿舍楼房、厨房、卫生间等配套建筑。2007年，释悟心募集资金70万元，用于征地、砌围墙、修公路、修缮殿宇等。2008年，修筑7余米宽水泥公路从寺庙山门与寺外公路相接。2009年，释悟心募集资金130万余元，开始修建观音殿、鼓楼、斋堂、客堂、三层宿舍楼房，于当年5月举行奠基典礼法会，次年年初破土动工，于2011年6月竣工。新建的大安寺为仿古建筑的三座殿宇（观音殿、护法殿、三圣殿）。

丰田寺　位于雨花区跳马镇复兴村梅子湾凤凰山南，始建于明代永乐年间（1403—1424），清嘉庆（1796—1820）、同治（1862—1875）年间曾重修扩建，为当地香火鼎盛的佛教庙宇。20世纪50年代庙宇夷为废墟，佛像不知所踪。1996年，当地谭姓居士首倡重建庙宇，恢复香火，经各方募集善款，在古寺原址重建丰田寺，邀请长沙市佛教协会会长释觉愿入寺主持。2010年，李姓村民捐出庙后林地0.13公顷，在住持圣源的带领下，增修神殿，扩建斋堂等配套建筑。寺院占地面积4000平方米，建筑面积2810平方米。大殿分上下两层，一层中端坐佛陀释迦牟尼，佛祖背面供奉千手观音，两边分别供奉地藏菩萨和药师佛，右侧配殿为南岳圣帝殿，左侧配殿为达摩祖师殿，大殿二楼供奉“西方三圣”。殿堂后，靠山边有一水井，名为观音泉，久旱不枯。2017年5月，对大雄宝殿进行拆除，对山坡进行护坡加固，修建排水渠道。2018年1月7日，大雄宝殿在旧址上奠基开工重建；7月22日，举行大雄宝殿上梁法会，12月底主体竣工，大雄宝殿主体占地面积400平方米。2019年年初，大雄宝殿进行装修，塑佛像，添置供桌、法器等器具及殿外石栏杆的修建；5月，对前坪进行整坪硬化，铺贴石麻，建围墙、山门、卫生室及搞好寺内的绿化等；12月，大雄宝殿及护属工程全面竣工。

丰田寺 （跳马镇 提供）

团头河福音堂　位于雨花区跳马镇浏阳河西畔，于1929年肇建，建筑面积900平方米，时为长沙市社坛街城南堂原内地会（由美国在长沙学院街的福音堂与德国在社坛街创立的福音堂合并而成）分点之一。1946年，团头河教会购得山林百亩，名之“复活山”，种植油茶、绿茶。1950年土改时，该教堂被团然乡政府收去改作卫生院，百亩山林分给农户。1954年洪水肆虐，教堂坍塌。1995年，市基督教会等募得善款购入团头河肉食站房屋及原属肉食站地皮，进行维护、装修，重建团头河福音堂。重建后，大厅面积160平方米，另建有厨房、厕所、杂屋及两间住房，总建筑面积300余平方米。1996年，团头河福音堂成为政府认可的合法宗教活动场所。

万古桥　位于雨花区跳马镇关刀新村坪上组，于清末建造，是一座花岗岩材质的单拱石桥。桥为单拱，横跨于一条小河之上，为正东西走向，占地面积17.4平方米。桥长5.8米，宽3米，高4.5米。该桥全为石块垒砌而成，对研究清代当地的桥梁、交通有一定意义。

万古桥 （区文物管理所 提供）

白果桥　位于雨花区跳马镇白竹村白果树组，东距浏阳河100米，是一座双拱石桥，始建于清光绪二十年（1896），1958年当地村民重修该桥。桥面西侧还保留有碑刻，桥为花岗岩石双拱桥，方向为南北向，桥长3米，宽2米，高1.8米，占地面积120平方米。桥面下有两个圆拱，西面圆拱之中有一个三角形桥墩。

白果桥 （区文物管理所 提供）

先锋窑址　位于雨花区跳马镇冬斯港村先锋组，窑址年代为唐代，是当时规模很大的陶瓷生产

先锋窑址 （区文物管理所 提供）

工场。窑址位于曙光垸的新港某段，方向为南北向，面积约6万平方米。窑址在当地村民修曙光垸防洪时完全毁灭，当时挖出过窑瓷，现已不见原窑址痕迹。窑址范围地表下仍可能埋藏有遗物，具有一定的考古价值。

凤凰山战壕　位于雨花区跳马镇关刀新村凤凰山顶，为抗日战争时期国民党军修筑的军事工事。凤凰山、关山等地域地处长沙与株洲之间的要塞地带，历来为兵家必争之地，该地域历史上曾发生过多次战役。抗战时期，为抵抗日军进犯长沙，国民党军共组织四次会战，在凤凰山—关山一线山区掘土成壕，同日军对峙。凤凰山山顶南北两侧各有一条战壕从东到30~100米不等，战壕为长方形条土坑，沿山势连绵不断，长约4000余米，宽约0.8~2米不等，深约1米多，占地面积1万平方米。

凤凰山战壕　（区文物管理所 提供）

峡山口拦河坝　位于雨花区跳马镇冬斯港村黎家组，于20世纪50年代初期建造，为原峡山口发电站组成部分。坝的两端为两山头对峙，用以拦截

峡山口拦河坝　（区文物管理所 提供）

曙光垸河上游水量。坝面较平呈东西向，占地面积175.5平方米。拦河坝中心部位的底部有2个正方形孔，孔面积约1平方米，该孔用为原发电时水流倾泻的出口。峡山口发电站已停止使用，但仍具有拦河蓄水的功能。

茶林塘粮仓　位于雨花区跳马镇石燕湖村茶林塘组，始建于1960年，最早是用于战略储备粮的储存。20世纪80年代后粮仓逐渐废弃，后被人租借放置花炮。粮仓为南北朝向，底部平面呈长方形，占地面积772.48平方米。东西两端为红砖砌墙，南北两侧从平面开始起拱，顶部为弧形水泥瓦，水泥瓦长为1.39米，宽为0.725米，厚为0.115米。2014年被公布为市级文物保护单位。

茶林塘粮仓　（区文物管理所 提供）

名优特产　跳马镇白竹村的东山光皮辣椒；冬斯港村的福寿苦瓜，山西洲上的茶叶，团然的柑橘，跳马的萝卜菜合芋头。东山光皮辣椒和福寿苦瓜名扬全国，东山光皮辣椒曾进入人民大会堂宴席，中央首长到长沙视察点名要吃东山辣椒；福寿苦瓜曾被湖南电视台乡村栏目专题报道，畅销全国各地。太平茶场的茶叶远近闻名，团然的柑橘种植历史悠久。山西洲上的茶叶和柑橘远销省内外，山西村依靠这两大支柱产业为村民致富。1995年4月，白竹村杨梅河组在市、县蔬菜局及跳马镇政府的支持和帮助下，在杨梅河建立蔬菜基地8公顷。从2001年3月起，跳马镇在白竹村菱角塘组对东山光皮辣椒进行品种的改良，提纯光皮辣椒品种获得成功。

商业地标

红星全球农批中心　位于雨花区跳马镇白竹

红星全球农批中心一期实景图　　（跳马镇 提供）

村，于2015年开始规划建设，由红星实业集团投资100余亿元，将旗下红星农副产品大市场转型升级为红星全球农批中心，聚力打造一个集进出口交易、物流、仓储、配送、清关报检、电子商务、价格形成、信息发布、拍卖、展示展销于一体的现代农批综合体。该项目为省、市、区三级重点民生工程，总规划用地133.33余公顷，分三期开发，一期为“中部唯一、全国一流”的中部果业航母，占地约53.33公顷，总投资20亿元，规划建设国产水果交易区、进口水果交易区、车板交易区、采购停车区、仓储及加工配送区、冷链物流中心及名优特新产品展示展销区，配套建设公寓、写字楼、商业步行街；二期为“智慧生鲜中央仓”，占地约33.33公顷，规划建设蔬菜交易区、海鲜水产交易区、肉食交易区、加工配送区和立体智能冷库等核心业态；三期为“国际品质会展商业集群”，占地约46.67公顷，规划建设会展中心和住宅生活服务区两大区域，包括会展商业集群、高端住宅和山景洋房。项目于2015年3月正式确定选址。其中项目一期于2016年5月5日开始场内土方平整施工，2017年1月启动主体工程施工，2018年完成市场交易区工程验收，达到试营业的标准。项目二期2017年3月完成用地征地工作，2017年底完成集体土地征地拆迁，2018年启动场内土方施工。项目三期于2018年完成用地统征工作。2020年10月24日，红星全球农批中心品牌发布会举行，红星实业集团正式对外发布红星全球农批中心项目。活动当天，一期红星里风情商业步行街正式亮相，吸引麦咭乐园等首批10家品牌签约入驻；智利水果出口商协会、惠农网、深圳泛亚物流、佳农、鑫荣懋、步步高等30余家海内外客商代表与红星全球农批中心现场签约。

风景园林

石燕湖生态旅游景区　位于雨花区跳马镇石燕湖村，景区占地面积10平方千米，是国家旅游局首批评定的AAAA级旅游景区、湖南省首家野生动物园、湖南百景、湖南省十大水体旅游景区、国内专业的拓展训练基地、国际龙舟赛基地。石燕湖以石燕铺而得名，清光绪《善化县志》载：“铺侧山上，多燕形与磨形小石，石人醋中，蠕蠕欲动，人以为异，故名。”徐珂《清稗类钞》矿物类“石燕”条则云：“湘江之滨有石，状类燕而有纹，圆大者为雄，长小者为雌。”旧时有人把石燕铺与附近的枫树河、仙人市杨梅河、白果树、斑竹塘、桃花塅、洞井铺等地名串成一联，日“枫树上，驻仙人，手摘杨梅白果；斑竹下，立石燕，脚踏洞井桃花。”石燕湖古为深潭，为天鹅池泉水所汇。南有金坑岭，北有跳马涧，东有天鹅池，西为龙王岭，海拔均在250~270米。

石燕湖生态景区　　（区融媒体中心 提供）

1957 年，此处改建成大型水库，水面约 40 公顷，水深 30 米。景区群山环抱，碧水如玉，峰峦秀削，古干虬枝，绿荫匝地，被称为都市人的天然大氧吧、“人间瑶池、湖南九寨”。景区有舜帝南巡留下的舜帝石、关公跳马的跳马涧、南岳七十二峰的玉屏峰；有金龟岛、观音庙、昭山古洞、天鹅池、少奇先祖墓、明吉简王墓、五子登科树等历史人文景观；有地质学上著名的 3 亿年前的泥盆纪跳马涧系岩层标准组石，在这里发现过大量的鱼化石、石燕化石，石燕湖便得名于此；有金龟岛，岛上有石燕塔、送子观音庙、通天响鼓梯、五子登科数、听涛轩等景观。景区开发低碳、体验的游乐项目，包括绿心地下峡谷漂流、丛林穿越、篝火晚会、攀岩、帐篷露营、跑马、碰碰车、龙宫、卡丁车、山水乐园等。2017 年 9 月 15 日，石燕湖天空玻璃廊桥对外开放，该桥横跨石燕湖，直达南海猴岛，全长 300 米，高 150 米。2019 年，石燕湖成为长沙市唯一入选的“全国森林康养基地试点建设单位”。

天赐园　　（跳马镇 提供）

天赐园　位于雨花区跳马镇石燕湖村，原是 20 世纪 60 年代下乡知青的聚居地，知青返城后，常约聚于此，感慨人生聚散，缘定此地，实乃天赐。1999 年，石燕湖村对外招商引资，此地遂由长沙市政园林工程有限公司接管，为公司苗木、花卉基地。公司投入近千万元，对区域内景观、建筑进行相应改造，形成一座湘北民居与苏州园林相映成趣的园林建筑群，并引知青故事，名之“天赐园”。2003 年，长沙县人民政府鼓励支持搞活乡村经济，发展“农家乐”，天赐园首应倡议，转制为跳马乡第一个“农家乐”。2009 年，天赐园重新规划投资，升级自身软硬件设施。2010 年，天赐园大力发展野生花木、蔬菜新品种的研发、培植，形成产、学、研有机结合机制，发展有机农业生态游。2012 年，获评“湖南省五星级乡村旅游区”。2020 年疫情防控期间，天赐园（书院酒店）成为雨花区对疫源地人员开放定点服务场所。